CB121542

A Segurança Jurídica na Aplicação do Direito pelos Tribunais Tributários

A Segurança Jurídica na Aplicação do Direito pelos Tribunais Tributários

2022

Carla Castelo Trindade

ALMEDINA

A SEGURANÇA JURÍDICA NA APLICAÇÃO DO DIREITO PELOS TRIBUNAIS TRIBUTÁRIOS

AUTORA
Carla Castelo Trindade

EDITOR
EDIÇÕES ALMEDINA, S.A.
Rua Fernandes Tomás, n.ºs 76-80
3000-167 Coimbra
Tel.: 239 851 904 · Fax: 239 851 901
www.almedina.net · editora@almedina.net

DESIGN DE CAPA
FBA.

PRÉ-IMPRESSÃO
EDIÇÕES ALMEDINA, S.A.

IMPRESSÃO E ACABAMENTO

Outubro, 2022

DEPÓSITO LEGAL

Os dados e as opiniões inseridos na presente publicação são da exclusiva responsabilidade do(s) seu(s) autor(es).
Toda a reprodução desta obra, por fotocópia ou outro qualquer processo, sem prévia autorização escrita do Editor, é ilícita e passível de procedimento judicial contra o infractor.

ALMEDINA | GRUPOALMEDINA

BIBLIOTECA NACIONAL DE PORTUGAL – CATALOGAÇÃO NA PUBLICAÇÃO
TRINDADE, Carla Castelo
A SEGURANÇA JURÍDICA NA APLICAÇÃO DO DIREITO
PELOS TRIBUNAIS TRIBUTÁRIOS – (Teses de doutoramento)
ISBN 978-989-40-0734-0
CDU 347

À minha irmã Bárbara,
Pela força e alegria que nos contagia a todos

NOTA PRÉVIA E ADVERTÊNCIAS

O presente texto corresponde, com pontuais correcções, à tese de doutoramento em Direito Fiscal apresentada à Faculdade de Direito da Universidade Nova de Lisboa, em 6 de Outubro de 2020, e discutida em provas públicas na mesma Faculdade, em 19 de Abril de 2021, perante um júri presidido pela Professora Doutora Teresa Pizarro Beleza e composto pelos Professores Doutores Joaquim Freitas da Rocha (Arguente), Tomás Cantista Tavares (Arguente), Mariana França Gouveia (Orientadora), Sérgio Trigo Tavares Vasques, Paula Cristina dos Santos Rosado Pereira, Guilherme Waldemar d'Oliveira Martins, Mariana França Gouveia, Rita Sofia Martins Calçada Pires e Vera Cordeiro Pereira de Sousa Eiró.

Adverte-se que a legislação, a jurisprudência e a bibliografia citadas na presente publicação foram consultas e estão actualizadas por referência à data da entrega da tese, não sendo feitas citações nem tidas em consideração alterações posteriores a essa data.

AGRADECIMENTOS

Agradeço à Professora Mariana França Gouveia por ter aceitado o desafio de orientar uma tese como a minha, numa área tão diferente da sua área de eleição. Que importantes foram as nossas discussões e que relevante foi a sua contribuição; ao Professor Rui Duarte Morais que me deu o mote; à Professora Rita Calçada Pires que ao arguir o meu projecto de tese me indicou o caminho; ao Professor João Félix Nogueira que me auxiliou na vertente internacional do meu tema e que em tempos de pandemia conseguiu o impossível na disponibilização de alguns dos materiais que mais contribuíram para as conclusões alcançadas; ao Conselheiro Jorge Lopes de Sousa ao Conselheiro Carlos Cadilha e ao Juiz de Direito José Pedro Carvalho: com quem tenho a honra de ir colaborando e principalmente com quem tenho o privilégio de ir aprendendo. Sem os seus incríveis contributos os resultados teriam sido seguramente bastante diferentes. Quaisquer erros que se tenham mantido são inteiramente meus; aos meus amigos e anteriores alunos que durante todo o caminho me foram ajudando, em especial ao João Barreiros, ao Afonso Massapina, à Raquel Santos Ferreira, ao João Rodrigues e à Nídia Rebelo, pelo espírito de entreajuda, pelos longos debates que travámos e pela perspectiva crítica quanto a vários aspectos reflectidos nesta dissertação; à minha família, em especial ao meu marido que ao ser o melhor pai do mundo me liberta tempo para escrever; e, por último, à minha irmã, pela força e alegria com que encara a vida e nos encoraja a todos.

RESUMO

A actual concepção legislativa em Direito Tributário, ao privilegiar conceitos vagos e indeterminados ao invés de um tipo legal fechado, espera do aplicador do Direito a respectiva concretização normativa.

Este fenómeno verifica-se em Portugal mas tem lugar por todo o mundo.

Perante a concepção legislativa actual, o aplicador do Direito, que em última instância serão os tribunais, vai assumir uma função de *sub-legislador* ao concretizar normativamente leis prepositadamente amplas e vagas. Este fenómeno obriga a que o sistema de fontes de Direito Tributário tenha que ser repensado.

Não há Estado de Direito Democrático onde não seja garantida a segurança jurídica.

O princípio da segurança jurídica, quando perspectivado no plano clássico da criação do Direito pelo legislador, obriga à determinabilidade e previsibilidade da lei.

Se do aplicador do Direito vai ser esperada a concretização normativa de leis vagas, então haverá que transpor para este plano da aplicação do Direito, as mesmas preocupações de segurança jurídica que antes eram pensadas, maioritariamente, para o plano da criação do Direito.

Da transposição que se fez das refracções clássicas deste princípio para a aplicação do Direito, concluiu-se que haverá segurança jurídica onde, por um lado, se garanta a uniformização da jurisprudência e onde, por outro lado, se acautele a retroactividade potencialmente lesiva de uma aplicação jurisprudencial.

Do estudo que se fez de jurisdições de *common law* e, bem assim de outras jurisdições de *civil law*, concluiu-se que haverá uniformização onde houver eficácia e descentralização da persuasão do precedente.

Do estudo que se fez, do Direito Constitucional e do Direito da UE concluiu-se que respeitar-se-á a segurança jurídica onde haja uma aplicação retroactiva racionalizada da jurisprudência.

No final, o que se fez foi responder à questão: *Estará o sistema processual português preparado para garantir a segurança jurídica no plano da aplicação do Direito Tributário perante a actual concepção legislativa?*

ABSTRACT

By privileging vague and indeterminate tax terms, the current design of Tax Law upholds the role of Law enforcers in delineating and explaining the meaning credited to legal concepts.

This phenomenon occurs not only in Portugal but all over the world.

Domestic courts are deliberately called to construe broad and vague laws playing the role of *sub-legislator* and, for this reason, the system of legal sources has to be re-thought. More than ever, greater importance must be attributed to case law in the safekeeping of legal certainty.

There is no democratic rule of Law where that principle is not guaranteed.

The principle of legal certainty, when applied in the classic perspective of the production of Law by the legislator, requires the Law to be stable and predictable.

If the courts are expected to apply vague laws, the same concerns of legal certainty should be abided by.

The analysis of the theoretical components designed for that principle led us to the conclusion that legal certainty directly relates to the need of ensuring uniformity in judicial decisions and counteracting the potentially harmful consequences arised from the retroactivity of case law.

From the study of common law jurisdictions and other civil law jurisdictions we can conclude that there will be uniformity where there is enforcement of the persuasive precedent established by domestic courts.

From the study of Constitutional Law and EU Law we acknowledge that legal certainty will be met in the context of Tax Law where there is a streamlined retroactive application of case law.

The main purpose of this study is to answer the following question: *Given the current legislative design, is Portuguese tax procedural law constructed in such a way that ensures legal certainty in law enforcement?*

Introdução

A actual concepção legislativa no Direito Tributário caracteriza-se pela elaboração de leis latas e pautadas pelo recurso a conceitos indeterminados.

Os fundamentos que firmaram esta realidade têm origem num fenómeno complexo relativamente ao qual podem ser apontados diversos factores.

Conforme se sabe, o Direito Tributário consiste num ramo fortemente influenciado e limitado pelo princípio da legalidade.

Tempos houve em que as limitações impostas por este princípio explicavam que se esperasse do legislador uma densificação tão precisa quanto possível do tipo legal dos tributos, em particular do tipo legal de imposto. Esperava-se que fosse conferida uma mínima margem de concretização ao intérprete-aplicador do Direito, *maxime* à AT e aos tribunais, a quem restaria uma aplicação estrita da lei, numa lógica de interpretação automática e subsuntiva dos factos à norma.

Este entendimento do princípio da legalidade encontra-se hoje desfasado da realidade e, bem assim, muito aquém da protecção reclamada pelas garantias derivadas, precisamente, do princípio da legalidade, mas também do princípio da segurança jurídica.

Hoje, ao invés de se procurar uma concretização tão densa da lei quanto possível, passou antes a admitir-se e a preferir-se um figurino legal com recurso a conceitos vagos e indeterminados.

Este fenómeno precipita um abandono da cisão rígida entre o papel da *concepção do Direito* e o papel da *aplicação do Direito* transferindo-se para o momento da aplicação a concretização normativa daquelas leis vagas e indeterminadas. Este fenómeno precipita a importância da jurisprudência enquanto fonte de Direito, mesmo num ramo do Direito como o do Direito Fiscal. Admitir este papel de *sub-legislador*[1] por parte dos tribunais não poderá significar menos segurança jurídica para os cidadãos e para o próprio Estado português.

Se é possível afirmar que com esta transferência de "funções" se conseguiu um aperfeiçoamento sistemático que melhor compatibiliza a axiologia do ordenamento jurídico-tributário na sua plenitude, a verdade é que a mesma não deixa de reclamar algumas cautelas. De modo algo paradoxal, constata-se que se foram razões de segurança jurídica e de legalidade que motivaram esta alteração; as vestes que o aplicador do Direito passou a assumir na concretização da lei, porque susceptíveis de potenciar vicissitudes no âmbito da conformação da situação jurídico-tributária dos contribuintes, podem criar distorções precisamente àqueles princípios, mormente ao da segurança jurídica.

Para o efeito basta pensar que diferentes concretizações normativas poderão revelar-se como manifestações da falta de coerência do sistema fiscal. A instabilidade na aplicação do Direito é tão ou mais preocupante que a inflação legislativa. E se esta contradição, quando gerada pela mutabilidade constante da lei fiscal, pode lesar as expectativas legítimas dos particulares para as quais existem já regras e, portanto, protecção, designadamente constitucional; quando gerada por contradição de diferentes aplicações do Direito poderá provocar um resultado não menos preocupante e para o qual é necessário atender. A recorrente mutação legislativa frustra as expectativas dos contribuintes e torna prolixa a aplicação do Direito, mas também assim será quando o aplicador do Direito, em última instância, os tribunais, apliquem Direito de forma incoerente, instável e imprevisível.

Ao reconhecer-se que a função de concretização do enunciado normativo da lei é, em grande medida, relegada para o plano da aplicação do Direito; as cautelas impostas pelo princípio da segurança jurídica no processo de criação terão necessariamente de ser sobrepostas ao processo de aplicação do Direito. Neste sentido, não será despiciendo afirmar que

[1] Esta expressão não é nossa, mas sim de de Wouter Blokland; Coen Maas e Peter Wattel, "The Role of Precedents in Netherlands Tax Litigation", *in* IBFD, vol. 73, n.º 8, 2019, p. 386.

a determinabilidade e previsibilidade da lei fiscal, enquanto comandos à normação legislativa, se encontram hoje intimamente dependentes do grau de estabilidade da jurisprudência tributária.

Não obstante, e ainda que seja possível reconduzir ao princípio da segurança jurídica um acervo de garantias para os particulares que se repercutem em todos os domínios de actuação estatal, a verdade é que o espartilho imposto no momento da criação do Direito não é passível de ser objecto de uma transposição *tout court* para o momento da aplicação do Direito, pelo que o princípio da segurança jurídica tem que ser repensado em função desta realidade.

Haverá que efectuar uma nova abordagem que permita analisar o princípio da segurança jurídica sob duas dimensões distintas: a segurança jurídica na fase *criação do Direito* – pelo legislador – e a segurança jurídica na *aplicação do Direito* – pela AT e pelos tribunais que, em última instância, irão concretizar normativamente leis propositadamente latas. Só esta abordagem permitirá compreender a necessidade de assegurar a segurança jurídica na fase da *aplicação do Direito* num nível muito equivalente ao que se verificava na fase da *criação do Direito*.

Por um lado, haverá o processo de *criação do Direito* no decurso do qual o *legislador* terá que assegurar que o resultado do seu labor é uma lei lata, bem certo, mas obrigatoriamente determinável. Isto sob pena de ser inconstitucional por violação do princípio da legalidade. Aqui o princípio da segurança jurídica assume-se como fundamento do princípio da legalidade. Por outro lado, no prisma do *aplicador do Direito* haverá o processo de *aplicação do Direito* que será, também ele, um processo de concretização normativa. Neste "trabalho de equipa" de concepção legislativa/concretização normativa actual, o resultado tem de ser o mesmo: o *destinatário da lei* e o *destinatário da decisão* de concretização normativa têm de poder antecipar e calcular, com algum grau de determinabilidade, as consequências jurídicas do acto/decisão em questão.

O mesmo é dizer que, se a segurança jurídica é um limite ao princípio da legalidade tal qual ele decorre da actual concepção legislativa; se a segurança jurídica é um espartilho à abstracção legal permitida pelo princípio da legalidade na medida em que exige a mínima e razoável determinabilidade da lei; então a segurança jurídica também terá que ser atendida no processo da *aplicação do Direito* "revelador de normas".

Se assim não for, o que se ganha em segurança jurídica com esta nova técnica legislativa, sempre se perderá numa exequibilidade sem cautelas.

Posto isto, a *aplicação do Direito*, que em última medida será efectuada pelos tribunais, não poderá resultar numa violação do princípio da segurança jurídica e, se resultar, terão de existir mecanismos processuais no ordenamento jurídico-tributário que garantam a possibilidade de repor a segurança em falta.

Aqui chegados, surge então a pergunta a que se pretende responder nesta dissertação: *Estará o sistema processual português preparado para garantir a segurança jurídica na aplicação do Direito perante a actual concepção legislativa?*

A flexibilidade nas decisões dos tribunais em prol da justiça tem por base sistemas jurídicos em que a segurança jurídica é garantida por leis fechadas e típicas. Se a lei é lata e pressupõe concretização normativa pelo juiz então haverá que ter bastantes cautelas que passarão pela necessidade de aumentar mecanismos de eficiência, de coerência, *maxime*, como se verá, mecanismos de uniformização.

Vamos ter oportunidade de ver que este movimento se verifica por todo o mundo independentemente de estarmos perante países de tradição de *common law* ou de *civil law*. Este movimento, de reforço de mecanismos que tragam ao sistema estabilidade na aplicação do Direito, tem também reflexos nas preocupações das instituições internacionais, em particular no caso de situações plurilocalizadas onde a estabilização na aplicação do Direito, ou seja, a segurança jurídica, se assume como um elemento fulcral à competitividade entre os Estados.

Para este exercício, ter-se-á previamente em consideração a realidade de países de *common law*, porquanto a efectivação do princípio da segurança jurídica está, em larga medida, dependente da actuação dos órgãos aplicadores do Direito. Quer isto dizer que naqueles sistemas, onde a jurisprudência é assumidamente fonte de Direito imediata a par da lei, os mecanismos processuais de garantia de uma aplicação uniforme e coerente do Direito estão bastante trabalhados.

No entanto, nem por isso deixará de se ter em consideração a realidade de outros países de *civil law* além do nosso.

Como se verá, existe uma efectiva e crescente preocupação em garantir uma actuação uniforme e coerente dos órgãos aplicadores do Direito porquanto cada vez mais se admite que a actuação dos tribunais (pelo menos dos superiores) como órgãos *pseudo-legisladores*, não pode deixar de ser acompanhada de cautelas de reforço da segurança jurídica nesta fase de aplicação do Direito. A resposta está na uniformização do Direito e esta alcança-se, como se verá, pela persuasão do precedente.

Se do direito comparado a resposta à uniformização do Direito consiste na afirmação do precedente, do Direito Constitucional português e, bem assim, do Direito da UE a resposta andará também pelo acautelar da retroactividade.

A primeira prender-se-á com a segurança jurídica na sua vertente objectiva e a segunda com a sua vertente subjectiva. Se necessitamos de testar o regime português quanto à existência de instrumentos que garantam a primeira – onde nos deteremos na segunda parte da nossa tese – é clara a resposta quanto à segunda. Não há na ordem jurídica portuguesa a possibilidade do STA acautelar os efeitos potencialmente retroactivos de decisões jurisprudenciais.

Não pode existir um Estado de Direito onde, se permita que os tribunais concretizem normativamente o conteúdo de leis latas e não se dote o sistema processual de instrumentos que assegurem que o exercício do papel jurisprudencial vai ser consistente, fiável e, em certa medida, previsível. A segurança jurídica não pode, portanto, significar insegurança jurisprudencial.

A determinabilidade e previsibilidade da lei fiscal, enquanto comandos de normação legislativa, encontram-se hoje intimamente dependentes do grau de estabilidade da jurisprudência tributária. A tensão dialética entre a flexibilidade e a justiça individual e a certeza e eficiência tem que ser equilibrada. Demasiada rigidez torna a *aplicação do Direito* pelos tribunais anacrónica, mas demasiada flexibilidade sem preocupações de efectiva uniformização e coerência torna a *aplicação do Direito* pelos tribunais uma espécie de "casino". E esta aleatoriedade não se compadece com a necessidade de segurança jurídica. Esta aleatoriedade não se compadece com a previsibilidade e estabilidade necessárias à tutela das expectativas dos destinatários, quer se tratem de particulares, quer da própria AT.

Fixado que esteja o fim a que se quer chegar – decisões uniformes e coerentes enquanto reflexo da concretização da segurança jurídica – o que se pretende com esta dissertação é compreender que mecanismos, expedientes e instrumentos dirigidos a este fim existem no direito processual tributário português e testar a sua eficácia.

Uma vez identificados os expedientes existentes no nosso sistema processual tributário com vocação uniformizadora, caberá compreender não só o seu regime jurídico mas, sobretudo, o entendimento que deles tem sido feito pelo STA. Isto, na medida em que uma conformação jurisprudencial demasiado restrita dos fundamentos de recurso ditará, à partida, uma menor acessibilidade das partes a estes expedientes e, consequentemente, uma diminuição da sua eficácia uniformizadora.

Não obstante, este é apenas um começo uma vez que a operacionalidade destes mecanismos está dependente da capacidade persuasiva das decisões superiores sobre a jurisprudência proferida pelos restantes tribunais. Neste sentido, será necessário aferir até que ponto, na prática, estes recursos são verdadeiramente eficazes no cumprimento do seu desígnio.

Em face do exposto, se a actual concepção legislativa no Direito Tributário constitui o ponto-de-partida, a capacidade de obtenção de uniformização e coerência na aplicação do Direito pelos tribunais tributários será o fim.

O actual sistema das fontes de Direito Tributário tem que ser repensado em face desta repartição de papéis entre *criação do Direito* e *aplicação do Direito* imposta pela actual concepção legislativa. Dizer isto é dizer que a jurisprudência ao concretizar normativamente leis latas e ao concretizar conceitos indeterminados estará a "criar" Direito e, portanto, é uma fonte de Direito que tem que ser pensada em conjunto com a lei com cautelas semelhantes, designadamente no que respeita às garantias de segurança jurídica.

Um Estado de Direito democrático que admita, no que em concreto respeita ao Direito Tributário, uma concepção legislativa como a actual, tem que prever mecanismos que garantam a uniformização na aplicação do Direito, sob pena de violação do princípio da segurança jurídica. Estes mecanismos terão que assegurar pelo menos a efectiva persuasão do precedente e acautelar a retroactividade da jurisprudência.

Sequência Expositiva

Se o que se propõe com o presente estudo é responder à questão de saber se *o sistema processual português estará preparado para garantir a segurança jurídica na aplicação do Direito perante a actual concepção legislativa em Direito Tributário*, a resposta passará por uma divisão em dois grandes TÍTULOS.

No TÍTULO I dedicar-nos-emos a perceber qual é a *actual concepção legislativa em Direito Tributário* e as suas implicações com e no *princípio da segurança jurídica* e nas fontes de Direito Tributário, olhando ao que se faz em Portugal mas também no exterior.

No TÍTULO II testaremos o sistema português a fim de compreender se ele está ou não ajustado a esta nova realidade.

Iniciar-se-á a análise no CAPÍTULO I do TÍTULO I pelo exame das causas que levaram à adopção da actual concepção legislativa, que se chamarão de *históricas* e de *modernas*, que culminaram num fenómeno de hipertrofia legislativa determinando o abandono de uma visão rígida dos princípios da legalidade e da tipicidade fiscal.

De seguida, tecer-se-ão algumas cautelas que deverão ser observadas, designadamente no que concerne às exigências de determinabilidade da lei fiscal, tal como são reclamadas pelos princípios da legalidade e da segurança jurídica, em face da adopção de uma técnica legislativa pautada pelo recurso cada vez maior a conceitos vagos e indeterminados, bem como, a tipologias abertas. Aqui compreender-se-á que esta é uma problemática que não se limita às fronteiras portuguesas e cuja importância no *doing business* internacional é cada vez mais premente.

Quem aplica Direito? Qual o critério de determinação da lei no caso concreto? Quais as cautelas que têm que ser asseguradas no processo de aplicação do Direito que é também um processo de criação normativa? Serão estas algumas das perguntas que se pretendem ver respondidas a fim de estudar a função de concretização normativa que vai ser assumida pelo aplicador do Direito.

Para o efeito, deter-nos-emos em primeira linha na AT porquanto representa o primeiro "actor" na cadeia de aplicação do Direito Tributário, sendo que por aplicador do Direito entendemos as entidades que podem "criar" obrigações jurídicas: a AT e os tribunais.

Já por referência à função desempenhada pelos tribunais enquanto últimos concretizadores do enunciado normativo das leis fiscais aferir-se-á de que modo a interpretação constitui um critério ou elemento de auxílio na concretização do conteúdo das leis. A este respeito, ter-se-á em consideração o nível de protecção que é conferido às garantias decorrentes do princípio da segurança jurídica através da utilização de um teste de proporcionalidade como critério de interpretação.

Por último, e para terminar o Capítulo I, tentar-se-á uma experimentação daquela que tem sido a concretização normativa efectuada pela jurisprudência a respeito da norma tributária vaga e indeterminada por excelência, a CGAA. Tudo para se perceber na prática qual é a problemática da lei fiscal quando, atenta a sua vaguidade, acaba por ser concretizada de forma diferente em casos semelhantes.

Uma vez escrutinado o mote desta tese – a actual concepção legislativa –, procurar-se-á efectuar no Capítulo II uma análise transversal do princípio da segurança jurídica.

Iniciar-se-á a nossa análise pelo enquadramento jurídico deste princípio, relacionando-o com o conceito de Estado de Direito Democrático.

De seguida, far-se-á a concretização do seu conteúdo, apontando as dimensões que a doutrina lhe costuma associar. A este respeito, analisar-se-ão as exigências de *estabilidade normativa* e *coerência sistemática* enquanto garantes de segurança jurídica, estudando-se também a temática clássica da aplicação da *lei fiscal no tempo*, olhando às manifestações que a segurança jurídica aí apresenta, bem como aos seus reflexos no que concerne à protecção das posições jurídico-subjectivas dos contribuintes. Ver-se-á então o tratamento que a doutrina *constitucionalista* e *fiscalista* tem dado a este princípio.

Por último, deter-nos-emos na temática da *retroactividade jurisprudencial* e nas cautelas que deverão ser tidas por força do papel que é esperado pelos tribunais no contexto da actual concepção legislativa.

Concluída a análise do plano nacional, seguir-se-á a análise do plano europeu em que se dará logicamente ênfase ao contexto do Direito da UE tentando compreender de que forma a segurança jurídica é perspectivada no ordenamento europeu.

Partir-se-á para o CAPÍTULO III aderindo ao pressuposto de que a actual concepção legislativa do Direito Tributário intencionalmente desloca para o aplicador do Direito o esforço de concretização normativa e que esse esforço exige mecanismos que garantam a segurança jurídica na aplicação do Direito. O mesmo é dizer que se partirá para o capítulo seguinte com a noção clara de que se do aplicador do Direito é esperada uma concretização normativa da lei intencionalmente ampla, então forçosamente a jurisprudência terá de passar a desempenhar um papel de fonte de Direito Tributário a par da lei. E se assim é, as cautelas de segurança jurídica que são assumidas por ocasião da feitura da lei terão também que ser assumidas aquando da concretização normativa pela jurisprudência.

Da análise de direito comparado que se fará mais adiante compreender-se-á que a uniformização da aplicação do Direito é a resposta à "dimensão objectiva" da segurança jurídica na aplicação do Direito, pelo que se fechará este TÍTULO I olhando à forma como, em países de *common law*, se assegura a uniformização do Direito e como, em países de *civil law*, cada vez mais esta é uma preocupação reflectida na "arquitectura" dos sistemas processuais.

Da análise de Direito Constitucional e de Direito da UE tecida, compreender-se-á que a segurança jurídica na sua dimensão subjectiva pensada para a aplicação do Direito não vê resposta na legislação processual portuguesa porquanto não há qualquer mecanismo capaz de assegurar uma eventual aplicação retroactiva da jurisprudência.

Assim, no TÍTULO II a tónica será colocada sobre o ordenamento jurídico-processual português tentando verificá-lo e testá-lo de modo a compreender se e em que medida a segurança jurídica é acautelada na aplicação do Direito, mais do que na vertente subjectiva da retroactividade para a qual obteremos resposta no Título I, na vertente objectiva da uniformização.

No CAPÍTULO I, traçar-se-á o panorama dos instrumentos com vocação uniformizadora, centrando o nosso estudo no regime dos instrumentos que possibilitam a uniformização e a coerência do Direito.

Para o efeito procurar-se-á delimitar o regime jurídico dos recursos e demais instrumentos com vocação uniformizadora já existentes no contexto pré e pós reforma que ocorreu em 2019. Aqui dar-se-á particular atenção ao caso da arbitragem tributária onde esta temática da uniformização da aplicação do Direito era parcialmente sonegada, pelo menos até à reforma.

No Capítulo II eleger-se-ão os dois principais recursos com vocação uniformizadora capazes de serem testados, o *recurso para uniformização de jurisprudência* e o *recurso excepcional de revista*.

Para cada um deles serão primeiramente explicados com maior pormenor os traços dos seus regimes e posteriormente tecidos dois testes de uniformização.

O *primeiro teste* procurará aferir qual o entendimento do STA a respeito dos fundamentos de recurso, percebendo então a forma pela qual aquele tribunal tem aceitado ou tem negado cada um dos recursos. Por via desta análise jurisprudencial, que terá maioritariamente por referência a delimitação negativa do âmbito material dos fundamentos de recurso, avançar-se-á com uma proposta de concretização normativa daqueles fundamentos com base nas posições mais recentes do STA.

Posteriormente, já a respeito do *segundo teste* uniformizador, procurar-se-á testar a eficácia das decisões proferidas pelo STA com vocação uniformizadora da jurisprudência. Serão assim escolhidas algumas decisões que deram provimento àqueles recursos de modo a poder esclarecer se as decisões posteriores confirmaram o entendimento jurisprudencial que foi uniformizado – a *ratio decidendi* da decisão – ou se, pelo contrário, – o contrariaram. No fundo, procurar-se-á verificar se, na prática, as decisões uniformizadoras proferidas pelo STA têm ou não um efeito persuasivo sobre a jurisprudência seguinte e, consequentemente, logram cumprir o desígnio a que se propõem.

Uma vez obtidos os resultados destes dois testes uniformizadores e extraídas as devidas conclusões, caberá então apontar as melhorias que são passíveis de ser operadas no sistema processual e que ficaram por concretizar na reforma do contencioso tributário de 2019.

É o que se fará no Capítulo III.

Por fim, serão apresentadas as Conclusões da nossa dissertação.

Título I
A Actual Concepção Legislativa em Direito Tributário e a Segurança Jurídica

Perante a eleição do princípio da segurança jurídica como centro de estudo da presente tese não se pode partir para a tentativa da sua compreensão à luz da actual concepção legislativa em Direito Tributário[2] sem antes perceber que a sua categorização depende, em última medida, de um exercício de compreensão da opção metodológica subjacente. Isto porque a adopção de modelos distintos pode levar a qualificações e, naturalmente, a consequências diferentes.

O que se fará de seguida não é mais do que apurar qual o pressuposto de adesão que se adoptará na presente dissertação relativamente à construção do sistema normativo. E ele será o de aceitar como certo que o sistema normativo é um espaço composto por regras e por princípios.

Adere-se, para o efeito, à visão metodológica de ROBERT ALEXY a fim de tentar perceber que sem prejuízo do percurso que se fará do princípio da segurança jurídica e da sua importância no desenho do sistema normativo, existem outros princípios que merecem ser destacados ao longo desta dissertação pela importância que desempenham na actual arqui-

[2] Tradicionalmente, as expressões Direito Tributário e Direito Fiscal assumem na doutrina um significado distinto. FREITAS DA ROCHA entende que a noção de Direito Tributário se afigura mais ampla do que a noção de Direito Fiscal, já que a primeira respeitaria aos tributos em geral enquanto a segunda compreenderia apenas a vertente dos impostos. Por seu turno, SÉRGIO VASQUES defende que, ainda que este ocupe um papel elementar, é errado definir o Direito Fiscal como o ramo do Direito que se ocupa exclusivamente do imposto. Assim, deve efectuar-se uma utilização indistinta dos qualificativos "tributário" e "fiscal". Ao longo da dissertação optou-se por utilizar ambas as expressões porquanto se acredita que é possível reconduzi-las à mesma realidade. A este respeito *vide* FREITAS DA ROCHA, *in* "Lições de Procedimento e Processo Tributário", 2019, pp. 14-16; SÉRGIO VASQUES, *in* "Manual de Direito Fiscal", Almedina, 2.ª edição, 2018, pp. 65 e ss.

tectura do ordenamento jurídico-tributário e que, conseguintemente, também explicam a actual concepção legislativa no seio do Direito Fiscal. Portanto, há que perceber que este princípio se articula com outros e que não se sobrepõe a outros.

A este respeito, convém denotar que a tese alexyana consistiu num desenvolvimento do pensamento de RONALD DWORKIN que, por sua vez, procurou afastar a visão positivista de sistema jurídico propugnada por HERBERT HART.

Para HART, numa primeira fase, só existiam regras.[3] Porém estas não seriam sempre exactas e perante um *hard case* no qual existissem dúvidas sobre uma situação que não estivesse inteiramente coberta por uma regra jurídica, o juiz deveria decidir com discricionariedade e a sua decisão estaria sempre certa.[4]

Para DWORKIN a solução de um *hard case* residiria na interpretação devendo nesta ponderação ser atendidas as regras, mas também os princípios gerais de Direito.[5] DWORKIN chegou mesmo a afirmar que HART não teve em conta a aplicação dos princípios por parte dos juízes na sua aplicação quotidiana do Direito.[6] Para DWORKIN, a cada caso concreto

[3] O autor definia o sistema jurídico com base em regras, distinguindo entre regras primárias e regras secundárias. As primárias impunham deveres e obrigações, enquanto as secundárias atribuíam poderes. Estas últimas distinguiam-se entre *rule of recognition, rules of change* e *rule of adjudication.* HART, *in* "O Conceito de Direito", Fundação Calouste Gulbenkian, 2011, p. 89 e ss e 316 e ss.

[4] Segundo o autor: "Deveria tolerar-se uma margem de incerteza e, na verdade, deveria considerar-se a mesma bem-vinda (...) de forma que pudesse tomar-se uma decisão judicial inteligente". *Ibidem* p. 313.

[5] A este propósito GOMES CANOTILHO refere-se a uma *jurisprudência principalista,* afirmando: "diz-me se um tribunal aplica princípios e eu digo-te que tipo de justiça faz", *in* "Tribunal Constitucional, Jurisprudência, Políticas Públicas, Conferência Comemorativa do 20.° Aniversário do Tribunal Constitucional", Policopiado, 2003.

[6] Para DWORKIN o processo de interpretação jurídica seria semelhante ao processo de interpretação artística. Isto porque, no seu entender, ambos se debruçam sobre uma criação de um terceiro. Em ambos, caberia ao intérprete distanciar-se desse (terceiro) criador e adicionar algo, acrescentando deste modo valor artístico à obra iniciada pelo autor original. Por esta razão, também o processo de interpretação jurídica seria um processo de interacção entre a *intenção* e o *objecto,* com o intuito de valorar o segundo tornando-o o melhor possível (*the best it can be).* DWORKIN, *in* "Law's Empire", Harvard University Press, 1988 (reimpressão 1995),

corresponderia apenas uma solução adequada, a correcta. Não haveria duas soluções correctas.[7]

O pensamento de DWORKIN serviu de base à teoria de ALEXY. Este sustenta a tese de que "toda a norma ou é uma regra ou é um princípio" com base no argumento de que ambos expressam um dever ser. Ambas são normas que regulam a conduta humana e servem para fundamentar as decisões jurisdicionais. A diferença entre uns e outros seria qualitativa e não de grau, devendo ser dada por via da interpretação do enunciado normativo.[8]

As regras serão aplicáveis numa lógica de "tudo ou nada", isto é, são normas que são ou não cumpridas de maneira exacta e integral. Estas são ou não preenchidas e não podem, nem devem, ser ponderadas, pois impõem obrigações definitivas.[9] Os princípios serão mandamentos de

p. 52. Em idêntico sentido dispõe PATRICK NERHOT em "Interpretation in Legal Science: The Notion of Narrative Coherence", *in* Law, Interpretation and Reality: Essays in Epistemology, Hermeneutics and Jurisprudence, PATRICK NERHOT Editor, 1990, pp. 192-225, quando afirma que *"Artist interpretation and interpretation of social practice, such as law, are called by Dworkin creative interpretation, in order to distinguished them from interpretation of a dialogue or from scientific interpretation"*. Ora, é justamente na medida em que postula a necessidade de haver uma interpretação criativa por parte do aplicador do Direito, que DWORKIN reconhece a necessidade de os juízes recorrerem mais a princípios do que a regras, o que cria especiais dificuldades em função dos princípios serem caracterizados por deterem um grau de abstracção mais elevado.

[7] Para DWORKIN as dificuldades da tese do *only one right possible answer* haveriam de ser suprimidas por via da existência de um juiz dotado de uma capacidade sobrelevada. Este seria um super juiz, um juiz "Hércules", que levaria a cabo a tarefa de construir um conjunto de princípios que forneceriam uma justificação coerente e racional para todos os precedentes judiciais. Teríamos, portanto, uma rede de princípios e, assim, um sistema jurídico que, considerada toda a sua história institucional, possibilitaria ao intérprete encontrar a solução adequada para qualquer caso jurídico, não sobrando qualquer espaço para a discricionariedade do intérprete: a decisão nunca seria uma escolha entre duas possíveis decisões.

[8] A este respeito em "A Norma de Legalidade Procedimental Administrativa – A Teoria da Norma e a Criação de Normas de Decisão na Discricionariedade Administrativa", Almedina, 2006. p. 1280, DAVID DUARTE diferencia as regras dos princípios, essencialmente, com base em dois critérios: grau de indeterminação e diferença qualitativa nas formas de aplicação.

[9] HUMBERTO ÁVILA não concorda com esta lógica do "tudo ou nada", aferindo casuisticamente se existem ou não "razões substanciais" devidamente fundamentadas que determinem a aplicabilidade da norma ao caso concreto, *in* "Teoria dos Princípios – Da Definição à Aplicação dos Princípios Jurídicos", São Paulo Malheiros, 15.ª edição, 2014, pp. 71-72.

optimização (*optimization requirements*), pelo que a sua aplicação deverá ser efectuada na maior medida possível dentro da imensidão de possibilidades fácticas e jurídicas. Os princípios terão diferentes graus de concretização em função do seu peso (*dimension of weight*), sendo que a determinação da sua medida no caso concreto haverá de ser efectuada em função do grau de cedência de um em face dos demais princípios que reclamem aplicação.

É a respeito do confronto de normas passível de se verificar no caso concreto que ALEXY desenvolveu a chamada "lei da colisão". Segundo esta, quando exista um conflito de regras só há dois caminhos para o resolver: ou uma das regras é considerada inválida ou é introduzida na ordem jurídica uma excepção à regra.[10] Quando a colisão seja entre princípios, um tem de ceder relativamente ao outro. A solução dá-se exactamente pelo balanço entre um princípio e outro em função da respectiva *dimension of weight*. Esta "lei da colisão" é um reflexo de optimização dos princípios que têm e devem coexistir na ordem jurídica e da actuação de que, pelo menos no plano ideal, não devem existir prioridades absolutas entre eles. A medida da cedência é dada no caso concreto e a proporcionalidade deverá ser o critério de interpretação na escolha entre um e outro princípio.[11]

Os princípios do sistema normativo a que se fará referência durante a presente investigação constituem princípios segundo a dicotomia proposta por ALEXY. Estão em causa verdadeiros *optimization requirements* que cominam uma determinada valoração da realidade. Quer isto dizer que todos aqueles princípios jurídicos, enquanto valores fundamentais do nosso ordenamento, impõem um específico comando normativo não só ao legislador, no processo de concepção legislativa, como também aos entes que, em concreto, apliquem o Direito, sejam eles a AT ou os tribunais.

[10] Ressalva-se que para DWORKIN também poderiam existir excepções que fundamentassem a inaplicabilidade da regra ao caso concreto, mantendo esta inteira validade para a resolução dos demais casos que por ela não se considerassem abrangidos.

[11] Aqui segue-se de perto JOÃO FÉLIX NOGUEIRA, *in* "Direito Fiscal Europeu – O Paradigma da Proporcionalidade", 2010, p. 69.

Deste modo, cumpre salientar que a análise que será efectuada ao princípio da segurança jurídica e da sua importância no desenho do sistema normativo não poderá procurar a sua sobreposição absoluta relativamente aos demais princípios que com este se articulem e que, no caso concreto, poderão revelar uma *dimension of weight* superior.

Quando no Capítulo I se tentar compreender qual a actual concepção legislativa em Direito Tributário e que desafios traz à aplicação do Direito, haverá que considerar também o princípio da legalidade e compreender que razões de segurança jurídica, que também são causa da "actual forma de fazer leis fiscais", não se podem sobrepor *tout court* a razões de legalidade.

Quando no Capítulo II se explorar a temática de saber se as dimensões clássicas do princípio da segurança jurídica respondem aos reptos lançados pela actual concepção legislativa, vai-se compreender que a estabilidade e previsibilidade, que são também exigidas na *aplicação do Direito*, se encontram em colisão com o princípio da auto-revisibilidade da jurisprudência, cabendo efectuar a devida ponderação do seu peso no caso concreto.

Quando, por fim, no Capítulo III se analisarem os instrumentos de uniformização e coerência usados em alguns países, designadamente de *common law*, também se concluirá que esta necessidade tem que ser equilibrada pela aceitação do princípio da evolução do Direito ou princípio da auto-revisibilidade das leis que se estende também, diz-se já, à auto-revisibilidade da jurisprudência uniforme.

Tendo ficado assente que os aplicadores do Direito na resolução de casos concretos, tanto aplicam regras, quanto princípios, cumpre ainda realçar uma outra temática que tem ocupado a disciplina da Teoria do Direito e que respeita à *discricionariedade judicial*. Fazemo-lo, uma vez mais, apenas para assentar o pressuposto sobre o qual partiremos.

E o pressuposto assentará na premissa de que, perante normas compreendidas por conceitos vagos e indeterminados, o tribunal irá proceder à concretização normativa da lei. Quer isto dizer que dentro do universo de possibilidades que o legislador deixou em aberto o juiz vai, no fundo, decidir se uma determinada possibilidade está ou não incluída no recorte material da lei (em sentido lato), isto é, se está ou não incluída naquele universo já aprovado pelo legislador.

Tal como se referiu, o modelo positivista de Hart pressupunha que, nos casos em que inexistisse uma regra conclusiva, a solução passaria pela criação de uma nova regra pelo poder judicial pautada, invariavelmente, por um inegável *deficit* democrático.

Dworkin, pelo contrário, rejeitava uma tomada de decisão judicial baseada na preferência pessoal do julgador, isto é, não admitia qualquer espaço de discricionariedade.[12] A este propósito é impressiva a afirmação de Dworkin de que a "[d]iscricionariedade, tal como o buraco de um donut, não existe excepto enquanto espaço deixado em aberto pelo cinto circundante de restrição. É consequentemente um conceito relativo".[13] Para Dworkin existiam assim diferentes modalidades de discricionariedade. A primeira seria o caso de um padrão de conduta poder ser razoavelmente interpretado de diferentes formas, como sucederá no caso da interpretação judicial das normas divergir. A segunda seria o caso de a decisão a tomar não estar sujeita a revisão por uma autoridade superior, como sucederá com as decisões do STA. E, por fim, o caso de não existirem padrões de conduta aplicáveis que conduzam a uma decisão em particular. Este seria o caso da discricionariedade forte, em que se verificaria a possibilidade de escolha unilateral por parte do órgão decisor, tal como sucederá no caso em que o aplicador do Direito tem de discernir sobre uma possibilidade de entre as várias presentes numa lei ampla e vaga.

Ora, ao defender que há sempre uma "resposta certa", o autor rejeita a possibilidade de existir discricionariedade judicial forte, uma vez que o dever do juiz é o de descobrir qual o Direito aplicável e não o de o inventar retroactivamente. Consequentemente, os juízes nunca criariam Direito, nem mesmo nos *hard cases*, porquanto tal afectaria a segurança jurídica e originaria uma ditadura dos tribunais.[14]

[12] A este respeito Larenz entende que é possível alcançar o "direito correcto" com recurso aos princípios da boa fé, *pact sunt servanda*, da culpa, do tratamento igual e da proporcionalidade. Neste sentido *vide* A. Kaufmann e W. Hassemer (org.), *in* "Introdução à Filosofia do Direito e à Teoria do Direito Contemporâneas", 3.ª ed., Fundação Calouste Gulbenkian, 2015, p. 159.

[13] Dworkin, *in* "Taking Rights Seriously", Harvard University Press, 1977, p. 31.

[14] Para a defesa desse raciocínio entende, tal como se viu, que a resolução dos casos difíceis pelos juízes deve ser feita com recurso aos princípios jurídicos.

Pelo contrário, é perante esta mesma discricionariedade forte que HART admitia uma *restricted law-making function* nos *hard cases*, isto é, um poder de criação do Direito pelos juízes que estaria limitado pelo Direito pré-estabelecido e que seria diverso do poder legislativo.[15]

A este respeito KELSEN afirmava que "[c]ostuma-se dizer que o tribunal tem competência para exercer a função de legislador. Isto não é completamente exacto quando por legislação se entenda a criação de normas jurídicas gerais. Com efeito, o tribunal recebe competência para criar apenas uma norma individual, válida unicamente para o caso que tem perante si".[16] Desta forma, "[a] decisão judicial é a continuação, não o começo, do processo de criação jurídica".[17]

Perante o exposto, a aderirmos a uma tese, inclinar-nos-íamos para a tese de DWORKIN quando este defende que os juízes não criam verdadeiramente Direito, só o revelam.[18] É por esta razão que dizemos que a jurisprudência passa a assumir-se como uma fonte de Direito cada vez mais importante, sem nunca, porém, a qualificarmos como imediata. É que se assim fosse o precedente teria que ser vinculativo quando na realidade a nossa tese andará pelo reforço da persuasão. Mas não qualificar a jurisprudência como fonte imediata de Direito não significa que não agrave ainda mais a problemática da segurança jurídica em situações contraditórias como teremos oportunidade de ver.

Em suma, o que se pretendeu com este ponto prévio foi deixar compreendido que a aplicação do princípio da segurança jurídica deve ser efectuada na maior medida possível, ainda que o respectivo grau de concretização apenas se afira em função do peso que, em contraposição com outros princípios, assuma no caso concreto. Por seu turno, pretendeu-se igualmente deixar assente que aos juízes está vedado o poder de criar livremente uma regra para a resolução do caso concreto. Dir-se-á repe-

[15] HART (2011), p. 335 e ss.

[16] KELSEN, *in* "Teoria Pura do Direito", Verlag Franz Deuticke, 1960, trad. de João Baptista Machado, Arménio Amado Editora, 1984, p. 336.

[17] *Idem* p. 349.

[18] Tecendo críticas à teoria de DWORKIN *vide* ANTÓNIO MANUEL HESPANHA, *in* "O Caleidoscópio do Direito: O Direito e a Justiça nos Dias e no Mundo de Hoje", 2.ª Edição, Almedina, 2014 (reimpressão da edição de 2009), pp. 200 e ss.

tidamente nesta tese que os tribunais ou os juízes enquanto aplicadores últimos do Direito terão – no que em concreto respeita às leis contruídas de acordo com a actual técnica legislativa em Direito Tributário –, poderes de *concretização* ou de *revelação normativa*. Não criam Direito de novo, individualizam a realidade já delimitada pelo legislador.

Fixados estes pressupostos, caberá agora iniciar o Capítulo I para perceber qual a actual concepção legislativa em que assentará o presente estudo sobre o princípio da segurança jurídica.

Capítulo I
Os Desafios da Actual Concepção Legislativa em Direito Tributário

1. Colocação do problema

Na presente dissertação pretende-se responder à questão de saber se o sistema processual português está, ou não, adaptado aos desafios de segurança jurídica originados pela actual concepção legislativa em Direito Tributário.

Para responder a tal questão, começar-se-á por indagar os contornos da actual concepção legislativa em Direito Tributário, a qual constitui o mote do presente estudo e que exige, por parte do aplicador do Direito, um esforço redobrado sempre que estiver a concretizar normativamente a lei. É o que se pretende fazer neste Capítulo I.

Esta temática, tal como se verá, pela multidisciplinariedade, pela complexidade e até pelo interesse que desperta mereceria um tratamento bem mais denso e profundo do que o que se fará aqui. Porém, a nossa abordagem a esta questão pautar-se-á pelos termos estritamente necessários à clarificação do pressuposto a que se adere, a saber: a actual concepção legislativa em Direito Tributário leva os tribunais a assumirem um papel de concretizadores normativos. É, portanto, um tratamento que se pretende assertivo, claro está, mas tão sucinto quanto se conseguir.

Dividir-se-á a abordagem do Capítulo I em dois grandes pontos.

O primeiro para saber qual a *concepção legislativa* em Direito Tributário e o segundo para saber o que é a *concretização normativa pelo aplicador do Direito Tributário.*

A forma de fazer leis fiscais mudou em todo o mundo. A frequência com que o legislador elabora a lei fiscal recorrendo a tipos abertos e a conceitos indeterminados leva a que se deva reconhecer que esta constitui a actual tendência da concepção legislativa no panorama tributário. Por essa razão, este constituirá o ponto de partida desta dissertação, sendo que a "actual forma de fazer leis fiscais" não deve, e não pode, significar uma diminuição das garantias tuteladas pelo princípio da legalidade, nem tão pouco pode significar menos segurança jurídica. Assim, saber quais as razões e quais as consequências e cautelas que nos exige esta nova forma de desenhar as leis fiscais é o que se pretende descobrir a começar este estudo.

Nestes termos, a temática será introduzida acompanhando-se as causas que favoreceram este "estado de coisas", perscrutando-se os momentos-chave que determinaram o enraizamento da técnica legislativa fiscal contemporânea.

Procurar-se-á ressaltar a importância da influência exercida pela emergência do Estado Social, bem como do fenómeno de *inflação legislativa* que ele acarretou, na determinação das características da moderna lei fiscal. De uma perspectiva histórica, a actual concepção legislativa apresentou-se como único remédio para mitigar aquele fenómeno, porém, como se atestará, as razões que a justificam têm vindo a adensar-se e são cada vez mais actuais.

Neste sentido, indagar-se-ão as causas que se chamarão de *modernas* da adopção desta técnica legislativa fiscal, a qual deverá a sua "abertura" inicial à prossecução de novos objectivos a cargo do Estado, embora hoje se constate que a flexibilidade da lei fiscal se tenha alargado por razões de *segurança jurídica* e de *igualdade tributária*.

Tanto no plano nacional, quanto no plano internacional, continua a admitir-se pacificamente, não sem limites, como se verá, que o legislador fiscal se socorra de conceitos indeterminados e genéricos assegurando-se deste modo que o universo de contribuintes e de situações objectivamente abrangidas seja mais amplo. São, portanto, razões de reforço de capacidade contributiva e de igualdade que justificam, se não a adopção, pelo menos a manutenção e o reforço desta técnica, usada frequentemente para enfrentar o fenómeno de combate à fraude e evasão fiscais.

No plano internacional compreende-se que a prolixidade dos sistemas nacionais, acrescida da necessidade de serem compatibilizadas regras internas e regras internacionais mormente no caso de situações plurilocalizadas, agrava o fenómeno de inflação legislativa iniciado com o Estado Social e, portanto, leva a que se mantenha e se motive a adopção deste método de elaboração de leis fiscais. É que leis mais amplas reclamam menor revisibilidade e, portanto, trazem ao regime, pelo menos em teoria, maior simplicidade e maior estabilidade e, por conseguinte, maior segurança jurídica.

Porém, o facto da actual concepção legislativa se manifestar pela existência de leis fiscais de enunciado normativo vago e indeterminado, ou seja, de uma técnica legislativa caracterizada por um fenómeno de flexibilidade, acaba por vulnerabilizar, quer o princípio da legalidade tributária, quer, paradoxalmente, o próprio princípio da segurança jurídica que a motivou.

No plano axiológico, a adopção desta técnica legislativa, que relega em última instância a determinação efectiva do conteúdo da lei aos tribunais, exige, como se verá, cautelas ao nível destes dois princípios.

A primeira cautela está ao nível do princípio da legalidade e da compatibilização do subprincípio da determinabilidade da lei fiscal à (in)conformidade constitucional da amplitude das leis fiscais.

A segunda cautela está ao nível da segurança jurídica e da necessidade de garantir na esfera do aplicador do Direito, que vai concretizar normativamente o comando legal amplo, que a revelação do conteúdo normativo respeite também critérios de previsibilidade, de estabilidade e de protecção da confiança.

Esta é uma tese que se quer sobre o escrutínio dos instrumentos de uniformização e de coerência existentes no processo tributário português e da sua suficiência em face das exigências decorrentes desta "actual forma de fazer leis fiscais". É, portanto, uma tese que andará neste segundo nível.

Não é, nem pretende ser, uma tese sobre a acomodação do princípio da legalidade tributária a esta actual forma de conceber leis tributárias. Não obstante, já a terminar a primeira parte deste CAPÍTULO I, admitir-se-á que a actual concepção legislativa ao relegar a actores do Estado, tradicionalmente arredados do poder legislativo, uma margem de concretização normativa da lei fiscal, deverá reconfigurar os quadros clássicos do princípio da legalidade. Contudo, como se verá, esta conclusão não é original. Apenas aqui será mencionada porque se quer deixar clara a primeira cautela, o primeiro perigo da actual concepção legislativa fiscal e que se prende precisamente com o princípio da legalidade. Em todo o caso, sublinhe-se que, neste domínio, deter-se-á em pressupostos e aderir-se-á a construções já antes feitas em virtude de não ser esse o cerne desta dissertação.

E o cerne é, precisamente, a segunda consequência da adopção desta técnica legislativa: a margem de concretização normativa evidenciada pela actual concepção legislativa e cometida à AT em primeira linha e, em última linha, aos tribunais fiscais, traz desafios à efectividade das dimensões do princípio da segurança jurídica tal como entendidas pela visão clássica do princípio.

Assim, se a primeira parte deste CAPÍTULO I se dedicará à nova forma de fazer leis fiscais, a segunda parte será em torno do papel do aplicador do Direito que assumirá a tarefa de, no caso concreto, determinar a concretização normativa aplicável.

Percebendo que neste esforço de concretização normativa há, de facto, uma transferência de papéis entre as duas esferas de actuação – *criação* e *aplicação do Direito* – percebe-se também que esta transferência levanta várias questões, já que o processo de "*criação do Direito*" não vai ser apenas efectuado pelo legislador, mas também pelo aplicador do Direito.

Quem aplica Direito? Qual o critério de determinação da lei no caso concreto? Quais as cautelas que têm que ser asseguradas no processo de aplicação do Direito que é também um processo de revelação normativa?

É, portanto, na tentativa de responder a estas questões que se centrará a primeira parte da presente dissertação. Às duas primeiras questões, adianta-se, pretende-se responder aqui na segunda parte deste CAPÍTULO I. Já a resposta à última, essa, julga-se que só se alcançará após a análise vertida no CAPÍTULO II.

A terminar o presente capítulo tentar-se-á uma experimentação da concretização normativa que tem sido feita relativamente à norma que se traduz, afinal, naquele que é o exemplo paradigmático de uma lei ampla: a CGAA.

É que só olhando à prática se perceberá, a final, o quão relevante é a resposta à terceira questão que nos levará ao capítulo seguinte.

2. A actual concepção legislativa em Direito Tributário

Em termos básicos e porventura ligeiros pode começar por se dizer que, no contexto actual, a concepção legislativa no seio do Direito Tributário reclama a existência de uma lei caracterizada por um enunciado normativo suficientemente flexível. Suficientemente flexível para à partida, à nascença, prever um grande número de situações de modo a, por um lado, não estar constantemente a ser ultrapassada e, portanto, de forma a evitar a constante revisibilidade e, por outro, de forma a ter um conteúdo tão amplo ao ponto de "deixar de fora" do sistema o menor número de situações possível.

É inegável que são cada vez mais frequentes leis fiscais que compreendem conceitos indeterminados e genéricos no seio do ordenamento jurídico-tributário, leis compostas por "conceito[s] cujo conteúdo e extensão são em larga medida incertos" em contraposição ao conceito numérico ou preciso.[19] Na actual concepção legislativa abdicou-se, portanto, do "conceito fechado" para se dar lugar ao "tipo aberto".[20] Na esteira de SÉRGIO VASQUES, está "[u]ltrapassada uma época histórica em que se exigia da lei fiscal uma tipicidade absolutamente fechada".[21]

Em face da complexidade das circunstâncias sociais e económicas que norteiam o processo contemporâneo de legiferação fiscal, o progressivo

[19] KARL ENGISCH, *in* "Introdução ao pensamento jurídico", 11.ª ed., Fundação Calouste Gulbenkian, 2014, p. 208. Veja-se que grande parte da Teoria do Direito do século XX concluiu que "a lei é possivelmente, se não inevitavelmente indeterminada" no sentido em que dela não emana um resultado único. Por conseguinte, pode haver leis mais ou menos determinadas, mas a eliminação da indeterminação legal não é possível. Por todos, JULES COLEMAN e BRIAN LEITER, *in* "Determinacy, Objectivity, and Authority", *in* University of Pennsylvania Law Review 142 (2), 1993, pp. 226-22. Sobre a "textura aberta da lei" e o seu "núcleo" com um "significado estável", HART (2011), pp. 137 e ss; e DWORKIN (1977), pp. 24 e ss.

[20] Dito em melhores palavras "[a] previsão normativa fiscal é feita (...) não com recurso a conceitos fechados, susceptíveis de definir com precisão o grau de abrangência, mas sim, a meros tipos fiscais", SALDANHA SANCHES, *in* "Manual de Direito Fiscal", 3ª Edição, Coimbra Editora, 2007, pp. 173-174. São vários os casos que demonstram esta flexibilidade da lei fiscal. Um exemplo será a "margem de livre apreciação" expressamente prevista no caso do art. 59.º, n.º 3, al. *i*) da LGT. Outro poderá ser o caso paradigmático da CGAA cuja eficácia está dependente da indeterminação do enunciado normativo do art. 38.º, n.º 2 da LGT, tal como salientava SALDANHA SANCHES (2007), p. 223.

[21] SÉRGIO VASQUES (2018), p. 339.

enraizamento de uma lei que compreende conceitos indeterminados e vagos é hoje reconhecido como uma fatalidade no panorama tributário. Como se verá, só através da flexibilidade que hoje se imputa à lei fiscal, manifestada na "abertura" do seu enunciado normativo, é que se torna praticável a fixação da disciplina jurídica do universo de situações fiscalmente relevantes, sem que se deixem sair decrementadas as exigências dos princípios estruturantes do sistema como o da legalidade; o da igualdade na sua vertente da capacidade contributiva; e, paradoxalmente, o da segurança jurídica.

Acompanhando este entendimento, Casalta Nabais defende que "a lei, que ao contrário do que sugeria a fé liberal na sua omnipotência, jamais pôde prescindir da dispensa de um papel activo mínimo à administração, mesmo no sector da reserva de lei e quanto ao Estado estava vedado uma acção activa nos domínios económico e social, apresenta-se-nos hoje em dia contendo "predeterminações abertas", reclamadas por exigências várias e traduzidas na técnica legislativa de utilização de conceitos indeterminados e de cláusulas gerais e na concessão de verdadeira discricionariedade, assim se abrindo caminho a uma ampla margem de livre actuação do operador jurídico administração".[22]

Nas palavras de Ana Paula Dourado "a indeterminação (relativa) da lei fiscal é inevitável (um mal da lei fiscal comum a todas as leis, pois elas revelam sempre alguma indeterminação, inerente à linguagem corrente e à linguagem jurídica); (...) a legalidade não é o super-princípio do Direito Fiscal, mas conflitua com outros de igual nível (...) nomeadamente com o princípio da capacidade contributiva, o qual recomenda alguma indeterminação legal"[23] e "o próprio princípio da legalidade – no sentido em que a lei é critério de decisão – pode, por vezes, chegar a melhores resultados através do recurso a leis mais indeterminadas (a tipos) do que a uma enumeração taxativa".[24]

[22] Casalta Nabais, *in* "O Dever Fundamental de Pagar Impostos – Contributo para a compreensão constitucional do estado fiscal contemporâneo", Almedina, 1998, p. 334.

[23] Ana Paula Dourado, *in* "O Princípio da Legalidade Fiscal – Tipicidade, conceitos jurídicos indeterminados e margem de livre apreciação", Almedina, 2015, reimpressão da edição de 2007, p. 760.

[24] *Idem* pp. 149 e ss.

Assim sendo, o recurso a uma lei que compreenda conceitos indeterminados e genéricos acaba por reclamar uma concretização normativa, em primeira linha, da AT e, em última instância, dos tribunais ao controlarem a actuação administrativa.[25] Dito de outro modo, nos dias de hoje, as exigências do princípio da segurança jurídica e, bem assim, do princípio da capacidade contributiva reclamam, mais do que consentem, que seja atribuído aos aplicadores do Direito um poder que seria, de uma perspectiva clássica, atribuído à esfera do legislador: o poder da determinação do conteúdo normativo.

Sobre em que consiste esta tarefa deter-se-á a segunda parte deste capítulo. Por ora, estudaremos as causas e as consequências da assunção deste método de construir leis fiscais.

2.1. O Estado Social e inflação legislativa: a *causa histórica*

De acordo com a tradição do Estado Liberal que precedeu ao Estado Social, a lei fiscal asseguraria de forma bastante as garantias do princípio da segurança jurídica e do princípio da igualdade na medida em que se caracterizasse por uma tipicidade fechada.[26] As garantias desses princípios dependeriam da possibilidade de reconduzir o conjunto de realidades que o legislador entendera disciplinar a um elenco fechado de casos "tipificados". O juiz, por seu turno, seria apenas *la bouche de la loi*, devendo aplicar mecanicamente a lei ao caso concreto. A lei seria de tal forma clara e completa que não deixaria ao juiz qualquer dúvida ou margem de discricionariedade, isentando-o de quaisquer preocupações hermenêuticas, de tal modo que este praticaria uma operação quase mecânica de aplicação da lei ao caso concreto.

Ainda que esta temática do positivismo normativista venha a merecer tratamento quando se analisarem as implicações da assunção da técnica

[25] O primeiro aplicador do Direito Tributário é a própria AT. Sem prejuízo do que melhor se dirá mais à frente, pode, porém, adiantar-se que a aplicação de normas tributárias por parte da AT se agrupa em dois níveis: ao nível daquilo a que podemos apelidar de aplicação "clássica" do Direito pela AT e ao nível da conformação normativa levada a cabo por instrumentos de *soft law*. A cada um dos níveis correspondem diferentes institutos procedimentais a que se darão atenção no PONTO 3.1..

[26] Cfr. CASALTA NABAIS, *in* "Direito Fiscal", 11.ª Edição, Almedina, 2019, p. 141.

legislativa aberta no princípio da legalidade, agora haverá que referir que a concepção legislativa liberal, pautada por uma noção clássica de finanças públicas, postulava um princípio de neutralidade no seio do Direito Fiscal.

Esta visão clássica defendia uma residual e pontual intervenção do Estado nos sectores da economia conquanto o princípio da neutralidade reclamava que a fiscalidade não afectasse os comportamentos dos contribuintes. Por essa razão, a fiscalidade não deveria interferir nas condições de concorrência promovidas pelo natural funcionamento do mercado.[27] Aos "olhos deste Estado" entendia-se que a única finalidade do imposto consistiria em custear as despesas públicas associadas à preservação da segurança pública. Neste sentido, o imposto seria desprovido de qualquer finalidade ou carácter extra-fiscal.

A este propósito Alberto Xavier defendia que se "[v]erifica[va], pois, na norma tributária o fenómeno da tipicidade fechada de que falam Larenz e Roxin, e que se opõe à existência de "normas incompletas", "elásticas" ou "de borracha" como alguns já as designaram".[28] Assim, no contexto da concepção legislativa acolhida pela visão liberal, o legislador fiscal deveria elaborar a lei minuciosamente ao ponto de revelar, quer o fundamento da actuação ensaiada pela AT, quer o próprio critério de decisão de um caso concreto que tivesse sido submetido a um tribunal. O tribunal praticaria uma operação quase mecânica de aplicação da lei ao caso concreto.

Foi apenas no rescaldo da Segunda Guerra Mundial que se firmou a tese das *finanças funcionais*, reconhecendo-se ao Estado a assunção de um novo conjunto de tarefas ao nível económico, social e cultural, o que acarretou a necessidade de arrecadação de mais receita para a sua concretização. Passou a admitir-se, ao contrário do que sucedia com a visão clássica das finanças públicas do período liberal, o exercício de uma influência

[27] Trata-se de uma herança liberal reflectida na concepção dos impostos e edificada sob a égide do art. 13.º da Declaração dos Direitos do Homem e do Cidadão de 1789 prevendo-se neste preceito que "para a manutenção da força pública e para as despesas de administração é indispensável uma contribuição comum, que deve ser repartida entre os cidadãos de acordo com as suas possibilidades".

[28] Alberto Xavier, *in* "Conceito e Natureza do Acto Tributário", Almedina 1972, pp. 291-292.

significativa do Estado sobre o funcionamento da economia, designadamente no que concerne ao recurso a instrumentos de política fiscal com o intuito de garantir a eficiência funcional do sistema fiscal.[29]

A afirmação do Estado Social e a consequente assunção de novas tarefas deu origem a um fenómeno de "inflação ou hipertrofia legislativa" no contexto do sistema fiscal. Mais impostos significariam mais leis e mais leis implicariam uma maior complexidade do sistema. Para remediar tal fenómeno, verificou-se uma ruptura com a linguagem jurídica que era empregue pela tradição liberal e que se caracterizava pela tipicidade fechada e rigidez da lei. Assim, a modulação do enunciado normativo das leis fiscais passou a ser pautada pela utilização de uma técnica de concepção legislativa com recurso a conceitos com um elevado grau de amplitude, isto é, com recurso a conceitos abertos, vagos e indeterminados. Por esta via, verificou-se uma alteração gradual e lenta da realidade do juiz enquanto *bouche de la loi*, de tal modo que "(...) começou-se a exigir aos juízes que fossem um pouco mais do que simples aplicadores da lei (como, apesar de tudo, ainda continuam a querer ver-se); mas alguém que descobre a justiça dentro da lei".[30]

Como bem diz FRÉDERIC DOUET "*[s]ous cet angle, la fiscalité est active*", conquanto "*[e]lle est un instrument d'action conjoncturelle tendant à favoriser certains comportements afin d'influencier l'activité économique*".[31] A seu título, DANIÈLE LOSCHAK salienta que a actualização permanente das leis fiscais, influenciada pela inflação legislativa, determina a passagem "*d'une rationalité juridique essentiellement stabilisatrice à une rationalité technico-économique valorisant le changement*".[32] Neste sentido, o reconhecimento

[29] CASALTA NABAIS, *in* "A crise e sustentabilidade do Estado Fiscal", Revista da FDUP, (Ano XI-2014) – 2015, onde o autor tão bem refere que "[a] uma relação de quase inimizade entre o Estado e o cidadão substitui-se uma relação de intimidade".

[30] DIOGO LEITE DE CAMPOS, *in* "As três fases de princípios fundamentais do direito tributário, *in* Revista da Ordem dos Advogados" Vol. I – Jan. 2007, disponível em https://portal.oa.pt/publicacoes/revista/ano-2007/ano-67-vol-i-jan-2007/doutrina/diogo-leite-de-campos-as-tres-fases-de-principios-fundamentantes-do-direito-tributario/.

[31] FRÉDERIC DOUET, *in* "Contribution à l'étude de la sécurité juridique en droit fiscal interne français", LGDJ, 1997, pp. 49 e ss

[32] DANIÈLE LOSCHAK, *in* "Le principe de légalité, mythes et mystifications", AJDA, 1981, p. 387.

de finalidades sociais à figura do imposto, a pulso do desenvolvimento do Estado Social levara a que a *fiscalidade* se tornasse *activa* havendo um maior número de leis fiscais com vista a disciplinar todo um conjunto de situações para a consecução dos novos objectivos económicos e sociais. Esta intervenção activa foi-se fazendo, primeiro, recorrendo à figura dos impostos, depois das taxas e, mais tarde, à figura das contribuições.

O espartilhamento da fiscalidade por vários domínios ou, dito de outro modo, o fenómeno da inflação legislativa, engendrou um complexo e não raras vezes instável corpo de normas no seio do Direito Fiscal que poderá perigar as exigências do princípio da segurança jurídica. Por essa razão, Saldanha Sanches alertava que "as leis fiscais são, simultaneamente, um dos sectores onde mais intensamente se verifica aquilo que já foi designado pela variabilidade estrutural do ordenamento jurídico" e, bem assim, "um dos sectores do ordenamento jurídico onde as alterações podem criar mais profundos problemas de adaptação para a actividade dos agentes económicos.".[33] Carbonnier, por seu turno, refere a este propósito que "*tantôt rédigées à la hâte pour satisfaire un besoin conjoncturel ou sectoriel, tantôt dépourvues de principes directeurs clairs, tantôt édictées pour compléter, corriger, valider ou réformer une réforme antérieure, les lois actuelles manquent de simplicité et souffrent de technicité*".[34]

Chegando a este ponto, percebe-se o impacto que a emergência do Estado Social teve na determinação das características da moderna lei fiscal. Tudo com vista a satisfazerem-se as exigências do princípio da segurança jurídica que só se encontrariam suficientemente acauteladas na medida em que o conteúdo normativo do corpo de normas que enformasse o sistema fiscal fosse suficientemente aberto e, por essa razão, adaptado às constantes mutações da sociedade e exigências dos diferentes sectores da economia sobre os quais, em última análise, a fiscalidade deverá incidir.

O sistema jurídico, principalmente o tributário, tem de ser compreensível de forma a ser percebido pelos seus destinatários, sejam eles privados, sejam eles públicos. A complexidade decorrente do fenómeno da

[33] Saldanha Sanches (2007), p. 171.

[34] Jean Carbonnier, *in* "Droit et passion du droit sous la Vème République", Forum, Flammarion, 1996, p. 107.

inflação legislativa começou e continua a ser contrariada, portanto, pela actual concepção legislativa.

Por ora, é esta causa de segurança jurídica, a que se denomina de *primeira causa moderna*, que se estudará de seguida, tentando reiterar o que já se foi dizendo e percebendo em que medida a crescente internacionalização da economia incrementou este fenómeno.

2.2. As razões de segurança jurídica: a *primeira causa moderna*

Foram razões de segurança jurídica, motivadas pelo fenómeno da inflação legislativa que motivaram o legislador a recorrer com mais frequência a uma técnica legislativa que se traduz num enunciado normativo mais amplo e aberto.

Mas são também razões de segurança jurídica que impõem a consideração do princípio da determinabilidade, do qual decorre "a conformação material e formal dos atos normativos em termos linguisticamente claros, compreensíveis e não contraditórios".[35] Caso a legislação fiscal não se revele suficientemente clara e precisa, não poderá o sujeito passivo cumprir com as suas obrigações legais em pleno e atempadamente na medida em que "[n]o sistema actual – que sucedeu ao sistema tradicional de lançamento, liquidação e cobrança –, o sujeito passivo é o destinatário e principal aplicador da norma", desde logo porque "deve, mediante a interpretação da lei, saber se é ou não um sujeito passivo de um certo imposto (...) se está, ou não, sujeito a deveres de cooperação e a quais".[36]

Foi com base nesta ideia que durante o Estado Liberal se defendeu que o Direito Tributário deveria ser guiado por uma tipologia normativa

[35] Gomes Canotilho, *in* "Direito Constitucional e Teoria da Constituição", Almedina, 7ª ed., 2003, pp. 257 e ss.

[36] Saldanha Sanches (2007), p. 174. Em sentido idêntico, refere Sérgio Vasques (2018), p. 341, que "nos modernos estados fiscais as tarefas da liquidação e da cobrança dos tributos públicos deixaram de estar reservadas à administração pública, sendo em vez disso largamente delegadas nos particulares (...) [e] com esta privatização progressiva de funções, as tarefas da interpretação e aplicação da lei tributária impendem em medida cada vez maior sobre os próprios contribuintes, pelo que a clareza e estabilidade da lei se tornam para eles cada vez mais importantes.".

taxativa.[37] Contudo, a defesa de um Direito Fiscal vincado por uma tipicidade fechada encontra-se actualmente superada por dois factores fundamentais. Primeiramente, o nível de segurança jurídica que tal concepção postula é, em si mesmo, impossível de ser obtido. ZIPPELIUS explica que a exigência de normas claras e precisas encontra "um limite no facto de a maioria dos conceitos jurídicos não ser exactamente determinável em termos semânticos".[38] Em segundo lugar, não é expectável que o legislador tenha a capacidade de pré-determinar uma solução equitativa para todo e qualquer negócio jurídico conduzido por todo e qualquer contribuinte. A realidade ultrapassará, se não sempre, pelo menos na grande maioria das vezes, o legislador mais criativo.

Não obstante, não é de todo desconhecido que actualmente, amiúde se adoptam dezenas de diplomas novos que dificultam a compreensão do sistema que continua a ser representado por uma miríade de códigos, leis, tratados, alterações, regulamentos, anexos, remissões para tabelas e quadros de natureza técnico-científica, perpetuando-se o fenómeno de hipertrofia legislativa. Esta prolixidade de normas fiscais dotou o sistema de uma complexidade e uma instabilidade tal que não se compatibilizara mais com o desígnio codificador do período liberal, isto é, com uma concretização minuciosa e exaustiva do enunciado normativo das leis por forma a garantir a sua acessibilidade aos contribuintes.[39]

[37] Desta derivaria um catálogo de direitos que constituiriam uma *"verdadeira Magna Charta do contribuinte"*, ALBERTO XAVIER, *in* "Manual de Direito Fiscal, vol. I", Manuais da Faculdade de Direito de Lisboa, 1974, pp. 118 e ss.

[38] REINHOLD ZIPPELIUS, *in* "Teoria Geral do Estado", 3ª Ed., Fundação Calouste Gulbenkian, 1997, pp. 388 e ss. Tal como se referiu, grande parte da Teoria do Direito do século XX concluiu que a lei é inevitavelmente indeterminada no sentido em que dela não emana, com frequência, um único resultado, daí que a eliminação da indeterminação legal não fosse possível. A este respeito, LARENZ afirmava que "os textos jurídicos (...) estão redigidos em linguagem corrente, ou então numa linguagem especializada a eles apropriada, cujas expressões (...) apresentam uma margem de variabilidade de significação que torna possível inúmeros cambiantes de significação" garantindo "a susceptibilidade de adequação a cada situação. (...) Esta sua necessidade de interpretação não é um «defeito» que pudesse remediar-se em definitivo mediante uma redacção tão precisa quanto possível", KARL LARENZ, *in* "Metodologia da Ciência do Direito", Fundação Calouste Gulbenkian, 1997, p. 283.

[39] PHILIPPE MARCHESSOU, *in* "L'Intérpretation des textes fiscaux", Collection Droit des affaires et de l'entreprise. Série Etudes et recherches, Paris: Economica, 1980.

Na verdade, a constatação deste "estado de arte" não se consubstancia num fenómeno exclusivamente nacional. Se se atentar ao relatório do *Conseil d'État* de 2019, pode ler-se que "*[l]'essentiel des textes produits venant modifier des textes existants, cette production massive de normes génère une instabilité qui tend à être dénoncée comme l'un des principaux maux affectant le droit*". Todos os anos, incorporaram-se no ordenamento francês mais de 50 leis, cerca de 300 mil medidas regulamentares e cerca de 210 textos normativos fruto da transposição de directivas europeias. Esta patologia normativa leva, por um lado, a que o enunciado normativo das leis se torne excessivamente complexo ou técnico e, por outro, à falta de adaptação das leis para disciplinar a realidade visada pelo seu escopo, com efeito, "[e]*lle* [a norma] *peut également avoir des effets disproportionnés et se révéler contre-productive*".[40]

Enza Sonetti refere, quanto ao ordenamento jurídico espanhol, que "*cabe subrayar cómo el proliferar de nuevas normas, de derogaciones o modificaciones afecte la capacidad de los ciudadanos y en particular las empresas de planificar sus actividades y sus inversiones*".[41] De acordo com os dados disponibilizados pelo *Congreso de Diputados*, em 2019 teriam sido aprovadas cerca de 18 leis, ascendendo esse número a 12 mil normas se consideradas as fontes primárias e secundárias tanto a um nível estadual quanto regional. Segundo o autor, este fenómeno provoca a complexidade do sistema fiscal, quer numa perspectiva qualitativa quer numa vertente quantitativa, tendo tendência a bulir com as exigências de igualdade da segurança jurídica.

[40] A este respeito veja-se "Simplification et qualité du droit", Assembleia Geral do Conseil d'État, 2016, disponível em https://www.vie-publique.fr/sites/default/files/rapport/pdf/164000610.pdf, e bem assim, o relatório "*Mesurer l'inflation normative*" dessa Assembleia Geral, de 3 de Maio de 2018, disponível em https://www.dalloz-actualite.fr/sites/dalloz-actualite.fr/files/resources/2018/05/etude_inflation_normative_1.pdf. Quanto à doutrina francesa relativamente à temática *vide* René Savatier, *in* "L'inflation legislative et l'indigestion du corps social", Dalloz, 1977, pp. 43 e ss.; Fréderic Dumon, *in* "Complexité et multiplicité des lois et règlements actuels", U.L.B., 1985, pp. 179 e ss e ainda Yves Benhamou, *in* "Brèves considérations sur la Sécurité Juridique", 1996, p. 13.

[41] Enza Sonetti, *in* "La certeza del derecho tributario en la comunicación preventiva de riesgos", Seguridad Jurídica Y Derecho Tributario: Presente Y Futuro (coord. Jorge Martín López e Begoña Pérez Bernabeu), Aranzadi, 2019, p. 603.

Em Portugal, conforme refere Casalta Nabais "a evolução da legislação fiscal tem sido praticamente quase sempre no sentido da sua acumulação, somando-se a legislação nova à legislação anterior".[42] E esta é uma realidade que não tem mudado conforme comprova o último balanço de actividades disponibilizado pela AR relativo à quarta sessão legislativa da XIII legislatura que assinala de 15 de Setembro de 2018 a 19 de Julho de 2019 foram publicadas cerca de 60 leis sem contar, naturalmente, com as correspectivas normas que as regulamentam e com o OE no qual são alterados todos os anos dezenas de diplomas fiscais.

Por essa razão, a inflação legislativa não pode deixar de ser encarada como um potencial factor de desordem e de instabilidade no âmbito do ordenamento jurídico-tributário. Criando-se, alterando-se e sobrepondo-se camadas sucessivas de normas, potencia-se a insegurança jurídica e minam-se as exigências de igualdade. Na verdade, os destinatários do Direito Tributário podem cair num labiríntico enredo de leis que dificulta a determinação do regime jurídico aplicável.[43]

Neste sentido, consciente dos riscos representados por esta tendência de hipertrofia legislativa, Carbonnier questiona-se: "*où va ce droit dans lequel il n'est plus rien de stable ni de sûr? où accrocher désormais les certitudes necessaires?*".[44]

Por seu turno, refere Ana Paula Dourado que "a complexidade da lei fiscal, nomeadamente nos ordenamentos em que ela é muito pormenorizada, é de tal grau, que nem os especialistas na matéria conseguem prever os resultados da sua aplicação, sendo estes por isso indeterminados, pelo que (afinal), a legalidade recomenda leis simples, i.e. não excessivamente detalhadas".[45]

Embora a emergência do Estado Social tenha tido uma influência decisiva no acolhimento das características actuais da lei fiscal, o facto é que a crescente internacionalização da sociedade e da economia, expo-

[42] Casalta Nabais (2019), p. 477.

[43] Frederic Douet (1997), p. 34, refere mesmo que "*l'esprit du juge s'égare au millieu d'un nombre infinit de dispositions en désordre, souvent opposées entre elles*".

[44] Jean Carbonnier, *in* "Flexible droit: pour une sociologie du droit sans rigueur", 10.ª ed., L.G.D.J., 2001, p. 168.

[45] Ana Paula Dourado (2015), p. 760.

nenciada pela criação do mercado interno no seio da UE, impulsionou de forma vertiginosa o fenómeno da inflação legislativa e, consequentemente, o recurso a leis abertas de forma a contrariar a crescente e premente (in)segurança jurídica.[46] O acervo de normas de Direito da UE acolhido pelo ordenamento jurídico-tributário português, a montante do prolixo corpo de leis que já existia e que fora impulsionado pelo cometimento de novas tarefas ao Estado, acentuou aquele fenómeno de inflação legislativa.[47]

Um sistema fiscal prolixo propicia fenómenos de fraude e de evasão fiscal, uma vez que "quem diz inflação diz desvalorização: quando o direito divaga, o cidadão faz ouvidos de mercador".[48]

Na verdade, esta "ânsia" do legislador de disciplinar o complexo universo de situações, sobre as quais deve incidir a fiscalidade poderá conduzir a uma rigidez do sistema. Assim, uma tipicidade fechada aumentará o fenómeno de inflação legislativa, proliferando-se lacunas que permanecerão cristalizadas caso não se enverede pela simplificação do ordenamento. Esta rigidez pode dar azo a que coexistam regimes jurídicos que nem sempre são coerentes sendo que, em última análise, esta incoerência pode levar a que existam lacunas que podem ser aproveitadas de modo abusivo, em arrepio do próprio princípio da capacidade contributiva.[49]

[46] Quanto à influência da abertura da economia a nível europeu no Direito Fiscal *vide* SALDANHA SANCHES (2007), p. 87.

[47] Neste sentido SÉRGIO VASQUES (2018), p. 157. Quanto à necessidade de existirem mecanismos a nível europeu para mitigar as disparidades existentes entre as legislações nacionais *vide* CASALTA NABAIS, *in* "Por um Estado Fiscal Suportável – Estudos de Direito Fiscal", Almedina, 2005, p. 193 e, mais recentemente, "Introdução ao Direito Fiscal das Empresas", Almedina, 2.ª edição, 2015, pp. 95 e ss.

[48] Na versão original: "*quand le droit bavarde, le citoyen ne lui prête qu'une oreille distraite*", "Rapport public do Conseil d'État de 1991 – De la sécurité juridique", EDCE, n.º 43, La documentation française, 1992, p. 20.

[49] A este respeito MALCOLM GAMMIE em "Judicial Precedent in the English Legal System", *in* IBFD, vol. 73, n.º 8, 2019, p. 422, salienta que "*Much current UK tax legislation offers the worst of all worlds: lengthy and detailed but overlaid by both targeted and general anti-avoidance language*". A coexistência no ordenamento do Reino Unido de leis demasiado densas e pormenorizadas a par de uma linguagem anti-abuso cada vez maior resulta assim em claro prejuízo para a previsibilidade e determinabilidade da lei e, consequentemente, para a capacidade de os contribuintes aferirem e determinarem a sua sujeição a imposto bem como o montante a pagar.

É então sobre esta causa, a segunda a que chamamos de *moderna* que falaremos de seguida.

2.3. As razões de igualdade e capacidade contributiva: a *segunda causa moderna*

Se a segurança jurídica enquanto razão de recurso a esta técnica legislativa foi a primeira causa moderna que se tratou, o certo é que o princípio da capacidade contributiva, enquanto decorrência do princípio geral da igualdade, constitui a segunda causa moderna da actual concepção legislativa no seio do Direito Tributário a que haverá que dar agora atenção.

Viu-se já que, ao longo dos séculos XIX e XX, o Estado moderno se foi assumindo como um Estado Fiscal, propiciando a hipertrofia legislativa e provocando diversos espaços dentro do sistema fiscal que permitem aos contribuintes reduzir a sua carga fiscal. O mesmo é dizer que continuou e continua a verificar-se muita prolixidade do sistema fiscal à qual não é alheia a falta de qualidade de determinadas leis e a (ainda) pouca consciencialização da sociedade para o dever de pagar os impostos devidos.

Daqui decorreriam (e decorrem) expectáveis situações de incumprimento visto que "um direito já não inteiramente compreensível converte-se inevitavelmente em direito já não inteiramente observado".[50] Por essa razão, Geffroy defende que o fenómeno de inflação legislativa conduz a uma instabilidade excessiva das leis fiscais, levando o contribuinte a crer que existe "*une remise en question permanent des règles du jeu et dont il estime être la perpétuelle victime*".[51] A instabilidade da lei fiscal acaba, no entender deste autor, por diminuir a adesão dos contribuintes ao sistema fiscal.

A exploração destes espaços que permitem a redução da carga fiscal pelos contribuintes terá como consequência a redução da receita fiscal. E este é um problema transversal a todos os Estados. Compreenda-se que, quer por influência do *Estado Fiscal Activo* e das funções que lhe são características, quer por influência da crescente internacionalização da sociedade, os sistemas fiscais modernos tiveram de reagir ao fenómeno

[50] Zippelius (1997), pp. 388 e ss.

[51] Jean-Baptiste Geffroy, *in* "Grands problèmes fiscaux contemporains", Presses Universitaires de France, 1993 p. 304.

da hipertrofia legislativa através do recurso a uma lei fiscal cada vez mais "aberta".

A existência de uma multiplicidade de normas no seio dos ordenamentos jurídico-tributários confere uma rigidez às leis fiscais que frequentemente dá azo a que certos contribuintes, dotados de uma capacidade económica superior, se aproveitem das lacunas geradas por este fenómeno, logrando com isso a redução da carga tributária.[52] Consequentemente, perigam-se as exigências reclamadas pelo princípio da capacidade contributiva e da justa repartição dos encargos tributários.[53]

Confirmando este entendimento, Enza Sonetti afirma "*muchos autores consideran que la inflación normativa, es una de las principales causas de incerteza del derecho y presenta el riesgo – que no debería subestimarse – de asegurar un valido soporte a los que quieren utilizar esta confusión en manera instrumental para obtener un indebido ahorro fiscal*".[54]

Assim, a actual concepção legislativa fiscal, para ser compreendida na sua plenitude deve ser encarada também à luz do princípio da capacidade contributiva. É que, foi precisamente a sobreprodução normativa exponenciada pelo contexto da globalização que determinaria que o legislador fiscal se refugiasse em conceitos genéricos e vagos, levando a que a lei fiscal se caracterizasse por um alto grau de indeterminação justificado pela pretensão de se "captar" todas as realidades fiscalmente relevantes, as quais reclamavam um tratamento jurídico idêntico. Por essa razão, o princípio da capacidade contributiva – conjugado com o princípio da segurança jurídica – revela um peso considerável na determinação das

[52] Neste sentido, o fenómeno de inflação legislativa no panorama tributário é associado àquilo a que alguns autores designam de *Matthew Effect* ou efeito da vantagem acumulada, segundo o qual "*the rich get richer while the poor get poorer, creating a widening gap between those who have more and those who have less. The sociologist Robert K. Merton called this phenomenon the Matthew effect, named after a passage in the gospel of Matthew*". Daniel Rigney, *in* "The Matthew Effect: How Advantage Begets Further Advantage", Columbia University Press, 2010.

[53] Em traços muito largos e até grosseiros. sempre se dirá que o princípio da capacidade contributiva exprime e concretiza o princípio da igualdade tributária, resultando da conjugação dos arts. 103.º e 104.º da CRP, sem olvidar a sua consagração no art. 5.º, n.º 2 da LGT. Assim, enquanto critério de justiça da repartição dos encargos tributários dentro do universo de contribuintes, a tributação só deve começar onde começa a força económica destes.

[54] Enza Sonetti (2019), p. 599.

características da moderna lei fiscal e deve ser considerado uma *causa moderna da actual concepção legislativa.*

Conscientes das exigências derivadas do princípio da capacidade contributiva e, bem assim, cumprindo um desiderato de maior arrecadação de receita, os Estados tiveram que adaptar os seus sistemas fiscais, dotando-os da flexibilidade necessária ao combate a fenómenos de fraude e de evasão fiscal.

O abuso fiscal é actualmente um tema que tem sido alvo de intensos debates, sobretudo após os recentes escândalos do *Panama Papers, Swiss Leaks, Lux Leaks* e *Luanda Leaks,* ocasionados, seguramente, pela incapacidade das diferentes legislações nacionais fazerem frente a estes fenómenos.

A tensão é clássica: de um lado, os contribuintes querem pagar menos impostos, do outro os Estados querem arrecadar mais receita. O interesse dos primeiros é tutelado desde que o seu planeamento fiscal não seja abusivo. Perante este contexto, os modernos Estados Fiscais sentiram a necessidade de contornar esta tendência de aproveitamento de lacunas do sistema fiscal não admitidas pelo legislador. Como? Precisamente adoptando leis cada vez mais amplas e cláusulas abusivas tendencialmente harmonizadas.

Um dos meios que tem granjeado destaque entre os Estados do mundo inteiro tem sido a CGAA.

A tendência actual dos Estados é a de construir um sistema fiscal que se quer seguro, coeso e eficaz com diversos meios de controlo e de reacção relativamente a comportamentos dos contribuintes qualificados como abusivos, estando a CGAA no topo desses meios.[55]

A aplicação da CGAA não implica o incumprimento culposo de uma obrigação tributária por parte do contribuinte, mas sim a demonstração

[55] Em Portugal a CGAA foi introduzida em 1998 no CPPT, constando actualmente no art. 38.º da LGT cuja redacção última foi conferida pela Lei n.º 32/2019, de 3 de Maio de 2019, que resulta da transposição da Directiva *ATAD.* Para maiores desenvolvimentos sobre o tema veja-se João Nuno Calvão da Silva *in* "Elisão fiscal e cláusula geral anti-abuso", ROA, ano 66, vol. II, Set. 2006; Gustavo Lopes Courinha, *in* "A Cláusula Geral Anti-Abuso no Direito Tributário", 2009, reimpressão da edição de 2004; Pedro Menezes Cardoso, *in* "Os desafios da "maioridade" da cláusula geral anti-abuso: análise estática e dinâmica do seu estado evolutivo", Almedina, 2017.

de que este abusou de formas jurídicas ou realizou operações não genuínas, de forma obter uma vantagem fiscal que frustra o objecto ou a finalidade das normas tributárias aplicáveis. Tal vantagem poderá consistir, por exemplo, na subsunção da situação tributária do contribuinte a uma norma de incidência mais favorável ou na obtenção de uma determinada isenção ou benefício que de outro modo não obteria.[56]

A este propósito, recorda-se a distinção feita por SALDANHA SANCHES entre planeamento fiscal legítimo e ilegítimo, incluindo-se, nesta última categoria a fraude fiscal e a fraude à lei fiscal.[57] O *planeamento fiscal legítimo* verifica-se quando o sujeito passivo, utilizando as possibilidades concedidas pela lei fiscal, consegue diminuir a sua carga fiscal, agindo sempre em conformidade com a lei e dentro dos seus limites.

Contudo, como se compreende, será muito ténue a linha que separa o planeamento fiscal legítimo da fraude à lei fiscal, cabendo ao aplicador do Direito a concretização efectiva do que, no caso concreto, vai ser considerado planeamento fiscal abusivo.[58]

[56] A CGAA adopta a teoria da fraude à lei, segundo a qual, ainda que a lei seja cumprida, ou pelo menos não violada, o seu espírito ou a sua intenção é violado. JORGE BACELAR GOUVEIA, *in* "A evasão fiscal na interpretação e integração da lei fiscal", Ciência e Técnica Fiscal, n.º 373, Janeiro-Março de 1994, p. 22. Aqui haverá que distinguir os conceitos de *fraude fiscal* e *fraude à lei fiscal*, já que não se comina a todos a aplicação da CGAA. Nos casos de *fraude* ou *evasão fiscal* o sujeito passivo procura, através de meios ou esquemas ilícitos, evitar o cumprimento da prestação tributária. Estes casos podem ter como consequência uma sanção penal ou contra-ordenacional nos termos do art. 103.º, n.º 1 do RGIT, mas não lhes é aplicável a CGAA. Na *fraude à lei fiscal* ou elisão fiscal, o sujeito passivo procura contornar a lei fiscal, obstando à formação dos pressupostos de facto de determinada norma tributária e/ou gerando de forma artificial os pressupostos de aplicação de benefícios fiscais, de isenções, deduções ou outras vantagens fiscais, mediante a utilização de meios, actos ou negócios jurídicos que, embora lícitos, assumem um carácter "antijurídico". É para estes casos que se prevê a aplicação da CGAA.

[57] SALDANHA SANCHES, *in* "Os Limites do Planeamento Fiscal, Substância e Forma no Direito Fiscal Português", Coimbra Editora, 2006, pp. 20 e ss.. Em idêntico sentido T. LYONS *in* "The Financial Crisis, Tax Avoidance and EU GAAR", Britsh Tax Review London, n.º 2, 2013.

[58] SALDANHA SANCHES (2006), pp. 21-27 e p. 97 e ss, identificava três tipos de actuações dos contribuintes: (*i*) actuação *contra legem* que consubstancia as situações de *fraude fiscal*; (*ii*) actuação *extra legem* que consubstancia as situações de *fraude à lei fiscal* e, por último, (*iii*) actuação *intra legem* que determina a obtenção de uma poupança fiscal, não consubstanciando, porém, um comportamento proibido por lei – serão os casos de planeamento fiscal lícito e não

A CGAA, exemplo desta actual concepção legislativa, surgiu como mecanismo de prevenção e de combate da fraude à lei fiscal, ou seja, surgiu por razões de capacidade contributiva. Na verdade, resultou da necessidade de criar instrumentos que garantissem uma repartição justa dos encargos fiscais e que corrigissem o funcionamento, reconhecidamente enviesado, do sistema fiscal. Ao permitir que sejam desconsiderados os actos jurídicos praticados pelo contribuinte e negadas as vantagens fiscais obtidas, a CGAA determina que sejam tidos em conta pela AT os actos que seriam praticados "em condições normais", ou seja, que corresponderiam à actuação padrão no comércio jurídico para obter o resultado económico alcançado pelo contribuinte.

Com maiores ou menores adaptações, o que acabou de se relatar é válido tanto no ordenamento jurídico nacional quanto no plano internacional. Esta ténue fronteira entre o permitido e o não permitido que desencadeia a aplicação de uma cláusula como a CGAA, é encarada com uma profunda sensibilidade em todos os países devendo, como se verá, vir a ser tendencialmente harmonizada, se não em todo o mundo, ao menos ao nível da UE.

Até à ATAD, cada EM era livre de introduzir uma CGAA e de determinar a sua redacção, não existindo uma obrigatoriedade de harmonização relativamente a esta matéria entre as diferentes legislações fiscais dos EM.[59]

Tanto havia EM's com uma CGAA escrita ou com princípios gerais de proibição de abuso codificados, como EM sem uma CGAA escrita, mas que aceitavam um princípio geral de proibição de abuso.[60] Para além

abusivo. No mesmo sentido, Gonçalo Avelãs Nunes, "A cláusula geral anti-abuso de direito em sede fiscal – art. 38º, nº 2 da LGT- à luz dos princípios constitucionais do direito fiscal", *in* Fiscalidade, n.º 3, 2000, Lisboa, ISG, pp. 42-43.

[59] A ATAD consiste na Directiva (UE) 2016/1164 do Conselho, de 12 de Julho de 2016, que estabeleceu regras contra as práticas de elisão fiscal que tenham incidência directa no funcionamento do mercado interno. Conforme se verá, para além da GGAA, esta directiva contempla ainda as seguintes matérias: "*Interest deduction limitation rule/EBITDA rule; "Exit taxation rules"; "Controlled Foreign Companies rules* (CFC's)" e "*Anti-hybrid rules*". As quatro primeiras acabariam por dar corpo à denominada ATAD I e a última, relativa às assimetrias híbridas, à ATAD II.

[60] Incluiam-se nas CGAA formais as meras codificações de princípios de combate ao abuso que se encontravam na Croácia, República Checa, Hungria e Eslovénia.

disso, o próprio regime também era distinto, verificando-se inúmeras diferenças relativamente à interpretação e aplicação das CGAA de cada ordenamento jurídico, designadamente, das suas consequências, dos efeitos retroactivos e, ainda, do ónus da prova ou do tipo de imposto que abrangiam.[61]

A aplicabilidade de uma CGAA exige a determinação do seu âmbito objectivo e subjectivo. Quanto ao primeiro, isto é, quanto ao tipo de imposto,[62] em regra, a generalidade dos países não fazia distinção, aplicando-a quer a impostos directos, quer a impostos indirectos, embora alguns EM a aplicassem apenas estando em causa impostos directos, como era o caso da Itália[63] ou Holanda.[64] A Finlândia apresentava-se como um caso paradigmático, uma vez que possuía várias CGAA, uma para cada tipo de imposto. Quanto à aplicação subjectiva, a maioria dos países aplicava a CGAA a empresas e a indivíduos. Contudo, não raras vezes, alguns EM restringiam a sua aplicação ao planeamento fiscal agressivo realizado

[61] Uma aplicação da CGAA com efeitos retroactivos assume uma natureza excepcional. A Eslováquia, contrariando esta tendência, permitia uma aplicação retroactiva da CGAA, justificando que *"The GAARs were introduced as a provision extending the substance over form principle. As such, it is anticipated that the GAARs can be applied also retroactively to the transactions carried out before the introduction of GAARs"*, Lubica Adame, *in* "General Anti-Avoidance Rules (GAARs) – A Key Element of Tax Systems in the Post-BEPS Tax World: Slovak Republic", IBFD, vol. 3, 2016, p. 2. Por seu turno, outros Estados permitiam a denominada *aplicação retrospectiva* controlada. Era este o caso da França: *"GAAR cannot be apply before its entry into force, but it can apply retrospectively within the limitation period (3 years, 6 years or 10 years depending on proceedings and tax)"*, ERNST & YOUNG, GAAR rising – Mapping tax enforcement's evolution, 2013, p. 44 e da Suécia: *"GAAR can be applied retrospectively (up to five years after the assessment year)."* *Idem*, p. 74, ambos disponíveis online em https://www.ey.com/Publication/vwLUAssets/Mapping_tax_enforcement%E2%80%99s_evolution/$FILE/GAAR.pdf.

[62] A Áustria era o único Estado que a aplicava a todos os tributos em geral. Viktoria Wöhrer *in* "General Anti-Avoidance Rules (GAARs) – A Key Element of Tax Systems in the Post-BEPS Tax World: Austria", IBFD, vol. 3, 2016, p. 2.

[63] Paolo Piantavigna, *in* "General Anti-Avoidance Rules (GAARs) – A Key Element of Tax Systems in the Post- BEPS Tax World: Italy", IBFD, vol. 3, 2016.

[64] Sigrid HEMELS, *in* "General Anti-Avoidance Rules (GAARs) – A Key Element of Tax Systems in the Post- BEPS Tax World: Netherlands", IBFD, vol. 3, 2016. Ainda que a CGAA formal apenas fosse aplicável a impostos directos, a doutrina da *Fraus Legis* tinha um escopo de aplicação mais lato.

por empresas, como era o caso da Alemanha[65] e da Itália.[66] A Suécia, por sua vez, tinha uma concepção de sujeito passivo mais abrangente do que a dos restantes EM, aplicando-se a CGAA tanto à pessoa que participava na operação de forma directa, como a todos os intervenientes mesmo que indirectos.[67]

Desde meados de 2008, altura da crise económica, que se passou a discutir no seio dos EM o abuso de Direito Fiscal com maior acuidade. Como afirmava a este propósito Timothy Lyons, numa época de crise financeira a falta de mecanismos que previnam o abuso de Direito Fiscal é uma falha estrutural no sistema tributário que tem um impacto directo na necessidade potencial de assistência financeira europeia.[68]

Neste sentido a Comissão Europeia propôs uma revisão da Directiva Mães e Afiliadas que acabou por ser aprovada a 28 de Janeiro de 2015 e introduzir a "primeira CGAA" no plano europeu. Contudo, foi com a aprovação da Directiva ATAD no ano de 2016 como parte integrante do pacote anti-elisão fiscal, que se estabeleceram as regras comuns tendentes a combater as práticas de elisão fiscal. Esta mesma Directiva incluiu seis medidas anti-abuso juridicamente vinculativas para todos os EM, a saber: a limitação à dedutibilidade dos juros (art. 4.º); a tributação à saída (art. 5.º); a cláusula *switch-over*; a regra geral anti-abuso (art. 6.º); a *CFC*

[65] Wolfgang Kessler e Rolf Eicke, "Germany's new GAAR – Generally Accepted Antiabuse Rule?" *in* Tax Notes International, vol. 49 n.º 2, 2008, pp. 151-153.

[66] Ernst & Young (2013), p. 48 e 56, respectivamente: *"corporate entities"* e *"corporate level"*.

[67] Stefan Olsson, *in* "General Anti-Avoidance Rules (GAARs) – A Key Element of Tax Systems in the Post-BEPS Tax World: Sweden", IBFD, vol. 3, 2016, p. 12, *"The taxpayer has directed or indirectly taken part in the act or acts"*.

[68] Timothy Lyons, "The Financial Crisis, Tax Avoidance and EU GAAR", *in* Britsh Tax Review, n.º 2, 2013, p. 111, *"If international tax systems contain structural faults, for example, (...) because they lack tools to prevent anti-avoidance (...) that has a direct impact on the potential need for EU financial assistance"*. Em idêntico sentido, "General Anti-Avoidance Rules (GAARs) – A Key Element of Tax Systems in the Post- BEPS Tax World: Ireland", IBFD, vol. 3, 2016, p. 6, "The Irish GAAR was introduced within this context when the Government was seeking to improve the public finances." e ainda Ionna Mitroyanni, "General Anti-Avoidance Rules (GAARs) – A Key Element of the Tax System in the Post-BEPS Tax World: European Union", IBFD, vol. 3, 2016, p. 2.

rule – Sociedades Estrangeiras Controladas (art. 7.º e 8.º); e, por fim, as assimetrias híbridas (art. 9.º).[69]

Nos termos do art. 6.º da ATAD, fora incluída uma CGAA, a qual, pela abertura do seu enunciado normativo, pretenderia ter um âmbito suficientemente alargado para cobrir as práticas abusivas que não fossem enquadráveis nas regras específicas anti-abuso que já se encontram previstas nas legislações dos EM, sejam elas as denominadas "*Specific Anti Avoidance Rules*" ou mesmo as "*Targeted Anti Avoidance Rules*". Com a consagração da CGAA, tornara-se mais fácil para as AT's fazer a prova de que uma cadeia de operações tem como um dos objectivos principais a obtenção de uma vantagem fiscal indevida, colmatando-se por esta via as desigualdades entre os contribuintes, propiciadas pelas disparidades entre os ordenamentos jurídicos dos EM.

Pode concluir-se que a preocupação do legislador europeu em recorrer a uma técnica legislativa dotada de suficiente flexibilidade se justificara à luz de preocupações derivadas do princípio da capacidade contributiva. Também no contexto da UE, pode concluir-se que a preferência por uma lei composta por conceitos indeterminados e genéricos acentua a tendência daquilo que se tem vindo a anunciar como a actual concepção legislativa no seio do Direito Fiscal. Porém, não pode ainda deixar de se concluir que as preocupações com a harmonização das diferentes CGAA's existentes na Europa, consequente da disciplina na directiva ATAD, revelam uma atenção óbvia do legislador europeu numa tentativa de aplicação uniforme e coerente de regras idênticas pelos diferentes EM.

Também a OCDE tem vindo a desenvolver diversos projectos tendentes a combater o abuso fiscal, tais como o BEPS ou o MLI publicado em Novembro de 2016 e negociado com mais de 100 países, tendo já sido assinada por mais de 83 daqueles.[70]

Com o MLI pretende-se, à semelhança da ATAD, atingir uma maior harmonização de forma à obtenção de uma maior segurança e certeza

[69] A. Rigaut, *in* "Anti-Tax Avoidance Directive (2016/1164): New EU Policy Horizons, European Taxation", IBFD, vol. 56, n.º 11, 2016, p. 503.

[70] Dados disponíveis em: http://www.oecd.org/tax/treaties/beps-mli-signatories-and-parties.pdf.

jurídicas.[71] De entre as diversas medidas que o MLI procura implementar destacam-se, para o tema que aqui se trata, as disposições contra o abuso na aplicação dos tratados, sobretudo, o art. 7.º, e que espelham a acção 6 do *BEPS*. O combate à elisão fiscal, através do denominado *treaty shopping* será assim feito por via da inclusão de uma cláusula de limitação de benefícios conjugada com os denominados *"anti-conduit arrangements"*, de uma norma anti-abuso denominada de PPT, ou mesmo através da conciliação de uma LOB dita de simplificada e de uma PPT.

A LOB também recorre a conceitos indeterminados, impondo que a pessoa visada na reivindicação dos benefícios de um ADT cumpra certos requisitos para que usufrua de tais benefícios. Ora, só com o cumprimento destes poderá ser considerada uma "pessoa qualificada" para os propósitos da cláusula LOB.

Já a PPT, que é uma norma anti-abuso em tudo semelhante à CGAA, estabelece um teste mais subjectivo para que se determine se "um dos principais objectivos da transacção ou da estrutura" foi a obtenção dos benefícios previstos num ADT. Desta forma, as autoridades tributárias podem negar os benefícios que seriam conferidos ao sujeito passivo pelo ADT caso concluam que a sua obtenção consistia num dos principais objectivos da transacção.

Resulta evidente do exposto, que os legisladores fiscais por todo o mundo têm sentido a necessidade de criar instrumentos que garantam uma repartição justa dos encargos fiscais – as exigências do princípio da capacidade contributiva – e que corrijam o funcionamento do sistema fiscal. Só através da flexibilidade do texto normativo como bem representam aquelas cláusulas, manifestada nos conceitos indeterminados e genéricos, é que o legislador fiscal logra "salvaguardar as garantias" do princípio da capacidade contributiva e as exigências de segurança jurí-

[71] Neste contexto, relativamente à pretensão de uniformização legislativa propugnada pelo MLI, referem S. Holloway e L. Lamarre que "*true harmonization of legislation is only possible if there is corresponding harmonization of legislative interpretation. (...) As such, if the global tax community is to continue down the path paved by the MLI towards greater international harmonization of legislation, at some point, it will need to develop the institutions necessary to provide a harmonized interpretation of that growing body of legislation.*", *in* "Evolution and Harmonization of International Taxation within the Global Tax Community: The Canadian Experience", *in* IBFD, vol. 73, n.º 8, 2019, pp. 423-424.

dica dos contribuintes, as quais se encontram, por sua vez, perigadas por esquemas ilegítimos de planeamento fiscal viabilizados pela tal tendência de hipertrofia legislativa. No entanto, tem também sido evidente a preocupação que se tem feito sentir com a aplicação uniforme e harmonizada destas cláusulas gerais, quer no seio da UE, quer no seio da OCDE.

Dito isto, concluir-se-á que num plano nacional ou internacional, o recurso a uma lei dotada de uma ampla indeterminação, de conceitos genéricos e vagos, apresenta-se como o único "remédio" à prolixidade legislativa que até aos dias de hoje afecta os modernos sistemas fiscais, sendo que esse remédio é paradigmaticamente reconduzido à incorporação de CGAA destinadas ao combate de esquemas de planeamento fiscal agressivo. No entanto, como se verá mais adiante no PONTO 2.5. deste CAPÍTULO I, esta abertura da lei fiscal não é (nem podia ser) incondicional.

Tal como se tem vindo a anunciar, a actual concepção legislativa, que na sequência da adopção de uma técnica legislativa caracterizada por um fenómeno de flexibilidade, se manifesta pela existência de leis tributárias de enunciado normativo vago e indeterminado, tem um forte impacto na forma como actualmente a doutrina percepciona o princípio da legalidade tributária.

Esta é, contudo, uma dissertação direccionada para as consequências da actual concepção legislativa e inerente reconfiguração do princípio da segurança jurídica no processo tributário. Não se pretende, por isso, neste estudo, aprofundar os meandros do princípio da legalidade. Isto aliás já foi feito pela melhor doutrina.

Aqui, caberá apenas recordar a reconfiguração que sofreu o princípio da legalidade para se salvar da amplitude e da flexibilidade da técnica subjacente à construção actual do tipo legal, passando pela sua relação com o princípio da segurança jurídica e pela proporcionalidade enquanto critério de interpretação.

Como se verá, a determinabilidade é a característica que o legislador terá de assegurar quando cria o tipo legal. A lei pode compreender conceitos indeterminados conquanto seja determinável. Porém, o esforço de determinação efectivo vai ser efectuado já não pelo legislador, mas sim pelo intérprete. Vai ser efectuado não já no âmbito da fase da *criação do Direito*, mas sim no plano da *aplicação do Direito*.

A segurança jurídica vai apresentar-se como o espartilho da abstracção legal, ou seja, vai consistir no elemento limitador daquela indeterminação. Só uma lei que seja susceptível de ser concretizada normativamente pelo aplicador do Direito é que respeita o princípio da legalidade tal qual ele é entendido pelo Direito Tributário.

É neste esforço de concretização normativa que será feito pelo aplicador do Direito com base nos critérios de interpretação e com base no princípio da legalidade, que, como se verá, se levantam os maiores desafios.

2.4. As cautelas de legalidade

A actual concepção legislativa, que se justifica por razões de segurança jurídica e de capacidade contributiva, colocou desafios no plano do princípio da legalidade na medida em que logra relegar a actores do Estado, tradicionalmente arredados do poder legislativo, uma margem de concretização normativa da lei fiscal. Tem-se vindo a fazer esta afirmação, cabendo agora concretizar em que medida a doutrina e a jurisprudência têm reconfigurado os quadros clássicos daquele princípio.

Para o efeito percorrer-se-á primeiro, em traços gerais, o abandono do positivismo normativista e de uma reserva absoluta de lei formal; procurando de seguida construir a visão actual da reserva de lei perante a indeterminação do conteúdo normativo. No ponto subsequente pretende-se analisar o princípio da legalidade, enquanto princípio fundado e assente no princípio da segurança jurídica, até se chegar à proporcionalidade como critério de determinabilidade do enunciado normativo das leis fiscais. Tudo isto para se estar em condições de concluir, por fim, que esta nova técnica legislativa, desde que certas cautelas sejam levadas em linha de conta, é conforme ao princípio da legalidade tal qual a sua visão conceptual actual.

A começar há que compreender que o princípio da legalidade tributária está expressamente consagrado na CRP de 1976, desdobrando-se, por um lado, numa vertente formal de reserva de lei parlamentar e, por outro, numa vertente material de tipicidade.[72]

[72] Neste sentido, SÉRGIO VASQUES (2018), p. 326 e ANA PAULA DOURADO (2015), p. 41.

Actualmente, o princípio da legalidade tributária e da reserva de lei parlamentar consagrada no art. 165.º, n.º 1, al. *i*) da CRP exigem uma contextualização desde logo pelo facto de tanto o Parlamento quanto o Governo terem competência legislativa.[73] A competência para legislar em matéria tributária do Governo depende de uma prévia autorização legislativa da AR que, nos termos do art. 165.º, n.º 2 da CRP deve definir o objecto, o sentido, e extensão e a duração da autorização.[74] Não se fala já numa reserva absoluta de lei parlamentar, mas antes numa *partilha diacrónica do poder*.[75]

Neste sentido, observa Ana Paula Dourado que "as autorizações legislativas ao Governo em matéria fiscal (...) têm como objectivo contrabalançar o poder legislativo parlamentar com um poder legislativo governamental mais especializado e ciente das imperfeições da lei na sua aplicação efectiva, pela sua proximidade da administração fiscal e de organizações internacionais como a OCDE e Comunidade Europeia".[76]

Na mesma direcção, Sérgio Vasques admite que razões de praticabilidade, segurança e justiça ditem que "o governo seja chamado a participar na densificação dos elementos essenciais dos impostos".[77] Ainda assim, reconhece a fatalidade da AR "tomar decisões em matéria fiscal com alguma precipitação, sem inteiro conhecimento de causa, acolhendo soluções onde se escondem a discriminação e a incoerência".[78]

Por sua vez, o art. 103.º, n.º 2 e n.º 3, da CRP densifica o princípio da legalidade na sua vertente material, definindo o conteúdo do chamado

[73] O fundamento histórico do princípio da legalidade tributária reside na afamada expressão anglo-saxónica *no taxation without representation*. Neste sentido, sérgio vasques, (2018), pp. 327 e ss.

[74] Sobre os requisitos das leis de autorização legislativa *vide* Ana Paula Dourado, (2015), pp. 84 e ss.

[75] O princípio da legalidade fiscal consagrado na CRP de 1974 integra-se na tradição do liberalismo, numa lógica de Estado Social de Direito. Quer isto dizer que o princípio da legalidade fiscal transmite, hoje, uma "ideia de partilha diacrónica do poder" o que justifica que a orientação política em matéria tributária seja partilhada pelo Parlamento e pelo Governo, ambos com legitimação democrática para tal. Veja-se a este prósito, Casalta Nabais (1998), p. 332.

[76] Ana Paula Dourado (2015), p. 58.

[77] Sérgio Vasques (2018), p. 399.

[78] *Idem*, p. 329.

princípio da tipicidade. Por via deste exige-se que as leis fixem os elementos essenciais dos impostos com a densidade bastante para garantir a segurança e previsibilidade ao quotidiano dos contribuintes. Fala-se aqui da intensidade da reserva de lei. Note-se que a doutrina tem aproximado o princípio da tipicidade do princípio da determinação. Este reclama a determinação legal dos elementos essenciais do imposto, constituindo a medida quantitativa daquele.[79]

A este respeito, SÉRGIO VASQUES conclui que "a lei deve definir todos os elementos essenciais do imposto com rigor e deve defini-los em termos tais que se torne possível ao contribuinte prever com razoável segurança e precisão o montante de imposto que é chamado a pagar".[80] No fundo, quer isto dizer que a reserva de lei tributária seria largamente infrutífera se a AR definisse os elementos essenciais dos impostos por via de formulações extremamente abertas e vagas. É esta a intensidade da reserva de lei tributária que, em traços gerais, constituirá o reconhecimento da segurança jurídica como limite à amplitude da técnica legislativa que se tem vindo a afirmar.

Como se deixou já dito, tempos houve em que se exigia da lei uma tipicidade absolutamente fechada e se dirigia ao legislador a proibição de recorrer a cláusulas gerais e a conceitos jurídicos indeterminados no que toca aos elementos essenciais do imposto. A lei seria de tal forma completa e suficiente que geraria uma aplicação automática e subsuntiva quer por parte da AT, quer por parte dos tribunais.[81] Quanto ao princípio da determinação, defendia ALBERTO XAVIER que este deveria significar que o aplicador do Direito descortinaria imediata, directa e exclusivamente o conteúdo de uma determinada norma por este ser lógico e conceitualmente unívoco, decorrente de um pretenso *numerus clausus*, exclusivismo e determinação do tipo legal.[82]

Em Portugal, o abandono da ideia de uma tipicidade fechada foi progressivo. A reforma dos impostos sobre o rendimento de 1988, a reforma da lei de procedimento administrativo e de processo judicial e a introdu-

[79] ANA PAULA DOURADO (2015), pp. 231-232.

[80] SÉRGIO VASQUES (2018), p. 337.

[81] ALBERTO XAVIER (1972), p. 326.

[82] *Idem*, p. 334.

ção do EBF concretizaram este afastamento. Os novos códigos trouxeram consigo uma complexidade acrescida, designadamente no que respeita à introdução da tributação do rendimento real no âmbito de um *direito de massas*.[83]

Deparando-se com aquela moderna legislação substantiva e processual, a doutrina e os tribunais procuraram definir e reestabelecer as fronteiras e as especificidades da legalidade fiscal.

No ac. n.º 756/95, datado de 27 de Março de 1996, o TC não considerou inconstitucional a norma prevista no art. 6.º, n.º 12 do CIC que reconduzia à secção B do imposto "quaisquer outros rendimentos derivados da simples aplicação de capitais não compreendidos na secção A". No entender do TC, a norma de incidência em causa não era de tal forma ampla e vaga na sua formulação que pusesse em causa o mínimo de precisão exigível, isto é, o conceito indeterminado estaria "muito longe de colocar nas mãos da administração um poder arbitrário de concretização".

Para Casalta Nabais, o princípio da tipicidade "exige que a lei (...) contenha a disciplina tão completa quanto possível (...) [d]a incidência, [d]a taxa, [d]os benefícios fiscais e [d]as garantias dos contribuintes".[84] Não obstante, não ignora que o mesmo "não impede em absoluto o recurso a conceitos indeterminados ou se socorra mesmo da atribuição de discricionariedade à administração fiscal", o que seria justificado por outros princípios constitucionais, tais como o da praticabilidade ou igualdade fiscal.[85]

Para Sérgio Vasques, o recurso a uma tipificação fechada e rígida dos elementos essenciais dos impostos não atenderia a preocupações de justiça material, nem tão pouco de captação do maior número de contribuintes, "rigidificando as categorias legais a tal ponto que não custa encontrar práticas económicas que escapem ao seu alcance pelas mais superficiais razões de ordem formal, com isto se alimentando a incerteza

[83] A respeito da aplicação do Direito por via de procedimentos de massa no seio da AT *vide* Saldanha Sanches (2007), pp. 173-177.

[84] Casalta Nabais (2019), p. 143.

[85] *Idem*, pp. 145-146. Casalta Nabais (1998), p. 378.

entre os contribuintes, o tratamento desigual de situações idênticas e um estímulo permanente à evasão fiscal".[86]

No mesmo sentido, ANA PAULA DOURADO aponta as devidas críticas à tese de ALBERTO XAVIER, não concordando totalmente com o significado, âmbito e corolários que o autor retira do princípio da tipicidade fiscal. Segundo a autora, ainda que a tipicidade diga respeito aos elementos do *tatbestand* de imposto, o mesmo não significa uma predeterminação absoluta de todas as situações da vida contempladas por uma norma – algo que não só é irrealizável como também indesejável. Em qualquer caso, a abertura e a indeterminação da lei tributária não devem ir além do estritamente necessário e têm de se mostrar justificadas, sendo que quanto maior for a essencialidade das matérias em causa, maiores serão as exigências de determinabilidade das normas que as regulem.

É precisamente neste sentido que a autora, através da teoria da essencialidade, trata a determinabilidade ou o princípio da determinação. Numa fórmula bastante simples e flexível, no sentido em que não nos dá a medida exacta da intensidade legislativa, dir-se-á que "quanto mais importante a matéria, mais densificada a lei".[87]

De tudo, resulta que a abertura do *tatbestand* legal fiscal é inevitável. Por um lado, viu-se já que a previsão exaustiva das inúmeras situações da vida é uma tarefa inalcançável por parte do legislador. Por outro lado, o papel cada vez mais interventivo do Governo na elaboração dos regimes jurídicos, em resultado da crescente complexidade das matérias tributárias, e na densificação de conceitos é já um ponto de não retorno.

Note-se que a opção por uma descrição taxativa de um determinado elemento de imposto deixaria de fora um número indefinido de realidades que cairiam no escopo da norma, conduzindo a resultados mais imprecisos e pouco versáteis. Nestes termos, ANA PAULA DOURADO defende que é "necessário deixar alguma abertura da lei formal (parlamentar ou do Governo) para as ponderações de igualdade e para os desenvolvimentos técnicos por parte de regulamentos, de modo a que a complexidade da lei

[86] SÉRGIO VASQUES (2018), p. 339. Em idêntico sentido SALDANHA SANCHES, *in* "A Segurança Jurídica no Estado Social de Direito: Conceitos Indeterminados; Analogia e Retroactividade do Direito Tributário", Cadernos CTF n.º 140, 1985, pp. 296-297.

[87] ANA PAULA DOURADO, (2015), p. 355.

não tenha o efeito perverso de a tornar incompreensível e os resultados da sua aplicação imprevisíveis".[88]

Ora, se não é possível, nem recomendável, uma determinação absoluta da lei, isto é, uma tipicidade fechada, a dificuldade estará em estabelecer qual é o ponto óptimo de determinação de uma norma tributária.

Na realidade, a doutrina não responde com exactidão a esta pergunta deixando apenas transparecer que a indeterminação não deverá ir além daquilo que é estritamente necessário e exigido pelas garantias do princípio da segurança jurídica.

Uma lei ampla e flexível com recurso a conceitos indeterminados só será conforme ao princípio da legalidade, na sua vertente material de tipicidade, se for determinável. Uma lei só será determinável se os seus resultados forem, de forma bastante, previsíveis, ou seja, se respeitar o princípio da segurança jurídica. Conforme se verá de seguida o princípio da determinabilidade, que conforma necessariamente o tipo legal de imposto, decorre do princípio da segurança jurídica.

É que a certeza do Direito Tributário pautada pelos seus elementos de calculabilidade e mensurabilidade da prestação tributária, estabilidade da norma e previsibilidade no seu modo de aplicação, vai adquirir "a forma específica da tutela da confiança como concretização sectorial da certeza do direito".[89] As famílias e as empresas ao planearem as suas actividades e o seu dia-a-dia depositarão a sua confiança na lei tributária e nas orientações da AT, alicerçando nestas muitas decisões com efeitos económicos que se repercutem no futuro. A ausência de estabilidade, previsibilidade e constância da lei tributária e da sua aplicação, irão inevitavelmente afectar a actividade económica quer das empresas, quer das famílias.[90] E, sabe-se já, quer os cidadãos, quer a própria AT, só irão cumprir com o mandato inserido na norma se lhes for dada a possibilidade de conhecer "os resultados práticos que ela vai produzir", razão pela qual a determinabilidade da norma se revela fundamental.[91]

[88] *Idem*, p. 762.

[89] Saldanha Sanches, (1985), p. 280.

[90] *Idem*, p. 280.

[91] António Manuel Hespanha, (2014), p. 202 e ss.

Nestes termos, se o princípio da legalidade fiscal na sua vertente formal é reflexo do princípio da segurança jurídica, o mesmo se pode dizer quanto à sua vertente material, *maxime*, quanto à exigência de determinabilidade da lei tributária.

Explica Gomes Canotilho que do princípio da segurança jurídica deriva o "princípio da precisão ou da determinabilidade dos actos normativos".[92] Segundo o autor, o princípio da determinabilidade das leis, postulado pelo princípio da segurança jurídica, desdobra-se em duas ideias essenciais. A primeira ideia relaciona-se com a "*exigência de clareza das normas legais*", já a segunda refere-se à "*exigência de densidade suficiente* na regulamentação legal".[93]

Conforme se viu já, o uso de conceitos amplos não pode tornar a decisão da AT impossível de ser controlada pelo tribunal competente. Assim, ainda que indeterminado, o conceito jurídico tem de ser determinável e se assim for estará conforme ao princípio da legalidade tributária. Ainda que o princípio da determinabilidade se afigure imprescindível na esfera do Direito Tributário, a sua intensidade não deve ser absoluta, mas antes suficiente, sob pena de se suprimirem outros bens jurídicos igualmente relevantes e se lesar o próprio princípio da segurança jurídica.

Pois bem, se a doutrina e jurisprudência não conseguem estabelecer o ponto óptimo de determinação de uma norma tributária, da mesma forma se dirá que não se estabeleceu ainda um ponto óptimo de segurança jurídica em matéria de criação normativa. Isto porque não é possível decretar logo à partida a realização óptima do princípio da determinabilidade. Tal como nos explica Gomes Canotilho, em confirmação com a teoria da colisão de Robert Alexy, é necessário que se reconheça a existência de "momentos de *tensão ou antagonismo* entre os vários princípios" e que se aceite que "os princípios não obedecem, em caso de conflito, a uma «lógica de tudo ou nada», antes podem ser objecto de ponderação e concordância prática, consoante o seu «peso» e as circunstâncias do caso".[94] Como tal, cabe solucionar a tensão entre as diferentes garantias "tentando

[92] Gomes Canotilho (2003), pp. 258 e ss.

[93] *Idem*, pp. 258 e ss.

[94] *Idem*, p. 1182.

harmonizar da melhor maneira os preceitos divergentes"[95] com recurso a um princípio de concordância prática.[96] Como explica BACELAR GOUVEIA, o recurso ao critério da concordância prática significa que "perante direitos fundamentais valorativamente equivalentes, devem todos eles ser limitados, cedendo todos por igual e impondo-se uma mesma bitola limitativa".[97] A este propósito crescenta VIEIRA DE ANDRADE, que se impõe ainda que "o sacrifício de cada um dos valores constitucionais seja adequado à salvaguarda dos outros", comprimindo-se "o menos possível os valores em causa, segundo o seu peso nessa situação".[98]

Parece portanto plausível que, não sendo clara a intensidade que deve ser reconhecida à densificação das normas tributárias, é pelo menos possível indagar onde se encontram os seus limites à luz de um *critério de proporcionalidade*.[99] Aferir-se-á, deste modo, da admissibilidade de um

[95] VIEIRA DE ANDRADE, "Os direitos fundamentais na Constituição Portuguesa de 1976", 6.ª edição, Almedina, 2019, p. 297-298.

[96] Ainda que o princípio da legalidade tributária, analisado na exigência material de determinabilidade das leis tributárias, não se encontre totalmente determinado, o mesmo não significa que seja imprevisível. Nas palavras de GOMES CANOTILHO (2003), p. 1183, "a densificação dos princípios constitucionais não resulta apenas da sua articulação com outros princípios ou normas constitucionais de maior densidade de concretização. Longe disso: o *processo de concretização constitucional* assenta, em larga medida, na densificação dos princípios e regras constitucionais feitas pelo legislador (*concretização legislativa*) e pelos órgãos de aplicação do direito, designadamente os tribunais (*concretização judicial*), a problemas concretos". Salienta o autor que: "os princípios não permitem opções livres aos órgãos ou agentes concretizadores da constituição (*impredictibilidade dos princípios*); permitem, sim, projecções ou irradiações normativas com um certo grau de discricionariedade (*indeterminabilidade*), mas sempre limitadas pela juridicidade objectiva dos princípios. Como diz DWORKIN, o «direito – e, desde logo, o direito constitucional – descobre-se, mas não se inventa»". Em concreto sobre a temática da discricionariedade judicial veja-se o PONTO 3.1..

[97] JORGE BACELAR GOUVEIA, "Os direitos fundamentais na constituição portuguesa de 1976", *in* Revista Direito UFMS, Campo Grande, Edição Especial – Janeiro/Junho, 2015, p. 77.

[98] VIEIRA DE ANDRADE, (2019), p. 299.

[99] Note-se que "o campo de aplicação mais importante do princípio da proporcionalidade é o da restrição de direitos liberdades e garantias por actos dos poderes públicos. No entanto, o domínio lógico de aplicação do princípio da proporcionalidade estende-se ao conflito de bens jurídicos de qualquer espécie", GOMES CANOTILHO, (2003), p. 272. No mesmo sentido, MARIA LÚCIA AMARAL, *in* "A forma da República – uma introdução ao estudo de Direito Constitucional", Coimbra Editora, 2012, p. 185.

sistema fiscal concebido com base num princípio de tipicidade fechada, quando confrontada com outros valores jurídicos constitucionalmente protegidos, recorrendo-se para tal a este critério.[100]

Sem prejuízo de posteriores desenvolvimentos, o controlo de proporcionalidade pressupõe uma metódica que analisa três vertentes: *adequação, necessidade* e *proporcionalidade em sentido estrito.*[101]

O juízo de *adequação* impõe que a medida adoptada para a realização de um certo fim seja apta, apropriada ou ajustada à sua prossecução. Pretende-se aferir da idoneidade, pelo menos em abstracto, de uma medida para perseguir o fim a que vem determinada.[102] Já quanto à *necessidade* exige-se a prova de que, para a obtenção de um certo fim, não era possível adoptar uma outra medida menos onerosa para o cidadão.[103] Por

[100] O princípio da proporcionalidade consta dos arts. 18.º, n.º 2; 19.º, n.º 4 e 266.º, n.º 2, todos da CRP. Segundo LARENZ em p. 586 (1997), este decorre "directamente da noção de justiça, de «justa medida»"; FREITAS DO AMARAL defende que uma violação deste princípio será uma violação do valor da justiça, "o valor jurídico supremo", *in* "Direitos fundamentais dos administrados, JORGE MIRANDA, org., "Nos dez anos da Constituição, Imprensa nacional da casa da moeda, 1987", p. 18; a respeito deste princípio veja-se ainda MARIA LÚCIA AMARAL; (2012), p. 186.

[101] Para maiores desenvolvimentos sobre o princípio: VITALINO CANAS, *in* "O princípio da proibição do excesso: em especial, na conformação e no controlo de atos legislativos", Almedina, 2017; VIEIRA DE ANDRADE (2019); GOMES CANOTILHO, *in* "Constituição dirigente e vinculação do legislador: contributo para a compreensão das normas constitucionais programáticas", Coimbra Editora, 2001; JORGE MIRANDA, "Manual de Direito Constitucional – Tomo IV – Direitos Fundamentais", 6.ª edição, Coimbra Editora, 2015; JORGE BACELAR GOUVEIA, "Manual de direito constitucional, vol. II", 6.ª edição, Almedina, 2016 (reimpressão de 2018); JOÃO FÉLIX NOGUEIRA (2010); BLANCO DE MORAIS "Curso de direito constitucional – Teoria da Constituição Tomo II", Almedina, 2018; PAULO OTERO, "Manual de Direito Administrativo – vol. I", Almedina, 2013 (reimpressão de 2016).

[102] Explica MARIA LÚCIA AMARAL (2012), p. 188 que, no que respeita à "adequação" "não é necessário provar que aquele meio que foi escolhido permitiu a realização efectiva do fim que a actuação estatal se propunha: a exigência de semelhante prova seria ela mesmo excessiva. O que se requer é apenas um juízo de *razoabilidade*. Basta por isso provar que, *razoavelmente,* ou em condições normais de vida, o meio escolhido pelo Estado se apresenta como meio apto para melhorar a situação de facto, e, portanto, para alcançar o fim de interesse público inscrito na decisão estadual".

[103] Para GOMES CANOTILHO (2003), p. 270, o princípio da necessidade "coloca a tónica na ideia de que o cidadão tem direito à menor desvantagem possível". Em idêntico sentido, MARIA LÚCIA AMARAL (2012), p. 188.

fim, o último crivo no juízo de proporcionalidade diz respeito à *proporcionalidade em sentido estrito*. Exige-se nesta última operação que a medida "não imponha ao particular afectado um sacrifício dos seus interesses muito superior aos benefícios (públicos) que se pretendem obter com a mesma".[104]

Em face do exposto, a pergunta que se impõe é a de saber se um sistema fiscal alicerçado num princípio de tipicidade absolutamente fechada se mostra uma medida adequada, necessária e proporcional para alcançar o fim último de assegurar uma maior segurança jurídica na esfera de quem interpreta e aplica o Direito?

Relativamente ao teste da *adequação*, parece claro que uma norma tributária concebida nos termos acima descritos não se mostra apta para prosseguir o fim de segurança jurídica a que vem determinada. Como já se disse, quanto mais detalhada e pormenorizada for a norma, menos previsíveis se tornam os resultados da sua aplicação, pelo que os objectivos prosseguidos pela legalidade e pela tipicidade não são atingidos. Por outro lado, o recurso a uma técnica que não garanta plasticidade suficiente às normas fiscais para se adaptarem às múltiplas situações da vida, não se revela adequada para promover a segurança jurídica, nem, tão pouco, o princípio da igualdade na vertente da capacidade contributiva, na medida em que ora dita o aparecimento de um cenário de inflação legislativa ora, em sentido contrário, um cenário de surgimento de lacunas.

Note-se que o controlo de proporcionalidade poderia terminar aqui, no sentido de que os juízos são cumulativos com um carácter eliminatório, ou seja, basta que não se ultrapasse um deles para que se considere inadmissível a medida.[105] No entanto, porquanto se julga elucidativo, percorrer-se-ão as restantes vertentes em que se decompõe analiticamente o princípio da proporcionalidade.

[104] João Félix Nogueira (2010), p. 106.

[105] Luís Colaço Antunes em "Público, Proporcionalidade e Mérito: Relevância e Autonomia Processual do Princípio da Proporcionalidade", *in* Estudos de Homenagem à Professora Doutora Isabel de Magalhães Collaço, Vol. II, Almedina, 2002, pp. 539. e ss., refere a este respeito um efeito de "absorção-concentração" de um dos critérios face aos demais.

No que diz respeito ao teste da *necessidade*, cumpre averiguar se a acção estatal poderá, ou não, ir no sentido de optar por uma medida menos onerosa para garantir a segurança jurídica do que aquela que se traduz num quadro normativo-tributário substancialmente rígido e inflexível. Neste sentido, crê-se que um sistema fiscal que admita que vigorem no ordenamento jurídico normas com algum grau de indeterminação poderá ainda proporcionar garantias de segurança jurídica, desde que, não permita uma conduta arbitrária do poder público – quer isto dizer que a arbitrariedade da actuação dos poderes públicos (AT e tribunais) configura o limite a partir do qual a indeterminação legal é potencialmente geradora de insegurança jurídica – e permita ao contribuinte antever razoavelmente os efeitos de um comando legal.

Finalmente, há que contrapor os custos e os benefícios resultantes da adopção de uma medida como aquela que temos vindo a retratar para aferir se a mesma passa, ou não, no crivo da *proporcionalidade em sentido estrito*. Julga-se que aqui, os custos provindos da existência de um sistema fiscal rígido se repercutem quer na esfera dos contribuintes, já que o recurso a uma tipificação fechada e inflexível dos elementos essenciais dos impostos não atenderia a preocupações de justiça material, nomeadamente ao princípio da capacidade contributiva, dado que a norma captaria um conjunto muito mais limitado de contribuintes; quer na esfera do próprio interesse público. Os custos para o erário público que decorreriam quer do facto de um sistema fiscal assim construído permitir que os sujeitos passivos se furtassem à aplicação da lei fiscal, quer do facto de a própria norma captar um conjunto muito mais limitado de contribuintes são já conhecidos. Por seu turno, a excessiva rigidificação das categorias legais facilitaria que certas realidades escapassem ao alcance da lei por razões de ordem puramente formal, o que constitui um incentivo à prática de planeamento fiscal elisivo.[106]

Por tudo, conclui-se que a acção estatal de conceber um sistema fiscal alicerçado num princípio de tipicidade absolutamente fechada que se define pela emanação de normas, por parte do legislador, isentas do

[106] O que, recordando a teoria do *Matthew Effect*, resta evidente que aos sujeitos passivos que dispusessem de mais recursos económicos seriam garantidas maiores hipóteses de obviar ao pagamento de impostos face àqueles que dispõem de menos recursos.

mínimo grau de indeterminação e caracterizadas por uma tipologia taxativa dos elementos de imposto, por uma formulação absolutamente rígida, pormenorizada e rigorosa é medida inadequada, desnecessária e desproporcional para alcançar o fim último de assegurar uma maior segurança jurídica na esfera de quem interpreta e aplica o Direito, quer sejam os cidadãos, quer seja a AT ou, ainda, os tribunais.

Se se deixou claro que é inevitável que a lei, particularmente a lei tributária, em função de uma nova técnica legislativa, se caracterize sempre de um maior ou menor grau de indeterminação, também se comprovou que, ainda que assim não fosse, uma lei isenta de conceitos amplos e indeterminados não asseguraria as garantias de segurança jurídica que, afinal, o princípio da legalidade tem de reflectir, desde logo porque falharia o teste de proporcionalidade.

Em contrapartida, conclui-se, de igual modo, que a indeterminabilidade não pode ser de um tal grau que, por um lado, não permita ao contribuinte ou ao aplicador/intérprete antever razoavelmente os efeitos de um comando legal e, por outro lado, importe a transferência do poder de criação de obrigação fiscal para os órgãos que aplicam o Direito.[107]

Parece, portanto, que *o princípio da segurança jurídica actua, simultaneamente, enquanto fundamento e limite ao princípio da legalidade fiscal*, especialmente se pensarmos na sua dimensão material concretizada na exigência de determinação da lei tributária. Como tal, se é por razões de segurança jurídica que as normas tributárias são inevitavelmente indeterminadas, são também razões de segurança jurídica que impõem que a norma, embora *indeterminada*, seja *determinável*.

Em conclusão, a segurança jurídica é fundamento e limite da vertente material – concretizada na exigência de determinabilidade – do princípio da legalidade, tal qual ele resulta da reconfiguração motivada pela actual concepção legislativa em Direito Tributário.

[107] Assim, "não sendo recomendáveis nem as tipificações legais exaustivas e fechadas, nem a proliferação de disposições legais (muito) indeterminadas, o ideal será a combinação entre tipos legais tendencialmente fechados quando os tipos empíricos subjacentes estão identificados e estabilizados, e os tipos legais tendencialmente abertos, cabendo neste caso aos regulamentos ou portarias fazer os desenvolvimentos necessários", Ana Paula Dourado (2015), p. 641.

2.5. As cautelas de segurança jurídica – a dimensão internacional

Uma vez compreendidas as razões que justificam a actual concepção legislativa no contexto do Direito Fiscal e uma vez compreendidas as cautelas que esta reclama por referência, sobretudo, ao ordenamento jurídico nacional, haverá agora que atentar ao panorama jurídico internacional. Tudo para se compreender que se esta tendência é transversal a todos os Estados modernos, a verdade é que as preocupações com a segurança jurídica também o são.

De facto, também ao nível internacional se tem entendido que "*[t]he injudicious use of vague and undetermined concepts in tax law provisions can represent a source of legal uncertainty*".[108] E a segurança é entendida enquanto garantia da eficiência e competitividade dos sistemas fiscais modernos dado que, quanto mais estável e simples se apresentar o sistema jurídico de um Estado mais atractivo este vai ser ao investimento externo.[109]

Como se refere no Relatório da OCDE de 2017 para os Ministros das finanças do G20 "*[t]he effects of uncertainty on investment are ambiguous in theory. But the empirical evidence, while sparse, is more clear-cut and does suggest adverse effects on investment and trade*".[110]

[108] Bruno Peeters, *in* "European Supervision on the Use of Vague and Undetermined Concepts in Tax Laws", EC tax review, vol. 22, n.º 3, 2013, p. 112. Em sentido idêntico, embora abordando esta temática na perspectiva da importância do precedente judicial, Emmanuelle Cortot-Boucher em "An Overview of the French Judicial System and the Rule of Stare Decisis", IBFD, vol. 73, n.º 8, 2019, p. 392, refere que *"Overall, it would appear that the concept that a judge starts only from statute law in respect of each case is a fiction for a very large part. This situation can be seen to be so, as precedents play an important role in arriving at the decisions given by the two supreme courts"*.

[109] Neste sentido veja-se César García Novoa, "Aspectos actuales de la seguridad jurídica en materia tributaria", *in* Seguridad Jurídica y Derecho Tributario: Presente y Futuro (coord. Jorge Martín López e Begoña Pérez Bernabeu), Aranzadi, 2019, p. 53; Saldanha Sanches (2007), p. 182.

[110] *IMF/OECD in* "Report for the G20 Finance Ministers, Tax Certainty", March 2017, p. 6. A este respeito, Vanessa Arruda Ferreira e Ana Paula Trindade Marinho em "Tax Sparing and Matching Credit: From an Unclear Concept to an Uncertain Regime", IBFD, Vol. 67, n.º 8, 2013, referem que a insegurança derivada de diferentes interpretações de certas cláusulas de ADT's podem exercer um papel decisivo na definição das estratégias de investimento privado.

No mesmo sentido tem-se afirmado no seio da UE que "*At the international level tax (...) [u]ncertainty may have negative effects on investment, trade and compliance*".[111]

É portanto inegável que a falta de segurança jurídica tem acarretado no contexto da tributação internacional, efeitos verdadeiramente nefastos sobre a realização de operações transfronteiriças.[112]

É através da garantia das exigências de segurança jurídica que se salvaguardam a eficiência e a competitividade que norteiam as "regras do jogo" do comércio internacional. E as preocupações de segurança jurídica não se limitam à determinabilidade da norma internacional passando também pela necessária uniformização da aplicação do Direito pelos diferentes Estados. Na era do pós-*BEPS Action Plan* em que actualmente nos encontramos, a segurança jurídica não reclama apenas que o enunciado normativo da lei, através da sua abertura, se revele de uma qualidade legística acima da média, antes pelo contrário, exige também que a lei fiscal tenha uma aplicabilidade prática em que todos os operadores que participam no processo de aplicação das normas adoptem uma posição consistente com os objectivos pretendidos pelo legislador fiscal aquando da feitura da lei.

Neste sentido Bruno Peeters alerta que "*[t]he consequences of vague and indeterminate concepts are indeed that the outcome of legal disputes is determined too often by the subjective perception of individual public servants and judges*".[113] Há portanto a consciencialização que a instabilidade na aplicação do Direito, na interpretação individual de normas amplas, é tão ou mais prejudicial à percepção do sistema e portanto à segurança jurídica

[111] Ernesto Zangari; Antonella Caiumi; Thomas Hemmelgarn, "Taxation Uncertainty: Economic Evidence and Policy Responses", Taxation Papers, Working Paper n.º 67, European Commission, 2017, p. 1.

[112] Conclusão que é certificada por Emmanuelle Cortot-Boucher (2019) quando em p. 39 refere que "*[t]he primary disadvantage of the French system is that it is probably less predictable for taxpayers and the tax authorities. Overall, it is more difficult for parties to anticipate court decisions, as the ability of the judges to reverse precedentes is greater. From an economic perspective, this situation may make France less attractive as a location for investment, as the instability of tax law is often depicted as very detrimental, even more so than its complexity. All in all, the gains resulting from improving the rule of law may be partially or even entirely erased by the cost of changing the rules*".

[113] Bruno Peeters (2013), p. 112.

e à competitividade fiscal, do que a própria complexidade inerente ao Direito Fiscal.

Assumindo portanto a importância da harmonização e da coerência na aplicação do Direito, começou a haver no panorama internacional a percepção de que devem existir instrumentos ou mecanismos mitigadores da perversidade associada à ausência de segurança jurídica. Por essa razão, não é raro encontrar-se nas legislações fiscais de alguns Estados, a possibilidade de se realizarem verdadeiras "consultas tributárias"; de existirem normas sobre APA's e, ainda, de se preverem regimes de acordos bilaterais ou multilaterais entre as AT's e os contribuintes.

Em ordem a garantir a estabilidade dos seus respectivos sistemas fiscais, e com isso atrair potenciais investidores, vários países comprometeram-se com os *standards fiscais internacionais*, oferecendo acordos de estabilidade fiscal e, de igual modo, celebrando acordos de natureza fiscal a nível nacional ou regional. Os MAP's constituem um mecanismo de resolução de litígios entre autoridades tributárias relativo a questões controvertidas respeitantes a tratados fiscais bilaterais. Ora a verdade é que actualmente têm-se gerado problemas técnicos substanciais, designadamente no que respeita a conflitos de qualificação e interpretação de conceitos vertidos em instrumentos da OCDE, nomeadamente, ao nível dos artigos constantes da CMOCDE. Por essa razão, crê-se que se poderia incrementar a previsibilidade e coerência por parte das AT's através da publicação, em prazo razoável, das interpretações técnicas e das "consultas tributárias", favorecendo-se assim o trabalho que tem sido desenvolvido pela OCDE.

O princípio da segurança jurídica também tem suscitado maiores inquietudes por parte dos operadores jurídicos sobretudo pelo facto, sabemos já, das AT's terem banalizado o recurso a CGAA.[114] Aqui bastará dizer que "as CGAA (cláusulas gerais anti-abuso) reflectem as falhas da política actual e da legislação e mais especificamente do desenho da base tributária".[115] Os méritos da CGAA constituem simultaneamente os

[114] Casalta Nabais (2005), p. 184, refere de forma acutilante que através da capacidade de se transporem fronteiras a *evasão fiscal internacionalizou-se*.

[115] Gammie, "*Moral Taxation, Immoral Avoidance – What's the role for the law?*", *in* British Tax Review, n.º 4, 2013, p. 577.

seus maiores defeitos e coincidem com os méritos e os defeitos da técnica legislativa fiscal actual.

Da perspectiva de um operador jurídico que realize operações transfronteiriças, o modo pelo qual as CGAA são conformadas e concretizadas em cada ordenamento jurídico terá certamente influência na sua tomada de decisão. Por essa razão, no contexto internacional, esta cláusula é geralmente percepcionada como um instrumento que incrementa potenciais situações de insegurança jurídica. No que diz respeito a esta incerteza, cumpre ressaltar o peso que teve a aprovação do MLI em 2018, de acordo com o qual se integrou a cláusula PPT nas convenções fiscais destinadas a eliminar a dupla tributação de 87 estados signatários.[116] As disposições que estabelecem a regra PPT surgem como exemplo primordial deste problema, dado que se caracterizam por possuir conceitos que carecem de densificação, como é aliás o caso da expressão "um dos motivos principais". Esta incerteza poderá implicar um incremento notável de litigiosidade e, por conseguinte, um menor nível de segurança jurídica visto que na óptica dos operadores económicos a forma como é aplicada a dita cláusula dependerá do Estado em questão.[117]

Por outro lado, a título de exemplo, a (in)segurança jurídica associada ao uso de conceitos indeterminados e genéricos pode ser explicada no contexto do *Pilar One* do plano de acção 1 do BEPS. Consciente dos desafios suscitados pela digitalização da economia, o secretariado da OCDE lançara uma abordagem comum com base nas três propostas desenvolvidas pelo *Inclusive Framework on BEPS* com vista a atingir um consenso

[116] A este respeito salienta-se que o MLI entrou em vigor em Portugal no dia 1 de Junho de 2020. Recorda-se igualmente que o MLI foi concebida com o objectivo de modificar, de modo célere e sincronizado, as convenções fiscais, dos respectivos Estados signatários, e que se encontrassem em vigor, implementando-se assim as medidas desenvolvidas no combate à BEPS. No tocante à cláusula PPT, esta consiste numa norma geral anti-abuso sendo que o facto de radicar em conceitos indeterminados leva a que possua uma enorme carga de subjectivismo. Para mais desenvolvimentos veja-se JOHANN HATTINGH, *in* "The Impact of the BEPS Multilateral Instrument on International Tax Policies", IBFD, vol. 72, n.º 4/5, pp. 238-239, que salienta que "*The PPT is a vague measure, by design, and appropriates discretionary power for tax administrators*".

[117] CRISTOPHER BERGEDAHL, *in* "Anti-abuse Measures in Tax Treaties Following the OECD Multilateral Instrument", IBFD, vol. 72, n.º 1, 2018, pp. 23-44.

ao nível dos EM da OCDE, relativamente à tributação de novos modelos de negócios próprios da era digital. No entanto, ainda que a proposta se encontre numa fase embrionária, o facto de se estabelecer um âmbito de incidência tão amplo quanto possível – através da noção de *consumer-facing businesses* – em ordem a tributar modelos de negócios que recorram a plataformas digitais para exercerem as suas actividades, poderá introduzir um novo factor de insegurança da perspectiva dos operadores económicos.

Aqui chegados, conclui-se que a actual concepção legislativa no seio da fiscalidade internacional também reclama algumas cautelas no que diz respeito ao princípio da segurança jurídica.

O actual ambiente empresarial caracteriza-se por um incremento de operações além-fronteiras, abarcando um número cada vez maior de jurisdições. Esta forma de actuação empresarial a nível internacional apresenta uma natureza muito ampla de modelos de negócio que interagem com distintos sistemas fiscais. Por essa razão, considerando que os sistemas tributários têm características diferentes consoante os Estados onde estão inseridos, o recurso a uma lei fiscal composta por um enunciado normativo suficientemente flexível leva a que a segurança jurídica tenha de ser garantida não já no plano dos legisladores nacionais mas, ao invés, no plano das AT's e dos tribunais nacionais. A hipertrofia legislativa não pode dar lugar a hipertrofia na aplicação do Direito.

Cumprirá então de seguida averiguar, afinal, qual o papel de concretizador normativo que a lei fiscal relega para os aplicadores do Direito.

3. A concretização normativa pelo aplicador do Direito

Vistas as causas e as cautelas da actual concepção legislativa, ficou comprovado que o princípio da legalidade tributária, enquanto reflexo do princípio da segurança jurídica, não mais se compadece com uma tipicidade fechada.

Ficou igualmente comprovado que, por razões de segurança jurídica e de igualdade tributária, é admissível e inevitável que o legislador emane normas com um determinado grau de indeterminação e amplitude.

Ficou também visto que a segurança jurídica é, ao mesmo tempo, fundamento e limite do princípio da legalidade, sendo a determinabilidade da lei a característica que o legislador tem de assegurar para salvar da inconstitucionalidade a lei ampla, vaga e composta por conceitos indeterminados.

Assim sendo, é necessário que a lei seja susceptível de ser concretizada pelo aplicador do Direito, já que a este caberá a tarefa de, no caso concreto, determinar a concretização normativa aplicável.

Este esforço de concretização normativa propiciado em maior medida pela actual técnica legislativa, a qual origina uma transferência de papéis entre as duas esferas de actuação – *criação* e *aplicação do Direito* –, levanta várias questões.

Quem aplica Direito de forma a definir a situação jurídica do sujeito passivo? Qual o critério de determinação da lei no caso concreto? Quais as cautelas que têm que ser asseguradas no processo de aplicação do Direito que é também um processo de criação normativa?

Quanto à primeira questão, não é surpreendente se a esta altura se disser que se é certo que quem aplica o Direito é a AT e os tribunais, o estudo que se propõe assentará essencialmente sobre estes últimos. Quanto aos primeiros o seu tratamento será resumido, já no ponto que se segue, e para contextualizar a forma como a doutrina via de regra coloca a questão em análise.

Quanto à segunda questão, a resposta merecerá a nossa atenção no PONTO 3.2. onde haveremos de aferir as especificidades da interpretação em Direito Fiscal para nos determos, no final, na proporcionalidade enquanto critério interpretativo capaz de auxiliar o aplicador do Direito neste esforço de concretização normativa. É que não há dúvida que neste esforço pedido aos juízes na determinação concreta e efectiva da lei, estes lançarão mão dos elementos interpretativos ditos de clássicos é certo, mas deverão também recorrer-se da proporcionalidade para *in casu* decidir qual o Direito aplicável. Há que aceitar que a actual técnica legislativa relega intencionalmente aos tribunais a função de, em conjunto com o legislador, revelarem a norma aplicável ao caso concreto, determinando e conformando o seu conteúdo. Sem grandes receios poderá ainda afirmar-se que a jurisprudência vai assumindo cada vez mais o papel de fonte de Direito importante em conjunto com a (e ao lado da) lei, ao completar e concretizar normativamente o seu escopo material.

Se assim é, e se ao que tudo indica este é um ponto de não retorno, há que indagar agora quais as consequências que derivam desta abertura do *tatbestand* de garantia no plano da aplicação do Direito, *maxime*, no plano dos tribunais enquanto intérpretes e conformadores últimos das posições jurídico-tributárias. A rejeição de uma ideia de tipicidade fechada e a indeterminabilidade que caracteriza a lei tributária significa, portanto, a delegação, maior ou menor, da regulação do conteúdo normativo da lei por parte do legislador nos órgãos que irão aplicar o Direito sejam eles a AT ou os tribunais. O mesmo é dizer que, no fim deste ponto, estaremos capazes de perceber, afinal, em que consiste esta concretização normativa que é delegada intencionalmente pelo legislador no aplicador do Direito.

Para isso, terminar-se-á o presente capítulo com uma tentativa de experimentação da concretização normativa que tem sido feita naquela que é o expoente da lei ampla: a CGAA. É que só olhando à prática vamos perceber, a final, o quão relevante é a resposta à terceira questão: *Quais os limites que têm que ser assegurados no processo de aplicação do Direito que é também um processo de criação normativa?*

3.1. A aplicação do Direito pela AT e pelos tribunais

A temática da conformação e concretização jurídica pelos órgãos que aplicam Direito é bem ilustrada nas palavras de Josef Esser, segundo o qual "a característica comum é a autorização legal àquele que aplica o Direito de formar por si (...) a premissa maior (...) por meio de uma intervenção através de parâmetros não positivados, concepções de tráfego, juízos de valor".[118]

Não sendo a aplicação do Direito uma mera actividade lógico-subsuntiva como outrora se achou, passaram a reconhecer-se ao aplicador do Direito preocupações relacionadas com a necessidade de concretizar aquilo que o legislador, propositadamente, deixou por concretizar.[119]

[118] Josef Esser, *in* "Precomprensione e scelta del método nel processo di individuazione del diritto, Fondamenti di razionalità nella prassi decisionale del giudice", 1972, trad. de S. Patti e G. Zaccaria, Edizioni Scientifiche Italiane, 2010, p. 55.

[119] Ana Paula Dourado (2015), p. 392, salienta que "a necessidade de preencher com valorações próprias os conceitos jurídicos indeterminados e as dificuldades encontradas nessa tarefa" apresentam-se igualmente quer aos órgãos administrativos, quer aos tribunais. Não obstante, tal como salienta Freitas da rocha (2019), p. 11, estamos perante dois actores "convocados pelo legislador a aplicar normas tributárias a um determinado caso em concreto,

Perante a constatação deste desafio, a verdade é que a maior parte da doutrina fiscalista tende a encarar o problema da conformação e da concretização das normas tributárias pelos órgãos de aplicação do Direito como se se tratasse de um problema maioritariamente dirigido à esfera de intervenção da AT. Por essa razão, a análise e o estudo da questão da concretização e conformação normativa que deriva da indeterminabilidade da lei na literatura jurídica portuguesa acaba por cair na temática dos conceitos de "margem de livre apreciação" e de "discricionariedade" administrativa.

Antes, porém, de tentar perceber esta temática será necessário compreender, em traços muito gerais, *quando é que a AT aplica Direito para os efeitos que nos importam*.

Primeiro temos que compreender o *quando* – quando a AT aplica Direito – para depois compreender o *como* – como é que a doutrina coloca a questão de saber quais os poderes da AT na concretização normativa que lhe é esperada perante o actual panorama de concepção legislativa do Direito Tributário.

Pode dizer-se que a aplicação de normas tributárias por parte da AT se agrupa em dois níveis: ao nível daquilo a que podemos apelidar de aplicação "clássica" do Direito pela AT e ao nível da conformação normativa levada a cabo por instrumentos de *soft law*. Entre cada um dos níveis existem diferentes institutos procedimentais.[120]

Tentando oferecer uma visão geral daquilo em que se traduz a tarefa aplicativa e reveladora do Direito pela AT, diga-se que, de entre os vários procedimentos tributários que compõem o ordenamento jurídico-tributário, há que distinguir os procedimentos pré-liquidação; os procedimentos de liquidação e cobrança; os procedimentos impugnatórios e os procedimentos cautelares.

Os procedimentos pré-liquidação, por sua vez, desdobram-se em procedimento de informações vinculativas; procedimento de orientações genéricas; acordos prévios sobre preços de transferência; procedimento de reconhecimento de benefícios fiscais; procedimento de ilisão de pre-

embora, compreensivelmente, o sejam em circunstâncias distintas e debaixo de pressupostos também distintos (...)".

[120] Aqui seguimos de perto o nosso manual, Serena Cabrita Neto e Carla Castelo Trindade, "Contencioso Tributário I – Procedimento, Princípios e Garantias", Almedina, 2017.

sunções; procedimento de avaliação; procedimento de inspecção tributária; procedimento de aplicação de normas anti-abuso e procedimento de derrogação do sigilo bancário.[121]

Se nos detivermos no acto impositivo por excelência da AT, o acto tributário *stricto sensu*, vulgo acto de liquidação tributária, constata-se que cabe à AT, em primeira mão, aplicar o Direito Tributário.[122]

Ora, a grande parte dos conflitos que surgem entre a AT e os particulares têm origem precisamente nestes actos de liquidação contra os quais os particulares podem reagir quer pela via administrativa,[123] através da reclamação graciosa, do recurso hierárquico ou do pedido de revisão oficiosa, quer pela via judicial e jurisdicional através de impugnação judicial[124] ou de pedido de constituição de tribunal arbitral.[125] Se estes

[121] Para um aprofundamento do regime legal de cada um dos procedimentos veja-se, quanto às informações vinculativas, o art. 68.º da LGT e o art. 57.º do CPPT; quanto às obrigações genéricas, o art. 68.º-A da LGT e os arts. 55.º e 56.º, ambos do CPPT; quanto reconhecimento de benefícios fiscais, o art. 65.º do CPPT; quanto à ilisão de presunções legais, o art. 64.º do CPPT; quanto ao procedimento de avaliação, o art. 58.º do CPPT; quanto ao procedimento de inspecção tributária, o art. 12.º e seguintes do RCPITA; quanto à aplicação de normas anti-abuso o art. 38.º da LGT e o art. 63.º do CPPT e, por fim, quanto à derrogação do sigilo bancário o art. 63.º-B da LGT.

[122] Falamos aqui da "liquidação dos tributos quando efectuada pela AT" compreendida no âmbito do procedimento tributário e prevista na al. *f)*, do n.º 1, do art. 54.º da LGT e não propriamente dos actos de autoliquidação, de retenção na fonte e de pagamento por conta, praticados por particulares a que nos referiremos a seguir. Contudo, mesmo os actos de retenção na fonte, auto-liquidação ou pagamento por conta acabam por também ser actos onde a AT vai ser "chamada" a aplicar o Direito na medida em que estes, em arrepio do princípio da impugnação unitária, só são sindicáveis pelos tribunais se, e na medida em que, tenha havido reclamação graciosa necessária nos termos dos arts. 131.º a 133.º do CPPT. Estes expedientes reforçam, portanto, o papel da AT como primeiro aplicador do Direito, verificando-se que, a final, todos aqueles actos são impugnáveis e arbitráveis, nos termos do art. 97.º, n.º 1, al. a) do CPPT e do art. 2.º do RJAT.

[123] Para um aprofundamento do regime legal dos meios tutelares administrativos veja-se quanto à reclamação graciosa o art. 68.º do CPPT; quanto ao recurso hierárquico o art. 66.º do CPPT e, por último, quanto ao pedido de revisão oficiosa veja-se o art. 78.º do CPPT.

[124] Para um aprofundamento do regime legal dos meios tutelares processuais veja-se, quanto à impugnação judicial, o art. 96.º e ss. do CPPT; quanto ao pedido de constituição de tribunal arbitral, o art. 10.º do RJAT.

[125] A arbitragem em matéria tributária constitui um meio alternativo de resolução de litígios

últimos dirão respeito à aplicação do Direito pelos tribunais, aqueles primeiros dirão respeito à aplicação do Direito pela própria AT.

De entre os procedimentos impugnatórios administrativos que se materializam em meios de reacção relativamente a actos anteriormente praticados, podemos distinguir o procedimento de revisão da matéria tributável fixada por métodos indirectos, bem como os já referidos procedimentos de reclamação graciosa, recurso hierárquico e revisão dos actos tributários.[126]

De entre o elenco dos institutos existentes em sede de Direito Tributário procedimental, existem alguns cuja consagração tem por base, de forma evidente, preocupações de segurança jurídica e de protecção da confiança na aplicação do Direito pela AT. Aliás, como se verá, as preocupações do legislador tributário ao nível da uniformização da aplicação do Direito reflectem-se, não apenas no âmbito do processo tributário e no correspondente espaço de actuação dos tribunais, mas também, e em grande medida, no âmbito do procedimento tributário e correspondente espaço de actuação da AT.

No âmbito do procedimento tributário, a tutela da segurança jurídica e protecção da confiança ganha corpo nos seguintes instrumentos: orien-

no domínio fiscal que surgiu em 2010 no seio de uma doutrina que lhe era tendencialmente contrária. O seu regime jurídico foi aprovado pelo DL n.º 10/2011, de 20 de Janeiro. A arbitragem tributária, ainda que tenha cerca de uma dezena de anos de existência, tem vindo a despertar o interesse de muita doutrina e, portanto, tem vindo a ser objecto de estudo de diversos autores. Além dos vários artigos científicos já escritos por nós e por muitos outros em várias publicações da especialidade, salientamos as duas obras de maior monta: o "Comentário ao Regime Jurídico da Arbitragem Tributária, Guia da Arbitragem Tributária" de Jorge Lopes de Sousa, (coord. de Nuno Villa-Lobos e Tânia Carvalhais Pereira), 3.ª edição, Almedina, 2018 e o nosso "Regime Jurídico da Arbitragem Tributária Anotado", Almedina, 2016. Ao que importa por agora cabe unicamente dar a nota que as decisões arbitrais têm a mesma força jurídica das decisões de um tribunal judicial sendo a análise da jurisprudência proferida pelos tribunais arbitrais incontornável nos dias de hoje em Portugal. Melhor exploraremos a arbitragem tributária no Título II.

[126] Para um aprofundamento do regime legal dos referidos procedimentos impugnatórios administrativos, veja-se, quanto ao procedimento de revisão da matéria tributável fixada por métodos indirectos, o art. 91.º da LGT; quanto ao procedimento de reclamação o art. 68.º do CPPT; quanto ao procedimento de recurso hierárquico o art. 66.º do CPPT e, por último, quanto ao procedimento de revisão dos actos tributários, o art. 78.º do CPPT.

tações genéricas; informações vinculativas; avaliações prévias; direito de audição; direito à notificação; tendencial irrevogabilidade dos actos administrativos constitutivos de direitos.[127]

O legislador terá sentido a necessidade de, ainda no seio da fase procedimental, conferir aos sujeitos passivos mecanismos que lhes permitam obter, junto da AT, uma tutela reforçada das suas posições jurídicas subjectivas e da conformação que lhes possa vir a ser conferida. E essa

[127] Pela sua importância quanto à temática da segurança jurídica na aplicação do Direito pela AT, cumpre desenvolver sucintamente os dois primeiros. As *orientações genéricas administrativas* (art. 68.º-A, n.º 1 da LGT e do art. 55.º do CPPT), consistem em decisões que são emanadas pela AT e que vinculam os respectivos serviços na sua actuação, procurando uniformizar expedientes, procedimentos, bem como a interpretação e aplicação das normas tributárias. Estas são emitidas sob a forma de circulares ou ofícios circulados por iniciativa da própria AT, sendo a sua publicação e disponibilização obrigatória (art. 56.º, n.º 1 e 2 do CPPT). Exceptuando os casos de necessária prevalência do princípio da legalidade, a prática de actos administrativos concretos em desconformidade com estas orientações pode mesmo constituir fundamento de impugnabilidade por vício autónomo de violação de lei, em concreto, por violação do princípio da boa fé. As *orientações genéricas administrativas* vinculam os contribuintes, portanto, na medida da sua legalidade. Estas conferem assim operacionalidade, quer ao princípio da segurança jurídica, quer ao princípio da igualdade, garantindo uma aplicação tendencialmente uniforme da lei pela AT e permitindo aos sujeitos passivos planearem e conformarem as suas decisões com maior acuidade, diminuindo a potencial litigância com a AT. Esta preocupação de uniformização de aplicação do Direito é reforçada pela exigência de revisão das orientações já emitidas em função da jurisprudência emanada pelos tribunais superiores nos termos do art. 68.º-A, n.º 4 da LGT. O *procedimento para prestação de informações vinculativas* (art. 68.º, n.º 1 da LGT) visa a obtenção de um esclarecimento por parte da AT quanto ao enquadramento jurídico de uma determinada situação tributária do contribuinte que solicitou o pedido, na qual se incluem os pressupostos de benefícios fiscais (mas não o reconhecimento dos benefícios em si mesmo). A sua obtenção é da iniciativa do sujeito passivo ou de outros interessados, sendo que as informações prestadas no âmbito de um determinado procedimento apenas produzem efeitos *inter partes*, não vinculando a AT a proceder à interpretação e aplicação das normas tributárias, quanto a outros casos, em conformidade com a posição aí sufragada. Salvo em cumprimento de decisão judicial, a prática de actos administrativos em desconformidade com informações vinculativas prestadas será ilegal, constituindo fundamento de impugnabilidade do acto por vício autónomo de lei, designadamente por violação do princípio da boa-fé, ficando igualmente vedada a possibilidade de a AT revogar retroactivamente as informações vinculativas prestadas (art. 68.º, n.ºs 14 e 16 da LGT). Com o intuito de efectivar o princípio da segurança jurídica, estabelece o art. 68.º-A, n.º 3, da LGT a imposição de conversão das informações vinculativas em orientações genéricas sempre que a mesma questão de Direito relevante tenha sido apreciada no mesmo sentido em três pedidos de informação ou seja previsível que o venha a ser.

necessidade verificou-se igualmente a respeito da AT, tendo o legislador previsto um conjunto de mecanismos a que esta poderia recorrer, por sua iniciativa, por forma a imprimir maior estabilidade e previsibilidade à sua actuação e, consequentemente, à relação que esta estabelece com os contribuintes. São assim patentes as preocupações com a uniformização da aplicação do Direito na esfera da AT.

Se compreendemos *quando* a AT aplica Direito, caberá agora compreender *como* é que a doutrina coloca a questão de saber quais os poderes da AT na concretização normativa que lhe é esperada.

Pela importância do estudo efectuado a propósito desta questão, não há como aprofundar esta problemática sem nos determos em *"O princípio da legalidade fiscal – tipicidade, conceitos indeterminados e margem de livre apreciação"* de Ana Paula Dourado.

Deter-nos-emos para assentar premissas e aderir a alguns pressupostos ainda que não se comungue de tudo o que a autora defende, designadamente no que toca à limitação do poder de cognição dos tribunais perante o exercício de poderes discricionários pela AT.

Para este estudo, a concretização normativa que é relegada aos tribunais existe ao lado, à parte, e para além da margem da discricionariedade da AT. A concretização normativa é, para o que aqui importa, a determinação de qual a norma aplicável ao caso concreto, bem como do conteúdo que lhe está subjacente. É a operação através da qual o aplicador do Direito – que em última instância serão os tribunais –, irá individualizar, determinar, do universo de possibilidades que o legislador previu, se a situação em análise cabe ou não no escopo legal. E isto independentemente de o poder conferido à AT ser um poder vinculado ou um poder discricionário.

Para o que aqui importa, Ana Paula Dourado defende a ideia de que a determinabilidade das leis "constitui um constrangimento para a actuação governamental (opondo-se à actuação ditatorial), assegura o tratamento igualitário de casos semelhantes devido à sua generalidade, e assegura ainda a previsibilidade das decisões governamentais (incluindo as administrativas e as judiciais)".[128] Contudo, relembra que a determina-

[128] Ana Paula Dourado (2015), p. 503. Embora admita que o problema da concretização

ção da lei não é totalmente atingível e que, muitas vezes, a lei não fornece critérios para uma única decisão correcta cabendo ao Governo, à AT e aos tribunais o recurso a argumentos extra-legais. Ora, se o *tatbestand* de garantia não é, e não pode ser, totalmente determinado, a questão estaria em saber se os conceitos jurídicos indeterminados, que não violem as exigências constitucionais de determinação mínima das leis tributárias, "remetem para o Governo e a administração fiscal a tomada de decisões, ficando nesse caso os tribunais limitados a um controlo negativo, tal como dos vícios de procedimento e de fundamentação, ou se a lei atribui a decisão final aos tribunais, competindo-lhes uma judiciabilidade positiva do acto tributário, i.e., de conteúdo".[129]

A este respeito relembra que, ainda que o art. 268.º, n.º 4 da CRP garanta aos administrados uma tutela jurisdicional efectiva dos seus direitos ou interesses, a resposta àquela questão não é assim tão evidente. Como tal, tenta caracterizar a actividade administrativa de aplicação de normas indeterminadas para verificar se, nesses casos, a última palavra deve caber à AT ou aos tribunais. E o seu percurso é bastante interessante ainda que não inteiramente coincidente com o nosso.

Para o efeito começa por distinguir entre leis indeterminadas que atribuem discricionariedade ("leis discricionárias") e leis indeterminadas que não atribuem discricionariedade ou entre conceitos jurídicos indeterminados discricionários ("conceitos discricionários") e conceitos jurídicos indeterminados não discricionários.

Segundo a autora, enquanto que os conceitos discricionários, "conferem uma autorização à administração para ponderar as circunstâncias do caso concreto, cabendo-lhe o juízo subjectivo de mérito, dentro dos limites da lei e do Direito", os conceitos jurídicos indeterminados não discricionários "não postulam um juízo de mérito do caso individual por parte de quem os aplica".[130]

Quanto aos primeiros entende, e nós concordamos, que eles "outorgam à administração competência para decidir segundo as circunstân-

normativa pelo órgão que aplica o Direito não seja só um problema exclusivo da AT, mas também dos tribunais.

[129] *Idem*, p. 568.

[130] *Idem*, p. 505.

cias do caso individual", isto é, que eles atribuem discricionariedade e que nestes casos a última palavra sobre a matéria é da AT, sem prejuízo da existência do controlo judicial dos limites à discricionariedade e da legalidade da actuação da AT e, adiantamos nós, de proporcionalidade.[131]

Relativamente aos conceitos indeterminados não discricionários, a autora entende que "nada obriga a que eles sejam aplicados segundo as circunstâncias do caso concreto, podendo mesmo ser conveniente a sua concretização por norma geral e abstracta ou por uma jurisprudência constante, de modo a reduzir a indeterminação e a margem de livre apreciação quer administrativa quer até judicial".[132] Admitindo que a aplicação destes últimos implica ponderações concretizadoras e conformadoras que são feitas em primeiro lugar pelo Governo ou pela AT, remete para argumentos funcionais a resposta à questão de saber se estas ponderações podem, ou não, ser substituídas pelo juízo dos tribunais.

No que concerne aos conceitos de incidência em sentido estrito, entende a autora que não se colocará a questão da margem de livre apreciação e, como tal, nestes casos a última palavra é da competência do juiz e não da AT. Contudo, realça que mesmo nestes casos o conceito jurídico indeterminado pode ser continuamente concretizado por acto normativo ou por jurisprudência constante. Assim, "se a concretização for realizada por decreto-lei ou regulamento para um conjunto de casos, o tribunal deve reconhecer uma margem de livre apreciação ao Governo e à administração".[133] Esta margem de livre apreciação significa "um juízo não totalmente justificado por argumentos legais, propiciado pela indeterminação da lei (...) de modo a que a administração dê o seu contributo às finalidades prosseguidas pelo princípio da legalidade fiscal".[134] Aqui, acrescentamos nós, e essencialmente pela jurisprudência uniforme e constante. Quer isto dizer que, o tribunal deve aceitar a solução da AT se ela couber no escopo da lei, sem prejuízo de continuar a controlar a legalidade da actuação administrativa. E portanto aderimos em parte à posição de Ana Paula Dourado na medida em que se considera que cabe

[131] *Idem*, p. 773.
[132] *Idem*, p. 506.
[133] *Idem*, p. 509.
[134] *Idem*, p. 773.

sempre ao tribunal o último juízo de legalidade e por conseguinte cabe sempre ao tribunal a última concretização normativa da lei ampla, seja por confirmação, seja por substituição da que foi já efectuada pela AT.

Já quanto às matérias de determinação e quantificação da matéria tributável, adianta que deve ser concedida margem de livre apreciação à AT por razões relacionadas com os princípios da praticabilidade, da legalidade, da igualdade e da administração de massas. Uma vez mais, o tribunal deve aceitar a solução da AT se ela couber no universo de situações previstas na lei. Também aqui a nossa adesão não vai sem reservas, na medida em que se considera que cabe sempre ao tribunal o último juízo de legalidade, o que é reforçado pela importância que a jurisprudência tem assumido nos últimos anos.

De tudo entende a autora que, "se o Governo ou a administração tributária ao interpretarem e aplicarem o conceito jurídico indeterminado não discricionário (...) respeitarem os critérios de interpretação das normas tributárias e todo o bloco de legalidade, então estão a fazer uma «interpretação defensável» e, como tal, o tribunal deve reconhecer uma margem de livre apreciação ou discricionariedade em sentido amplo, não devendo, como tal, substituir o seu juízo ao do Governo ou da administração".[135] Portanto, os tribunais devem respeitar a tipificação do Governo ou da AT, mas apenas se aquela for "defensável". O tribunal, por seu turno, deve controlar a decisão destes do mesmo modo que controla a aplicação de conceitos discricionários, espartilhado pelos limites internos e externos à margem de livre apreciação. Se assim não fosse, "para além do legislador ter abdicado de disciplinar em pormenor a situação da vida, o tribunal, ao propor uma interpretação diferente da do fisco, e mesmo que também ela seja correcta, aumentará a insegurança jurídica".[136]

Aqui temos alguns receios em subscrever sem mais esta posição, na medida em que se considera que cabe sempre ao tribunal o último juízo de legalidade e, portanto, a intervenção do tribunal só deverá ser diferente quando o acto tributário for ilegal. O juízo de legalidade ou ilegalidade não deve consubstanciar-se numa fundamentação de facto ou

[135] *Idem*, p. 508.
[136] *Idem*, p. 508.

de Direito diferente porque melhor, mas sim de substituição porque a anterior, a da AT, é ilegal. Com efeito, no Direito Tributário, por força dos princípios da legalidade e dos princípios da previsibilidade e calculabilidade, o Governo-legislador ou a AT não só podem, como devem, concretizar os conceitos jurídicos indeterminados, quer mediante DL ou regulamento, quer pelo recurso a casos típicos, auto-vinculando-se. Neste sentido entende a autora que "dois dos elementos da interpretação – a capacidade contributiva e a praticabilidade – postulam que os conceitos discricionários sejam excepcionais. Ou seja, em regra, os conceitos indeterminados [os não discricionários] podem ser tipificados e não precisam de ser aplicados individualmente, segundo as circunstâncias do caso".[137] A este respeito, entende também que, ainda que os tribunais devam respeitar a tipificação do Governo ou da AT, não é de negar que o tribunal substitua a decisão administrativa, desconsiderando os elementos individuais que tenham sido ponderados e substituindo-os pelos casos típicos.[138]

Assim, "a jurisprudência concretizadora dos conceitos legais pode colmatar o vazio normativo, e contribuir para a progressiva determinação dos conceitos jurídicos indeterminados, enquanto não forem aprovados regulamentos ou actos para-regulamentares".[139] Contudo, faz questão de salientar que a tipificação dos tribunais nestes casos não deixa de ser subsidiária. Isto porque, para a autora, o Governo e a AT encontram-se numa posição privilegiada relativamente ao conhecimento daquelas matérias, recorrendo aos casos típicos, sendo que, "só se estes não o fizerem ou se o fizerem ilegalmente, caberá ao tribunal tipificar". Como tal, "a conformação administrativa, máxime no âmbito do Direito Fiscal, por estar orientada para actos-massa, para a aplicação da lei no futuro e para domínios de actuação no seu conjunto, tem preferência sobre a dos tribunais, cujo procedimento está orientado para o caso concreto. Por conseguinte, aos tribunais caberiam actualmente as funções de garantia, de arbitragem de

[137] *Idem*, p. 509.

[138] *Idem*, p. 509.

[139] Acrescenta ainda que "a previsibilidade e calculabilidade dos impostos recomendam a tipificação, e uma jurisprudência constante permite diminuir as incertezas que decorrem da aplicação administrativa individualizada dos conceitos jurídicos indeterminados", *Idem*, p. 510.

conflitos, e também de desenvolvimento do Direito (de princípios constitucionais, de harmonização de legislação contraditória) sempre que a AT não o faça previamente, cabendo-lhes preferencialmente a eles a concretização dos conceitos de incidência em sentido restrito (objecto e sujeito passivo do imposto), sempre que as garantias individuais (a reserva de lei) devam prevalecer sobre as dificuldades da administração de massas, e ao mesmo tempo seja desejável manter a abertura do *Tatbestand* para permitir evitar o abuso de formas legais".

Ainda que compreendamos a tese que se defendeu no contexto em que foi escrita, consideramos que hoje o cenário é bastante diferente.

Hoje é inegável que cada vez mais os tribunais são trazidos ao panorama da concretização normativa final e que a posição privilegiada da AT é cada vez mais partilhada com estes. Cada vez mais estes são trazidos à confirmação ou negação da concretização normativa efectuada pela AT num curto espaço de tempo. E aqui é incontestável a importância dos tribunais judiciais claro está, mas, pela rapidez da decisão e, portanto, pela rapidez com que os contribuintes e a própria AT se deixarão influenciar, é incontornável a importância do regime da arbitragem tributária no panorama da concretização normativa pelo aplicador do Direito em Portugal.

Passaram-se dez anos desde a aprovação do regime, foram iniciados mais de 5.253 processos nos tribunais arbitrais tributários e foram discutidos cerca de EUR 1.516 milhões em matéria tributária com um tempo médio de conclusão de 4 meses e meio. Só em 2019 deram entrada 953 processos que totalizam EUR 387 milhões.[140] Hoje é, de facto, inegável que as decisões arbitrais têm uma fortíssima relevância prática, influenciando comportamentos futuros dos contribuintes, da AT e dos tribunais judiciais, influenciando não raras vezes o próprio legislador e motivando várias decisões do TJUE.[141] Para tal é fundamental compreender o encur-

[140] As estatísticas mencionadas são regularmente publicadas na Revista de Arbitragem Tributária e encontram-se disponíveis em www.caad.org.pt.

[141] A este propósito cumprirá ainda ter em consideração que se tem ainda admitido a figura do reenvio prejudicial para o TJUE quando o tribunal arbitral tributário decida em última instância. Tal possibilidade foi pela primeira vez admitida pelo TJUE no acórdão Ascendi – 12 de Junho de 2014, proc. n.º C-377/13, ficando plenamente fixada a legitimidade dos tribunais arbitrais como verdadeiros tribunais de reenvio. Assim, é hoje inquestionável que os tribunais arbitrais portugueses são órgãos jurisdicionais de um EM, preenchendo a *ratio legis* do

tamento do hiato temporal entre a correcção da AT em sede de inspecção e a efectiva e tendencialmente definitiva decisão de Direito, o que leva a que as decisões arbitrais influenciem bastante os comportamentos dos "intervenientes no panorama da fiscalidade". É importante compreender também o facto de as decisões serem tecnicamente emitidas por árbitros especialistas em Direito Fiscal, o que leva a que o argumento da melhor "preparação" do Governo e da AT para a tecnicidade das questões deixadas pelo legislador ao aplicador não tenha a mesma força. É portanto hoje impossível analisar a aplicação do Direito em Portugal sem ter em consideração a jurisprudência nacional e o papel dos tribunais portugueses enquanto concretizadores normativos e não compreender que a estabilidade do Direito e a sua previsibilidade, i.e. a segurança jurídica, passa muito pelo que decidem os tribunais superiores muitas vezes em processos iniciados na instância arbitral e muito pelo tratamento que é dado pelos tribunais arbitrais.[142]

Este fenómeno contribui, a par da actual concepção legislativa e da função de *sub-legisladores* que é esperada dos juízes, para que o actual sistema de fontes em Direito Tributário tenha que ser repensado. A jurisprudência tem que ser vista ao lado, em conjunto, com a lei.

art. 267.º do TFUE. Porém, e como se sabe, não sendo o reenvio verdadeiramente um recurso esta possibilidade não é uma excepção à regra da irrecorribilidade e, portanto, não será, por razões de economia, objecto do presente estudo. Temos a este propósito um artigo específico sobre o tema em conjunto com Susana Bradford Ferreira, "O reenvio prejudicial para o Tribunal de Justiça da União Europeia – o caso específico da arbitragem tributária" publicado *in* CEJ – Contencioso Tributário, Lisboa: Centro de Estudos Judiciários, (2015), disponível em http://www.cej.pt/. Uma nota final para referir que numa decisão de 21 de Janeiro de 2020 relativa ao Banco Santander – proc. C-274/14 – foi negada a qualificação aos "tribunales económico-administrativos" espanhóis como órgãos jurisdicionais para efeitos do art. 267.º do TFUE. Esta decisão encontra-se disponível em http://curia.europa.eu/juris/liste.jsf?num=C-274/14.

[142] Aqui uma outra nota para dizer que, sem prejuízo de melhor se dirá no Título II, o legislador português consagrou como regra a irrecorribilidade das decisões proferidas pelos tribunais arbitrais em matéria tributária, no entanto, previu duas excepções: a interposição de recurso para o TC e o recurso por oposição de acórdãos para o STA – arts. 25.º e 26.º do RJAT. Deste modo, o STA é amiúde chamado a decidir questões que provêm de um processo arbitral, desde que em contradição com jurisprudência firmada.

De forma ilustrativa, veja-se o que diz SÉRGIO VASQUES no mais recente artigo sobre a matéria onde afirma que "[s]*ince 2011, the impact of arbitration on the Portuguese tax authorities and judicial courts has been significant (...) In appeals lodged before the judicial courts, there may be a hiatus of 10 years between tax assessments and the courts' final decision. (...) Arbitration has been a game-changer in this respect as it allows for the examination of tax assessments in a matter of months. (...) When disputes cannot be avoided, the speed of arbitral proceedings enables the authorities to quickly review their position on a given issue that the arbitral tribunals have ruled untenable.*".[143]

Em face do exposto, de onde mais nos afastamos de ANA PAULA DOURADO é onde esta defende que o papel principal na concretização normativa pelo aplicador do Direito seria privilégio da AT sendo que aos tribunais se reservaria um papel de controlador de limites, de confirmação de ultrapassagem dos limites pela actuação da AT. Aqui parte-se de um pressuposto totalmente distinto, em face da importância que a jurisprudência tem assumido perante questões actuais. É por demais evidente que, no panorama da aplicação do Direito Fiscal em Portugal, os tribunais passaram a assumir uma maior preponderância na concretização normativa, catapultando a jurisprudência para uma fonte de Direito que completa a lei. E é por isto que o nosso foco será a necessidade de assegurar a uniformização e a coerência nesta fase.

Sabe-se já que o que se pretende nesta dissertação é estudar com mais afinco as consequências que derivam da abertura do *tatbestand* de garantia a que nos referimos acima e, portanto, da indeterminabilidade da lei tributária, no plano do concretizador e conformador último das posições jurídico-tributárias do particular, no plano dos tribunais. Desviando-se a atenção, não para o problema da concretização normativa por parte da AT e portanto não para o problema da aplicação de conceitos jurídicos inde-

[143] SÉRGIO VASQUES, *in* "Tax Arbitration And VAT: The Portuguese Experience", *in* IBFD, Vol. 31, n.º 5, 2020, p. 6. No mesmo local, o autor refere que "*Arbitration has been changing things for the better. The decisions of arbitral tribunals and the ECJ rulings on referrals originated at CAAD are now routinely debated by the judicial courts. Arbitral cases feed the judicial courts with up-to-date cases on new VAT developments and in-depth analysis of the most complex VAT issues. For their part, judicial courts provide a safety valve for the system and in particular for awards by arbitrators with no judicial experience, since arbitral decisions can always be appealed in the case of procedural error or conflicting judgements. In short, arbitration has made everybody up their game*".

terminados pela AT, mas antes, para a concretização normativa levada a cabo pelos tribunais que poderão sempre repor o Direito perante uma actuação da AT que considerem ilegal.

Quando se refere aqui concretização normativa, pretende-se abordar o problema sob o prisma da actividade dos tribunais, dado que aquele é um poder que cada vez mais é dado e expectável que o juiz tenha, o poder de concretizar no individual o que a lei já dispõe em abstracto.

Neste sentido, a máxima de RONALD DWORKIN "*the law often becames what judges say it is*" é cada vez mais actual mesmo em países com ordenamentos jurídicos ditos de *civil law* como o nosso.[144]

O âmbito da concretização normativa pelo aplicador do Direito que poderá, ou não, ser coincidente com os poderes discricionários e com a margem de livre apreciação atribuídos pela lei à AT e aos tribunais, assenta inegavelmente numa obscuridade inerente à linguagem jurídico-tributária, desde logo por se tratar de uma linguagem dirigida a um Direito de massas que abrange conceitos provindos das ciências sociais e económicas, pautada por inúmeras imprecisões terminológicas e até mesmo conceitos ambíguos. De facto, "(...) a vagueza conceitual (*conceitos indeterminados* e a *imprecisão terminológica*) e aspectos relacionados à textualidade (*remissões imperfeitas, remissões não actualizadas, ambiguidades da operação qualificadora, encadeamento por justaposição*) são marcas (...) bem evidenciadas nos textos legais de cunho fiscal", sendo que "em função dos contextos diversos, dos valores individuais e colectivos convocados quando da produção/interpretação dos textos, as palavras podem vir a assumir significados diversos, contraditórios, imprecisos, ambíguos".[145]

É precisamente neste contexto que se realça a actividade de conformação e concretização normativa levada a cabo pelos tribunais, enquanto garantes das posições jurídico-tributárias dos particulares e responsáveis últimos pela materialização do princípio da segurança jurídica. A concretização normativa por parte dos tribunais é também ela construção jurídica: o juiz apontará para a decisão adequada, dentro do universo de pos-

[144] RONALD DWORKIN (1995), p. 2. Voltaremos a esta temática no CAPÍTULO III.

[145] ROSALICE PINTO, *in* "Segurança jurídica e linguagem", Segurança e confiança legítima do contribuinte (coord. MANUEL PIRES e RITA CALÇADA PIRES), Ed. Universidade Lusíada, 2013, p. 186.

sibilidades que o legislador volitivamente deixou em aberto. O juiz vai, no fundo, decidir se uma determinada possibilidade está ou não incluída no recorte material da lei, no intervalo material da lei, portanto, no universo de possibilidades que o legislador previu.

Para que o aplicador do Direito – seja ele a AT, sejam os tribunais – concretize normativamente a lei, tem antes de levar a cabo uma exigente tarefa de interpretação de conceitos jurídicos. A "criação" do Direito pelo seu aplicador é, no fundo, resultado de uma concretização normativa em grande parte influenciada por um processo de interpretação. É, neste sentido, inegável, que aplicar o Direito é, desde logo, interpretá-lo.[146] Como tal, não poderá deixar de ser feita referência, ainda que relativamente sucinta, àquele que é o processo que viabilizará uma correcta aplicação das normas tributárias: o processo de interpretação.

3.2. A interpretação enquanto instrumento de concretização normativa: a proporcionalidade como critério

Tendo em conta o contexto em que se insere esta dissertação a análise será, a partir de agora, centrada na actividade conduzida pelos tribunais. Considerar-se-á, portanto, a *interpretação judicial*.

Como ensinam Maria Clara Calheiros e Sérgio Mouta Faria, "o juiz é o grande mediador do Direito, e o aplicador tradicionalmente mais evidente da justiça. A intervenção do juiz, em sede interpretativa, é profunda e relevante. Ele produz decisões, ordens e comandos, mas também

[146] Em sentido diverso, Giovanni Tarello, *in* "Philosophical Analysis and the Theory of Legal Interpretation", Anna Pintore e Mario Jori (editors), Law and Language: The Italian Analytical School, Liverpool: Débora Charles Production, 1997, pp. 69-83. Para estes autores não há claramente uma correspondência entre interpretação e aplicação, pois uma operação intelectual de interpretação não provoca quaisquer consequências na ordem jurídica. No entender destes autores tal não se poderá afirmar quando procedemos à operação de aplicação do Direito. Mais moderadamente, Hans Kelsen (1984), pp. 469 e ss, distinguia a interpretação do Direito, da aplicação do Direito. Distinguia a interpretação realizada pela ciência do Direito da interpretação levada a cabo pelo aplicador do Direito. Esta última seria sempre autêntica e criaria Direito, pois nesta interpretação do aplicador do Direito acresce um acto de vontade em que o aplicador do Direito opta pelas várias possibilidades reveladas através da interpretação (que ele denomina de cognitiva). Apesar de distinguir os momentos não deixa de qualificar os dois como de interpretação.

faz doutrinas expondo as suas razões e interpretando detidamente factos e textos".[147]

O juiz incumbir-se-á de levar a cabo uma missão que visa determinar ou fixar o sentido e alcance da lei, isto é, de a interpretar e aplicar ao caso concreto. Esta tarefa tem uma natureza peculiar e, de certa forma, labiríntica, dado que "convoca toda uma série de elementos que ajudam a precisar o significado de um termo ou de um conjunto de termos".[148]

Emílio Betti entendia que o fundamento da regulação dos métodos de interpretação "está no facto de circunscrever à mais estreita margem possível a incerteza e a incompletude da tarefa hermenêutica, evitando o perigo de uma indefinida pluralidade de interpretações diferentes divergentes entre si".[149] Não sendo a linguagem jurídica uma linguagem convencional, torna-se por vezes muito difícil decifrar os múltiplos sentidos e as expressões ambíguas que o texto comporta. Daí que se diga que a interpretação jurídica é uma tarefa complexa e meticulosa que se encontra pertinentemente espartilhada por um conjunto de critérios que orientam a actividade do intérprete de modo a "fixar-se um sentido decisivo da lei que garanta um mínimo de uniformidade de soluções".[150] Se assim não fosse, poder-se-ia dar azo à eventual arbitrariedade e casuísmo de cada aplicador, incompatíveis com a segurança jurídica.

Se os elementos hermenêuticos clássicos, constantes do art. 9.º do CC, efectivam, também, o princípio da segurança jurídica, cumpre aferir se os mesmos se encontram aptos a tutelar aquele princípio em face da actual

[147] Maria Clara Calheiros e Sérgio Mouta Faria, *in* "Cadernos de Introdução ao Estudo do Direito", Escola de Direito da Universidade do Minho, 2013, p. 246.

[148] Freitas da Rocha (2019), p. 85.

[149] Emílio Betti, *in* "Interpretazione delia legge e degli atti giuridicí – teoria general e dogmática", 2.ª ed. Giuffré Editore, 1971, p. 237. Para outras perspectivas *vide* Gustavo Zagrebelsky, *in* "El Derecho Dúctil Ley, derechos, justicia", trad. Marina Gascón, 5ª ed., Editorial Trotta, 2003, p. 135; Alf Ross, *in* "Sobre el Derecho y la Justicia", 2.ª ed., Editorial Universitária de Buenos Aires, 1997, pp. 156 e s; Karl Engisch (2014), pp.133 e ss; Giuseppe Zaccaria, Francesco Viola, *in* "Diritto e interpretazione. Lineamenti di teoria ermeneutica del diritto", Editoral Laterza, 2004.

[150] Baptista Machado, *in* "Introdução ao Direito e ao discurso legitimador", Almedina, 2017 (reimpressão de 2019) p. 176.

técnica legislativa em Direito Tributário.[151] Para o efeito, haverá, a começar, que atentar aos critérios de interpretação no domínio das normas jurídico-tributárias.

No passado distrinçaram-se diversas teorias de interpretação[152] das normas tributárias, contudo, a opinião dominante da doutrina moderna é a de que a interpretação jurídica no Direito Fiscal é semelhante à que sucede no domínio da Teoria Geral do Direito, desde logo fruto da remissão do art. 11.º da LGT para o art. 9.º do CC.[153]

Não obstante, estabelece o n.º 2 do art. 11.º da LGT que, aos conceitos e termos próprios de outros ramos do Direito, deve ser atribuído um significado idêntico ao que têm nos seus ramos de origem, salvo se outro decorrer directamente da lei tributária.[154] Pode dar-se, todavia, o caso de permanecerem dúvidas acerca do sentido de normas de incidência. Nes-

[151] Os tradicionais elementos hermenêuticos dividem-se entre o *elemento gramatical* (a "letra da lei") e o *elemento lógico* (o "espírito da lei"). Este último subdivide-se em *elemento teleológico, elemento sistemático* e *elemento histórico.* O *elemento gramatical* consiste no ponto de partida da interpretação, eliminando os sentidos que não encontrem correspondência na letra da lei e fundamentando o sentido que melhor corresponda ao significado natural e técnico-jurídico dos conceitos empregues. O *elemento teleológico* prende-se com a finalidade projectada pelo legislador no momento de criação da norma (*ratio legis*), tendo em conta a conjuntura política, social e económica que o incentivou (*occasio legis*). O *elemento sistemático* perspectiva a norma a interpretar como parte de um ordenamento jurídico coerente, obstando à sua interpretação isolada e autónoma. Por fim, o *elemento histórico* lançará o intérprete na procura do cenário existente ao tempo da elaboração da norma.

[152] Sucintamente, distinguiam-se entre as teses que firmavam uma interpretação *literal*, uma interpretação *in dubio pro fiscum* ou *in dubio contra fiscum*, uma interpretação *económica* ou ainda uma interpretação *funcional.* A este respeito *vide* Casalta Nabais (2019), pp. 211 e ss; sérgio vasques, (2018), pp. 361-362.

[153] Neste sentido na doutrina Leite Campos, Benjamim Silva Rodrigues e Jorge Lopes de Sousa, *in* "Lei Geral Tributária – Anotada e Comentada", 4.ª edição, Encontro da Escrita, 2012, p. 360; Francesco Ferrara, *in* "Interpretação e Aplicação das leis", trad. de Manuel de Andrade, 3.ª ed., Arménio Amado, 1978, p. 127 e ss e 138 e ss. Neste sentido na jurisprudência, por todos, acórdão do TCA Sul, proc. n.º 05876/12, de 10 de Julho de 2014.

[154] Quanto a esta característica do Direito Tributário veja-se, na doutrina, Sérgio Vasques (2018), p. 367; já quanto à jurisprudência veja-se a decisão arbitral, proc. n.º 549/2015-T, na qual se afirmou que "a inexistência de uma definição fiscal de «partes de capital» leva também o intérprete (...) a procurar essa definição no direito comercial e contabilístico (...)".

ses casos, o n.º 3 do presente preceito determina que se deverá atender à *substância económica* dos factos tributários.

Para CASALTA NABAIS, esta alusão não acrescenta nada ao disposto no n.º 1 daquele mesmo artigo.[155]

Já DIOGO LEITE CAMPOS, BENJAMIM SILVA RODRIGUES e JORGE LOPES DE SOUSA, rejeitam tal alusão por esta facilmente culminar numa derrogação pelo intérprete de normas jurídicas com fundamento na sua não correspondência à *substância económica*.[156]

Por seu turno, entende SÉRGIO VASQUES que tal alusão consubstancia um apelo à doutrina da interpretação *económica*, mas apenas no sentido de o intérprete ter em conta o princípio da *igualdade* na vertente de uma repartição justa dos encargos, sem que com isso esteja em causa um qualquer "particularismo metodológico".[157]

Tende-se a concordar com este autor. Em suma, crê-se que, não devendo haver na interpretação das normas tributárias um método próprio para além do aplicado na Teoria Geral do Direito. Caso subsistam dúvidas quanto ao sentido e alcance da norma, a solução pode passar pelo recurso ao princípio da *materialidade subjacente* na vertente de *substância económica subjacente*, isto é, dever-se-á atentar à substância económica dos factos tributários em questão tendo por referência a capacidade contributiva demonstrada e a justa repartição dos encargos inerente à tributação.

Uma análise do art. 11.º da LGT terminará na problemática da integração de lacunas.[158] Aqui já não se pretende destrinçar a multiplicidade

[155] CASALTA NABAIS, (2019), pp. 211-212.

[156] DIOGO LEITE CAMPOS (2012) p. 122.

[157] SÉRGIO VASQUES, (2018), p. 368.

[158] Poderá dizer-se que existe uma lacuna quando "(...) a ausência de uma tal norma jurídica é considerada pelo órgão aplicador do Direito como indesejável do ponto de vista da política jurídica e, por isso, a aplicação – logicamente possível – do Direito vigente é afastada por esta razão político-jurídica, por ser considerada pelo órgão aplicador do Direito como não equitativa ou desacertada", HANS KELSEN (1984), p. 339. Ainda a este propósito o autor na p. 341 coloca a problemática da integração de lacunas num campo bastante interessante ao afirmar que "A suposição do tribunal de que um caso não foi previsto pelo legislador e de que o legislador teria formulado o Direito de diferente modo se tivesse previsto o caso, funda-se quase sempre numa presunção não demonstrável. A intenção do legislador somente é apreensível com suficiente segurança quando adquira expressão no Direito por ele criado. Por isso, o legislador, para limitar a atribuição deste poder aos tribunais, atribuição essa con-

de significados que uma norma pode encerrar, mas antes aferir qual o *esforço de integração* exigido ao aplicador do Direito na ausência de norma jurídica aplicável ao caso concreto. Para o efeito, consagra o n.º 4 daquele preceito uma proibição de integração analógica de lacunas em matérias abrangidas na reserva de lei da AR.[159]

A este respeito defendem Leite Campos, Benjamim Silva Rodrigues e Jorge Lopes de Sousa que a referida proibição concretiza o princípio da legalidade tributária, garantindo que a vontade do legislador não é frustrada.[160]

Já Sérgio Vasques entende que este artigo constitui o ponto de equilíbrio entre o princípio da *igualdade tributária* (que admite a integração analógica) e o princípio da *segurança jurídica* (que recomenda cautela nesta integração). Na óptica do autor a integração analógica não põe sempre em causa a reserva de lei parlamentar, dado que nem todas as matérias estão a ela sujeitas.[161]

Pelo contrário, Saldanha Sanches defendia que a integração analógica deveria ser inteiramente permitida, mitigando-se assim a impossibilidade de o legislador prever todas as manifestações de capacidade contributiva, bem como o aparecimento cada vez mais frequente de esquemas de elisão fiscal.[162]

De forma aproximada, Cecília Xavier afirma que "(...) a admissibilidade do recurso à analogia constitui um contributo necessário para a realização dos valores que estão ínsitos nesta forma de Estado [Social

siderada por ele como inevitável, recorre à ficção de que a ordem jurídica vigente, em certos casos, não pode ser aplicada – não por uma razão ético-política subjetiva, mas por uma razão lógica objetiva –, de que o juiz somente pode fazer de legislador quando o Direito apresente uma lacuna".

[159] Art. 165.º, n.º 1 al. *i*) e art. 103.º, n.º 2, ambos da CRP.

[160] Leite Campos (2012), p. 122.

[161] Em sentido oposto, Freitas da Rocha (2019), p. 90, exlui a integração de lacunas quanto a normas de procedimento e processo tributário por estarem abrangidas pela reserva de lei.

[162] Defendia o autor que os motivos históricos de abuso estadual já não permitiam justificar tal proibição, sendo os princípios jurídicos aplicáveis ao Direito Fiscal suficientes para garantir que o princípio da segurança jurídica não seria perigado. Saldanha Sanches (1985), p. 287 e pp. 312-315.

de Direito], sendo a sua negação um retrocesso para um sistema fiscal em que prevalecem apenas os valores formais da tributação".[163]

De tudo, conclui-se que ainda é bastante pequena a "fatia" da doutrina que defende a possibilidade de integração de lacunas em Direito Tributário. A sua proibição reúne ainda bastante consenso, desde logo porque se considera que a integração de lacunas não constitui um acto de interpretação, mas antes um acto de criação do Direito.

Ainda que não se possa falar numa alteração quanto ao modo de aplicação do Direito, entende-se que se caminha para a aceitação de que os aplicadores do Direito Tributário podem recorrer à analogia como forma de integração de lacunas. A adopção cada vez maior de um método de elaboração de leis fiscais com recurso a conceitos indeterminados e vagos admite já este "papel criador" de Direito pelos aplicadores, abandonando a realidade que tanto "pejo" causava à doutrina. Se o aplicador do Direito concretiza normativamente a lei deveria também poder colmatar as lacunas do sistema normativo com recurso à analogia sempre que as mesmas razões de segurança jurídica e principalmente de igualdade tributária estivessem presentes.

Tendo sido efectuado um enquadramento prévio a respeito da interpretação das normas jurídico-tributárias, cumpre frisar que a interpretação levada a cabo mediante a conjugação dos tradicionais elementos hermenêuticos não é eficaz ou, pelo menos, suficiente, para responder às exigências motivadas pela actual concepção legislativa. Tal como referem Maria Clara Calheiros e Sérgio Mouta Faria "não [pode] existir interpretação que não seja criadora de Direito", sendo que "(...) o carácter interventivo e criador da interpretação varia de grau consoante a situação concreta de aplicação do Direito".[164] Ora, se se atender à actual técnica legislativa, é verosímil concluir-se que aquele carácter interventivo e criador será exponenciado neste ramo do Direito, o que terá por consequência a proliferação de interpretações díspares e contraditórias entre si. Deste modo, o juiz, aquando do momento da interpretação/aplicação da norma tributária, terá também de estar consciente desta reali-

[163] Cecília Xavier, *in* "A Proibição da Aplicação Analógica da Lei Fiscal no Âmbito do Estado Social de Direito", 2006, p. 267.

[164] Maria Clara Calheiros (2013), pp. 251-252.

dade e, de certa forma, garantir que não coexistem no ordenamento fiscal normas jurídicas que, para além de indeterminadas, chegam mesmo a ser indetermináveis, violando as exigências constitucionais de determinação/densificação mínima das leis tributárias.

A este respeito, JOÃO FÉLIX NOGUEIRA relaciona os conceitos de *segurança jurídica* e *proporcionalidade*,[165] falando numa "aplicação constante e estável do controlo de proporcionalidade na interpretação e aplicação de normas jurídicas" como forma de reduzir a instabilidade e a incerteza, fomentando a segurança jurídica no seio do ordenamento jurídico-tributário.[166]

Neste sentido, o recurso à proporcionalidade permitiria "por contraste com os métodos tradicionais, (...) uma análise da medida não apenas em função da sua conformidade com parâmetros externos mas ainda com parâmetros internos: a sua finalidade i.e. a razão que sustenta a medida e que motivou a sua aprovação." de tal modo que "com o controlo de proporcionalidade o fim da medida ganha uma relevância nunca antes assumida.".[167] Este recurso, particularmente ao nível dos tribunais, levaria a uma *racionalização e depuração funcional do sistema normativo, anco-*

[165] O autor perspectiva o *conceito jurídico-moderno de proporcionalidade* quer sob uma *dimensão positiva*, quer sob uma *dimensão negativa*. Na primeira traduz um *mandato* que se impõe ao legislador, enquanto na segunda traduz um instrumento de *controlo* da validade e eventual desaplicação de um acto estatal, accionável para controlar quer o "Estado legislador" quer o "Estado administrador". A proporcionalidade pode ser chamada a controlar quer medidas procedimentais, quer medidas substantivas, tendendo à não admissão de ficções legais ou presunções inilidíveis, uma vez que se tratam de medidas que previsivelmente excederão o necessário para atingir os objectivos de controlo de fraude e evasão fiscal que as legitimam. JOÃO FÉLIX NOGUEIRA, Segurança jurídica e proporcionalidade em direito tributário, *in* Segurança e confiança legítima do contribuinte (coord. MANUEL PIRES e RITA CALÇADA PIRES), Ed. Universidade Lusíada, 2013, 170.

[166] *Idem*, p. 186. Considera ainda o autor que a relação entre aqueles dois conceitos não tem sido devidamente analisada, desde logo, porque existe uma "percepção empírica inicial de que os conceitos se encontram em situação de tensão ou mesmo de oposição". É que muitas vezes os ideais de "ponderação, balanço e de justiça material no caso concreto podem implicar um desvio às soluções unicamente ancoradas no valor da segurança jurídica" que, por sua vez nos remete para ideias de "estabilidade e determinação normativa na definição das posições jurídicas do indivíduo", *idem* p. 161.

[167] *Idem*, p. 179.

rada no elemento teleológico. Para além de encontrar protecção e segurança num conjunto de direitos legalmente assegurados e previstos na CRP, o sujeito passivo poderia alcançar aquela mesma protecção a partir do controlo da relação existente entre uma determinada medida que afecta a sua esfera jurídica e o fim que a mesma visa produzir.

Se, por um lado, o recurso ao critério de proporcionalidade permitiu concluir pela inadmissibilidade de um sistema fiscal baseado num princípio de tipicidade absolutamente fechado, por outro lado, utilizando o mesmo critério, poder-se-á concluir se a norma tributária em causa cumpre, ou não, com as exigências mínimas de determinabilidade. Os requisitos mínimos de densificação exigidos pelo princípio da legalidade são assim controlados pelo juiz através de um teste de proporcionalidade. Deste modo, conquanto não se mostre justificada a actuação estatal, o juiz poderá não aplicar a norma tributária com fundamento na sua inconstitucionalidade, por violação do princípio da proibição do excesso. Por esta via, obtém-se uma maior protecção do princípio da segurança jurídica, tudo isto numa clara *depuração funcional do sistema normativo*.

Não obstante, um dos principais contributos deste controlo assenta na *estabilização do ordenamento* como garantia de segurança jurídica. Este poderá assumir-se como um veículo que permita densificar as normas vagas e indeterminadas que vigoram no ordenamento, transformando-as em "prescrições certas e determinadas, de aplicação ao caso concreto".[168] A concretização daquelas acaba por dar lugar a um conjunto de regras específicas e coerentes, as chamadas *regras de prevalência condicionada*, que acabam por "densificar a esfera do jurídico, concretizar determinadas posições jurídicas e reduzir a esfera do incerto e indefinido".[169]

O recurso ao controlo de proporcionalidade é, portanto, a solução que o autor apresenta para dar resposta à instabilidade e à incerteza jurídica do ordenamento. Contudo, acaba por admitir que, contrariamente ao que acontece noutros países europeus, o recurso a um efectivo controlo de proporcionalidade comporta bastantes reticências na justiça portuguesa.

[168] *Idem*, p. 185.

[169] *Idem*, p. 186. Para maiores desenvolvimentos do autor sobre as normas de prevalência condicionada João Félix Nogueira (2010), pp. 412-512.

Acompanhando este raciocínio e transpondo-o para aquela que é a essência desta dissertação, poder-se-á falar numa *depuração da concretização normativa pelo aplicador do Direito,* com recurso ao conceito de proporcionalidade. A virtualidade deste fenómeno assentará na propagação, entre os vários aplicadores do Direito, do recurso a tal critério que será fundamental no aparecimento de uma jurisprudência mais uniforme, estável e coerente, capaz de respeitar os ditames de segurança jurídica.

Aquela que era a tradicional e secundária actividade de aplicação do Direito, daquele Direito que teria de obedecer a critérios rígidos, é agora transposta para primeiro plano em função da actual concepção das normas tributárias. Segundo Joana Aguiar e Silva tratava-se de uma "secundariedade que, mais do que cronológica, era, como continua a ser, verdadeiramente qualitativa, e que decorria da própria cisão, que se tinha como absoluta, entre os momentos da criação e da aplicação do Direito. (...) Ora, a diferenciação absoluta destes dois momentos é hoje praticamente indefensável, sendo que se algum deles merece hoje especial consideração, esse deixou já de ser o primeiro, para dar clara preferência ao segundo".[170]

Dado o protagonismo assumido pelo aplicador/intérprete, fala-se assim na necessidade daquele se familiarizar intimamente com preocupações ao nível da segurança jurídica, isto é, com preocupações relacionadas com a própria estabilidade do ordenamento. Quer-se com isto dizer que o aplicador/intérprete, *maxime* o juiz, tem de aplicar o Direito consciente de que a sua decisão, fruto de uma exigente e minuciosa tarefa de interpretação, não pode, na medida do possível e do razoável, causar uma injustificável entropia na ordem jurídica. Pelo contrário, tem antes de estar integrada num sistema que se quer estável, harmonizado e coerente, de modo a que os cidadãos possam com certeza e segurança planear as suas condutas num horizonte de previsibilidade e confiabilidade.

É que a experiência mostra que esta realidade de coerência e estabilidade na aplicação do Direito é uma realidade ainda distante. A verdade é que é sobretudo no momento da aplicação do Direito pelos tribunais, mais do que no momento da sua concepção a cargo do legislador, que os

[170] Joana Aguiar e Silva, *in* "Para uma teoria hermenêutica da justiça. Repercussões juslitérárias no eixo problemático das fontes e da interpretação jurídicas", Almedina, 2011, p. 259.

particulares estão em maior medida sujeitos a um contexto de insegurança, nomeadamente pela flutuação de posições a respeito da interpretação e aplicação das normas jurídicas e pela desconsideração do ordenamento tributário como um todo coerente e sistemático.

A existência de jurisprudência contraditória e incerta não é estranha em ordenamentos jurídicos integrantes do subsistema romano-germânico onde as decisões judiciais anteriores não são vinculativas para com as decisões posteriores. Como tal, dá-se vulgarmente pela presença no ordenamento jurídico de soluções conflituantes, ou até mesmo opostas, relativamente a situações e factos semelhantes, pondo-se assim em causa a estabilidade e a unidade do ordenamento jurídico ou, como diria Castanheira Neves, a *unidade normativo-material do Direito* por oposição a uma *unidade formal-abstracta da lei*.[171]

O juiz, nas suas vestes de intérprete, que alguns autores positivistas mais legalistas tentaram limitar à *bouche de la loi*, interage, inevitavelmente, com a norma e, portanto, nenhuma norma é inócua, pressupondo sempre algum conhecimento jurídico previamente adquirido. Ao intérprete caberá lançar a pergunta e, naturalmente, desta dependerá a panóplia das possíveis respostas. Quanto mais indeterminada for a lei tributária maior será este fenómeno, uma vez que a indeterminação característica das normas tributárias aguça ainda mais a individualidade de cada julgador/intérprete originando, inevitavelmente, incerteza e insegurança jurídicas.

Ora, é precisamente neste contexto que se realça a actividade de concretização normativa levada a cabo pelos tribunais, enquanto últimos conformadores das posições jurídico-tributárias dos particulares e responsáveis últimos pela materialização do princípio da segurança jurídica.

Neste sentido, a concretização normativa por parte dos tribunais é também ela construção normativa na medida em que é reveladora do Direito a aplicar.[172] O juiz apontará para a decisão adequada dentro do

[171] Castanheira Neves, *in* "O instituto dos "assentos" e a função jurídica dos Supremos Tribunais", Revista de Legislação e Jurisprudência, Coimbra, 1983, pp. 230 e ss.

[172] Uma nota apenas para frisar que a actividade de interpretação e concretização normativa levada a cabo pelos juízes enquanto aplicadores do Direito em nada lesa o princípio da separação de poderes na sua essência, nomeadamente a separação entre poder legislativo e judi-

universo de possibilidades que o legislador volitivamente deixou em aberto. Como dissemos, o juiz vai, no fundo, "decretar" se uma determinada possibilidade está ou não incluída no recorte material da lei, no intervalo material da lei – portanto, no universo de possibilidades que o legislador previu. E, nos casos em que a indeterminação normativa seja mais elevada, o juiz irá ainda delimitar ou circunscrever o recorte material da lei por via da concretização judicial das normas aplicáveis.[173]

cial. Retenha-se que o juiz só diz o que é o Direito – se se quiser, só revela o Direito –, quando confrontado com as especificidades do caso concreto, e sempre no limite da lei. Esta missão não é destinada à produção de normas jurídicas, antes à aplicação de regras concebidas pelos órgãos democraticamente legitimados para o efeito, não tendo essas concretizações efeitos *erga omnes*. Para maiores desenvolvimentos quanto ao princípio da separação de poderes *vide* Gomes Canotilho (2003), p. 250 e pp. 578 e ss; José Melo Alexandrino, *in* "Lições de Direito Constitucional, Volume I", AAFDL Editora, 2015, p. 127.

[173] Ainda que da aplicação da norma ao caso concreto se retire uma solução e ainda que seja desejável que em casos futuros idênticos se decida da mesma maneira, não pode o julgador do litígio em particular afirmar o alcance geral dessa solução e, consequentemente, estabelecer, assim, e sem mais, uma regra obrigatória para o futuro – um precedente vinculativo. A existir precedente, este será meramente persuasivo. Não nos querendo alongar muito mais nesta temática só duas notas finais. Uma primeira para dizer que mesmo a existência de precedentes vinculativos não anula o princípio da separação de poderes. Como refere Jennifer Davies em "Precedent and Law – Australia", IBFD, Vol. 73, n.º 8 2019, p. 404, a propósito do sistema judiciário australiano, embora o direito comum seja um corpo de regras jurídicas derivadas de decisões judiciais, o certo é que os tribunais desempenham uma função muito diferente daquela atribuída ao órgão democraticamente eleito, *rectius*, ao Parlamento. A separação de poderes encontra-se consagrada na Constituição (neste caso australiana) e de acordo com esta, para que o poder judicial possa ser exercido, postula-se que exista uma "*matter*" que deva ser determinada em termos tais que a intervenção do tribunal só ocorra quando haja a necessidade de se resolver um litígio entre as partes, no que diz respeito aos seus direitos e às suas obrigações. De um ponto de vista constitucional, os tribunais não podem emitir pareceres sobre hipotéticas questões de Direito em que não exista um conflito entre as partes. Como só podem exercer o poder judicial, os tribunais não podem, de forma arbitrária e autónoma criar a lei. Neste sentido, a autoridade dos tribunais para desenvolver princípios de Direito deriva do princípio do *stare decisis*, segundo o qual, um tribunal é obrigado a seguir as decisões anteriores, a menos que estas sejam incompatíveis com uma decisão de um tribunal superior ou sejam contraditórias com a lei. Voltaremos a esta temática das características de sistemas do *common law* aquando do Capítulo III. Uma segunda e última nota para referir, que esta temática da força obrigatória geral de jurisprudência de tribunais portugueses traz à colação a figura dos assentos que foram considerados inconstitucionais. Trata-se de uma discussão que remonta a 1995 e cujo devido desenvolvimento se fará a respeito do TÍTULO II.

Quer isto dizer que a jurisprudência é cada vez mais importante enquanto elemento concretizador da lei, isto é, para a determinação do significado e da amplitude da lei, sendo fundamental para que os particulares conformem a sua actuação e para que a própria AT ateste a legalidade da sua actuação.

No fundo, no quadro das fontes de Direito, a lei criada nos termos da actual concepção legislativa passa a só ser perfeitamente compreensível e percepcionada quando completada com a concretização jurisprudencial. Isto não significa que esta passe a ser fonte imediata de Direito, significa que aquela, que inegavelmente o é, não se basta sozinha.

Assim sendo, se cabe ao juiz concretizar normativamente a lei, então a mesma situação de facto, perante o mesmo enquadramento jurídico, deveria dar lugar à mesma solução/concretização normativa, o que, como se verá de seguida, não é o caso.

Crê-se que se compreenderá melhor o universo da concretização normativa por parte dos tribunais e o "perigo" de não haver uniformização na concretização normativa se o testarmos, na prática, como se fará de seguida, recorrendo à jurisprudência relativa àquela que é a norma paradigmaticamente lata e indeterminada.

3.3. Teste da concretização jurisprudencial relativa à CGAA

Como se deixou dito, a CGAA é o exemplo académico e a prova de que no universo nacional e internacional o legislador tributário cada vez mais recorre a conceitos indeterminados para conformação e desenho da lei tributária, cabendo então atentar à concretização normativa que desta tem sido feita.

Se nos detivermos naquela que tem sido a utilização da CGAA em Portugal, retirar-se-ão duas conclusões imediatas: a primeira de que a sua utilização pela AT se vulgarizou; a segunda de que a concretização normativa feita pelos tribunais é incoerente, desuniforme, chegando mesmo a ser contraditória, o que embate directamente com as exigências de segurança jurídica.[174]

[174] A respeito daquela "democratização" *vide* Pedro Patrício Amorim, *in* "Anotação à primeira decisão de um tribunal superior sobre a cláusula geral anti-abuso", *in* Revista de Finanças Públicas e Direito Fiscal, n.º 2, ano IV, 2011, pp. 224-236.

Vejamos a primeira conclusão para depois nos determos na segunda.

Se por fruto das críticas e dificuldades, se por receio das consequências da sua aplicação, o certo é que, nos primeiros 12 anos de existência, foi parca a utilização pela AT desta cláusula, apesar da sua consagração legal que remonta como se viu a 1999. Mas se assim foi até 2011, o certo é que nos últimos anos se tem verificado uma tendência crescente na utilização e aplicação pela AT da CGAA.[175]

Do Relatório de Actividades Desenvolvidas de Combate à Fraude e Evasão Fiscais e Aduaneiras de 2011 e de 2012 resulta que a CGAA terá sido utilizada pela AT 19 vezes no primeiro ano e 18 vezes no segundo. Em 2013 a CGAA terá sido accionada em 71 operações na medida em que, neste ano em concreto, a AT questionou a transformação societária de sociedades por quotas em sociedades anónimas, passando a qualificar algumas delas como *transacções artificialmente estruturadas* para permitir, por meios artificiosos ou fraudulentos, a redução ou eliminação de impostos que seriam devidos, tendo por isso sido consideradas ilegais. No relatório referente ao ano de 2017, pode ler-se que a CGAA foi aplicada 16 vezes pela AT. Por seu turno, no relatório referente ao ano de 2018 indica-se que a CGAA foi aplicada 19 vezes. Portanto, de 2011 a 2018, esta foi aplicada 172 vezes, ou seja, uma média aproximada de 25 vezes por ano. Contudo, se não for considerado o ano de 2013, ano em que ocorreu uma aplicação exponencial da CGAA, verifica-se que a sua aplicação média aproximada diminui para 14 vezes por ano.

Os tribunais, enquanto últimos aplicadores do Direito, serão as entidades responsáveis pelo escrutínio de legalidade última da aplicação da CGAA. Da análise da jurisprudência até hoje proferida pelos tribunais portugueses poderá afirmar-se que estes têm olhado à sua utilização com bastante cautela e conservadorismo. Das decisões proferidas nos últimos anos pode retirar-se que quer o STA, quer os TCA Sul e Norte têm sido

[175] Este fenómeno poder-se-á explicar, por um lado, pelas necessidades de arrecadação de receita que se faziam sentir em plena crise – tal como se retira do Plano Estratégico de Combate à Fraude e Evasão Fiscais e Aduaneiras de 2012/2014 – e, por outro, pelo papel da jurisprudência. Em 2011 foi proferido o acórdão do TCA Sul de 15 de Fevereiro de 2011, no âmbito do proc. n.º 04255/10, que corresponde à primeira decisão favorável à aplicação da CGAA e que também terá motivado a utilização crescente por parte da AT.

bastante formais e rígidos na verificação dos requisitos, bem como que é aos tribunais arbitrais que têm sido submetidos o maior número de processos.[176]

Das 172 decisões de aplicação da CGAA por parte da AT apenas 69 decisões estão publicadas (40%).[177] Destas, 3 são do STA (1,7%); 6 dos TCA Sul e Norte (3,4%) e 60 dos tribunais arbitrais (34,8%).

Pois bem, das 3 decisões proferidas pelo STA, em todas elas o tribunal considerou ilegal a actuação da AT em virtude de esta não ter desencadeado o procedimento específico previsto no CPPT.[178] Existe, portanto, uma delimitação "negativa" da CGAA exigindo-se a aplicação da norma e do seu mecanismo específico em qualquer caso de abuso.

Já quanto às decisões proferidas pelo TCA Sul e Norte, ainda que em 50% dos casos se tenha confirmado a aplicação da CGAA, o certo é que a aceitação de aplicação da mesma ocorreu apenas nos primeiros 3 processos (entre 2011 e 2012), sendo que dois deles respeitavam ao mesmo sujeito passivo e o terceiro versava sobre a caducidade do procedimento da CGAA.[179]

Por fim, de entre os 60 casos de aplicação de CGAA decididos pelos tribunais arbitrais, 50 (84%) foram a favor do sujeito passivo – negando a aplicação da CGAA –, sendo que apenas 10 (16%) decisões aprovaram a sua aplicação.

Constata-se assim que, apesar de a utilização da CGAA pela AT se ter vulgarizado, nem por isso se verificou um correspondente aumento do

[176] Sobre este tema *vide*, uma vez mais, PEDRO PATRÍCIO AMORIM (2011), pp. 224-236.

[177] Uma nota aqui para referir que as restantes 103 decisões de aplicação da CGAA ou não foram discutidas pelos contribuintes; ou estão pendentes de decisão; ou foram decididas pelos TAF's e não estão disponíveis, já que as decisões destes tribunais não são publicadas.

[178] A este respeito *vide* o acórdão do STA de 27 de Janeiro de 2016, proc. n.º 01720/13; o acórdão do STA de 25 de Novembro de 2015, proc. n.º 0576/13 e o acórdão do STA de 9 de julho de 2014, proc. n.º 0166/14.

[179] Proferindo decisão pela não aplicação da CGAA veja-se a decisão do TCA Norte de 18 de outubro de 2018, proc. n.º 00917/13.3BECBR; e as decisões do STA de 13 de Julho de 2015, proc. n.º 0144/14 e de 9 de Julho de 2014, proc. n.º 0166/14. Proferindo decisões pela aplicação da CGAA vejam-se os acórdãos do TCA Sul de 15 de Fevereiro de 2011, proc. n.º 04255/10; de 20 de Novembro de 2012, proc. n.º 03877/10 e, por último, de 14 de Fevereiro de 2012, proc. n.º 5104/11.

número de decisões favoráveis à Fazenda Pública, uma vez que os tribunais têm sido bastante formais e rígidos na verificação dos requisitos de aplicação daquele instituto.

Se esta é a primeira conclusão a que se chega, a verdade é que a segunda conclusão é bastante interessante no que toca à concretização normativa que tem vindo a ser feita pelos tribunais.

Já se teve oportunidade, em pontos anteriores, de situar a CGAA no ordenamento jurídico-tributário português. A CGAA concretiza-se numa cláusula geral, contendo, portanto, directrizes indeterminadas com o intuito de tornar possível a distinção entre dois fenómenos de difícil diferenciação: o do planeamento fiscal "não censurável" e o do planeamento fiscal abusivo. Nestes termos, não é novo neste ponto da nossa dissertação que a CGAA pretende apenas censurar e combater o último, o planeamento fiscal abusivo e que pressupõe o preenchimento de diferentes elementos, sendo que a sua aplicação resulta na ineficácia do acto jurídico em questão, sendo tributado o acto jurídico subjacente.

Ora, um dos temas discutido e tratado pela jurisprudência arbitral, no âmbito da aplicação da CGAA, prende-se com a matéria relativa à *alteração da forma societária*. Prende-se assim com um tipo de operação que até 2011 era bastante utilizada pelos agentes económicos quando queriam alienar uma sociedade por quotas.

Quando assim era, antes da alienação, o que se fazia correntemente era transformar a sociedade por quotas em sociedade anónima, evitando assim a tributação das mais-valias decorrente da alienação onerosa das participações sociais.[180] O regime assim concebido à data levou a que muitas sociedades por quotas se transformassem em sociedades anónimas, seguindo-se a alienação das participações sociais, geradoras de mais-valias não sujeitas a tributação.

Foi precisamente porque a AT passou a qualificar como abusivas as transformações de sociedades por quotas em sociedades anónimas que, em 2013, a CGAA foi utilizada 71 vezes, em contraposto a uma utilização média de 14 vezes. De facto, deparando-se com tal fenómeno, e por con-

[180] Com efeito, à luz do então art. 10.º, n.º 2, *a*) do CIRS, as mais-valias decorrentes da alienação de participações sociais não eram sujeitas de tributação. Esta norma foi revogada pela Lei n.º 15/2010, de 26 de Julho.

siderar que um esquema assim concebido consubstanciava um esquema abusivo e fraudulento, a AT desencadeou 71 vezes o procedimento de aplicação da CGAA. Na tentativa de fundamentar a sua posição, a AT acabava sempre por argumentar que na operação de transformação da sociedade por quotas em sociedade anónima, com subsequente venda das acções, eram encenados vários actos jurídicos, mais ou menos complexos e dispendiosos. Tratava-se de actos que, no entender da AT, seriam manifestamente desnecessários, tendo em conta a realidade e dimensão económica, estrutural e societária em concreto e, como tal, acabavam por denunciar a intenção artificiosa da sua utilização. Intenção esta que se traduziria numa fuga à tributação das mais-valias em sede de IRS. Um dos argumentos sempre apontados pela AT era a falta de racionalidade económica e financeira subjacente à transformação, isto porque, na maioria das vezes, a par da alteração do modelo societário, não se verificava qualquer outra alteração no funcionamento da empresa.[181]

Se esta foi a posição da AT, os resultados da posição dos tribunais também foram interessantes. Quando coube aos tribunais aferir se se encontravam, ou não, preenchidos os requisitos/elementos de aplicação da CGAA, no âmbito desta temática da transformação de sociedades por quotas em sociedades anónimas, a jurisprudência dividiu-se. De um lado decisões que entendiam não poder estar em causa a aplicação da CGAA naqueles casos, mormente por não estarem preenchidos todos os seus pressupostos em particular, o respeitante ao elemento intelectual e ao normativo.[182] Do outro lado, decisões que consideravam preenchidos todos os seus pressupostos de aplicação da CGAA condenando de fraudulentas estas operações.[183]

Independentemente da factualidade poder fazer toda a diferença no que respeita à análise da legalidade da decisão de aplicação da CGAA, a

[181] Neste sentido vejam-se as decisões arbitrais proferidas no âmbito dos proc. n.ºs 23/2012-T; 124/2012-T; 138/2012-T e 315/2014-T.

[182] Neste sentido vejam-se as decisões arbitrais proferidas no âmbito dos proc. n.ºs 123/2012-T; 124/2012-T; 138/2012-T; 70/2013-T; 196/2013-T; 305/2013-T; 208/2014-T; 234/2014-T; 264/2014-T; 299/2014-T; 320/2014-T e 420/2014-T.

[183] Neste sentido vejam-se as decisões arbitrais proferidas no âmbito dos proc. n.ºs 47/2013-T; 131/2014-T; 315/2014-T e 51/2014-T.

verdade é que sempre se dirá que a mesma pergunta não poderia merecer uma resposta diferente dos tribunais. Era ou não considerada abusiva a transformação de uma sociedade por quotas em sociedade anónima para posterior venda das respectivas acções?

Veja-se o que motivou os tribunais a responderem negativamente a esta questão.

No proc. arbitral n.º 123/2012–T, de 9 de Maio de 2013, os tribunais arbitrais foram, pela primeira vez, chamados a pronunciar-se sobre esta temática. Este processo serviu, posteriormente, de base à argumentação de um conjunto de decisões que lhe sucederam e em que os tribunais arbitrais foram chamados a resolver exactamente a mesma questão. A questão poderá resumir-se, portanto, à verificação dos requisitos legais exigidos à aplicação da CGAA e coloca-se sempre ao nível da definição dos limites do planeamento fiscal legítimo, definido como uma "actuação *intra legem*", e da análise dos elementos – *meio*, *resultado*, *intelectual* e *normativo* – em que a doutrina e a jurisprudência têm vindo a decompor a análise do art. 38.º da LGT.[184]

Quanto ao *elemento resultado*,[185] o mesmo reporta-se à "obtenção de uma vantagem fiscal, em virtude da escolha daquele meio, quando comparada com a carga tributária que resultaria da prática dos actos ou negócios jurídicos «normais» e de efeito económico equivalente".[186] A jurisprudência que entendeu não poder estar em causa a aplicação da CGAA, não aprofundou a análise deste elemento, acabando invariavelmente por concluir pelo seu preenchimento, isto é, por concluir que o negócio jurídico de transformação de uma sociedade por quotas em sociedade anónima e a subsequente venda das acções, beneficiava de um regime legal de tributação mais vantajoso do que a eventual manutenção de uma

[184] Neste sentido vai a decisão arbitral n.º 123/2012-T, de 9 de Maio de 2013 que, seguindo a tese de Saldanha Sanches, entendeu que "a obtenção de uma poupança fiscal não constitui um comportamento proibido pela lei, desde que a actuação não se enquadre [numa] actuação extra legem".

[185] Que decorria do segmento do art. 38.º, n.º 2 da LGT: "redução, eliminação ou diferimento temporal de impostos que seriam devidos em resultado de factos, actos ou negócios jurídicos de idêntico fim económico, ou à obtenção de vantagens fiscais que não seriam alcançadas, total ou parcialmente, sem utilização desses meios".

[186] Neste sentido *vide* a decisão arbitral de 9 de Maio de 2013, proc. n.º 123/2012-T.

sociedade por quotas e subsequente venda das participações socias. Não obstante, realçaram os tribunais que o preenchimento daquele requisito seria, por si só, "irrelevante para a aplicação da cláusula geral anti-abuso, em função da estrutura de actos e negócios jurídicos realizados: «em caso algum, uma vantagem ou um benefício fiscal indiciarão por si só qualquer ideia de abuso jurídico»".[187] No processo arbitral n.º 305/2013-T, de 18 de Setembro de 2014, pode ler-se que "o facto de [às] operações estar associada uma vantagem fiscal não pode ser considerado um obstáculo à aceitação da opção para efeitos fiscais, pois os contribuintes não são obrigados a optar pelos negócios que sejam fiscalmente mais onerosos, quando a lei lhes propicia mais de um meio para atingir os fins que visam na reestruturação e gestão de sociedades".

Quanto ao *elemento meio*, este diz respeito à via escolhida pelo contribuinte para obter a vantagem fiscal desejada, isto é, ao acto ou negócio jurídico, isolado ou parte de uma estrutura sequencial, lógica e planeada e organizada de modo unitário.[188] Note-se que simultaneamente à análise do *elemento meio*, os tribunais arbitrais tenderam a considerar que o *elemento intelectual* exige que a opção por aquele meio "seja «essencial ou principalmente dirigid[a] [...] à redução, eliminação ou diferimento temporal de impostos» (artigo 38.º, n.º 2 da LGT), ou seja, [aquele elemento] exige não a mera verificação de uma vantagem fiscal, mas antes que se afira, objectivamente, se o contribuinte «pretende um acto, um negócio ou uma dada estrutura, apenas ou essencialmente, pelas prevalecentes vantagens fiscais que lhe proporcionam»".[189] Naquele caso, a exclusão da tributação da mais-valia gerada resultava da combinação de dois actos: a transformação de sociedade por quotas em sociedade anónima, por um lado, e a subsequente venda das participações sociais, por outro. O primeiro, conquanto existissem motivos económicos válidos, constituía um acto normal da vida de uma sociedade e perfeitamente justificável,

[187] Decisões arbitrais de 9 de Maio de 2013, proc. n.º 123/2012-T; e de 6 de Junho de 2013, proc. n.º 124/2012-T.

[188] De acordo com o n.º 2 do art. 38.º da LGT, a vantagem fiscal, para ser considerada abusiva, teria de ser alcançada através de actos ou negócios jurídicos por meios artificiosos ou fraudulentos e com abuso das formas jurídicas.

[189] Decisão arbitral n.º 123/2012-T, de 9 de Maio de 2013.

nomeadamente tendo em conta os objectivos expansionistas da sociedade. Neste sentido foi também o entendimento dos tribunais arbitrais quando consideraram que se tratava de um "acto normal que se insere no campo da liberdade de gestão geral e fiscal, com expressão nas liberdades de iniciativa económica e de empresa, normalmente destinada a robustecer a estrutura societária e permitir a abertura do seu capital".[190] No entanto, na ausência de substrato económico e constatando-se que o acto de transformação apenas teve como principal intuito obstar à tributação legalmente devida, poder-se-á concluir pela artificialidade subjacente àquele mesmo acto, tido, para efeitos fiscais, como fraudulento ou abusivo.

A grande parte da jurisprudência que entendeu não poder estar em causa a aplicação da CGAA, considerou que decorria da matéria de facto provada que o negócio jurídico de transformação de uma sociedade por quotas em sociedade anónima estava inserido num vasto conjunto de actos e negócios jurídicos executados no âmbito de uma reorganização empresarial.

No proc. arbitral n.º 123/2012-T, de 9 de Maio de 2013, entendeu o tribunal que a transformação da sociedade por quotas em sociedade anónima e a subsequente venda de acções "não se afigura[va] como o alegado epicentro de um puzzle elisivo".

Por seu turno, no proc. arbitral n.º 196/2013-T, de 31 de Julho de 2014, considerou o tribunal que da argumentação apresentada pela AT não se poderia extrair a "evidência do carácter ardiloso, artificioso ou com abuso de formas jurídicas da transformação da sociedade por quotas em sociedade anónima a que se seguiu a alienação da respectiva participação social detida pela Requerente".

No mesmo sentido foi o proc. arbitral n.º 208/2014-T, de 22 de Julho de 2014, no qual o tribunal entendeu não haver elementos que permitissem concluir que o motivo exclusivo ou primacial da operação de transformação da sociedade por quotas em sociedade anónima se prendia com a mera obtenção de vantagem fiscal. Pode inclusivamente ler-se na aludida decisão que, "no mínimo, [teria] de se ficar numa situação de dúvida

[190] Decisão arbitral n.º 305/2013-T, de 18 de Setembro de 2014.

sobre o objectivo visado pela transformação, dúvida essa que, por força do preceituado no n.º 1 do artigo 100.º do CPPT, te[ria] de ser processualmente valorada a favor da Requerente e não contra ela, o que tem os mesmos efeitos práticos que a prova positiva de que não foi de natureza fiscal o objectivo prosseguido".

Por tudo, conclui-se que o bloco de jurisprudência que nega a aplicação da CGAA, tende a rejeitar o preenchimento do *elemento meio* e do *elemento intelectual* no âmbito da operação de transformação de uma sociedade por quotas em sociedade anónima e subsequente alienação de acções, por não considerar que estivesse em causa um acto ou negócio jurídico essencial ou principalmente dirigido à redução, eliminação ou diferimento temporal de impostos que seriam devidos se tal acto não tivesse sido praticado.

O *elemento normativo* "«tem por sua função primordial distinguir os casos de elisão fiscal dos casos de poupança fiscal legítima, em consideração dos princípios de Direito Fiscal, sendo que só nos casos em que se demonstre uma intenção legal contrária ou não legitimadora do resultado obtido se pode falar naquela»".[191] Quanto ao seu preenchimento a jurisprudência arbitral defendeu que seria legítimo que o contribuinte optasse pela via legal menos onerosa, num contexto de racionalidade económica, considerando o acto alegadamente abusivo como ainda constituindo planeamento fiscal legítimo. Aqui, refere de modo impressivo o proc. arbitral n.º 420/2014-T, de 31 de Dezembro de 2014, que ainda que se tivesse concluído que o negócio jurídico em causa se tinha dado tendo em vista, se não essencialmente, pelo menos principalmente a obtenção de vantagens fiscais, "tal não bastaria para legitimar a aplicação da cláusula anti-abuso". Para sustentar esta argumentação o tribunal serviu-se da doutrina de Saldanha Sanches, segundo o qual "«mesmo que a transformação de uma sociedade por quotas em sociedade anónima fosse motivada por razões exclusivamente fiscais, não se estaria perante um acto condenável face ao ordenamento jurídico tributário, uma vez que o próprio legislador fiscal optou expressamente por tributar em sede de IRS os ganhos decorrentes da venda das quotas e por não tributar em

[191] Decisão arbitral n.º 123/2012 – T, de 9 de Maio de 2013.

sede daquele imposto os ganhos resultantes da venda de acções naquele contexto.»".[192]

Em conclusão, não demonstrando a verificação cumulativa de todos os pressupostos exigidos para a aplicação da CGAA, grande parte da jurisprudência arbitral acabou por concluir que não poderia haver lugar à estatuição prevista no art. 38.º, n.º 2 da LGT, conducente à ineficácia no âmbito tributário. Parece decorrer desta jurisprudência que a concretização normativa feita pelo tribunal seria: *não é considerada abusiva a transformação de sociedades por quotas em sociedades anónimas mesmo que daqui resulte uma vantagem patrimonial.*

Isto decorre claramente das decisões arbitrais proferidas no âmbito dos proc. n.ºs 123/2012-T, 124/2012-T e 138/2012-T onde se pode ler que "mesmo que a transformação fosse motivada por razões exclusivamente fiscais, é o legislador que opta, expressamente, por tributar a venda das quotas e por não tributar a venda das ações naquele contexto". No mesmo sentido, pode ler-se na decisão arbitral de 26 de Novembro de 2013, proc. n.º 43/2013-T, que "mesmo que a transformação de uma sociedade por quotas em sociedade anónima fosse motivada por razões exclusivamente fiscais não se estaria perante um acto condenável face ao ordenamento jurídico-tributário, uma vez que o próprio legislador fiscal optou por tributar em sede de IRS os ganhos decorrentes da venda de quotas e por não tributar em sede daquele imposto os ganhos resultantes da venda de acções. Uma situação destas, em que o legislador resistiu longamente a eliminar tal regime mantendo uma «lacuna consciente de tributação» não se mostra susceptível de aplicação da CGAA. E não cabe ao aplicador da lei substituir-se às opções de tributar ou não tributar certas realidades seguidas pelo legislador fiscal".

Já no segundo bloco de jurisprudência, houve tribunais que quando tiveram de responder à questão se era ou não considerada abusiva a trans-

[192] De um modo geral, a jurisprudência arbitral que nega a aplicação da CGAA em matéria de transformação de sociedades, tem seguido, relativamente à análise do *elemento normativo*, a posição e doutrina de Saldanha Sanches à luz da qual a transformação de uma sociedade por quotas em sociedade anónima, com a subsequente venda das acções, sem sujeição a tributação, consubstancia-se como uma lacuna consciente de tributação.

formação de uma sociedade por quotas em sociedade anónima para posterior venda das respectivas acções, o fizeram afirmativamente.

A jurisprudência que entendeu poder estar em causa a aplicação da CGAA, afirmava que para além do *elemento resultado*, todos os demais requisitos legais de que dependia a aplicação da CGAA se encontravam preenchidos, inclusivamente os *elementos intelectual* e *normativo*.

Relativamente ao *elemento intelectual*, entenderam os tribunais que os actos ou negócios jurídicos de transformação de sociedades por quotas em sociedades anónimas teriam sido praticados essencial ou principalmente para a obtenção de uma vantagem fiscal. No proc. arbitral n.º 131/2014-T, de 13 de Novembro de 2014, o tribunal considerou que o negócio da transformação das sociedades por quotas em sociedades anónimas, se deu, se não essencialmente, pelo menos principalmente, tendo em vista a obtenção de vantagens fiscais. Por sua vez, no proc. arbitral n.º 315/2014-T, de 11 de Abril de 2015, entendeu o tribunal que caíam por terra as justificações económicas apresentadas pelos Requerentes para a transformação da sociedade por quotas em sociedade anónima.[193] Acabou por concluir aquele tribunal que "a transformação da [sociedade por quotas] em sociedade anónima e a subsequente alienação das respectivas participações sociais [a uma outra sociedade por quotas], controlada pelos Requerentes, constituiu uma montagem artificial, alheia a um interesse empresarial ou económico, exclusivamente criada para evitar a tributação que seria devida pela alienação das partes sociais se essa transformação societária não tivesse ocorrido pela forma e com a data que os Requerentes lhe atribuíram".

No mesmo processo, o tribunal enfatizou a relevância da ponderação e da análise de um outro elemento, o *elemento normativo*, no qual se

[193] Partindo dos factos dados como provados e não provados, considerou o tribunal neste decisão "não ser possível reputar (...) que a transformação societária realizada [havia constituído] um acto racional e lógico inserido no âmbito de uma reorganização do grupo informal de sociedades, dado que tudo se limitou à transformação (...) da sociedade por quotas (...) em sociedade anónima, para imediata alienação onerosa das acções, mas sem liquidação do correspondente preço, a uma outra sociedade por quotas detida pelos Requerentes, (...) a qual só veio a assumir a forma de sociedade anónima gestora de participações sociais após notificação para aplicação da cláusula anti-abuso".

debate a "«reprovação normativo-sistemática da vantagem obtida»".[194] Aqui é importante e fundamental o caminho argumentativo seguido pelo tribunal que considerou que, "no que concerne à reprovação normativo-sistemática da vantagem fiscal auferida, isso afere-se por força de uma comparação entre a configuração concreta da operação realizada e os desígnios do legislador subjacentes à norma de «exclusão tributária» então prevista na al. *a*) do n.º 2 do art. 10.º do CIRS". Por outras palavras, explicou o tribunal que "para que possa ser considerado legítima e não abusiva a operação de transformação de uma sociedade em sociedade por ações em ordem ao aproveitamento da exclusão tributária objeto do então art 10.º, n.º 2, al. *a*) do CIRS é necessário que se tenha cumprido na situação em concreto o objectivo, o espírito e a teleologia subjacente à opção legislativa em causa nessa disposição". Com efeito, subjacente à consagração do benefício fiscal previsto no mencionado artigo estariam razões de política e desenvolvimento do mercado financeiro. No caso em questão, considerou o tribunal que a transformação da sociedade por quotas em sociedade anónima, com a subsequente alienação das acções a uma sociedade do mesmo grupo não cumpriu o referido *animus*, na medida em que a sociedade por acções se manteve uma sociedade fechada, como bem evidenciava a circunstância de o seu Conselho de Administração, ser constituído somente por dois Administradores, precisamente os Requerentes e de existir uma limitação quanto à transmissão das acções, seja entre sócios seja para com terceiros, a qual fica dependente do consentimento da sociedade e do direito de preferência.

[194] Considerou-se naquele processo que "é dogmaticamente insustentável pretender que, não obstante cumpridos todos os elementos meio, resultado e intelectual próprios da disposição anti-abuso, seria possível não se verificar o dito elemento normativo. Só um ultrapassado e (...) inadmissível positivismo conceptualista poderia propiciar tal entendimento, do qual derivaria que se poderia reconhecer, ao mesmo tempo e sem contradição, a adoção pelo contribuinte de atos ou negócios jurídicos artificiosos, com abuso de formas jurídicas ou em fraude à lei, e a não reprovação ou aceitação dessa conduta pelo ordenamento jurídico. Deste modo, a autonomização do elemento normativo pode ser útil em ordem à explicitação destas matérias, mas dogmaticamente, para efeitos de resolução dos casos concretos, tem que se ter em conta que ele não é senão a destilação do segmento normativo do art. 38.º, n.º 2 da LGT que respeita aos "meios artificiosos ou fraudulentos e com abuso das formas jurídicas" em que se consubstancia, afinal, o elemento meio".

Não obstante a adopção da forma de sociedade anónima, tudo se passou como se permanecesse, na sua estrutura essencial, o tipo antecedente de sociedade por quotas, dirigindo-se simplesmente a transformação societária, pela subsequente alienação das acções, a obstar à tributação que seria devida sobre as mais-valias realizadas, não se alcançando, como tal, o objectivo pretendido aquando a feitura do art. 10.°, n.° 2, al. a) do CIRS. Em suma, entendeu o tribunal, que a transformação da sociedade, em sociedade anónima e a consequente alienação das respectivas participações a uma sociedade do mesmo grupo, se traduziu numa actuação de evitação fiscal abusiva, concluindo pela legalidade da actuação da AT ao aplicar a CGAA, devendo o acto de transformação ser desconsiderado para efeitos fiscais.

Pois bem, a jurisprudência arbitral em matéria de aplicação da CGAA, particularmente no âmbito da temática da transformação de sociedades por quotas em sociedades anónimas, oferece uma "vista privilegiada" sob aquela que é a actividade iminentemente concretizadora dos tribunais e sobre os "perigos" de uma não uniformização de posições.

De facto, é o tribunal que vai, no caso concreto, aferir da verificabilidade ou não dos pressupostos de aplicação da CGAA, o que implicará, necessariamente, que o tribunal aplique uma norma que levanta várias dúvidas interpretativas. Caberá ao tribunal a tarefa de concretizar, em última instância, conceitos imprecisos, ambíguos e indeterminados, tais como, entre outras tantas, "essencialidade", "artificialidade", "abuso de formas jurídicas".

Mas se é assim que as coisas são, e se hoje é este o protagonismo assumido pelos tribunais ao nível da concretização normativa, não será de aceitar, contudo, que do actual "estado das coisas" resulte, na esfera do particular, numa maior incerteza e insegurança jurídicas. E, se assim é, não é de admitir que aos tribunais não se exija um conjunto de cautelas de segurança jurídica, no sentido de evitar que subsistam, no ordenamento jurídico-tributário, decisões opostas relativamente a casos em tudo semelhantes.

De facto, da análise da jurisprudência em matéria de aplicação da CGAA conclui-se que, quando o tribunal adopta soluções contraditórias, no que concerne ao tratamento da problemática da transformação de sociedades por quotas em sociedades anónimas e subsequente venda de acções, por exemplo, perigam-se consequentemente as exigências derivadas do princípio da segurança jurídica a que o sistema deveria responder. Ainda que a matéria factual seja, nuns e noutros casos, em tudo semelhante e ainda que subjacente à estrutura jurídica realizada esteja a mesma matriz elisiva e a obtenção das mesmas vantagens fiscais, a verdade é que se uma parte da jurisprudência não considerou que a operação aludida se traduzia numa actuação censurável de evitação fiscal abusiva, uma outra parte da jurisprudência tomou aquela mesma operação como abusiva concluindo pela legalidade da actuação da AT ao aplicar a CGAA. Quer isto dizer que casos semelhantes, quando submetidos a um escrutínio dos tribunais diferentes, são decididos em sentido contraditório, mesmo em casos de concretização normativa pelos tribunais, introduzindo-se com isso um significativo factor de insegurança jurídica no ordenamento jurídico.

Admitir tal solução, sem que haja na ordem jurídica forma de repor a segurança jurídica, seria admitir que o legislador, ao elaborar uma lei, estipulasse, simultaneamente, duas regras exactamente contraditórias. Se duas regras contraditórias não podem ser válidas ao mesmo tempo porquanto uma revoga a outra, então duas decisões sobre casos idênticos não deviam poder seguir, sem mais, caminhos opostos e, desse modo, assim subsistirem no ordenamento jurídico. Se o caso B é em tudo idêntico ao caso A, impõe o princípio da segurança jurídica que a concretização normativa levada a cabo no caso B seja idêntica à concretização normativa levada a cabo no A. Assim não sendo, frustrar-se-ão as expectativas do legislador tributário (bem como dos destinatários das normas) que, conscientemente, e por razões de segurança jurídica e igualdade material, deixou ao aplicador a tarefa de concretização normativa dos conceitos que ele próprio deixou por concretizar.

Dir-se-á, portanto, que as preocupações de segurança jurídica – no sentido da acomodação do sistema fiscal a princípios de igualdade material e a uma simplicidade promotora da previsibilidade – que motivaram a actual concepção legislativa – e as suas manifestações ao nível do princípio da legalidade –, se dissipam, por fim, no plano da aplicação do Direito pelos tribunais, sendo tal situação notoriamente gerada pelas flutuações de jurisprudência e consequente falta de estabilidade do ordenamento jurídico-tributário.

Ora, se é claro que a actual concepção legislativa e um inerente sistema fiscal pautado por normas irremediavelmente indeterminadas, delegam no aplicador do Direito, no juiz, o poder de conformar e concretizar aquilo que o legislador conscientemente deixou de dizer, não menos clara deveria ser a conclusão de que, a adopção de soluções opostas em situações em tudo idênticas, frustram aquela que era a vontade do legislador, na medida em que obstam aos ditames de previsibilidade e calculabilidade exigidos pelo princípio da segurança jurídica e, como tal, pelo princípio da legalidade tributária.

Estas preocupações de segurança jurídica levam-nos então ao CAPÍTULO II desta dissertação onde se aprofundará em concreto a recolocação da segurança jurídica não apenas na óptica do legislador mas, também e, principalmente, na óptica do aplicador do Direito.

Capítulo II
O Princípio da Segurança Jurídica e a Aplicação do Direito

4. Colocação do Problema

Sabe-se já que no presente estudo se pretende perceber, a final, se o sistema processual português está ou não adaptado aos desafios originados pela actual concepção legislativa em Direito Tributário, em especial, no que respeita à salvaguarda das garantias postuladas pelo princípio da segurança jurídica.

Para responder a tal questão precisou de se perceber, então, qual é afinal a actual técnica legislativa do Direito Tributário, quais as suas causas e quais as suas implicações.

Tudo porque se compreende, em resumo, que esta técnica legislativa, com recurso a conceitos indeterminados e cada vez mais abertos, pode trazer problemas a vários níveis designadamente ao nível da legalidade e da segurança jurídica. Assim sendo, não deixou de se demonstrar que uma das consequências inevitáveis desta realidade reside na função de concretização normativa passar a ser assumida, não já só pelo legislador, mas, como se viu, também pelo aplicador do Direito, pelo intérprete, seja ele a AT ou, em última instância, os tribunais.

É precisamente nesta transferência de funções de concretização normativa do legislador para os diferentes entes aplicadores do Direito que nos teremos de deter a fim de tentar compreender se, e em que medida, este fenómeno traz consequências ao nível da segurança jurídica. É o que se fará neste Capítulo II.

A questão que se pretende responder neste Capítulo II é a de saber: *se num ramo do Direito como o Tributário, onde o aplicador do Direito assume, também, reforçadas funções de concretização normativa, haverá que ter cautelas acrescidas relativamente à segurança jurídica ou a abordagem clássica deste princípio satisfaz esta especificidade?*

Não há dúvida que sendo a segurança jurídica um imperativo para qualquer Estado de Direito, a sua protecção se mostra inevitavelmente mais premente, mais necessária, mais exigente, em campos de fácil ingerência da acção estatal na esfera particular como sucede no Direito Fiscal. Para tal recorde-se ADAM SMITH quando dizia "*the tax which each individual is bound to pay ought to be certain and not arbitrary*".[195]

No entanto, perante a eleição do princípio da segurança jurídica como centro de estudo do presente capítulo, não se poderá partir para a tentativa de compreensão do princípio da segurança jurídica e das suas dimensões à luz desta nova realidade sem recordar a opção metodológica que se adoptou.

O pressuposto de adesão que se tomou, no que em concreto respeita à construção do sistema normativo, foi o de aceitar como certo a tese de ROBERT ALEXY para quem o sistema normativo é um espaço composto por regras e por princípios.

Conforme se compreende, todos os princípios do sistema normativo a que já nos fomos referindo, nomeadamente a legalidade; a igualdade; a justiça; a segurança jurídica, entre outros, segundo a dicotomia proposta por ROBERT ALEXY, constituem comandos dirigidos aos vários actores estaduais, independentemente destes respeitarem ao plano da criação do Direito ou ao domínio da aplicação do Direito. De facto, estão em causa verdadeiros *optimization requirements* que cominam ao legislador, à AT e aos tribunais que procedam, no exercício das suas funções, a uma determinada valoração da realidade de acordo com o conteúdo substantivo que estas normas encerram.

A escolha do princípio da segurança jurídica, enquanto elemento central desta dissertação, residiu no facto de ser este o princípio que necessita, crê-se, de uma "recentragem" perante a requalificação do princípio da legalidade que já foi feita pela doutrina. Assim sendo, a escolha do princípio da segurança jurídica enquanto núcleo central do CAPÍTULO

[195] ADAM SMITH, *in* "Inquiry Into the Nature And Cause Of The Wealth Of Nations", Book 5, ch.2, Part II, 1776.

II não tem qualquer pretensão de negar a importância e a aplicabilidade reclamada pelos demais princípios. Pelo contrário, sempre que se revele oportuno, será feita a devida menção aos princípios jurídicos que sejam convocados pelo caso concreto, procurando-se efectuar o devido equilíbrio entre eles, isto é, a devida interligação e limitação que eventualmente se estabeleça.

Para o efeito, começar-se-á por perceber qual a sua génese, aferindo brevemente a sua evolução histórica tendo por base o princípio relativamente ao qual este se considera ínsito: o princípio do Estado de Direito Democrático.

Posteriormente será analisada a forma como a doutrina clássica reconduz o princípio da segurança jurídica, seja por referência ao ordenamento jurídico-constitucional; seja atendendo ao específico domínio do Direito Fiscal; seja à forma como este princípio é tratado no Direito da UE. Por outro lado, quando se abordarem as dimensões que tradicionalmente são assacadas ao princípio da segurança jurídica, tentar-se-á perceber o porquê da sua não actualidade em face da actual concepção legislativa do Direito Tributário tentando, sempre que se justifique, apresentar uma leitura alternativa atendendo à nova dicotomia proposta.

Por fim, serão apresentadas as conclusões que andarão pela tentativa de resposta à questão de se saber se *a actual concepção legislativa em Direito Tributário tem implicações na construção teórica das dimensões da segurança jurídica?*

5. O Estado de Direito Democrático e segurança jurídica

Para que seja possível compreender o papel central que a segurança jurídica desempenha no ordenamento jurídico, será necessário compreender primeiro a sua origem e evolução, efectuando o seu enquadramento dogmático e destrinçando a sua fundamentação teórica. Para o efeito, e na medida em que a segurança jurídica se encontra alicerçada na ideia de Estado de Direito sendo geralmente entendida enquanto fundamento e decorrência deste último, será essencial efectuar previamente uma alusão ao conceito de Estado de Direito, percebendo a evolução que este foi sendo alvo ao longo do tempo, bem como a configuração que apresenta hoje em dia, para que, por fim, se esteja em condições de a este reconduzir a ideia de segurança jurídica.

Foi com a Revolução Francesa que surgiu a noção de *Estado de Direito enquanto Estado de legalidade*, isto é, em que toda actividade levada a cabo pelos poderes públicos passa a estar subordinada à lei e passa a ser prosseguida através dela. Por esta via, permitiu-se obstar ao arbítrio e despotismo dos Estados absolutistas, garantindo a igualdade formal, a representatividade dos cidadãos e a defesa dos seus direitos por intermédio da vinculação do Estado à legalidade.[196]

Numa perspectiva comparada, a concepção de um Estado subordinado ao Direito firmou-se progressivamente nos Estados ocidentais por diferentes vias.[197] Em Inglaterra[198] sedimentou-se a ideia de *rule of law*, isto é, da regra ou império do Direito, enquanto que em França[199] se conformou a ideia em torno do *état legal*, ou seja, de um Estado de legalidade.

[196] Sem desprimor das suas raízes ancestrais, que essencialmente remontam à Idade Média com a proclamação da *Magna Charta* de 1215, a origem do Estado de Direito reconduz-se à fase histórica do constitucionalismo das revoluções, fazendo uso da terminologia avançada pelo constitucionalista italiano Maurizio Fioravanti que delineou as quatro fases do constitucionalismo. A primeira fase corresponderia ao constitucionalismo das origens, seguida da fase do constitucionalismo das revoluções, à qual se seguia o constitucionalismo da época liberal e, por fim, a fase que vigora até aos dias de hoje, designada de constitucionalismo da democracia constitucional. Deste modo, sendo o constitucionalismo das revoluções a fase mais importante para o nosso trabalho de investigação, na medida em que está na origem do princípio da segurança jurídica, caberá uma breve referência a este período histórico. O constitucionalismo das revoluções vigorou por um período de tempo inferior a vinte e cinco anos e foi construído sob o prisma de duas matrizes: a matriz norte americana e a matriz francesa. Ficou caracterizado, essencialmente, pela afirmação da igualdade de todos cidadãos, pela ideia de subordinação do povo a um mesmo poder soberano e pela afirmação do papel limitador dos direitos individuais face ao poder absoluto. Entre outros nomes, o desenvolvimento desta fase em muito se deveu ao trabalho de autores como John Locke e Immanuel Kant, cujos escritos permitiram a introdução de ideias inovadoras, destacando a contribuição deste último autor que colocou a tónica dos fins da sociedade política na garantia e manutenção dos direitos naturais e introduziu a ideia de que a Constituição corresponderia, no fundo, a um conjunto de princípios, entre os quais a liberdade. Para mais desenvolvimentos veja-se Maurizio Fioravanti, *in* "Constituzionalismo, Percorsi della storia e tendenze attuali", Editori Laterza, 2009, *apud* José Melo Alexandrino (2015), p. 44 e ss..

[197] Jorge Reis Novais, *in* "Contributo para uma teoria do estado de direito", Almedina, 2006, pp. 45 e ss.

[198] Albert Venn Dicey, *in* "Introduction to the study of the Law of the Constitution", 10.ª ed., Macmillan, 1961.

[199] Jacques Chevallier, *in* "L'État de droit", 6.ª ed., L.G.D.J., 2017.

Na Alemanha, por seu turno, adoptou-se a fórmula do *Rechtsstaat*, correspondente a um Estado de Direito. É por esta razão que se entende que a fórmula Estado de Direito é uma fórmula de génese alemã que aponta para algumas das ideias fundamentais já cogitadas à época noutros países.

Vários foram os autores, tais como ROBERT VON MOHL e FRIEDRICH JULIUS STAHL, que contribuíram para o desenvolvimento do conceito de Estado de Direito na Alemanha, sendo possível avançar que o mesmo pretendia afirmar a ideia de que "Ninguém pode ser sacrificado como um meio ou como uma vítima à ideia do todo".[200] Dito de outro modo, o Estado não se deveria sobrepor aos cidadãos e a este caberia a garantia e respeito pelo princípio da legalidade e protecção jurídica.[201]

Em todo o caso, a noção de *Estado de Direito* é uma noção cujo sentido foi sofrendo alterações, muito por influência dos regimes políticos vigentes e, como tal, nem sempre a concepção de Estado de Direito foi entendida, tal qual, como por ocasião do seu surgimento.

Ao conceito inicial de Estado de Direito foi posteriormente acrescentado um sentido material, sendo afirmadas duas ideias fundamentais. Por um lado, a ideia de que o poder do Estado se devia encontrar subordinado às regras e princípios do ordenamento jurídico e, por outro lado, a ideia de vinculação do exercício da actividade estatal à garantia da igualdade, justiça, dignidade da pessoa humana, liberdade e segurança jurídica. Os direitos fundamentais, bem como a separação de poderes, assumiram um papel central no desenvolvimento desta concepção e ao Estado de Direito

[200] ROBERT VON MOHL, *in* "Concepto de policia y Estado de Derecho", Liberalismo aleman en el siglo XIX - 1815-1848, colectânea de estudos, trad., Madrid, 1987, p. 142, *apud* JORGE MIRANDA, *in* "Manual de Direito Constitucional", Tomo I, 9.ª ed., Almedina, 2011, p. 95. Veja-se ainda ANGELO CARGAGNI, *in* "I diritti della società: Stato di diritto e associazione in R. Von Mohl", Firenze: Giannini, 1990 e PIETRO COSTA e DANILO ZOLO, *in* "O Estado de direito: história, teoria, crítica", Martins Fortes, 2006.

[201] Tal como teorizado no início do século XIX, o conceito de Estado de Direito acabou por ser transformado num mero princípio de legalidade formal pelo positivismo jurídico alemão. A este propósito sempre se dirá que o positivismo jurídico que configurou este conceito no período que vigorou entre as duas Grandes Guerras levou a que o mesmo fosse posteriormente positivado na Lei Fundamental de Bona de 1949 em moldes que firmassem de modo inequívoco a sua ligação ao conjunto dos direitos fundamentais que conformavam tal Lei Fundamental.

associou-se a ideia de um Estado juridicamente organizado e delimitado, com vista à garantia dos direitos dos indivíduos.

Por Portugal, a expressão "Estado de Direito" foi introduzida em 1976 no preâmbulo da CRP e, mais tarde, com a primeira revisão constitucional em 1982, foi introduzida no art. 2.º do diploma, onde permanece até aos dias de hoje. Inicialmente, a noção foi introduzida sem recurso à expressão "democrático", tendo a mesma sido posteriormente acrescentada com o objectivo de afastar a possibilidade de se entender este conceito sob um prisma meramente formal, desligado da ideia de democracia.[202]

O elemento democrático visa assim, no entender dos constitucionalistas, não apenas restringir o exercício do poder político como, também, legitimá-lo.

Não basta que ao Estado de Direito se associe uma função de normação, isto é, uma função de regulação da actividade estatal e da sociedade. Conforme salientava Kelsen, "[s]e o Estado é reconhecido como uma ordem jurídica, se todo o Estado é um Estado de Direito, essa expressão representa um pleonasmo. Porém, ela é efectivamente utilizada para designar um tipo especial de Estado, a saber, aquele que satisfaz os requisitos da democracia e da segurança jurídica".[203]

O pensamento constitucional contemporâneo aponta para o enraizamento da ideia de que *um verdadeiro Estado de Direito é sempre um Estado de segurança jurídica*,[204] apresentando-se estes como valores indissociáveis.[205]

[202] Gomes Canotilho (2003), p. 100.

[203] Hans Kelsen (1984), p. 417. Também neste sentido veja-se Jorge Reis Novais, *in* "Os princípios constitucionais estruturantes da República Portuguesa", Coimbra Editora, 2014, p. 50.

[204] A este respeito na jurisprudência veja-se, por todos, o acórdão do TC n.º 241/2015, de 29 de Abril, proc. n.º 830/2014, no qual se dispôs que "o Estado de direito é, também, um Estado de segurança". Já na doutrina Rosa Galapero Flores é da opinião que *"(...) sin seguridad jurídica no hay Estado de Derecho digno de esse nombre. Es la razonable previsión de las consecuencias jurídicas de las conductas, de acuerdo com el ordenamento y su aplicación por los Tribunales, la que permite a los ciudadanos gozar de una tranquila convivência y garantiza la paz y el desarrollo económico"*, *in* "La seguridad jurídica del contribuyente en el ordenamento tributário español", Seguridad Jurídica y Derecho Tributario: Presente y Futuro (coord. Jorge Martín López e Begoña Pérez Bernabeu), Aranzadi, 2019, p. 221. É por esta razão que se afirma que *"(...) la seguridad jurídica no es mero factum inmanente a cualquier sistema de Derecho, sino un valor del Derecho justo que*

Não será então possível firmar a existência de um Estado de Direito que não seja pautado pela legalidade e estabilidade na aplicação das normas que o compõem e na protecção dos particulares que em face delas se conformam, ao mesmo tempo que não haverá segurança jurídica sem a existência de um Estado de Direito que a garanta e promova.[206] Este entendimento é confirmado pelas palavras de MARIA LÚCIA AMARAL, porquanto "afirmar que a segurança jurídica constitui (...) um dos elementos materiais de compreensão do princípio significa dizer que, para os cidadãos, a actuação dos poderes públicos deve ser sempre uma actuação *antevisível, calculável* e *mensurável*. Num Estado de Direito, as pessoas devem poder saber com o que contam. As relações entre o poder e os seus destinatários têm por isso que ser fundadas a partir da ideia segundo a qual o comportamento dos poderes públicos *deve ser um comportamento fiável*".[207]

Mais do que traduzir um valor, máxima ou imperativo inerente ao próprio sistema, o princípio da segurança jurídica configura um dos fun-

adquiere su plena dimensión operativa en el Estado de Derecho", ANTONIO-ENRIQUE PEREZ LUÑO, *in* "La Seguridad Juridica", 20.ª ed., Ariel, 1994, p. 140.

205 Em idêntico sentido dispõe GOMES CANOTILHO (2003), p. 257, ao afirmar que "o homem necessita de segurança para conduzir, planificar e conformar autónoma e responsavelmente a sua vida", daí que a segurança jurídica configure um elemento constitutivo do Estado de Direito, ou ainda, CARLOS BLANCO DE MORAIS quando afirma em "Segurança Jurídica e Justiça Constitucional" *in* Revista da Faculdade de Direito de Lisboa, Lisboa, V. 41, N.º 2, 2000, p. 621, que o "imperativo de garantia da certeza da ordem jurídica, nas suas dimensões da estabilidade, coerência, e igualdade, permit[e] aos cidadãos organizarem a sua vida individual e social no respeito pela previsibilidade e calculabilidade normativa de expectativas de comportamento e das consequências derivadas das respetivas ações".

206 Ainda que a título ilustrativo, e para que se perceba em que poderá consistir esta promoção da segurança jurídica, atente-se aos seguintes exemplos. Há muito que se encontra radicada na consciência jurídica a ideia de que os processos judiciais não são eternos, cabendo-lhes um princípio e um fim. Esgotados os recursos admissíveis e transitada em julgado a decisão, apenas em caso de erro judiciário poderá questionar-se ou pôr-se em causa a segurança jurídica garantida pela figura do caso julgado, por exemplo. Relativamente aos actos da AT, é-lhes reconhecida certa força – a força de caso decidido – sendo que a sua anulação e revogação está também limitada, para que assim se fortifique a segurança, confiança e os próprios direitos dos administrados. Estas são figuras que reflectem segurança jurídica, sendo que quer esta última, quer a confiança, constituem dimensões inevitáveis do ideal de paz jurídica.

207 MARIA LÚCIA AMARAL (2012), p. 178.

damentos e, simultaneamente, uma decorrência do Estado de Direito Democrático, integrando o âmbito da sua dimensão material.[208]

Ao ser delimitado e perspectivado enquanto sub-princípio do princípio de Estado de Direito Democrático, o princípio da segurança jurídica concorrerá necessariamente com outros princípios do ordenamento que reclamem aplicação.[209] Neste sentido, a segurança jurídica situar-se-á no mesmo patamar que, por exemplo, os princípios da legalidade da administração; da proporcionalidade; da protecção jurídica e das garantias processuais.[210]

No contexto europeu, enquanto princípio geral do Direito da UE, o princípio da segurança jurídica impõe que as disposições emanadas no seio da UE revistam certeza, clareza e precisão, tornando assim as suas implicações jurídicas previsíveis, principalmente quando relacionadas com obrigações financeiras. Isto, note-se, não apenas quanto às normas de Direito da UE *per se*, mas também quanto às próprias decisões do

[208] Como se referiu, também a jurisprudência do TC tem configurado o princípio da segurança jurídica enquanto decorrência do Estado de Direito. A título de exemplo, veja-se também o ac. n.º 847/2014, de 3 de Dezembro, proc. n.º 537/14 no qual se dispôs que "apesar de o texto da Constituição não aludir expressamente a este princípio, ele é pacificamente dedutível do princípio do Estado de Direito consagrado no seu artigo 2.º." e ainda o ac. n.º 568/2016, de 19 de Outubro, proc. n.º 522/2016 no qual se dispôs que "A tutela constitucional da segurança jurídica (...) eman[a], assim, do princípio do Estado de direito consagrado no artigo 2.º da Constituição". Por sua vez, para maiores desenvolvimentos na doutrina quanto ao entendimento de que o princípio da segurança jurídica integra o princípio do Estado de Direito veja-se, por exemplo, Jorge Bacelar Gouveia (2016), p. 787.

[209] Ainda que a tendência predominante seja a sua convocação enquanto sub-princípio do Estado de Direito Democrático, entende Nuno Sá Gomes em sentido diverso que o princípio da segurança jurídica deve ser configurado enquanto um sobre-princípio. Nas palavras do autor "Importa especialmente salientar que a segurança jurídica, com o seu corolário dinâmico de protecção da confiança é, a meu ver um princípio suprapositivo inerente à Constituição material do Estado de Direito, vigorando em todos os Estados que se reclamem como tais como sucede na Constituição da República (...)", *Estudos sobre a segurança jurídica na tributação e as garantias dos contribuintes*, Cadernos de Ciência e Técnica Fiscal, n.º 169, Centro de Estudos Fiscais, 1993, pp. 14-15.

[210] Neste sentido, Gomes Canotilho (2003), p. 257.

TJUE, em virtude dos efeitos que possam gerar na esfera dos particulares, bem como na economia dos EM.[211]

O princípio da segurança jurídica surge em primeira linha como valor quando pensado *como* e *para* o Estado de Direito.[212] Valor esse que ao lado da justiça e da paz social, inspira qualquer ordenamento jurídico europeu. Trata-se assim de um valor constitutivo do Direito, visto que se não for assegurado um mínimo de certeza, de eficácia e de ausência de arbitrariedade, não pode em bom rigor afirmar-se que se está perante um Estado de Direito. Esta relação entre o Estado de Direito Democrático e segurança jurídica é assim no Direito Constitucional português como o é no Direito da UE.

Nestes termos, o estudo que se fará da segurança jurídica passará pelas diversas perspectivas que classicamente lhe são atribuídas pela doutrina.

O que se perceberá, a final, é que "classicamente" o princípio da segurança jurídica é perspectivado na sua grande maioria para o legislador, uma vez que as preocupações com a segurança jurídica lhe são tendencialmente direccionadas. Isto independentemente de a óptica ser constitucional, do Direito Fiscal, ou do Direito da UE. E esta é uma perspectiva que tem que ser redimensionada também para o aplicador do Direito que, como se sabe, perante a actual técnica legislativa do Direito Tributário terá a tarefa de concretizar o enunciado normativo da lei.

6. A segurança jurídica: da visão clássica à aplicação do Direito

Conforme se viu no Capítulo I, é hoje inegável que a actual concepção legislativa no Direito Tributário obedece a uma técnica pautada pelo recurso cada vez maior a conceitos indeterminados e pela simplificação

[211] A este respeito salienta-se que o TJUE, ao ser chamado a pronunciar-se sobre a validade e a interpretação das normas que compõem o Direito da UE, tem acabado por assumir um papel determinante no desenvolvimento do mesmo. De facto, este tribunal tem contribuído para a concretização do Direito da UE e dos princípios que o conformam conseguindo alcançar, por via da sua jurisprudência, um conjunto de valores e princípios uniformes e coerentes face a todos os EM.

[212] Reitera-se uma vez mais que o princípio da segurança jurídica é usualmente configurado enquanto "*principio constitucional no escrito, que es derivado del principio de Estado de Derecho*", Torsten Stein, *in* "Seguridad jurídica en el orden jurídico de la República Federal de Alemania", Contribuciones, Band 14, Heft-Nr. 3, 1997, p. 8.

e abertura do "tipo" de lei fiscal. Isto com o objectivo de abranger, quer o maior número de situações possível de modo a contrariar o fenómeno mundialmente preocupante do planeamento fiscal e da erosão das bases tributáveis, quer com o objectivo de obstar a uma permanente e indesejável revisibilidade da lei fiscal muito motivada pelo fenómeno da hipertrofia legislativa.

Constatou-se, também, de forma algo paradoxal, que a maior preponderância que o *aplicador do Direito* passou a assumir na concretização da lei fiscal, na ausência de algumas cautelas específicas, acabará por potenciar insegurança jurídica, princípio que justamente procurava acautelar. É que a possibilidade de proliferarem decisões contraditórias poderá traduzir-se numa concretização diferente do conteúdo normativo das leis fiscais com um resultado, porventura, antagónico. Vimos já este constrangimento na prática ao finalizar o Capítulo I. Tal cenário obsta a que os destinatários dessas decisões e das normas que as fundamentam possam determinar, com previsibilidade e estabilidade, os respectivos efeitos na sua esfera jurídica, dos actos por si praticados.

Tendo ficado já assente que a segurança jurídica consiste num princípio geral de Direito e aderindo, ao que importa, à tese seguida por Gomes Canotilho, de acordo com a qual se entende o princípio da segurança jurídica como sub princípio do Estado de Direito Democrático, caberá agora aferir de que modo a doutrina e a jurisprudência conformam o seu conteúdo.

Para o efeito estudar-se-á, em primeiro lugar, o tratamento clássico que deste princípio é efectuado pela doutrina no âmbito do Direito Constitucional destrinçando as duas dimensões que aí lhe são assacadas: a *dimensão subjectiva* e a *dimensão objectiva*.

De seguida será abordada a conformação que lhe é tradicionalmente efectuada no seio do Direito Tributário, quer pela doutrina quer pela jurisprudência do TC, nomeadamente no que concerne à *coerência sistemática* e *estabilidade normativa* e à *proibição da retroactividade das leis fiscais*.

Por último, atentar-se-á ao Direito da UE para aferir de que modo o princípio da segurança jurídica é aí enquadrado, exercício para o qual se tomará particular atenção ao labor jurisprudencial do TJUE.

Na análise individual que se fará tentar-se-á demonstrar se a teorização clássica apresentada serve as necessidades de segurança jurídica que devem ser tidas em consideração perante a actual concepção legislativa e perante a divisão de papéis dos diferentes intervenientes. Se não servir, sempre se proporá uma leitura actualizada da segurança jurídica clássica em face da actual concepção legislativa em Direito Tributário.

6.1. A segurança jurídica vertente objectiva e vertente subjectiva

Num Estado de Direito Democrático a ordem jurídica assentaria em torno de dois valores fundamentais: a segurança jurídica e a justiça, quer na sua vertente material, quer na sua vertente formal. No entanto, para se alcançar uma perspectiva holística da segurança jurídica não pode tecer-se uma análise exclusivamente versada sob um dos seus aspectos individualmente considerados, pelo que a perspectiva adoptada não deve ser segmentada numa tentativa de atribuir à segurança jurídica apenas uma condição de valor ou de princípio.[213] Neste sentido, a segurança jurídica reclama uma análise transversal.[214]

Tradicionalmente, a *segurança* referida ao Direito assumiria um duplo sentido. Conceber-se-ia uma distinção entre segurança *através* do Direito

[213] Sucintamente pode afirmar-se que a diferente configuração da segurança jurídica enquanto valor ou princípio consubstancia-se na atribuição de uma virtualidade meramente invocativa ou inspiradora da concepção e conformação das normas jurídicas (caso seja entendida enquanto valor) ou na atribuição de um verdadeiro valor normativo, isto é, na atribuição de uma função de regulação de condutas humanas com potencial de aplicação no caso concreto enquanto fundamento de decisões jurisdicionais (caso seja entendida enquanto princípio). Para uma análise mais aprofundada sobre a configuração da segurança jurídica enquanto valor ou princípio veja-se, entre outros, Ricardo García Manrique, *in* "El valor de la seguridad jurídica", Iustel, 2012, pp. 190 e ss ou, ainda que com menor profundidade, Nuno Sá Gomes (1993), pp. 14 e ss.

[214] Ainda que não seja despicienda a discussão em torno da configuração da segurança jurídica enquanto valor ou princípio, a verdade é que se afigura de maior preponderância a compreensão das manifestações e implicações que dela emanam. Dito de outro modo, aquilo que se pretende é compreender de que modo a segurança jurídica molda o ordenamento jurídico, aferindo se as dimensões que tradicionalmente lhe são assacadas ainda tutelam e protegem de modo suficiente e eficaz a posição jurídica dos sujeitos passivos em face da actual forma de "fazer leis fiscais". Assim sendo, em consonância com a construção do sistema normativo proposta por Robert Alexy já analisada no início deste Título I, entende-se que a segurança jurídica corresponde a um princípio jurídico, isto é, a uma norma que detém uma maior abstracção e que consiste num mandato de optimização, devendo assim ser concretizada na maior medida do possível.

e segurança *do* Direito.[215] Retomando as lições de CASTANHEIRA NEVES, este último sentido da segurança *do* Direito "[exigiria] a certeza do direito, qualquer que ele seja, posto que seria essa certeza a condição já da previsibilidade dos efeitos que juridicamente implicariam as condutas a realizar e as situações que se viessem a verificar (...) já da estabilidade das próprias situações juridicamente definidas (pelo direito abstracto) e adquiridas (concretamente), sem a qual ninguém saberia verdadeiramente o que é seu e todas as posições jurídicas e os respectivos direitos seriam precários e permanentemente em perigo".[216] Deste modo, para muitos autores, segurança jurídica não é mais do que a segurança *do* Direito, levando a que se conclua que Estado de Direito e segurança jurídica são valores indissociáveis.[217]

Ainda que assim seja, a verdade é que a definição do princípio da segurança jurídica se assume como uma tarefa bastante intrincada,[218] muito em razão do facto de se tratar de uma expressão que sugere uma gama conceitual bastante ampla sendo-lhe reconhecida a possibilidade de, pelo contrário, abranger uma multiplicidade de significados.[219]

[215] CÉSAR GARCÍA NOVOA, *in* "El principio de seguridad jurídica en materia tributaria", Marcial Pons, 2000, pp. 22 e ss.

[216] CASTANHEIRA NEVES, *in* "Curso de Introdução ao Estudo do Direito", 1971, pp. 189 e ss.

[217] A este respeito RICARDO GARCÍA MANRIQUE (2012), pp. 194 e ss, associa a necessidade de previsibilidade e estabilidade por referência ao próprio ordenamento, isto é, defende que a segurança jurídica consiste na segurança *do* Direito e não na eventual segurança que se realize *através* do direito. Nas palavras do autor é "*la seguridad del derecho mismo por contraposición con otras seguridades realizadas a través del derecho*", de tal forma que "*el objeto de la seguridad es el propio derecho, con independencia de cuáles sean los bienes o intereses que el derecho garantice.*".

[218] De facto, tal como salienta ANTOINE CRISTAU em "L'exigence de sécurité juridique", Dalloz, 2002, pp. 2814 e ss, "*a priori [est] plus facile de comprendre la notion [de sécurité juridique] que de la definir*". É por esta razão que se afirma que a segurança jurídica "*se prête à autant d'acceptions qu'il y a d'individus en mesure d'exposer leur approche sur la question*", EMMA BEN MERZOUK em "La sécurité juridique en droit positif", Universite Paris II, 2003, p. 5. Em idêntico sentido salienta CÉSAR GARCÍA NOVOA (2019), p. 34, que "*el gran problema de la seguridad jurídica es su indefinición. Parece que hay que llegar a apreender la seguridad a partir de un razonamiento inductivo negativo. Conocemos la seguridad a través de las múltiplas situaciones de inseguridad. Además, el concepto es sumamente transversal, de manera que la seguridad jurídica abarca una multiplicidad de expressiones*".

[219] Para maiores desenvolvimentos quanto ao significado que o conceito de segurança jurídica pode oferecer no ordenamento jurídico português veja-se, por exemplo, NUNO SÁ GOMES

De forma genérica, a ideia de segurança jurídica é reconduzida a duas características: a *previsibilidade* e a *estabilidade*. Enquanto princípio geral de Direito, a segurança jurídica teria como propósito assegurar a previsibilidade das normas e a estabilidade das situações jurídicas.[220] Ora, tendo presente estas duas características – a previsibilidade e a estabilidade – a doutrina desvenda, como se verá, a existência das duas dimensões constitutivas do princípio: a dimensão *objectiva* e a dimensão *subjectiva*.

Atendendo em primeira linha a uma perspectiva comparada, constata-se que a doutrina alemã reconduz o princípio da segurança jurídica, por exemplo, às manifestações de fiabilidade, calculabilidade e inteligibilidade ou ainda às manifestações de continuidade do Direito, mensurabilidade e previsibilidade.[221]

Por seu turno, quanto à delimitação entre a vertente objectiva e subjectiva do princípio da segurança jurídica, salientava KLAUS VOGEL que a vertente subjectiva decorreria da vertente objectiva. Não obstante, segundo o autor, a verdade é que a doutrina alemã tende a referir-se ao princípio da segurança jurídica essencialmente quanto à sua dimensão de protecção de direitos subjectivos. Significa isto que a doutrina tende a reconduzir o princípio da segurança jurídica à sua vertente subjectiva de protecção da confiança, sendo esta última invocada a respeito da resolução dos casos de aplicação da lei fiscal no tempo.[222]

(1993), pp. 17-24. Já por referência ao ordenamento espanhol refere ROSA GALAPERO FLORES (2019), p. 221, que a jurisprudência constitucional tem resumido este princípio de tal modo que "*la seguridad jurídica, es suma de certeza y legalidad, jerarquia y publicidad normativa, irretroactividad de lo no favorable, interdicción de la arbitrariedade, pero que, si se agotara en la adición de estos principios no hubiera precisado de ser formulada expressamente [no artigo 9.3 da Constituição de 1978]*".

[220] ANNE-LAURE VALEMBOIS, *in* "La constitutionnalisation de l'exigence de sécurité juridique en droit français", L.G.D.J., 2005, pp. 201 e ss. para quem "*Stabilité et prévisibilité sont en effet les deux exigences qu'implique la sécurité juridique dans sa dimension temporelle.*".

[221] ANDREAS VON ARNAULD, «Rechtssicherheit: perspektivische Annäherungen na eine "idée directrice" des Rechts, Tübingen, Mohr-Siebeck», 2006, pp. 104 e ss; JOHANNA HEY, «Steuerplanungssicherheit als Rechsproblem, Köln, Otto Schmidt», 2002, pp. 110-111, ambos *apud* KAROLINE MARCHIORI DE ASSIS, em «Segurança jurídica dos Benefícios Fiscais», São Paulo, 2013 p. 48.

[222] KLAUS VOGEL, *Rechtssicherheit un Rückwirkung zwischen Vernunftrecht und Verfassungsrecht*, Juristenzeitung, Tübingen, n.° 18, 1988, p. 833 *apud idem*.

Por referência ao ordenamento jurídico francês Pierre Beltrame confirma o entendimento ensaiado acerca da bipartição do princípio da segurança jurídica.[223] Assim, a *sécurité juridique* teria um carácter objectivo e a *confiance légitime* deveria ser encarada sob o prisma dos interesses particulares, *dans une optique de droits subjectifs*.[224] De acordo com este autor, resultaria da garantia objectiva a exigência de que a lei fosse suficientemente acessível, impondo-se a clareza do enunciado normativo como forma de tornar perceptíveis as consequências derivadas de um acto determinado. Em contraste, a dimensão subjectiva visaria "*protéger la confiance que les destinataires de règles ou décisions de l'Etat sont normalement en droit d'avoir dans la stabilité du moins pour un certain temps, des situations établies sur la base de ces règles ou décisions*".[225] A respeito desta bipartição, já referia Thomas Piazzon que a tónica da diferença entre a dimensão objectiva e subjectiva da segurança jurídica residia no facto de "[s]*ous son angle subjectif, la sécurité juridique concerne la situation individuelle des individus. Peu importent ici certaines perturbations du droit objectivement nuisibles à la Sécurité. En effet, on s'intéresse maintenant à la situation personnelle des sujets de droit: tandis que la Sécurité juridique objective a un aspect abstrait, la sécurité juridique subjective est celle qui est concrètement vécue par les sujets de droit*".[226]

Tendo sido sucintamente distrinçadas as duas dimensões constitutivas do princípio da segurança jurídica por referência aos ordenamentos

[223] Este princípio não figura no Direito Administrativo francês, nem na *Constitution de 1958* e alguns autores vão ao ponto de qualificar este conceito como "produto de importação sob controlo aduaneiro" ou ainda como "clandestino". Este cepticismo em relação à eficácia vinculativa da segurança jurídica reflecte-se nas tomadas de posição do juiz, quer constitucional, quer administrativo. Assim, o *Conseil Constitutionnel* praticamente nunca emprega a expressão "segurança jurídica", que não faz parte do *corpus* constitucional, embora a protecção da segurança, conceito mais lato que inclui o de segurança jurídica, figure no art. 2.º da Declaração dos Direitos do Homem de 1789. Voltaremos à análise do sistema jurídico francês designadamente à positivação no direito processual das preocupações com segurança jurídica e uniformização aquando do Capítulo III.

[224] Pierre Beltrame, *in* "Principe de Securite Juridique et Manifestations de la Confiance Legitime en Droit Fiscal Français: vers la reconnaissance des droits subjectifs des contribuables", Segurança e confiança legítima do contribuinte (coord. Manuel Pires e Rita Calçada Pires), Ed. Universidade Lusíada, 2013, pp. 139 e ss.

[225] Michel Fromont, *in* "Le principe de sécurité juridique", A.J.D.A., 1996, pp. 178 e ss.

[226] Thomas Piazzon, *in* La sécurité juridique", LGDJ, 2009, p. 84.

jurídicos alemão e francês, cumpre agora atentar ao ordenamento jurídico nacional.

Recentemente, o TC português afirmou a actualidade desta dicotomia clássica no âmbito de um processo de fiscalização abstracta sucessiva da constitucionalidade.[227] Em causa estava a constitucionalidade "da aplicação de um regime menos favorável aos funcionários que, reunidos os respetivos pressupostos, requereram a aposentação na vigência de lei antiga, mas cujo direito a aposentarem-se foi reconhecido já na vigência de lei nova".

Pretendendo oferecer um veredicto quanto à constitucionalidade da norma em juízo, o TC retomou a distinção entre as duas vertentes da segurança jurídica com vista a discernir a dimensão violada do princípio. Assim, defendeu o juiz relator do acórdão, Gonçalo de Almeida Ribeiro que estaria em causa uma ofensa à vertente prospectiva da segurança jurídica. Esta vertente, dita prospectiva, vincularia o Estado de Direito "a criar as condições possíveis e indispensáveis para que estes [os cidadãos] possam planear as suas vidas e realizar investimentos em segurança — ou seja, o seu comportamento, sobretudo nas vestes de legislador, deve reduzir a complexidade da vida social e estabilizar as expectativas dos destinatários da ordem jurídica.".

A "vertente prospectiva" da segurança jurídica [dimensão objectiva] imporia a "previsibilidade do comportamento do poder público e determinabilidade das consequências jurídicas das decisões dos seus destinatários". Já a "vertente retrospectiva" da segurança jurídica [dimensão subjectiva] projectaria um dever cometido aos poderes públicos de garantir que a confiança depositada pelos cidadãos, "aquela que resulta objetivamente do comportamento legislativo, o mesmo é dizer, as expectativas que os destinatários da lei podem formar tendo em conta o conjunto dos dados legais", não fosse frustrada. Esta última dimensão associar-se-ia ao princípio da protecção da confiança, enquanto "lado subjectivo da garantia mais geral de segurança jurídica inerente ao Estado de Direito".[228]

[227] Neste sentido veja-se o acórdão do TC n.º 134/2019, de 27 de Fevereiro, proc. n.º 716/18, no qual se discutiu a constitucionalidade da norma do segmento do art. 43.º, n.º 1, do Estatuto de Aposentação na redacção conferida pela Lei n.º 66-B/2012, de 31 de Dezembro.

[228] Jorge Reis Novais, *in* "Princípios Estruturantes de Estado de Direito", 2019, pp. 150.

Continua a identificar-se nos dias de hoje uma *dimensão objectiva* de segurança jurídica que visará assegurar a calculabilidade ou previsibilidade dos efeitos jurídicos dos actos normativos. Embora noutro plano, continua também a entender-se que a segurança jurídica tem uma *dimensão subjectiva*, comummente designada por protecção da confiança, e que se destinará a proteger a estabilidade das situações jurídicas dos particulares.[229]

De uma maneira geral, o conteúdo próprio de cada uma destas dimensões enformadoras do princípio da segurança jurídica é preenchido através da recondução às suas principais projecções. Associam-se tipicamente à dimensão objectiva de segurança jurídica as exigências de clareza, determinabilidade, transparência e coerência dos actos dos poderes públicos. Já no que concerne à protecção da confiança, na esteira de CASTANHEIRA NEVES, é em grande medida razão de ser dos princípios que se impõem na resolução do problema da aplicação das leis no tempo, assim se ligando às garantias da proibição da retroactividade da lei, da tendencial irrevogabilidade do acto administrativo e da indisponibilidade do caso julgado.

Na óptica do constitucionalismo português, GOMES CANOTILHO entende que a *dimensão objectiva* do princípio – dita de segurança jurídica – estaria ligada a elementos objectivos da ordem jurídica, deste modo, as suas principais dimensões consistiriam na garantia de estabilidade jurídica, segurança de orientação e realização do Direito. Entende o autor, embora não precisando a dimensão em análise, que a segurança jurídica postularia a existência do sub-princípio da determinabilidade, assim, "nesta perspectiva se fala de princípios jurídicos de normação jurídica concretizadores das exigências de determinabilidade, clareza e fiabilidade da ordem jurídica e, consequentemente, da segurança jurídica e do Estado de direito".[230]

JORGE MIRANDA não delimita aprofundadamente o espaço dentro do qual se move a *dimensão objectiva* da segurança jurídica. Embora teça uma

[229] É neste sentido que se refere que *"la confianza legítima es la seguridad jurídica vista del lado del particular"*, PEDRO COVIELLO, *in* "La protección de la confianza del administrado: derecho argentino y derecho comparado", Abeledo-Perrot, 2004, p. 392.

[230] GOMES CANOTILHO (2003), pp. 257-258.

série de considerações acerca do plano subjectivo da segurança jurídica (a protecção da confiança), aquele não aborda directamente as consequências emanadas da dimensão objectiva, realçando apenas que "só em Estado de Direito (...) os cidadãos obtêm a segurança da previsibilidade do seu futuro. E previsibilidade que exige, em simultâneo, publicidade, certeza, compreensibilidade, razoabildiaade, estabilidade".[231]

Jorge Bacelar Gouveia considera que as principais exigências da dimensão objectiva de segurança jurídica concretizar-se-iam na publicidade dos actos emanados pelo poder público, cumprindo-se deste modo "a necessidade de publicitação das decisões jurídico-públicas, não podendo haver decisões surpresa", e na clareza e determinabilidade das fontes do Direito, "assim se tornando mais objectivo o sentido das fontes do Ordenamento Jurídico".[232]

Entende por sua vez Jorge Reis Novais que a dimensão objectiva de segurança jurídica apresentaria as seguintes principais manifestações: as garantias da democracia participativa na feitura da lei, designadamente, a "transparência e publicidade do processo de elaboração de leis", a compreensibilidade do acto normativo, garantida pela "clareza das normas jurídicas e sua suficiente determinabilidade" e, ainda, a "autolimitação e autovinculação do Estado relativamente às normas vigentes".[233]

Pode assim concluir-se com base na doutrina constitucionalista que, no tocante à *dimensão objectiva*, não existe um consenso do ponto de vista da delimitação dos conceitos de calculabilidade e de estabilidade e, bem assim, relativamente à forma como as manifestações do princípio da segurança jurídica são enquadradas em exclusivo, na dimensão objectiva ou dimensão subjectiva do referido princípio. Não obstante, a tónica das exigências supostas pela *dimensão objectiva* residirá na capacidade de o indivíduo poder prever e/ou calcular os efeitos jurídicos do acto normativo.[234] Este desiderato só estaria assegurado na medida em que se

[231] Jorge Miranda (2015), p. 366.

[232] Jorge Bacelar Gouveia (2016), p. 808.

[233] Jorge Reis Novais (2019) p. 151.

[234] Neste sentido afirmava Heirich Henkel que *"(...) la idea de la seguridad jurídica exige certidumbre jurídica, entendida ésta como claridad y univoquicidad y, en consecuencia, cognoscibilidad libre de dudas de contenido jurídico. Considerado desde el sujeto sometido al Derecho, se puede llamar a la cer-*

garantisse a autovinculação do legislador às normas jurídicas vigentes e a determinabilidade do enunciado normativo da lei.

Em sentido idêntico, JORGE REIS NOVAIS considera que "[n]a sua dimensão objectiva, o princípio da segurança jurídica vale para todas as áreas da actuação estatal, desdobrando-se por exigências especialmente dirigidas à Administração (veja-se a relevância do chamado *caso decidido*), ao poder judicial (a estabilidade assegurada ao *caso julgado* ou a importância dos acórdãos de uniformização de jurisprudência), mas também ao legislador democrático".[235] Porém, embora seja irrefutável que a maioria da doutrina constitucionalista portuguesa reconheça consequências derivadas da vertente objectiva de segurança jurídica noutros planos de actuação estatal, existe uma tendência na doutrina nacional em privilegiar a alocação destas exigências à esfera do legislador, ou seja, à esfera da *criação do Direito*. De resto, trata-se de uma tendência confirmada por este autor ao concluir que "[é] sobretudo relativamente ao legislador – até porque relativamente ao caso julgado ou ao caso decidido constitutivo de direitos é possível verter em regras jurídicas suficientemente precisas a garantia institucional da segurança – que o princípio desenvolve efeitos potencialmente mais controversos e difíceis de determinar".[236]

Num plano discutivelmente autónomo,[237] a *dimensão subjectiva* do princípio da segurança jurídica surge aliada à noção de protecção da confiança.[238] Agora numa óptica eminentemente subjectivista, a segurança jurídica encontrar-se-ia assim vocacionada a tutelar a estabilidade das

tidumbre de contenido del Derecho 'seguridad de orientación'", HEIRICH HENKEL, *in* "Introducción a la filosofia del derecho: fundamentos del derecho", trad. ENRIQUE GIMBERNAT, Taurus, 1968, p. 545.

[235] JORGE REIS NOVAIS (2019), p. 150. Neste mesmo sentido veja-se, por exemplo, o acórdão do TC n.º 188/2009, de 22 de Abril, proc. n.º 505/08.

[236] JORGE REIS NOVAIS (2014), p. 173.

[237] Alguns autores sustentam que as dimensões de segurança jurídica não são autonomizáveis e se sobrepõem. Assim, "*Le principe de protection de la confiance légitime est l'une des facettes de la sécurité juridique qui est elle-même une composante de l'État de Droit*", FABRICE MELLERAY, *in* "*La revanche d'Emmanuel Lévy? L'introduction du principe de protection de la confiance légitime en droit public français*", *in* Droit et societé, n.º 56-57, 2004/1, p. 147.

[238] Na jurisprudência do TC é frequente a recondução da protecção da confiança à dimensão subjectiva do princípio da segurança jurídica. Nesse sentido veja-se o ac. n.º 260/2015, de 5 de Maio, proc. n.º 119/14.

situações jurídicas dos particulares, tratando-se de uma dimensão intimamente conexionada "com o problema da aplicação prospectiva ou retroactiva daqueles actos jurídico-públicos".[239]

Retomando a sequência expositiva através dos autores citados, entende Gomes Canotilho que a expressão "protecção da confiança" é cunhada à dimensão subjectiva do princípio da segurança jurídica. A "protecção da confiança prende-se mais com as componentes subjectivas da segurança, designadamente a calculabilidade e previsibilidade dos efeitos jurídicos dos actos dos poderes públicos".[240] De acordo com o autor, as principais manifestações associadas ao princípio da protecção da confiança concretizar-se-iam, embora em planos distintos, na irretroactividade da lei, na força do caso decidido constitutivo dos actos administrativos (vulgo tendencial irrevogabilidade dos actos administrativos) e na indisponibilidade do caso julgado.

Jorge Miranda considera que "olhada no plano subjectivo, a segurança jurídica reconduz-se a *protecção da confiança*". De acordo com esta perspectiva, desta dimensão de segurança jurídica resultaria a garantia para os cidadãos de que podem depositar confiança "nos atos do poder público que contendam com as suas esferas jurídicas".[241] Em consonância, a garantia subjectiva de segurança jurídica postularia no tocante às suas consequências, "a durabilidade razoável das normas que se repercutam em situações jurídicas subjectivas", enquanto garantia dos actos e dos efeitos produzidos em esferas individualizáveis.

Jorge Bacelar Gouveia entende que a dimensão subjectiva da segurança jurídica, dita de protecção da confiança, se associa às questões de prospectividade e retroactividade dos actos do poder público. Deste modo, o desígnio da dimensão subjectiva da segurança jurídica consistiria em assegurar uma estabilidade entre, por um lado, o poder público, designadamente, o legislador, a administração e o juiz, e os cidadãos des-

[239] Pierre Beltrame (2013), pp. 150 e ss.

[240] José Gomes Canotilho (2003), p. 257. Em idêntico sentido na jurisprudência veja-se, a título de exemplo, o acórdão do TC n.º 862/2013, de 19 de Dezembro de 2013, proc. n.º 1260/13.

[241] Jorge Miranda, *in* "Curso de Direito Constitucional", Vol. 1, Universidade Católica Editora, 2016, pp. 304-305.

tinatários dos respectivos actos. Assim requerer-se-ia da tutela derivada da protecção da confiança que "o quadro vigente não mude de modo a frustrar as expectativas geradas nos cidadãos acerca da sua continuidade, com a proibição de uma intolerável retroactividade das leis, assim como a necessidade da sua alteração em conformidade com as expectativas que sejam constitucionalmente tuteladas".[242]

Já JORGE REIS NOVAIS afirma que, contrariamente à garantia objectiva, a dimensão subjectiva defronta-se com maiores problemas de compatibilização visto que nesse plano entrecruzam-se outras exigências derivadas de princípios conflituantes de igual peso. Considera o autor que no domínio da garantia subjectiva da segurança jurídica se verificam "exigências de sentido oposto e com peso igualmente relevante em Estado de Direito, na medida em que, em geral, às expectativas de continuidade, estabilidade e segurança jurídica se opõem exigências de sentido contrário ou divergente, genericamente derivadas da ideia de natural revisibilidade das leis e da ampla margem de conformação que nesse domínio deve ser simultaneamente reconhecida ao legislador democrático em Estado de Direito".[243]

Se se tentar fazer coincidir as realidades *objectiva* e *subjectiva* da segurança jurídica aos planos da *criação do Direito* e da *aplicação do Direito* a verdade é que as conclusões não deixam de ser bastante interessantes.

Constata-se que a dimensão objectiva do princípio da segurança jurídica é tendencialmente relegada ao nosso plano de *criação do Direito*. O legislador é que estaria vinculado, no exercício do poder legislativo, à observância de garantias que promovam a previsibilidade e calculabilidade das consequências jurídicas dos actos por si emanados. Este entendimento parece ser confirmado por GOMES CANOTILHO, associando a dimensão objectiva de segurança jurídica a uma eficácia *ex ante* da segurança jurídica, tratando-se assim da eficácia da segurança jurídica acautelada num plano embrionário, num plano de *criação do Direito*. As exigências postuladas pela dimensão objectiva de segurança jurídica não são transpostas para outros planos de actuação dos poderes públicos, já que, o modo como esta dimensão foi tradicionalmente concebida, contenta-se

[242] JORGE BACELAR GOUVEIA (2016), p. 808.

[243] JORGE REIS NOVAIS, (2019) p. 152.

em asseverar o grau de clareza e/ou determinabilidade que um acto normativo comporta, *rectius*, a lei enquanto instrumento normativo privilegiado, à disposição do Estado, para ordenar a conduta dos cidadãos. Ora, ainda que o contexto histórico em que foi acolhido e enquadrado este princípio explique que as exigências ancoradas na dimensão objectiva da segurança jurídica se reflictam na esfera do legislador, importará realocar as exigências de segurança em termos mais abrangentes do que aqueles que foram classicamente concebidos.

A dicotomia estabelecida para o princípio da segurança jurídica preserva na actualidade os seus méritos e isso é inegável. Porém, esta afirmação não pode ser absoluta e não terá seguramente a mesma validade para todos os ramos de Direito. A realidade do século XXI não se compagina com a estrita recondução da dimensão objectiva e subjectiva a momentos de legislar e a momentos de aplicar o Direito legislado distintos e aceites como completamente estanques, alocando a tutela objectiva da segurança jurídica a um plano de *criação do Direito* e reconhecendo a omnipresença da protecção da confiança nos dois planos da *criação* e da *aplicação do Direito*. A capacidade de prevenir os riscos derivados da actuação estatal que ferem a segurança jurídica é manifestamente limitada, considerando a visão clássica sobre o enquadramento da vertente objectiva de segurança na fase da *aplicação do Direito* o que pode ser preocupante em determinados ramos de Direito, como o Tributário, onde a concretização legislativa é, conforme se viu, fortemente suportada pela actuação administrativa e, a final, pela judicial.

Como se viu, em domínios tradicionalmente reconduzíveis a um plano de *aplicação do Direito*, assiste-se a um maior reconhecimento de uma margem de concretização normativa. A circunstância da lei, em sentido formal, ser cada vez mais vaga e indeterminada e desta ser uma característica certamente mais presente nuns ramos do Direito do que noutros, mas incontornável, culmina na relegação da sua concretização a outros actores do Estado que, tradicionalmente, se encontrariam arredados do poder legislativo.

Assim a pergunta que se coloca consistirá em saber se as exigências da dimensão objectiva de segurança jurídica não serão transponíveis para a esfera da AT e, *maxime*, para a esfera do juiz?

A resposta terá forçosamente de ser afirmativa. Com efeito, a confiança dos destinatários do Direito fica fragilizada por uma técnica legislativa caracterizada por conceitos indeterminados e vagos, mas tal não poderá significar que fique preterida.[244]

Se hoje se reconhece que cada vez mais os cidadãos conformam a sua conduta de acordo com instrumentos de *soft-law* emitidos pela AT e, principalmente, de acordo com decisões judiciais proferidas pelos tribunais, designadamente, as decisões proferidas pelos tribunais de última instância, então as exigências de previsibilidade e calculabilidade deverão ser transponíveis precisamente para esses actores do Estado.

Mas se esta transposição é necessária para que os cidadãos consigam conformar devidamente as suas condutas, o mesmo se diga a respeito da necessidade de conformação das suas posições jurídicas pela AT. Quer isto dizer que, para a AT, também assume especial relevância a concretização normativa que seja feita pelos tribunais, uma vez que esta será essencial para a determinação do Direito aplicável ao caso concreto. Neste sentido, a estabilidade e previsibilidade das decisões judiciais será fundamental para que a AT afira a legalidade dos actos tributários por si praticados, porquanto conformes ao Direito aplicável. Isto em prol da estabilidade e previsibilidade da actuação administrativa que, em última linha, reforçará a segurança jurídica para os contribuintes. A AT também é, como temos vindo a afirmar, destinatária do princípio da segurança jurídica.

[244] Sem prejuízo se estar num plano mais constitucionalista que tributário, recorremos aqui a Freitas da Rocha, *in* "Protecção da confiança, procedimento e processo tributários", Segurança e confiança legítima do contribuinte (coord. Manuel Pires e Rita Calçada Pires), Ed. Universidade Lusíada, 2013, p. 367. Pela clareza com que trata esta ideia ao afirmar que não há dúvida que do princípio do Estado de Direito, na sua vertente de segurança jurídica e da protecção da confiança, resulta a exigência para o legislador de primar pela clareza na sua tarefa de redacção de enunciados normativos. Contudo, a complexidade dos dias de hoje faz com que regularmente o legislador utilize conceitos abertos e indeterminados tendo em vista a segurança jurídica (da própria norma). De facto, quanto mais aberta e abrangente for a redacção da norma, menor probabilidade existirá de se dar o facto de alguma realidade ficar fora o escopo da norma. Claro está, que a vantagem que se adquire em termos de abranger um maior número de contribuintes e de maior justiça material, perde-se, depois, em termos de legalidade e tipicidade tributária (gerando-se, paradoxalmente, incerteza e insegurança).

O reconhecimento dos momentos em que o princípio da segurança jurídica é actualmente posto em causa obsta a uma imputação, mais ou menos tendencial, das exigências da dimensão objectiva de segurança jurídica a um plano exclusivamente legislativo. É que, como foi oportunamente referido, a vertente objectiva é tipicamente delimitada através da sua recondução às principais consequências que se projectam nos actores estatais. Esta *vertente objectiva* da segurança jurídica que postularia na visão clássica exigências de transparência e publicidade traduzidas no respeito pelo processo de elaboração dos actos normativos; preocupações de clareza e determinabilidade, garantidas pela suficiente densificação do sentido dos actos normativos, e, finalmente, a estabilidade do próprio ordenamento jurídico; foram pensadas para a visão clássica da tripartição de poderes legislativo, executivo e judicial.

O denominador comum do conjunto destas consequências consiste na referência ao acto normativo, paradigmaticamente, a Lei e/ou Decreto-Lei. O mesmo é dizer que esta *dimensão objectiva* da segurança jurídica estaria, na sua visão clássica, reservada ao momento da *criação do Direito*. No entanto, embora se reconheça que esta constitui a visão tradicional das exigências da dimensão objectiva, a actualidade comprova, nuns casos mais do que noutros mas, inegavelmente no Direito Fiscal, a existência de uma considerável margem de concretização normativa atribuída ao aplicador do Direito, seja ele a AT ou o juiz. Este facto ditará que a estes, nas suas vestes de concretizadores de normas cada vez mais gerais e abstractas sejam aplicados os mesmos espartilhos de segurança jurídica (objectiva) que seriam aplicáveis ao legislador.

Do que ficou dito poderá concluir-se que a dicotomia de *objectividade* e *subjectividade*, enquanto diferentes planos da segurança jurídica, pode ser sobreposta aos diferentes estágios de actuação estatal. E já podia na visão clássica. A verdade é que sempre se dirá que se o recorte material que tradicionalmente é apontado para a vertente subjectiva tem implicações, quer na fase da *criação do Direito*, quer na fase da *aplicação do Direito*, o mesmo não se verifica com a vertente objectiva da segurança jurídica.

Ora, assim sendo, em consonância com o entendimento clássico das dimensões da segurança jurídica parece que ao legislador deverão estar reservadas preocupações de respeito para com o princípio da segurança jurídica na sua vertente de previsibilidade e calculabilidade de efeitos jurídicos (segurança jurídica na *vertente objectiva*) e, bem assim, na protecção da confiança ou de segurança jurídica na óptica subjectiva. Já o aplicador do Direito teria que ter preocupações apenas pelo respeito da segurança jurídica na sua dimensão subjectiva, ou seja, na sua vertente de protecção da confiança.

Mas isto é assim, e só assim pode ser, quando a compartimentação é estanque entre a operação de criação do Direito e a operação de aplicação. Foi para estes casos, e a pensar nestes casos, que os constitucionalistas asseveravam a não vocação de imposições de segurança jurídica, em sentido objectivo, à tarefa de *aplicação do Direito* além das que se deixaram ditas.

Como se viu no PONTO 2. do CAPÍTULO I, em ramos do Direito como o Tributário, onde, por razões de capacidade contributiva e de segurança jurídica, a tarefa de *criação do Direito* é partilhada entre o legislador clássico e o aplicador – AT e tribunais – então terá forçosamente que haver uma transferência para estes actores das mesmas limitações a que o legislador estaria adstrito sob pena de perigar, precisamente, o cumprimento das exigências de segurança jurídica. Na actual técnica da *concepção do Direito*, a capacidade de os cidadãos conformarem as suas condutas de acordo com o comando vertido num determinado acto normativo depende agora, em larga medida, do labor cometido quer à AT, quer em última instância, aos tribunais na concretização da lei.

Assim sendo, estamos em condições para começar a adiantar o que se irá afirmar no fim deste CAPÍTULO II: Só através da estabilidade da concretização normativa manifestada por uma efectiva uniformização e coerência da jurisprudência, se assegurarão as características essenciais de previsibilidade e de calculabilidade, impostas pela garantia objectiva do princípio da segurança jurídica.[245]

E, embora este entendimento não esteja isento de críticas, tanto mais consideráveis se se tiver em consideração a tradição do nosso sistema

[245] Confirmando este entendimento, veja-se JEAN PIERRE CAMBY, *in* "Sécurité juridique et insécurité jurisprudentielle", R.D.P., 2006, p. 1505. Segundo este autor, "*on ne saurait ignorer le pouvoir créateur de la jurisprudence, source de droit. Du silence des textes, comme de la possibilité de les interpréter, découle un pouvoir créateur de droit. Il s'agit bien d'appliquer des règles, et de ce fait, de dégager la solution applicable à des situations révolues, tout en affirmant la portée générale de cette solution*".

jurídico, o certo é que não configura uma novidade se se atentar precisamente a outros sistemas jurídicos como os anglo-saxónicos, ditos de sistemas de *common law*. Nestes, a concretização normativa pelos tribunais é estruturalmente reconhecida, assumindo-se a jurisprudência enquanto fonte imediata de Direito. Porque se julga relevante ao presente estudo, esse é um exercício que será realizado no próximo capítulo – examinar as principais características e *modus operandi* dos sistemas de *common law* – a fim de compreender se o princípio da segurança jurídica tem, ou não, nestes sistemas diferentes manifestações. Tudo para perceber se há conclusões que possam ser exportadas para um sistema de *civil law* como o que temos.

Em todo o caso, para que tal seja possível, será primeiro necessário continuar na visão panorâmica do princípio da segurança jurídica no ordenamento jurídico nacional, para que depois se efectue semelhante exercício a respeito do Direito da UE. E se essa visão panorâmica que implicou começar por compreender a conformação que deste princípio é efectuada no âmbito do Direito Constitucional, porquanto lhe é imputada a sua génese, implicará também, necessariamente, perceber de que modo este princípio tem sido abordado no específico contexto do Direito Tributário.

6.2. A segurança jurídica no Direito Tributário

A propósito do princípio da segurança jurídica, ainda que considerasse que este não era um princípio específico do Direito Fiscal, reconhecia também SALDANHA SANCHES que este revelava na área do Direito Fiscal uma especial intensidade, dado que também seria aqui mais acentuada a intromissão e afectação operada na esfera jurídica dos contribuintes.[246] Por esta razão, seria justificável que se exigisse "um tratamento autónomo e regras específicas para o princípio da segurança jurídica nesta

[246] A propósito deste princípio escreveu o autor que "A segurança jurídica (...) é um problema do conjunto da ordem jurídica na relação comunicativa que estabelece com os cidadãos e que permite a estes tomarem as suas decisões com possibilidade de previsão de consequências", SALDANHA SANCHES (2007), p. 169. Salientava ainda o autor que a progressiva privatização das funções que tradicionalmente eram incumbidas à AT, reforçavam a necessidade da estabilidade e da clareza das leis fiscais, SALDANHA SANCHES (1985), pp. 279-280.

área, ainda que se trate de uma mera concretização da questão mais geral da estabilidade e da continuidade da ordem jurídica".[247]

CASALTA NABAIS, por seu turno, entende que o princípio da segurança jurídica, ainda que consagre limitações que se impõem a todos os operadores jurídicos que concretamente aplicam a lei fiscal, dirige essencialmente essas limitações ao legislador. Tais limitações seriam impostas em dois sentidos de pendor inverso, a saber: "1) na edição de normas retroactivas (desfavoráveis), e 2) na livre revogabilidade e alterabilidade das leis fiscais (favoráveis)".[248]

Em idêntico sentido, refere SÉRGIO VASQUES que, apesar do princípio da segurança jurídica ser transversal "a todas as áreas da intervenção legislativa e da prática da administração, é evidente que no domínio tributário ele reveste redobrada acuidade, desde logo porque os tributos representam uma ablação coactiva do património".[249] A previsibilidade e constância da lei seriam essenciais para que os contribuintes pudessem conformar as suas condutas. Segundo o autor, esta exigência é reforçada pelas características inerentes a este ramo do Direito, em que a mutação legislativa é constante e em que a clareza das normas é estritamente essencial dada a progressiva privatização das funções de liquidação e cobrança dos tributos que antigamente recaíam e se encontravam reservadas à esfera da AT.[250]

[247] SALDANHA SANCHES (2007) p. 170.

[248] CASALTA NABAIS (2019), pp. 149-150.

[249] SÉRGIO VASQUES (2018), pp. 289 e ss.

[250] A seu título salienta FREITAS DA ROCHA em "Direito pós-moderno, patologias normativas e protecção da confiança" *in* Revista da Faculdade de Direito da Universidade do Porto, Ano VII, 2010 (especial), pp. 383 e ss, que o sistema tributário deve ser conformado de modo a outorgar aos contribuintes um "esquema de previsibilidade minimamente plausível", isto é, deve-lhes permitir planear e conformar as suas condutas atendendo aos efeitos jurídicos que sobre as mesmas possam versar. Sem descurar outros valores fundamentais que devam nortear o sistema, tais como exigências de justiça fiscal, acaba por considerar que vectores como a estabilidade, a segurança e a confiabilidade se revelam fundamentais. Acaba assim por concluir que o princípio da protecção da confiança vincula quer a AT, quer os tribunais, salientando que o mesmo se revela quer no direito substantivo, quer na temática tradicional da proibição da retroactividade, quer em exigências vertidas no direito adjectivo, seja ele procedimental ou processual.

Por seu turno, ANA PAULA DOURADO associa ao princípio da segurança jurídica duas vertentes que "permitem tutelar a previsibilidade das consequências jurídicas das acções dos destinatários das normas". Por um lado, uma vertente positiva identificada com o princípio da protecção da confiança ínsito ao Estado de Direito Democrático. Por outro, uma vertente negativa que se reconduz ao princípio da proibição da retroactividade fiscal, expressamente consagrado no art. 103.º, n.º 3 da CRP.[251]

De um lado, associada essencialmente à *dimensão subjectiva* da segurança jurídica estão as preocupações derivadas do princípio da protecção da confiança, concretizadas entre outras através da proibição da retroactividade da lei fiscal. Do outro, verifica-se uma associação da *dimensão objectiva* da segurança jurídica às exigências de estabilidade normativa e coerência sistemática acima referidas. Se assim é, caberá então analisar individualmente cada um destes vectores, na tentativa de perceber de que modo se manifestam no Direito Fiscal.

Neste ponto, pretende-se perceber de que modo a doutrina e a jurisprudência, *maxime* a do TC, têm tratado o tema da segurança jurídica no Direito Fiscal, tudo para compreender que o tratamento que tradicionalmente é dado pela doutrina não basta para acautelar o actual papel que é esperado do aplicador do Direito. Desta feita, serão de seguida estudadas as implicações tradicionalmente propugnadas quanto à *estabilidade normativa* e à *coerência sistemática*, por um lado, e quanto à *protecção da confiança ou proibição da retroactividade fiscal*, por outro.

6.2.1. A estabilidade normativa e a coerência sistemática

Se a preocupação com a temática da retroactividade da lei fiscal é intuitiva, a preocupação com a *estabilidade normativa* e, consequentemente, com a *coerência sistemática* também não levanta, neste momento do nosso estudo, dificuldades de maior.

Não é estranho a ninguém que o velho brocardo *lex tributaria semper reformanda* mantenha hoje inteira validade. Se à constante mutação da lei

[251] ANA PAULA DOURADO, *in* "Direito Fiscal – Lições", 2019, p. 192-193. A definição da segurança jurídica por via de uma dicotomia positiva e negativa do princípio é igualmente utilizada por JOÃO FÉLIX NOGUEIRA (2013), p. 163, ainda que com uma significação diversa como se deixou dito.

fiscal se associar a complexidade do funcionamento da maioria dos tributos e a facilidade de contradição entre regras, facilmente se compreende esta preocupação da doutrina em chamar a atenção para o facto de, quer a instabilidade, quer a incoerência, poderem pôr em causa o princípio da segurança jurídica.

Olhando à *estabilidade normativa* e à *coerência sistemática* e tomando em conta as considerações que já foram anteriormente tecidas, recorda-se que o princípio da segurança jurídica revela uma especial intensidade no âmbito do Direito Fiscal dada a afectação patrimonial que este ramo do Direito provoca na esfera jurídica dos contribuintes. Por esta razão, considera-se que *"la claridad en la redacción y en la sistematización de las leys es primordial"* dado que *"es la accesibilidad de la ley que implica no sólo que los textos estén redactados con claridad y sin vaguedades, sino también que estén ordenados (...) de forma que la norma aplicable resulte lo más sencilla possible para el ciudadano"*.[252]

A estabilidade e coerência do quadro normativo são fundamentais para que os agentes económicos consigam determinar e compreender as regras que lhes estão subjacentes e, assim, conformarem as suas condutas de modo racional e segundo uma perspectiva de longo prazo. O mesmo se diga relativamente à AT, dado que aquela estabilidade e, sobretudo, a coerência do quadro normativo, serão fundamentais para que esta conforme correctamente as posições jurídicas dos particulares.

Em todo o caso, ainda que o sistema requeira uma certa estabilidade e permanência quanto à condução da política fiscal, não menos certo é que existem outras exigências que fundamentam seguramente a alteração da lei.[253]

[252] Rosa Galapero Flores (2019), *p. 224*. É também neste sentido que dispõe o relatório do *Conseil d'État* ao afirmar que *"Le principe de sécurité juridique implique que les citoyens soient, sans que cela appelle de leur part des efforts insurmontables, en mesure de déterminer ce qui est permis et ce qui est défendu par le droit applicable. Pour parvenir à ce résultat, les normes édictées doivent être claires et intelligibles, et ne pas être soumises, dans le temps, à des variations trop fréquentes, ni surtout imprévisibles"*, Conseil d'État, Rapport public 2006, *La sécurité juridique et la complexité du droit*, Paris, La documentation Française, 2006, p. 281.

[253] A este respeito cumpre ter em consideração a posição sufragada na jurisprudência constante do TC. Para o efeito, atente-se no ac. n.º 134/2019, proc. n.º 716/18, no qual se reiterou que "(...) o legislador, de acordo com opções de política legislativa tomadas dentro de uma

Conforme salienta GOMES CANOTILHO, "[u]ma absoluta proibição de retroactividade de normas jurídicas impediria as instâncias legiferantes de realizar novas exigências de justiça e de concretizar as ideias de ordenação social positivamente plasmadas na Constituição" o que seria, sem dúvida, uma proibição altamente contraproducente.[254]

MARIA LÚCIA AMARAL afirma a este propósito que "faz parte também da natureza do direito legislado que as leis sejam auto-revisíveis", isto porque, não seria viável a previsão de um direito subjectivo dos particulares, em termos absolutos, "à inalterabilidade do quadro jurídico que conforma a sua vida".[255] A este respeito, basta pensar na necessidade de garantir a conformação e adaptabilidade do sistema a novas realidades como, por exemplo, a mecanismos de arrecadação de receita ou à necessidade de garantir a prossecução de outros comandos constitucionais, tais como a justiça material. Por conseguinte, se é certo que a constante mutabilidade do sistema seja indesejável, a sua imutabilidade também não poderá consistir num valor absoluto.[256]

É por isto que se deixou dito que, paradoxalmente, é também por razões de segurança jurídica que se tem vindo a adoptar a actual concepção legislativa mas, ao mesmo tempo, esta actual forma de fazer leis fiscais gera problemas exactamente no campo da segurança jurídica.

A este respeito, salientava já SALDANHA SANCHES que uma "maior estabilidade e um máximo de segurança jurídica conduzem a uma lei menos capaz de se adaptar a situações novas e menos aptas para a prossecução de objectivos conjunturais, ao passo que uma lei mais flexível e

ampla zona de autonomia, pode proceder às alterações da lei que se lhe afigurarem mais adequadas e razoáveis, tendo presente, naturalmente, os interesses em causa e os valores ínsitos na ordem jurídica.".

[254] GOMES CANOTILHO (2003), p. 254.

[255] MARIA LÚCIA AMARAL (2012), p. 184.

[256] A este respeito salientava SALDANHA SANCHES (2007), p. 171, que "[n]ão estamos perante um imperativo de segurança "a todo o preço", que só seria plenamente alcançado pela imutabilidade da lei fiscal e a proibição da sua modificação; (...) O Direito assenta sobre tradição e renovação, e encontra-se permanentemente entre o imperativo da estabilidade e a necessidade de adaptação".

com maiores possibilidades de obtenção de um óptimo de cumprimento fiscal traduz-se em menor segurança jurídica".[257]

Em suma, pode afirmar-se que a coerência sistemática, enquanto manifestação do princípio da segurança jurídica que se satisfaz com a estabilidade do ordenamento, por um lado, e a mutabilidade da lei fiscal, por outro, são realidades em permanente tensão. Não obstante, a verdade é que a coerência sistemática surge como um valor destinado a mitigar precisamente a verificação de um cenário de constante mutabilidade legislativa.[258]

A esse respeito, seguindo de perto Casalta Nabais, deste prisma do princípio da segurança jurídica, o da coerência sistemática, decorreriam duas ordens de limites. Limites intra-sistemáticos, destinados a acautelar a coerência de cada tributo individualmente considerado, bem como da relação que se estabelece entre os vários tributos, assim garantindo a devida concatenação do sistema fiscal no seu todo. Limites extra-sistemáticos, destinados a garantir a articulação do sistema fiscal com outros ramos do Direito com os quais estabeleça interacção.[259]

Já Sérgio Vasques relaciona a coerência sistemática com a estabilidade normativa dizendo que "[o] princípio da coerência sistemática,

[257] *Idem*, p. 185.

[258] A este respeito pense-se no regime do reporte de prejuízos fiscais constante do art. 52.º do CIRC que, fruto das sucessivas alterações a que esteve sujeito, crê-se, tem vindo a colocar em causa a coerência sistemática. Para o efeito veja-se, por exemplo, que os prejuízos fiscais apurados em 2016 são reportáveis por um período de 12 anos, isto é, até ao ano fiscal de 2028 enquanto que os prejuízos fiscais apurados em 2017, com excepção das pequenas e médias empresas, serão reportáveis por um período de 5 anos, isto é, até 2022. Num hiato temporal de 10 anos o prazo de reporte de prejuízos foi alterado por 5 vezes, com variações temporais claramente díspares, o que não só contende com as expectativas jurídicas dos particulares como obsta a que estes consigam conformar as suas actividades com a devida estabilidade. E se este é o exemplo de regras que criam, pela sucessão de regimes, hipertofia legislativa e, como tal, instabilidade na própria apreensão do regime pelo aplicador do Direito, um outro exemplo que contribui também para a falta de coerência normativa será o de concretizações normativas diferentes sobre a mesma situação de facto. A este respeito recorde-se o que se deixou dito no Ponto 3.3., onde se testou a concretização normativa dos tribunais portugueses quanto à aplicação da CGAA à transformação de sociedades por quotas em socidades anónimas.

[259] Casalta Nabais (2019), pp. 164-165.

portanto, obriga o legislador a construir tributos públicos tanto quanto possível isentos de contradições materiais e que, por si mesmos e na articulação com os demais tributos, sejam capazes de produzir resultados condizentes com o princípio da igualdade tributária".[260]

Tendo em conta os ditames ou dimensões que a doutrina associa à coerência sistemática poder-se-á afirmar que o seu acatamento por parte do legislador permitirá de facto obstar a um cenário de constante mutabilidade legislativa.

Não há, portanto, grandes receios em afirmar que ao ser acautelada, a coerência sistemática melhor garante e efectiva a estabilidade e cognoscibilidade do próprio sistema e das normas que o compõem, isto é, melhor garante o princípio da segurança jurídica considerado na sua *dimensão objectiva*.

E para este ideal deverá contribuir, também, a jurisprudência, mormente, a jurisprudência que seja reveladora e concretizadora das normas não densificadas propositadamente pelo legislador. Se assim for, não há também grandes dúvidas em referir que, ainda que a coerência sistemática esteja direccionada para o âmbito da *concepção do Direito* e da salvaguarda do Direito objectivo, nem por isso deixa de ter reflexos no plano da aplicação do Direito. Isto na medida em que a coexistência de diferentes interpretações, por parte dos aplicadores do Direito, relativamente a uma lei que se apresenta frequentemente compreendida por conceitos vagos no domínio tributário é, ao que se crê, manifestação da falta de coerência do sistema fiscal como um todo, contribuindo portanto para a prolixidade do sistema ao invés da sua simplificação.

Na verdade, a instabilidade da aplicação do Direito Tributário é muitas vezes descrita como mais prejudicial à compreensão do sistema do que a própria complexidade deste ramo do Direito.

Porque esclarecedor veja-se o que diz EMMANUELLE CORTOT-BOUCHER quando a este propósito afirma que "*the instability of tax law is often depicted as very detrimental, even more so than its complexity*".[261]

[260] SÉRGIO VASQUES (2018), p. 360.

[261] EMMANUELLE CORTOT-BOUCHER (2019), p. 393. Relacionada com esta temática surge a questão que posiciona a simplicidade dos sistemas fiscais como um factor de competitividade internacional. Veja-se o que se deixou dito a este propósito no PONTO 2.5. quando se

E isto é assim porque a constante mutação legislativa frustra as expectativas dos contribuintes e torna instável a *aplicação do Direito*, mas também será assim quando o aplicador do Direito, em última instância, os tribunais, apliquem Direito de forma incoerente. Aqui o que se vê é que, sem prejuízo de outros valores que possam estar em jogo, o mandado de optimização da coerência sistemática enquanto vertente do princípio da segurança jurídica impõe ao aplicador do Direito que procure obstar à instabilidade jurisprudencial.

Ora, tendo uma vez mais em conta o peculiar papel que o aplicador do Direito assume no âmbito do Direito Tributário, percebe-se a necessidade de garantir que a concretização normativa seja estável e coerente entre si. Só assim se garantirá que o sistema seja cognoscível e acessível para os contribuintes quando procurarem conformar as suas decisões e planos de vida em função da concretização das normas que é efectuada em última medida pelo aplicador, isto é, pelos tribunais. Isto significa, portanto, que a existência de uma verdadeira harmonização ao nível da legislação só se demonstrará proveitosa se existir a correspondente harmonização ao nível da interpretação que lhe possa ser feita. Só assim se assegurará o cumprimento dos ditames de segurança jurídica. De resto, esta é uma das razões pela qual se exige, nos termos do art. 8.º, n.º 3 do CC que "[n]as decisões que proferir, o julgador terá em consideração todos os casos que mereçam tratamento análogo, a fim de obter uma interpretação e aplicação uniformes do direito.".

Em resumo, o que nos ensina esta refracção da segurança jurídica a que a doutrina fiscalista se refere, é que um sistema pouco estável e com incongruências sistemáticas será um sistema pouco perceptível ao destinatário e tornará a tarefa do aplicador do Direito, no limite dos tribunais, bastante difícil e potenciadora de aplicações, elas próprias, incoerentes e contraditórias entre si, em claro prejuízo para os particulares.

trataram as preocupações que a actual concepção legislativa em Direito Fiscal levanta numa óptica internacional e onde entre outros se citou César García Novoa (2019), em p. 53, quando defende que "*un ordenamento seguro es además un ordenamento competitivo, atractivo para la invérsion exterior y amistoso para los negócios*". Assim, julga-se ter deixado claro que o grau de eficiência e, conseguintemente, de atractividade de um sistema fiscal é medido também pelo nível de segurança jurídica que oferece aos seus investidores internacionais.

Mas ensina-nos mais: ensina-nos ainda que a coerência sistemática se obtém também pela coerência das decisões dos aplicadores do Direito que sejam, também elas, concretizadoras de normas.

Assim, caso se queira fazer uma correspondência da dicotomia constitucional clássica de segurança jurídica, em *sentido objectivo* e em *sentido subjectivo*, com esta perspectiva da coerência sistemática associada ao princípio da segurança jurídica na perspectiva do Direito Tributário pelos fiscalistas, sempre se dirá que a coerência sistemática surge intimamente relacionada com o domínio da concepção legislativa e, por conseguinte, com a *dimensão objectiva* da segurança jurídica.

Em todo o caso, não deve ser perspectivada e reconduzida a esta vertente de tal modo que se esqueçam as manifestações que provoca na *dimensão subjectiva* do princípio da segurança jurídica. A este respeito, basta contemplar que a falta de congruência ao nível da concepção legislativa tende a que a proliferem no domínio da aplicação da lei soluções divergentes em face do mesmo quadro normativo. E tal proliferação pode ser potencialmente lesiva das expectativas jurídicas dos particulares. Não obstante, a verdade é que não há grandes dúvidas que a coerência sistemática tal qual é perspectivada pela doutrina está pensada para o legislador, ou seja, está pensada para o campo da *criação do Direito* e não da *aplicação do Direito* o que perante a actual concepção legislativa em Direito Tributário é insatisfatório.

6.2.2. A retroactividade da lei fiscal

Além da coerência sistemática e da estabilidade normativa temos, ainda, a *proibição da retroactividade fiscal* como um dos temas que mais tem ocupado a doutrina fiscal.

Aqui a sua referência far-se-á com o único propósito de perceber qual tem sido o entendimento da doutrina e do TC quanto a este reflexo da segurança jurídica a fim de o poder transpor para a óptica que nos importa. E esta é a de saber se a *aplicação do Direito*, caso se venha a revelar retroactiva, também poderá pôr em causa o princípio da segurança jurídica.

São precisamente preocupações de segurança jurídica que justificam a proibição da retroactividade das leis fiscais.[262]

[262] Para maiores desenvolvimentos sobre a relação da retroactividade com segurança jurídica

Neste sentido, afirma MANUEL PIRES que "não se pode permitir a aplicação de regras inexistentes por ocasião da produção do facto gerador da tributação, portanto, só acessíveis e cognoscíveis *a posteriori*, de outro modo não se estaria perante uma norma *agendi*".[263]

A temática que envolve a retroactividade da lei fiscal e a sua admissibilidade não é nova e tem acompanhando a própria evolução da CRP de 1976.[264]

Na sua redacção originária, à semelhança do que sucede ainda hoje em muitos outros ordenamentos jurídicos, não se verificava qualquer menção à proibição de retroactividade da lei fiscal.[265] Ainda assim, mesmo

vide ANA BELÉN MACHO PÉREZ, *in* "El princípio de Irretroactividade en Derecho Tributario", 2006, p. 574, segundo a qual "*La retroactividad de las normas constituye (...) una causa importante de inseguridad jurídica en materia tributaria*". Em idêntico sentido refere SÁINZ DE BUJANDA, *in* "Hacienda y Derecho", vol. IV, Ed. Instituto de Estudios Políticos, 1996, pp. 383-384, que "[n]*o puede desconocerse, sin embargo, que la circunstancia de que los elementos constitutivos del hecho imponible – incluída su dimensión temporal – hayan comenzado a producirse antes de la entrada em vigor de la ley podrá haber influido, incluso decisivamente, en la decisión de llevarlos a efecto por las personas que los realizan, al dar por supueste que esos hechos no estaban sujetos a tributación. La obligación de satisfacer el tributo, sobrevenida com posterioridad, puede ocasionar una notable perturbación en los planes económicos de tales sujetos y llegar, incluso, a provocar uma importante fricción com el principio de la capacidad de pago*". Por seu turno refere JUHA RAITIO que "*The principle of non-retroactivy can be linked to the legitimate expectations of the citizens*", *in* "Legal Certainty, Non-Retroactivity and Periods of Limitation in EU Law" – Legisprudence, Oxford: Hart Publishing, vol. 2, n.º 1, 2008, p. 4. Quanto ao ordenamento jurídico italiano *vide* GASPARE FALSITTA, "Manuale di diritto tributário: parte generale", 6.ª ed., Cedam, 2008, pp. 97 e ss.

263 MANUEL PIRES, *in* "A segurança e confiança legítima do contribuinte do direito internacional fiscal", Segurança e confiança legítima do contribuinte (coord. MANUEL PIRES e RITA CALÇADA PIRES), Ed. Universidade Lusíada, 2013, p. 44.

264 Veja-se, por exemplo, ALBERTO XAVIER (1974), p. 191; JORGE BACELAR GOUVEIA, "A proibição da retroactividade da norma fiscal na Constituição Portuguesa" *in* Problemas fundamentais do direito tributário (org. DIOGO LEITE DE CAMPOS), Vislis Editores, 1999, p. 39 e ss; SÉRGIO VASQUES (2018), pp. 341 e ss; ANTÓNIO CARLOS DOS SANTOS, CLOTILDE CELORICO PALMA, *in* "Os Princípios da Proteção da Confiança Legítima e da Não Retroatividade das Normas Tributárias em Tempos de Crise: O Caso Português, in Revista do Instituto do Direito Brasileiro", volume 2, 2013, n.º 4, pp. 3147 e ss.

265 Há Estados onde a proibição da retroactividade não se encontra expressamente consagrada na Constituição. São exemplos a Alemanha, a França, a Espanha, a Bélgica e a Itália. Na Alemanha, a proibição de retroactividade da lei fiscal é tutelada por via da sua construção doutrinal enquanto princípio, inferido do Estado de Direito e dos Direitos fundamentais que

na ausência de uma referência normativa expressa a doutrina tendia já para a afirmação da proibição da retroactividade da lei fiscal desfavorável, ainda que por via de fundamentos distintos.[266]

Foi por via do labor jurisprudencial do TC que se delimitou o seu âmbito e alcance, materializado na apreciação da conformidade constitucional da lei retroactiva com base num critério subjectivo, ou seja, com base na concreta situação jurídica dos contribuintes em virtude do resultado da aplicação da lei. Neste sentido, entendia o TC que a criação de impostos retroactivos não seria desconforme à CRP,[267] com excepção dos casos em que se estivesse perante uma "retroactividade intolerável, que

o compõem, bem como dos princípios da segurança jurídica e protecção da confiança legítima. A este respeito veja-se Klaus Tipke e Joachim Lang, *in* "Direito Tributário", volume 1, Trad. Luiz Dória Furquim, Fabris, 2008, pp. 247 e ss.. Em França, a garantia da proibição de retroactividade é conferida por via da aplicação do regime constante do art. 2.º do Code Civil ao Direito Tributário. Neste sentido veja-se Olivier Debat, *in* "La rétroactivité et le droit fiscal", Defrénois, 2006, pp. 146 e ss. Já quanto ao ordenamento espanhol veja-se César García Novoa, *in* "Los límites a la retroactividad de la norma tributaria en el derecho español - Tratado de derecho tributario", Lima: Palestra, 2003, pp. 433 e ss. Quanto ao ordenamento jurídico belga veja-se john kirkpatrick e daniel garabedian, *in* "Examen de Jurisprudence (1991 à 2007) - Les impôts sur les revenus et les sociétes - principes généraux", R.C.J.B., Larcier, 2. º trim. 2008. pp. 251-337.Quanto ao ordenamento jurídico italiano veja-se Gaspare Falsitta (2008).

266 A divergência quanto à fundamentação do princípio da segurança jurídica ainda hoje se mantém na doutrina, ainda que exista uma certa convergência quanto à sua decorrência dos princípios constitucionais do Estado de Direito Democrático; da segurança jurídica e da protecção da confiança. Neste sentido veja-se Casalta Nabais (1998) p. 399. Não obstante, existe ainda nos dias de hoje quem fundamente essa posição de proibição, com o princípio da legalidade tribuária, Nuno Sá Gomes, *in* "Manual de Direito Fiscal", Vol. II, Rei do Livros, 2003, p. 432 ou ainda quem procure conciliar as duas posições anteriores. Neste sentido veja-se Jónatas Machado, Paulo Nogueira da Costa, *in* "Curso de Direito Tributário", Coimbra Editora, 2012, p. 71.

267 Para o efeito, relativamente a decisões do TC pelo carácter intolerável da retroactividade em virtude da inexistência de um interesse público prevalecente veja-se, por todos, o ac. n.º 410/95, proc. n.º 248/94, no qual se dispôs que "Na verdade, sendo o *benefício fiscal* concedido pelo artigo 14.º do DL n.º 737-A/74 de *carácter temporário*, pois que, valia, no máximo, durante três anos contados daquele em que se efectuou a entrada do capital, aos investidores não ocorreria que o regime legal pudesse ser modificado em termos de lhes ser retirado um tal benefício - ou, se se quiser, sem respeitar o direito que a ele haviam adquirido. E, como se não descortinam razões de interesse público que, no caso, sejam capazes de prevalecer sobre

[afectasse] de forma inadmissível e arbitrária os direitos e expectativas legitimamente fundados dos cidadãos contribuintes".[268]

Somente após a quarta revisão constitucional é que se verificou a consagração expressa da proibição de normas fiscais retroactivas que provoquem o agravamento da situação jurídica dos contribuintes.[269]

Uma primeira leitura do texto da norma constitucional poderia levar à consideração de que toda e qualquer lei fiscal retroactiva seria proibida.[270] Em todo o caso, quer a jurisprudência constante do TC, quer a doutrina tendem a considerar que esta proibição expressa não é absoluta, uma vez que nela não estariam abrangidas todas as formas ou manifestações possíveis de retroactividade da lei fiscal.[271] Por conseguinte, deixou o TC de aferir casuisticamente se as expectativas legítimas dos contribuintes tinham ou não sido violadas de modo inadmissível e arbitrário,

o valor da *segurança jurídica*, a conclusão a extrair é a de que a *confiança* de tais investidores na ordem jurídica foi violada de forma *inadmissível* e *arbitrária*".

[268] Veja-se o acórdão do TC n.º 66/84, de 3 de Julho, proc. n.º 39/84. É também neste sentido que Roberto Schiavolin aborda a temática da retroactividade quanto ao ordenamento jurídico italiano em "Sicurezza Giuridica e Retroattività, in Segurança e confiança legítima do contribuinte (coord. Manuel Pires e Rita Calçada Pires), Ed. Universidade Lusíada, 2013, p. 212.

[269] Hoje, sob a epígrafe "Sistema fiscal", dispõe o art. 103.º, n.º 3 da CRP nesse sentido. Tal como sucede no ordenamento jurídico português, existem Estados onde a proibição da retroactividade fiscal se encontra expressamente consagrada na Constituição. Casos disso são a Colômbia, a Grécia e a Rússia que a consagram nas suas constituições, respectivamente, no art. 363.º, no art. 78.º, § 2 e 3 e no art. 57.º. Por seu turno, existem Estados nos quais vigora uma proibição geral de irretroactividade da lei, aplicável portanto ao Direito Tributário. São exemplos disso, por exemplo, a Bolívia (art. 123.º da Constituição), a Noruega (art. 97.º da Constituição), o México (art. 14.º da Constituição) ou o Paraguai (art. 14.º da Constituição).

[270] Neste sentido, Eduardo Paz Ferreira, *in* Jorge Miranda e Rui Medeiros, Constituição Portuguesa Anotada, Tomo II, Coimbra Editora, 2005, p. 223.

[271] Foi a ambiguidade do preceito constitucional em questão que levou Saldanha Sanches (2007), em p. 191, a criticar a previsão expressa da proibição de leis fiscais retroactivas. Nas palavras do autor "[s]ucede que a alteração constitucional deixa ainda muita coisa por resolver. Há que definir o que se entende por lei fiscal com *natureza retroactiva*: trata-se de retroactividade forte ou retroactividade fraca, nos termos formais que referimos *supra*, ou de qualquer intensidade material da lesão da confiança? Tudo isto fica novamente remetido para a jurisprudência. Estará também abrangida a retroactividade favorável nesta proibição?".

passando a abordagem a esta temática a deter-se com a diferenciação de cada um dos "sub-tipos" de retroactividade em questão.[272]

Ainda que a doutrina e a jurisprudência não sejam uniformes quanto ao emprego dos termos e às delimitações dos vários subtipos de retroactividade, cabe efectuar uma concretização dos sub-tipos em questão.[273]

Sucintamente, pode afirmar-se que a grande dicotomia que se estabelece diferencia a *retroactividade autêntica/própria/forte* da *retroactividade inautêntica/imprópria/fraca*.[274] A primeira consistiria na aplicação de uma lei nova a factos cujos efeitos jurídicos já se verificaram integralmente antes da sua entrada em vigor, isto é, ainda ao abrigo da lei antiga, estando assim relacionada com impostos de obrigação única. Por sua vez, a retroactividade inautêntica consistiria na aplicação da lei nova a factos cujos efeitos jurídicos, ainda que se tenham iniciado ao abrigo da lei antiga, ainda estão em curso à data da entrada em vigor da lei nova, estando assim associada a impostos periódicos.[275]

Para Cardoso da Costa "[a] linha demarcadora do âmbito da retroactividade fiscal constitucionalmente admissível passará, desde logo, pela distinção entre situações tributárias «permanentes» e «periódicas» e «factos» cuja eficácia fiscal se esgota ou se firma «instantaneamente», para cada um deles «de per si» (maxime, pela distinção entre «impostos periódicos» e «impostos de obrigação única»), e passará provavelmente, depois, no que concerne àquele primeiro tipo de situações, pela distância temporal que já tiver mediado entre o período de produção dos rendimentos e a criação (ou modificação) do correspondente imposto. Isto,

[272] Neste sentido *vide* Casalta Nabais (2019), pp. 149-152 ou Saldanha Sanches, "Lei interpretativa e retroactividade em matéria fiscal – anotação ao Acórdão do Tribunal Constitucional n.º 275/98" *in* Fiscalidade n.º 1, 2000, pp. 77-88.

[273] Para uma visão mais aprofundada sobre o problema veja-se, por exemplo, *H*ans Gribnau e Melvin Pauwels, *in* "Retroactivity and Tax Legislation in the Netherlands: a theoretical approach and assessment", Rivista di diritto tributario internazionale – 2009/3, pp. 149 e ss.; Catherine Bobbet, "Retroactive or retrospective? A note on terminology", British Tax review, 2006, pp. 15 e ss., ou ainda, Fabrizio Amatucci, *in* "Retroattività della norma tributaria in ambito comunitario e tutela del contribuinte", Rassegna Tributaria, 2010, pp. 326 e ss.

[274] Freitas da Rocha (2013), p. 352.

[275] Neste sentido, António Carlos dos Santos, Clotilde Celorico Palma (2013), pp. 3159 e ss.

sem prejuízo do relevo de outras circunstâncias, cujo possível peso não poderá ignorar-se.".[276]

A este respeito ANA PAULA DOURADO salienta que o entendimento do art. 103.º, n.º 3 da CRP, propugnado pelo TC, não afastou a necessidade de se efectuar uma análise valorativa. Para o efeito, a consideração de que a retroactividade autêntica é sempre proibida pelo preceito constitucional em questão, acarreta em si um juízo de valor. O princípio da segurança jurídica na vertente de protecção da confiança será sempre necessário enquanto princípio interpretativo para aferir a admissibilidade de leis fiscais retroactivas.[277]

Anda bem SÉRGIO VASQUES ao conceber uma diferente abordagem quanto ao método de análise da retroactividade comummente propugnado pela doutrina e jurisprudência. Defende o autor que, em princípio, a retroactividade da lei fiscal está vedada ao legislador. Quer os casos de retroactividade autêntica, quer os de retroactividade inautêntica seriam abrangidos pela proibição constitucional de retroactividade da lei fiscal constante do art. 103.º, n.º 3 da CRP. Em todo o caso, do referido preceito não decorreria uma proibição absoluta de retroactividade, nem mesmo para os casos de retroactividade autêntica. A análise da admissibilidade da retroactividade não deveria ser efectuada à luz de um critério exclusivamente formal, assente na delimitação entre retroactividade própria e imprópria.[278] E isto porque, na prática, os casos de retroactividade fraca poderiam revelar-se mais lesivos para os contribuintes do que os casos de retroactividade forte, em teoria mais lesivos. Deste modo, caberia aferir casuisticamente, por via de um controlo de proporcionalidade, se existem ou não outros valores constitucionais que se devam considerar prevalecentes face à lesão operada à segurança jurídica dos contribuintes.[279]

[276] CARDOSO DA COSTA, *in* "O Enquadramento Constitucional do Direito dos Impostos em Portugal, *in* Perspectivas Constitucionais nos 20 anos da Constituição", Vol. II, Coimbra, 1997, p. 418.

[277] ANA PAULA DOURADO (2019), pp. 192-199.

[278] Defendendo uma análise substancial materializada na intensidade da lesão das expectativas jurídicas dos contribuintes, ao invés de uma análise estritamente formal, baseada na aferição do sub-tipo e grau de retroactividade veja-se RICHARD GOODE, *in* "Interesses creados y reforma tributária", HPE n.º 100, 1986, p. 60.

[279] SÉRGIO VASQUES (2018), p. 341-348.

Esta é a posição a que se adere, e a verdade, é que esta teoria já chegou a ser aceite pelo TC no ac. n.º 171/2017, de 5 de Abril, proc. n.º 550/2016, o qual veio perspectivar a questão da retroactividade quanto a factos sujeitos a tributação autónoma[280] numa tónica de lesão mais do que de compartimentação estanque.

Defendeu-se neste acórdão que era dúbia a configuração do art. 103.º, n.º 3 da CRP enquanto *proibição de carácter absoluto*, já que esta não seria aplicável sem necessidade de qualquer ponderação. Prova disso seria a necessidade do TC recorrer à delimitação de diferentes conceitos de modo a apurar a aplicação da norma aos casos de retroactividade da lei fiscal.[281] Fundamentou-se que a referida norma deveria ser interpretada

[280] A respeito da temática relativa aos factos sujeitos a tributação autónoma entendeu o TC, no âmbito do ac. n.º 18/2011, proc. n.º 204/2010, que os mesmos configuravam factos de formação sucessiva não abrangidos pela proibição constante do art. 103.º, n.º 3 da CRP. Num segundo momento, no ac. n.º 310/2012, proc. n.º 150/12, considerou o TC que "o facto gerador do imposto é a própria realização da despesa, não se estando perante um facto complexo, de formação sucessiva ao longo de um ano, mas perante um facto tributário instantâneo" abrangido pela referida proibição. Posteriormente, no ac. n.º 617/2012, proc. n.º 150/12 que resolveu a divergência de julgados verificada entre os dois acórdãos enunciados, o TC considerou que estariam em causa factos de verificação instantânea e, assim, estaria em causa retroactividade autêntica proibida nos termos do art. 103.º, n.º 3 da CRP.

[281] A este respeito, convém referir que a posição do TC tem evoluído ao longo dos tempos. Tomando por base o ac. n.º 287/90, de 30 de Outubro, considerou aquele tribunal que a tutela da confiança depende da verificação cumulativa de dois pressupostos: um primeiro que dita que a afectação das expectativas é inadmissível quando consubstancie uma alteração jurídica com a qual, razoavelmente, os contribuintes não pudessem contar; e um segundo, que aponta para a exigência de que não esteja em causa a necessidade de salvaguardar os direitos ou interesses constitucionalmente protegidos que devam considerar-se prevalecentes. Estes pressupostos foram posteriormente delimitados no ac. n.º 128/2009, de 12 de Março, passando o TC a efectuar a análise da conformidade constitucional da retroactividade com base em quatro pressupostos. Assim, para que as expectativas jurídicas dos contribuintes fossem tuteláveis seria necessário que o Estado, *maxime* o legislador, tivesse encetado comportamentos de tal modo que gerasse nos particulares uma expectativa de continuidade do quadro normativo vigente. Essa expectativa teria de ser legítima e justificada, para além de ser necessário que os particulares tivessem actuado e orientado as suas condutas de acordo com aquela expectativa de continuidade no comportamento do Estado. Por fim, seria crucial que não existissem razões de interesse público que, devidamente ponderadas, justificassem a não continuidade do comportamento que levou à consolidação daquela expectativa, isto é, que o "interesse do Estado" não se considerasse prevalecente face ao "interesse do particular".

e configurada enquanto princípio. Como tal, aplicou-se na apreciação da constitucionalidade da lei retroactiva o método de ponderação subjacente ao princípio da protecção da confiança, comumente aplicado quanto aos casos de retroactividade inautêntica. Considerou-se que o regime tributário vigente no momento em que a despesa sujeita a tributação autónoma foi efectuada teria sido determinante para a sua realização, pelo que as expectativas jurídicas dos contribuintes seriam dignas de tutela. Tendo em conta que as tributações autónomas seriam distintas da generalidade dos impostos por pretenderem modelar a prática de certos actos dos contribuintes, sempre se concluiria pela impossibilidade de modelar essas mesmas condutas retroactivamente.

Concluiu-se no referido acórdão que "invocado nesses termos abstratos e utilitários, o interesse público não constitui evidentemente uma razão válida para que se frustrem as expectativas razoáveis dos cidadãos na estabilidade da sua vida tributária e na confiabilidade da lei fiscal.", razão pela qual a aplicação retroactiva da lei seria inconstitucional por violação do art. 103.º, n.º 3 da CRP.[282]

Em todo o caso, conforme salienta Ana Paula Dourado, a verdade é que a jurisprudência constante do TC se tem mostrado reticente à tutela das expectativas legítimas dos particulares em casos de retroactividade imprópria.[283] Para tal tem contribuído não só o facto de não existir por parte dos particulares um direito subjectivo à manutenção do regime legal em vigor, mas também a própria dificuldade de verificação cumulativa dos critérios aplicativos do princípio da protecção da confiança. Em todo o caso foram poucas as vezes em que a jurisprudência do TC considerou prevalecente o interesse dos particulares face às razões de inte-

[282] Ainda que se tenha feito neste acórdão uma análise da retroactividade da lei fiscal diversa daquela que é tecida pela jurisprudência constante do TC, procurando-se atribuir primazia ao princípio da protecção da confiança, a verdade é que a argumentação tecida suscitou bastantes dúvidas e reticências dos demais conselheiros conforme se pode observar pelas respectivas declarações de voto que se deveram, em grande medida, não à discordância quanto ao sentido da decisão do acórdão em si, mas antes pela discordância com a delimitação entre regras e princípios propugnada e, também, pelo facto de se ter abandonado no excurso expositivo do acórdão a construção dogmática que o TC vinha a seguir até então na análise desta questão.

[283] Ana Paula Dourado (2019), pp. 201-205.

resse público eventualmente existentes, atribuindo prevalência à liberdade de conformação legislativa do Parlamento e do Governo, quando autorizado para o efeito.[284]

A análise da problemática da retroactividade da lei fiscal também passará pelo estudo do art. 12.º da LGT, que engloba os casos de retroactividade inautêntica na medida em que o seu n.º 2 consagra a aplicação de um critério *pro rata temporis*.[285] Esta solução visa afastar o princípio da anualidade dos impostos, estabelecendo uma aplicação dicotómica da lei fiscal, ou seja, será aplicada, a cada fracção de rendimentos, a lei vigente à data da verificação dos respectivos factos.[286]

Posto isto, conclui-se, através de uma leitura conjunta dos preceitos referidos, quer do art. 103.º, n.º 3 da CRP, quer do art. 12.º da LGT, que

[284] Quanto à existência de acórdãos que demonstram a fraca operatividade do princípio da protecção da confiança na tutela das expectativas jurídicas dos particulares veja-se a jurisprudência do TC expressa, por exemplo, no ac. n.º 396/2011, do proc. n.º 72/11; no ac. n.º 401/2013, proc. n.º 89/13; no ac. n.º 42/2014, proc. n.º 564/12; no ac. n.º 137/2014, proc. n.º 849/12; e na decisão sumária n.º 179/2018, proc. n.º 149/18.

[285] Neste sentido JÓNATAS MACHADO e PAULO NOGUEIRA DA COSTA, *in* "Manual de Direito Fiscal – Perspetiva Multinível", Almedina, 2019, p. 88.

[286] Esta norma não se apresenta porém isenta de críticas como bem evidencia SÉRGIO VASQUES (2018), p. 345. A intenção de densificação e clarificação da norma constitucional sufragada na LGT acaba por criar maior prejuízo do que benefício. Para melhor percepção do que se acaba de referir, basta tomar por exemplo um cenário em que, no mesmo período fiscal, ocorressem sucessivas alterações legislativas, cabendo aos particulares e à AT a árdua e tenebrosa tarefa de imputar a cada um dos vários períodos fraccionados, a lei vigente à data, visto que segundo a norma em questão a lei nova só se aplicaria ao período decorrido a partir da sua entrada em vigor. Em suma, não só esta solução legislativa é colocada em causa por via do princípio da praticabilidade e pela falta de valor reforçado da lei em que se insere, como a sua efectivação poderia resultar em claros prejuízos no que à segurança jurídica diz respeito, devendo ser-lhe atribuído, tão só, o valor de auxiliar interpretativo. Pelo contrário, consideram ANTÓNIO CARLOS DOS SANTOS e CLOTILDE CELORICO PALMA (2013) pp. 3157-3159, que, apesar de a LGT não ter valor reforçado e ainda que a aplicabilidade do seu art. 12.º, n.º 2 seja criticada, a verdade é que este "dá um importante contributo em matéria de interpretação do normativo constitucional" plasmado no art. 103.º, n.º 3. Salientam ainda que "o recurso ao critério *pro rata temporis* é, por vezes, criticado em nome do princípio da praticabilidade. Em nosso entendimento, porém, este deveria ser o critério a aceitar em termos gerais, merecendo censura constitucional fazer retroagir as normas fiscais desfavoráveis relativas a elementos essenciais do imposto ao início do ano em que são aprovadas". Em idêntico sentido veja ainda NUNO SÁ GOMES (2003), p. 417 a 420.

ambos proíbem a criação de leis fiscais retroactivas desfavoráveis, sendo o âmbito de tal proibição delimitado maioritariamente pela doutrina em função do "sub-tipo" de retroactividade em causa. Enquanto que a retroactividade em sentido próprio encontra em grande parte da doutrina e na maioria da jurisprudência do TC uma proibição de carácter automático e absoluto, o mesmo não sucede com a retroactividade em sentido impróprio. A inadmissibilidade desta última está, pelo contrário, dependente da verificação de um conjunto de factores ou critérios que permitam firmar o merecimento de tutela das expectativas dos particulares.

Aqui chegados, cumpre contrapor a *proibição da retroactividade fiscal* às dimensões que são assacadas à segurança jurídica, num raciocínio semelhante ao que se efectuou quanto à *coerência sistemática* e à *estabilidade normativa*. Retomando o que se deixou dito no Ponto 6.1., constata-se que a doutrina tende a reconduzir a *proibição da retroactividade fiscal*, essencialmente, à *dimensão subjectiva* da segurança jurídica. Não obstante, a par da sua vocação para a protecção das expectativas dos contribuintes, não se deverá negligenciar a sua imposição no domínio da *dimensão objectiva* da segurança jurídica, dada a sua íntima ligação aos ideais de previsibilidade e estabilidade do ordenamento. Isto porque, não só se comina ao legislador que se abstenha de alterar o plano normativo em sentido que contenda com os direitos dos contribuintes, como se impõe igualmente que as expectativas e os direitos destes sejam acautelados no momento da conformação da sua situação jurídica pela AT e pelos tribunais. Assim, e ainda que este princípio mantenha o seu escopo de aplicação inteiramente válido e apto, seja no âmbito da sua *dimensão subjectiva* ou da sua *dimensão objectiva*, a verdade é que, como se viu, a actual realidade do Direito Fiscal reclama do sistema novas exigências de segurança jurídica.

De facto, ainda que a *proibição da retroactividade fiscal* seja aplicável a todos os planos da actividade estatal, as exigências que eram anteriormente assacadas ao domínio da *aplicação do Direito* encontram-se desfasadas do papel que os tribunais assumem na concretização normativa.

Não é já estranho que os tribunais tributários ao sindicarem os actos da AT, representam o último estágio de conformação das posições jurídicas fiscalmente relevantes e, bem assim, dos direitos titulados pelos contribuintes. Por essa razão, Marcel Waline afirmava que o juiz acrescentava ao enunciado normativo de uma lei "*des elements nouveaux qui sont son oeuvre propre, et non plus celle du législateur*".[287] Deste modo, não são raras as ocasiões em que o juiz, ao interpretar as normas jurídicas, desenvolve com tanta amplitude certos elementos da lei fiscal que acaba por imputar um determinado sentido à norma em questão. Também por essa razão, Yann Aguila afirmava que o juiz "*n'est plus simplement le gardien du temple (...) [il] est aussi l'un des architectes*".[288]

No entanto, à luz da visão clássica, enquanto sub-princípios de normação legislativa, o cumprimento das exigências que são tipicamente associadas à *vertente objectiva* do princípio da segurança – clareza, determinabilidade, previsibilidade, calculabilidade da lei – é tradicionalmente confiado ao legislador fiscal.

Porém, perante a actual concepção legislativa, coloca-se a questão de se saber se as exigências de segurança jurídica, na vertente da protecção da confiança, estarão plenamente asseguradas perante o aplicador do Direito – *maxime o tribunal* – sob a chancela do princípio da indisponibilidade do caso julgado como classicamente a doutrina aponta. Dito de outro modo, enquanto comando eminentemente dirigido ao legislador, a proibição da retroactividade da lei fiscal será suficiente para assegurar que as expectativas dos contribuintes não são injustificadamente frustradas? Ou será necessário avançar-se uma teorização que permita transpor aquelas preocupações para o domínio da aplicação do Direito?

6.2.3. A retroactividade jurisprudencial

Embora em termos conceptuais distintos daqueles aplicados à sucessão de leis, é possível afirmar-se que a jurisprudência é, naturalmente retroactiva.[289]

[287] M. Waline, *in* "Le pouvoir normatif de la jurisprudence, in La technique et les principes du droit public", Mélanges G. Scelle, LGDJ, vol. 2, 1950, p. 622.

[288] Y. Aguila, *in* "Sur l'art de juger, RD&J", n.° 24, 2006, p. 1.

[289] Para mais desenvolvimentos, sugere-se a leitura de Jean Carbonnier (2001), p. 249, para quem "*la jurisprudence est une superposition de choses jugées. L'autorité de la chose jugée en s'accumulant, devient jurisprudence, rerum perpetuo similiter judicatarum auctoritas. Mais en s'accumulant, elle ne peut acquérir une efficacité qu'elle n'avait pas à l'état isolé*".

Sempre que um juiz se pronuncie sobre um litígio, ao ter obrigatoriamente em consideração um conjunto de factos sobrevindos anteriormente à sua decisão, os efeitos desta repercutir-se-ão sobre situações jurídicas e direitos que se consolidaram no passado.[290] Neste sentido, a retroactividade da jurisprudência poderá ser entendida como uma *retroactividade individual*, ou seja, unicamente com efeitos retroactivos sobre as partes naquele concreto processo judicial. A este propósito, CHARBONNIER afirma que "*le revirement de jurisprudence est rétroactif par nature (...) il s'appliquera de plein droit à tout ce que les particulier avaient pu faire sur la base et sur la foi de la jurisprudence ancienne (...) que la jurisprudence soit interprétative, déclarative ou créatrice de droit, elle est rétroactive*".[291]

O *potencial retroactivo externo* das decisões judiciais será, tanto maior, quanto o efeito persuasivo que seja reconhecido às decisões dos tribunais.

E aqui haverá que ter em consideração que a jurisprudência "nova" – seja no sentido em que trata uma determinada temática pela primeira vez, seja no sentido em que contrarie jurisprudência já existente – pode, em teoria, ter um efeito retroactivo – a que chamámos externo – perante *processos em curso* ou perante *processos já transitados em julgado* e *direitos adquiridos.*

A cada uma destas duas situações haverá que dar a atenção individualizada já que ambas terão efeitos e cautelas distintos.

Se a uniformização da jurisprudência encontra diversas justificações, desde logo porque, como se viu, é a manifestação da segurança jurídica na óptica objectiva, quando se reflectem as preocupações de segurança jurídica na óptica da aplicação do Direito, é inegável que a sua utilização sem cautelas pode frustrar as expectativas dos destinatários.

Compreenda-se que no caso de ser a primeira vez que o tribunal se pronuncia ou no caso de mudança de jurisprudência, esta poderá frustrar a expectativa dos potenciais destinatários que conformaram as suas opções em função da jurisprudência anterior e poderá também contra-

[290] Vimos atrás que SALDANHA SANCHES (2007), pp. 184-185, aplicava este raciocínio para a lei. Nas suas palavras "há uma retroactividade inerente à mudança da lei fiscal, uma vez que ela vai ter como consequência alterações no valor dos activos já existentes (bens, direitos), cuja aquisição se deu sem qualquer previsão da futura mudança da lei fiscal".

[291] JEAN CARBONNIER, *in* "Droit civil Introduction", PUF, 2004, p. 286.

riar direitos já constituídos, independentemente de terem sido ou não contestados judicialmente.[292]

Detenhamo-nos então no primeiro caso, o da temática de saber se jurisprudência nova ou alterações jurisprudenciais podem ou devem ser aplicadas a *processos em curso* para no fim analisarmos o segundo caso, que se relaciona com os direitos adquiridos e com o caso julgado.

Embora o ordenamento jurídico português possa ser caracterizado como um sistema romano-germânico, de acordo com o qual, o precedente[293] fixado pelos tribunais superiores não tem uma eficácia vincula-

[292] Atento a este ponto SALDANHA SANCHES (1985), em p. 296, refere que "[a] própria alteração da jurisprudência, que em si própria põe em causa a certeza e a segurança do direito, tem a sua admissibilidade legitimada por uma modificação essencial da realidade jurídica, donde deverá necessariamente decorrer uma nova forma de argumentação jurídica". Neste sentido veja-se, A. HERVIEU, *in* "Observation sur l'insécurité de la règle jurisprudentielle", RRJ 1989, p. 266 e ss.; J.-B. RACINE, F. SIIRIAINEN, "Sécurité juridique et droit économique", Larcier, 2007, p. 10 e ainda J. BUISSON, "Non rétroactivité des lois et droit fiscal, Le titre préliminaire du code civil", sob a direcção de G. FAURE et G. KOUBI, Etudes juridiques, Economica, 2003, p. 99.

[293] O conceito de precedente usado neste estudo respeita a todas as decisões judiciais. Como se verá, em teoria, qualquer decisão tem a potencialidade de constituir um modelo de resolução aplicável a casos análogos. Isto, por via da identificação e aplicação da *ratio decidendi* contida na decisão, ou seja, pela identificação do segmento da decisão que procede à concretização normativa do Direito aplicável ao caso concreto, e pela aplicação dessa mesma concretização ao caso análogo discutido noutro litígio. Nos sistemas de *common law* os precedentes são sedimentados no tempo (até à sua eventual reversão) e aplicáveis de forma transversal em virtude de se assumirem enquanto fontes imediatas de Direito na medida em que podem ser vinculativos. Quer isto dizer que poderão existir decisões que se "limitem" a mencionar um precedente previamente fixado, reforçando-o e sedimentando-o enquanto fonte de Direito por via da reprodução da concretização normativa vertida na sua *ratio decidendi*. Em *common law* os precedentes (em regra dos tribunais superiores) podem ser vinculativos mas há também a aceitação de precedentes persuasivos. Veremos no CAPÍTULO III que via de regra o precedente vertical é vinculativo e o horizontal é persuasivo. Nos sistemas de *civil law* verifica-se igualmente aquela potencialidade de aplicação da *ratio decidendi* e da concretização normativa contida numa decisão anterior a uma decisão posterior. A diferença estará no facto de esse precedente anterior não ser fonte de Direito imediata (sem eficácia geral e abstracta) para o futuro e, consequentemente, não ser passível de fundamentar *per se* a resolução da decisão posterior. A diferença está assim no facto de o precedente em *civil law* ser, quanto muito, persuasivo e não vinculativo. Porém, esta característica não invalida que a decisão judicial posterior efectue idêntica concretização normativa em virtude da similitude ou analogia entre os

tiva sobre os tribunais inferiores; nem por isso as decisões proferidas por tribunais superiores, mormente pelo STA, deixam de dever ter uma eficácia persuasiva sobre os restantes tribunais da jurisdição administrativa e tributária.[294] Muito pelo contrário. Concluiu-se já do excurso que se fez no ponto anterior e reforçar-se-á nos próximos capítulos que, quanto maior for a persuasão atribuída à jurisprudência por via de mecanismos de uniformização, maior será a efectividade da segurança jurídica na aplicação do Direito.

Nestes termos, os tribunais inferiores deverão seguir essa interpretação jurisprudencial, aplicando-a aos processos pendentes e aos processos futuros.[295] Esta consciência – da necessidade de uniformização – é geral e não um problema nosso nem, tão pouco, uma temática só reservada a países de *common law*.[296]

É pela importância da uniformização, que se poderão levantar problemas de retroactividade, designadamente sempre que haja um romper

casos em juízo. Neste sentido, para nós, qualquer decisão poderá constituir um precedente, ainda que as decisões dos tribunais superiores, *maxime* as uniformizadoras, venham a apresentar um carácter persuasivo reforçado que, como se verá, poderá tentar a uma sedimentação semelhante àquela verificada em sistemas de *common law*. Aqui se voltará amiúde neste estudo.

[294] Por essa razão defende Nuno Sá Gomes (1993), p. 22, que "[e]m Portugal, em matéria fiscal, ao contrário do que sucede no direito comum, não há mecanismos que tornem legalmente obrigatória para o futuro com carácter geral e abstracto as decisões do Supremo Tribunal Administrativo ("STA"), designadamente em matéria fiscal que apenas dispõe de mecanismos destinados a harmonizar a jurisprudência respectiva, quando haja oposição dos julgados mas sem eficácia geral e abstracta, para o futuro.".

[295] É neste sentido que Irene Rovira Ferrer em "Los cambios de jurisprudencia como limite a los efectos vinculantes de las consultas tributarias", *in* Seguridad Jurídica y Derecho Tributario: Presente y Futuro (coord. Jorge Martín López e Begoña Pérez Bernabeu), Aranzadi, 2019, p. 378, refere que "*cuando los câmbios de jurisprudencia (...) qualquer Tribunal "habrá de aplicar el nuevo criterio jurisprudencial a todo supuesto o situación jurídica que tenga ante sí para resolver, com independencia del momento temporal en que se interpuso el recurso" (es decir, com independencia de si el proprio recurso se había presentado con carácter previo e incluso de si los hechos sobre los que versa habían acontecido com anterioridade)*", ainda que "*el cambio de critério no podrán aplicarse a las situaciones jurídicas que ya gocen de la protección de la cosa juzgada*".

[296] Sobre este tema em concreto fixar-nos-emos no Capítulo III. Agora há que nos deter noutro tema, o da retroactividade.

com a jurisprudência constante.[297] E esta problemática será tanto mais polémica quanto for o grau de vaguidade da lei concretizada normativamente pela jurisprudência em causa, cuja aplicação retroactiva se está a aferir.

Numa perspectiva comparada, este entendimento é confirmado por Rivero, que em palavras nossas acaba por referir que, na medida em que o juiz procede, em virtude do seu poder normativo, a uma modificação da regra anterior, a regra nova vai produzir efeitos sobre factos e actos sobre os quais ela estatui. Ora, por hipótese, quando o facto ocorre ou o acto é praticado, a regra jurisprudencial estava fixada num determinado sentido. No entanto, não é essa regra jurisprudencial a que vai ser aplicada por ocasião do litígio, mas aquela que lhe seguir.[298]

Contrariamente ao legislador que, ao adoptar uma lei, tem a obrigação de modular no tempo a sua aplicação tendo em consideração o potencial de lesividade para as expectativas dos seus destinatários, a verdade é que excepto no caso do TC, não há na lei nenhum mecanismo que directamente permita ao juiz limitar o âmbito de persuasão dos efeitos da sua decisão de uniformização de jurisprudência.

Embora o princípio da segurança jurídica não consagre um direito adquirido a uma jurisprudência "cristalizada", conquanto a evolução da jurisprudência é em si mesma uma missão do STA ao aplicar o Direito, o certo é que a actual concepção legislativa aconselha, em certos casos, a uma ponderação da limitação do alcance, no tempo, dos efeitos das decisões desse tribunal, exactamente por razões de segurança jurídica na vertente *subjectiva* da tutela da confiança.

[297] No contexto do sistema judicial francês, embora a questão se coloque de igual modo no seio do Direito Fiscal português, cumpre referir Jean Pierre Camby, (2006), p. 1507 o qual questiona, "*Mais si la jurisprudence est, fatalement, qu'on le veuille ou qu'on le déplore, une source de droit, cela engendre, aujourd'hui un autre type d'interrogation. L'édiction d'une règle nouvelle, à l'occasion par exemple d'un revirement de jurisprudence, doit-elle s'appliquer de manière retroactive, notamment aux instances en cours bien ne doit-elle porter que sur l'avenir, dérogeant alors aux mécanismes habituels de jurisprudence, et à la fonction même du juge, qui est de trancher un conflit passé?*".

[298] A nossa tradução foi livre. Para mais desenvolvimentos, veja-se Jean Rivero, *in* Sur la rétroactivité de la règle jurisprudentielle", AJDA 1968, p. 15.

Na óptica do contribuinte "*il importe peu de savoir si la règle nouvelle qu'on lui impose retroactivement resulte de l'adoption d'une nouvelle loi ou d'un changement dans l'interprétation jurisprudentielle d'une loi ancienne*".[299]

Dito isto, conclui-se que a visão clássica do princípio da segurança jurídica, se não se encontra em crise, estará certamente enfraquecida e precisa de ser recentrada.

Por força do reconhecimento progressivo de uma ampla margem de concretização normativa aos tribunais tributários, o princípio da protecção da confiança não será devidamente acautelado pela simples proibição da retroactividade da lei fiscal dirigida ao legislador.[300] Há portanto a necessidade de criar um mecanismo que permita, sempre que se justifique pelas razões que se verão à frente, limitar os efeitos no tempo pelo menos das decisões uniformizadoras do STA.[301]

Este mecanismo ainda que possa revelar-se ambicioso no contexto do direito processual tributário português, não deixa de constituir uma realidade que se encontra já acolhida, quer pelo TJUE, quer pelo TEDH.

A título de exemplo, e sem prejuízo do próximo ponto onde se investigará a forma como o TJUE tem tratado a temática da segurança jurídica, no que diz respeito à "retroactividade geral e abstracta" da jurisprudência, cumpre convocar o entendimento do TJUE revelado no acórdão Defrenne a propósito do tratamento igualitário remuneratório entre homens e mulheres.[302]

[299] Christophe Radé, *in* "De la rétroactivité des revirements de jurisprudence", Dalloz, 2005, p. 989 e ss.

[300] Isto porque a proibição da retroactividade da lei fiscal não surte efeitos quanto à retroactividade jurisprudencial. A este respeito refere Irene Rovira Ferrer (2019), p. 379, que "*(...) cierto es que no resulta aplicable la prohibición de retroactividad que afecta la normativa (...) a los câmbios de jurisprudência porque no puede ser considerada una fuente de Derecho, sin olvidar que, en cualquier caso, tras un cambio jurisprudencial, la normativa sigue siendo la misma*".

[301] A este respeito já João Félix Nogueira (2013), p. 163, salientava, ainda que sem densificar, que "a segurança jurídica implica estabilização temporal do enquadramento normativo das posições jurídicas dos particulares. (...) É por referência à mesma ideia que se admite a limitação dos efeitos de uma declaração de inconstitucionalidade ou de compatibilidade com o ordenamento da União Europeia".

[302] Decisão do TJUE de 8 de Abril de 1976, proc. n.º 43/75.

Aqui, embora reconhecendo o efeito directo do art. 119.º do Tratado da CEE, o tribunal limitou a aplicação dos efeitos retroactivos da sua decisão às reivindicações salariais posteriores à data da publicação do presente acórdão. Uma limitação explicada, em última análise, pelas "consequências de carácter económico que poderiam resultar do reconhecimento pelo tribunal do efeito directo das disposições do art. 119.º, em virtude de uma tal tomada de posição poder desencadear, em numerosos sectores da vida económica, reivindicações que remontariam à data a partir da qual aquele efeito se teria produzido".

A decisão Defrenne constitui um marco histórico para o TJUE, no reconhecimento do princípio do efeito imediato das suas decisões, por um lado, e da sua necessária ponderação no que respeita aos eventuais efeitos nefastos de uma aplicação retroactiva, por outro. Assim, sempre que a "nova" jurisprudência seja susceptível de provocar fortes constrangimentos, designadamente orçamentais, e desde que a ponderação de valores a que se aludirá mais à frente fosse acautelada, então um mecanismo que previsse a possibilidade de modelação no tempo dos seus efeitos seria bastante benéfico.

Desde então, o tribunal teve já oportunidade de reafirmar e esclarecer a sua posição em decisões posteriores.

Através da decisão Barber, num processo relativo à igualdade de tratamento entre homens e mulheres, o TJUE replicou o mesmo entendimento acerca do princípio do efeito imediato das suas decisões considerando que "[n]estas condições, considerações imperiosas de segurança jurídica obstam que sejam postas em causa situações jurídicas que esgotaram os seus efeitos no passado já que, nesse caso, o equilíbrio financeiro de diversos regimes de pensões complementares contratuais corre o risco de ser retroactivamente perturbado".[303]

[303] Decisão do TJUE de 17 de Maio de 1990, proc. n.º C-262/88. De resto, em matéria de igualdade de tratamento salarial, o tribunal viria replicar mais tarde este entendimento na decisão Moroni - de 14 de Dezembro de 1993, proc. C-110/91 - e na decisão Neath - de 22 de Dezembro de 1993, proc. C-152/91 -, realçando, porém, que a limitação dos efeitos no tempo de um acórdão é excepcional. Num plano mais geral, através da decisão Roders - de 11 de Agosto de 1995, proc. apensos C-367/93 a C-377/93 -, o TJUE determinaria o carácter excepcional do recurso à modulação dos efeitos no tempo da decisão sobre uma questão prejudicial.

O TEDH por seu turno, apesar de sublinhar que as suas decisões, via de regra, têm um efeito imediato e um efeito retroactivo, acaba por reconhecer que poderão existir circunstâncias ponderosas, nomeadamente exigências derivadas precisamente do princípio da protecção da confiança, que legitimam a limitação da retroactividade das decisões judiciais.[304]

Ambos os tribunais se pronunciam sobre o alcance no tempo das suas decisões, tomando em consideração um certo número de elementos, nomeadamente, a segurança jurídica, a boa-fé e a ordem pública contudo, este instrumento acaba por ser adoptado com um carácter excepcional.

Em Portugal a limitação dos efeitos no tempo de uma decisão judicial não constitui uma novidade no ordenamento jurídico. Nos termos do disposto no art. 282.º da CRP, as decisões do TC podem ter efeitos retroactivos limitados.

Deste preceito constitucional resulta que, nos termos do art. 282.º, n.º 1, 1ª parte da CRP, a declaração de inconstitucionalidade ou de ilegalidade com força obrigatória geral produz efeitos *ex tunc*, ou seja, via de regra, os efeitos destas declarações retroagem à data da publicação da norma inconstitucional e "determinam a repristinação das normas que ela, eventualmente, haja revogado".[305]

Nos termos do art. 282.º, n.º 2 da CRP, sempre que uma norma padeça do vício de inconstitucionalidade por força de uma norma, seja ela constitucional ou infra constitucional, cuja aprovação tenha ocorrido posteriormente à entrada em vigor da norma declarada inconstitucional ou ilegal, a declaração com força obrigatória geral só produzirá efeitos *ex nunc*, ou seja, tratando-se "de inconstitucionalidade ou de ilegalidade por

[304] No fim da década de 70, através da decisão *Marckx c. Belgique*, de 13 de Junho de 1979, proc. n.º 6833/74, o TEDH retomou o argumento invocado na decisão DEFRENNE pelo TJUE no sentido de só reservar para o futuro uma solução nova. A este propósito, veja-se também a decisão *Vermeire c. Belgique*, de 29 de Novembro de 1991, proc. nº 12849/87, e a decisão *Aoulmi c. França*, de 17 de Janeiro de 2006, proc. n.º 50278/99. Para maiores desenvolvimentos na doutrina veja-se KATIA LUCAS-ALBERTINI, *in* "La Cour EDH face à la gestion des effets de ses revirement de jurisprudence", JCP G., n.º 37, 2007, II, pp. 36 e ss.

[305] Para mais desenvolvimentos *vide* GOMES CANOTILHO e VITAL MOREIRA, *in* "Constituição da República Portuguesa Anotada", 4.ª edição revista, Coimbra Editora, 2014, pp. 1039 e 1040.

infracção de norma constitucional ou legal posterior, a declaração só produz efeitos desde a entrada em vigor desta última".

Já o art. 282.º, n.º 4 da CRP determina que sempre que existam preocupações de segurança jurídica, de equidade ou interesses públicos de excepcional relevo, "poderá o Tribunal Constitucional fixar os efeitos da inconstitucionalidade ou da ilegalidade com um alcance mais restrito".

Parece que este mecanismo vertido no art. 282.º, n.º 4 da CRP indicia que o legislador constituinte não esteve alheio a preocupações de segurança jurídica derivadas da retroactividade da jurisprudência constitucional.[306] Não definindo o legislador constituinte, nem tão pouco o legislador ordinário, a medida dessa limitação, caberá ao TC fundamentar, após uma ponderação dos interesses em presença, a decisão dessa restrição.

Por força daquele preceito constitucional, os efeitos retroactivos da jurisprudência são limitados pelo tribunal sempre que o princípio da segurança jurídica o reclamar.[307]

À semelhança do que sucede com o TJUE e com o TEDH, para os quais, a modulação dos efeitos no tempo das suas decisões assumem um carácter excepcional, sendo que no caso das declarações de inconstitucionalidade e/ou de ilegalidade com força obrigatória geral, por parte do TC português, essa regra da retroactividade das suas decisões se encontra patente no art. 282.º, n.º 1 da CRP, o certo é que este tribunal não se tem coibido de limitar a retroactividade da sua jurisprudência sempre que as exigências de segurança jurídica se sobreponha a outros valores nos termos do n.º 4 do mesmo preceito.

[306] Neste sentido Gomes Canotilho e Vital Moreira (2014), em p. 1043, ao afirmarem que "[a]o fim e ao cabo, a limitação temporal dos efeitos da declaração de inconstitucionalidade (...) traduz-se em ampliar a excepção do caso julgado (também esta, sublinhe-se, motivada por razões de segurança jurídica), que a própria Constituição ressalva (...). Tudo se passa como se, durante um certo tempo, para todos ou alguns efeitos, a norma não tivesse sido inconstitucional".

[307] *Idem*, p. 979, que "se se compreende que sejam salvaguardados os efeitos produzidos enquanto não estava estabelecida publicamente a inconstitucionalidade (...) da norma, é manifestamente incompatível com a própria ideia da declaração de inconstitucionalidade (...) que uma norma continue a produzir efeitos após a publicação oficial da decisão que a declare inconstitucional.".

O TC proferiu, por diversas vezes, declarações de inconstitucionalidade com força obrigatória geral cujos efeitos retroactivos foram limitados por força de exigências decorrentes do princípio da segurança jurídica.

Recentemente, no ac. n.º 774/19, de 17 de Dezembro, proc. n.º 276/2019, o TC declarou a inconstitucionalidade com força obrigatória geral, de parte da norma constante do art. 398.º, n.º 2 do CSC, e recorreu ao art. 282.º, n.º 4 da CRP para limitar os seus efeitos. A este respeito considerou que "[d]esde a data da entrada em vigor da norma fiscalizada (há mais de 30 anos), podem ter caducado vários contratos de trabalho em execução da norma em apreço. Da declaração de inconstitucionalidade com eficácia *ex tunc* (artigo 282.º, n.º 1, da Constituição) resultaria a invalidade ou inexistência da caducidade desses contratos de trabalho (...) que se suscitaria uma situação de indesejável insegurança jurídica.".

Assim, independentemente da posição doutrinária, parece seguro concluir-se que no quadro jurídico vigente existe pelo menos um mecanismo, do art. 282.º, n.º 4 da CRP, que já mitiga os efeitos lesivos do potencial retroactivo da jurisprudência sobre as garantias da *vertente objectiva* e da *vertente subjectiva* do princípio da segurança jurídica. E, embora se reconheça que o efeito retroactivo de uma declaração de inconstitucionalidade actua num plano distinto daquele a que se aludiu quando se alertou para os perigos da jurisprudência retroactiva do STA,[308] o certo é que a actual concepção legislativa abre a porta a novos riscos susceptíveis de contenderem com as garantias do princípio da segurança jurídica que fogem às malhas do legislador e do próprio TC.[309]

Se o regime regra for, como se julga ser, o da aplicação (retroactiva) aos *processos em curso* da jurisprudência que consagre uma nova concretização normativa ou que rompa com a jurisprudência constante mormente

[308] A diferença entre os dois planos deve-se ao facto de "[a]s normas declaradas inconstitucionais (...) não são apenas anuladas; elas estão feridas de nulidade desde a sua entrada em vigor ou desde o momento em que se tornaram inconstitucionais". Nós acrescentamos que outra diferença será o facto de umas poderem ter força obrigatória geral e de outras só constituírem precedentes persuasivos. *Id.*, pp. 1039-1040.

[309] Sobre os riscos para a segurança jurídica advenientes desta flexibilidade fiscal, cumpre chamar à colacção Freitas da Rocha (2013), p. 367.

quando perante jurisprudência uniforme, a verdade é que, no sentido do que tem vindo a ser a jurisprudência constante do TJUE e do TEDH, será de pensar num mecanismo equivalente ao que existe no n.º 4 do art. 282.º da CRP que permita aos juízes limitar no tempo os efeitos da nova interpretação jurisprudencial sob pena de não se acautelar o princípio da segurança jurídica na sua vertente subjectiva da tutela da confiança.

Se o mecanismo é de fácil positivação na lei processual o fundamento da sua utilização já não será tão simples.

A tensão já é conhecida. É a tensão entre o interesse geral na nova decisão e na estabilidade da jurisprudência seguinte em que deverá assentar a necessidade de uniformização motivadora da necessidade de todos os tribunais deverem ter juízos parecidos/uniformes/coerentes sobre a mesma questão, por um lado. E por outro, a necessidade de tutela da expectativa da confiança dos particulares que conformaram a sua situação com base em jurisprudência anterior. Trata-se da tensão entre as razões de interesse geral que justificam uma "nova" interpretação jurisprudencial, a qual densifica de forma renovada o enunciado normativo da lei, relativamente a factos ocorridos anteriormente e, as necessidades decorrentes da tutela quer dos particulares quer do Estado português, os quais haviam conformado a sua situação jurídico-tributária perante o quadro normativo anterior. Esta tensão é de resto, e como já se disse, semelhante à da temática da retroactividade da lei.

Ora, atendendo a esta similitude a solução deverá ser, segundo se crê, semelhante e decalcada no juízo que tem vindo a ser feito pelo TC quando analisa a problemática da retroactividade imprópria, designadamente no ac. n.º 171/2017, de 5 de Abril de 2017, proferido, como se viu, no âmbito do proc. n.º 550/2016.

Deve portanto ser utilizado um critério de ponderação subjacente ao princípio da confiança.[310] Para tal será fundamental perceber se, em

[310] Não estamos sozinhos nesta solução. Em idêntico sentido salienta-se que "*dentro del âmbito tributário, nada parece impedir que, a la hora de valorar la retroactividad de un cambio de jurisprudência, pueda acudirse a la misma ponderación de bienes que realiza el TC a la hora de prohibir la retroactividad normativa por entrar en colisión con otros princípios consagrados constitucionalmente, como passa essencialmente con la valoración del principio de seguridad jurídica*", Irene Rovira Ferrer (2019), p. 380.

termos abstractos e utilitários, o interesse público subjacente à mudança da jurisprudência e à uniformização e estabilização do Direito constitui, ou não, razão válida para que se frustrem as expectativas dos destinatários, mormente, dos contribuintes e do próprio Estado português. Sendo também fundamental a este juízo de legitimidade da expectativa, esta ter assentado na fundamentada imprevisibilidade da mudança, ou dito de outro modo, no facto de ser expectável que nada se alterasse. Só nestes casos é que deverá haver limitação dos efeitos retroactivos da jurisprudência – pelo menos uniformizadora – pelo tribunal.

Em todos os outros, a interpretação jurisprudencial deve ter um efeito uniformizador e persuasivo a todos os processos em curso. Deve ter efeitos retroactivos portanto. Defender a persuasão do precedente é defender a retroactividade jurisprudencial. Mas se são razões de segurança jurídica que justificam que assim seja e que o caminho para a estabilidade jurisprudencial está na uniformização da jurisprudência, são também razões de segurança jurídica que justificarão que sejam acauteladas razões de confiança e de expectativas legítimas.

Deste modo, conclui-se que se não se previr na lei um mecanismo no seio do direito processual tributário português, em ordem a conferir ao STA a possibilidade de modelar os efeitos retroactivos da sua jurisprudência, a segurança jurídica não será plenamente acautelada na actual aplicação do Direito decorrente da actual concepção legislativa em Direito Tributário.

Esta necessidade é proporcional à necessidade de existir uma uniformização efectiva da jurisprudência dos tribunais superiores na medida em que quanto maior grau de uniformização e de persuasão se consiga em prol da estabilidade do sistema, maiores serão as necessidades de acautelar a expectativa dos particulares.

A actual concepção legislativa, ao transportar para o campo da aplicação do Direito funções de concretização normativa exige que os sistemas processuais garantam uma aplicação do Direito uniforme e coerente sob prejuízo de perigar a segurança jurídica exigida em Estado de Direito Democrático.

Contudo, haverá que compreender que esta aplicação uniforme pode pôr em causa a legítima expectativa dos destinatários, caso tenha aplicação a situações controvertidas que ainda estão a ser decididas. Será necessário que o Estado, quer nas suas vestes de legislador, quer *maxime*, a jurisprudência constante emanada pelos tribunais superiores, tenha condicionado e motivado de tal forma os comportamentos do contribuinte ao ponto de se gerar na sua esfera jurídica a convicção de continuidade do quadro normativo vigente e da própria jurisprudência. Por outro lado, e à semelhança do que foi defendido pelo TEDH no processo que atrás se citou, será necessária a demonstração que a aplicação da jurisprudência uniformizada às situações jurídicas controvertidas em curso causassem um constrangimento orçamental tal, cuja ponderação de valores justifique a limitação no tempo dos efeitos do acórdão uniformizador. Essa expectativa tem que ser legítima e justificada.

Por fim, será necessário que a lesão em causa se sobreponha ao interesse público que justificou o romper com a jurisprudência constante. Chamando aqui à colação a doutrina de Robert Alexy, será necessário, em função do balanço, da ponderação, dos bens jurídicos em questão, ponderar o peso de cada um e, só no caso da tutela da confiança dos destinatários da decisão se sobrepor ao do bem público de uniformização e de evolução do Direito, é que se justifica a limitação da aplicação dos efeitos da jurisprudência no tempo.

Haverá, mesmo aqui que ter em conta alguns aspectos.

O primeiro que reside no facto de que o juízo da frustração das expectativas dever ser proporcional à efectiva persuasão enquanto efeito efectivamente uniformizador da jurisprudência. Isto é o mesmo que dizer que: Se a jurisprudência dos tribunais portugueses passar a ser cada vez mais persuasiva – não só a jurisprudência uniformizadora – então haverá que aceitar que em certos casos excepcionais, e na senda de resto do que já faz o nosso TC e do que vem sendo feito pelo TJUE e pelo TEDH, haverá que ter cautelas acrescidas no que toca à possibilidade de se frustrarem expectativas legítimas por força da aplicação retroactiva de uma nova corrente jurisprudencial.

Em todo o caso, convém sempre frisar a excepcionalidade desta prerrogativa. A regra, essa, deve ser a de efectiva uniformização do Direito sendo que para isso tem que se aceitar a retroactividade da jurisprudência.

É, portanto, este o desafio com o qual se depara o actual direito processual tributário português.

Se é certo que a retroactividade da jurisprudência bule com os princípios da segurança jurídica, na medida em que se desvirtuam assim as expectativas dos cidadãos que tinham confiado na jurisprudência anterior, também é certo que a mesma não pode deixar de existir, desde logo, porque funciona como garantia essencial da adaptação do ordenamento jurídico à realidade actual. Referimo-nos aqui à *retroactividade racionalizada da jurisprudência.*

Diferente desta retroactividade da jurisprudência que se tratou até agora, é a temática de saber se a nova jurisprudência pode ou não ser aplicada a *situações já transitadas em julgado* e *direitos adquiridos*, ou seja, a situações já consolidadas na ordem jurídica.[311]

Esta temática não tem já que ver com a retroactividade da jurisprudência enquanto valor necessário a acautelar a segurança jurídica na aplicação do Direito na sua vertente subjectiva de tutela de confiança dos destinatários. Esta temática tem sim que ver com a problemática de saber se a retroacção da nova interpretação jurisprudencial a casos já transitados em julgado e a direitos adquiridos pode ou não ser usada como um expediente, um instrumento de reforço do carácter persuasivo da jurisprudência necessário à uniformização do Direito, ou seja, ao afirmar da segurança jurídica, agora na sua vertente objectiva, na aplicação do Direito.

Aqui julgamos que a solução deverá ser parecida à que existe também na CRP onde nos termos do art. 282.°, n.° 3, 1ª parte, em virtude do princípio da indisponibilidade do caso julgado, as decisões judiciais que tenham transitado em julgado são ressalvadas dos efeitos retroactivos da declaração com força obrigatória geral, isto, "salvo decisão em contrário do Tribunal Constitucional quando a norma respeitar a matéria penal,

[311] A propósito desta temática na óptica do Direito Constitucional, Jorge Miranda questiona "se não deve também ressalvarem-se situações ou relações consolidadas por cumprimento de obrigações, por transacção, ainda que não homologada, ou por acto de natureza análogo (...), assim como decisões administrativas de carácter definitivo", o que, em última análise, determinaria a preservação de situações jurídicas definitivas cujos efeitos se haviam produzido e esgotado com base numa norma ilegal ou inconstitucional. *in* "Manual de Direito Constitucional - Tomo VI - Inconstitucionalidade e Garantia da Constituição", Coimbra Editora, 2001, p. 258-260.

disciplinar ou de ilícito de mera ordenação social e for de conteúdo menos favorável ao arguido".

O mesmo é dizer que, ficam intocadas pela declaração de inconstitucionalidade as decisões judiciais que tenham transitado em julgado e que, por este motivo, se tornaram definitivas sendo que esta preservação dos efeitos produzidos por uma decisão judicial transitada em julgado é automática, excepto quando a norma declarada inconstitucional for desfavorável ao arguido.[312] Significa portanto que aplicando este raciocínio à temática que agora nos ocupa ressalvar-se-iam os efeitos do caso julgado apenas quando a nova interpretação jurisprudencial fosse desfavorável ao sujeito passivo.

Veja-se a título de exemplo, o ac. do TC n.º 804/93, de 30 de Novembro,[313] de acordo com o qual se entendeu que "não poderia deixar o Tribunal de limitar, por razões de segurança jurídica, os efeitos da eventual declaração de inconstitucionalidade, de modo a deixar incólumes os actos administrativos praticados ao abrigo da norma (...) não impugnados contenciosamente ou que já não sejam susceptíveis de impugnação contenciosa". Ressalve-se, porém, que a questão da equiparação do caso decidido administrativo ao caso julgado não constitui uma matéria que se encontra pacificada. Na verdade, em certos casos, o TC preserva os efeitos produzidos do caso decidido por analogia ao caso julgado, e, noutros, propugna a limitação dos efeitos retroactivos sobre esse caso decidido recorrendo ao preceito contemplado no art. 282.º, n.º 4 da CRP.[314]

O que se defenderá será para o caso de o resultado da jurisprudência "nova" poder ser aproveitado pelo particular, sujeito passivo. Defendemos esta posição na medida em que consideramos que o Estado português é, em última instância, o responsável por leis com falta de clareza e correspondentemente pelo mau funcionamento dos tribunais. Defende-

[312] *Ibidem*, onde refere que "[a] declaração de inconstitucionalidade com força obrigatória geral de qualquer norma não afecta os casos julgados. Quer dizer: não modifica, nem revoga a decisão de qualquer tribunal transitada em julgado que a tenha aplicado, nem constitui fundamento da sua nulidade ou de recurso extraordinário".

[313] Proc. n.º 370/91. Em idêntico sentido *vide* o acórdão do TC n.º 187/2003, de 8 de Abril de 2003, proc. n.º 521/00.

[314] A título ilustrativo *vide* o acórdão do TC n.º 32/2002, de 22 de Janeiro, proc. n.º 787/98. Esta é, porém, uma questão lateral ao que nos importa.

mos esta posição não sem cautelas uma vez que consideramos que deveria prever-se na lei a possibilidade de o STA também poder limitar esta prerrogativa em termos semelhantes ao anterior expediente. Aqui se voltará no PONTO 19.2. do TÍTULO II quando se abordar o mecanismo novo que se proporá para o efeito.

Em face do exposto, se a questão que se colocava para saber se a retroactividade da lei fiscal seria o suficiente para assegurar as expectativas dos destinatários *maxime*, dos contribuintes ou se, ao invés, seria necessário avançar-se com uma teorização que permita transpor aquelas preocupações para o domínio da aplicação do Direito, a resposta não pode deixar de ser negativa (à primeira parte) e positiva (à segunda parte).

Não haverá segurança jurídica onde não for acautelada a eventual retroactividade jurisprudencial. E aqui vimos já, e sem prejuízo do que sempre se explorará quando se estudar o regime já aplicável aos dois recursos uniformizadores do Direito por excelência no CAPÍTULO III do TÍTULO II, a verdade é que estamos já capazes de dizer que na ordem jurídica portuguesa não existe nenhum mecanismo que permita ao STA fazer uma aplicação racionalizada da jurisprudência. Isto significa, portanto, que parte da questão que motivou a nossa dissertação começa a ser já respondida.

Pelo menos no que se refere à vertente da confiança, a ordem jurídica portuguesa não se encontra preparada para acautelar a segurança jurídica.

Por fim, para concluirmos a visão panorâmica da princípio da segurança jurídica resta-nos abordar a forma como o Direito da UE trata este princípio.

7. A segurança jurídica no Direito Europeu

Se se deixou feito o percurso pelo entendimento que a doutrina constitucionalista e fiscalista tem vindo a fazer a propósito do princípio da segurança jurídica e das suas dimensões, não se pode avançar sem tentar perceber como é que o Direito da UE tem tratado esta temática.

O ordenamento jurídico europeu é hoje um ordenamento jurídico autónomo, composto por regras e princípios próprios, dotado de mecanismos tendentes a emitir e interpretar as normas europeias e de processos concebidos com o intuito de sancionar a sua eventual transgressão. Por isso se diz que a UE funciona hoje como uma *União de Direito*.[315]

Se a base jurídica de um Estado de Direito se encontra na sua respectiva Constituição, a base jurídica desta União de Direito há-de encontrar-se nos respectivos tratados constitutivos, a "Constituição da União Europeia, na medida em que consagram uma ordem jurídica fundamental que vincula todo o poder público europeu".[316] É certo que grande parte dos princípios estruturantes do Direito da UE decorrem explicitamente dos tratados constitutivos, mas não deixa de ser verdade que o TJUE desempenha também uma tarefa importante de afirmação de um largo conjunto de princípios que, ainda que não expressamente consagrados, fazem parte da ordem jurídica europeia, tornando-a numa ordem inigualável no plano internacional. A experiência tem vindo a mostrar, de resto, que a melhor maneira de captar o actual sentido e efeitos dos princípios que enformam o Direito da UE é através da jurisprudência do TJUE.

Os tribunais nacionais, enquanto tribunais comuns do Direito da UE, deverão ter em conta a jurisprudência emanada pelo TJUE em matéria de segurança jurídica, quer ao nível do Direito Tributário, quer ao nível dos demais sectores do Direito, sendo que persistindo dúvidas quanto à interpretação daquele princípio deverão recorrer ao mecanismo de reenvio prejudicial. É através daquele mecanismo que o TJUE responde aos órgãos jurisdicionais nacionais sobre qual deve ser a interpretação conforme ao Direito da UE, sempre que for suscitada uma questão de interpretação nova e que tenha um interesse geral para a aplicação uniforme do Direito da UE ou quando a jurisprudência existente não dê o necessário esclarecimento para lidar com uma determinada situação jurídica. Este é, assim, um mecanismo processual que encontra parte da sua razão de ser, também, na necessidade de acautelar a segurança jurídica na UE. Note-se que a própria coerência, unidade de acção do UE e, portanto, a

[315] Alessandra Silveira, *in* "Constituição, ordenamento e aplicação de normas europeias e nacionais" (2008), Revista de Estudos Jurídico-Políticos, n.º 17, Universidade Lusíada, 2008, p. 69. Em idêntico sentido veja-se Maria Luísa Duarte, *in* "União Europeia – Estática e Dinâmica da Ordem Jurídica Eurocomunitária" Vol. I, Almedina, 2020 (reimpressão de 2017).

[316] Alessandra Silveira (2008), p. 70.

defesa da segurança jurídica, são objectivos bem presentes no funcionamento do mecanismo de reenvio prejudicial.

Para que o Direito da UE seja uniforme e eficazmente aplicado em todo o seu território, o ordenamento jurídico europeu prevê o mecanismo de reenvio prejudicial no âmbito do qual existe uma interdependência entre os tribunais nacionais e o TJUE. É através do mecanismo do reenvio que a ordem jurídica nacional e o TJUE, no quadro das respectivas competências, cooperam directamente para a construção de uma decisão que garanta aplicação uniforme do Direito da UE, aos EM.[317] A uniformização levada a cabo pelo TJUE sob a forma de harmonização,[318] é assim feita por via negativa.[319] Quer isto dizer que não se efectua por vontade política dos EM, através de instrumentos jurídicos para o efeito, mas sim pela jurisprudência que emana o TJUE, caso a caso.

Ora, no que respeita ao princípio da segurança jurídica e à forma como ele tem sido entendido concretamente pelo TJUE, ainda que não esteja explicitamente consagrado em qualquer Tratado da UE, a jurisprudência do TJUE tem-se a ele referido como um verdadeiro *princípio geral de Direito da UE*, cujo respeito oferece a estabilidade e credibilidade necessárias a uma relação equilibrada entre o Estado e os seus cidadãos.[320]

É precisamente essa a ideia que fica espelhada em vários acórdãos do TJUE. Como exemplo, num acórdão de 2019 – o Human Operator –, o tribunal afirmou que o princípio da segurança jurídica "faz parte dos princípios gerais do direito da União".[321] O TJUE acabou, no fundo, por

[317] Neste sentido veja-se o acórdão do TJUE, proc. 16/65, de 1 de Dezembro de 1965, no qual se afirma que "o reenvio prejudicial é um instrumento de cooperação judiciária (...) pelo qual um juiz nacional e o juiz comunitário são chamados, no âmbito das competências próprias, a contribuir para uma decisão que assegure a aplicação uniforme do Direito Comunitário no conjunto dos estados membros.".

[318] Por harmonização fiscal entenda-se o processo que permite a coordenação dos regimes fiscais dos países europeus, por forma a evitar alterações não concertadas e concorrenciais das políticas tributárias nacionais, potencialmente prejudiciais ao mercado interno.

[319] Sobre esta matéria *vide* J. M. Ben Terra, Peter J. Wattel, *in* European Tax Law Abridged Student Edition, 2008, pp. 10-11 e 91-94.

[320] Sobre esta matéria veja-se também o que se deixou dito no Ponto 5.

[321] Acórdão do TJUE de 13 de Fevereiro de 2019, proc. C-434/17.

reiterar jurisprudência já anteriormente firmada no acórdão FÖRSTER.[322] Nas conclusões do Advogado Geral proferidas no âmbito deste último é possível ler que "o princípio da segurança jurídica constitui um princípio fundamental do direito comunitário que exige, nos domínios abrangidos pelo direito comunitário, que as normas jurídicas dos Estados Membros sejam claras e precisas, a fim de que os particulares possam conhecer sem ambiguidade os seus direitos e obrigações". Por último, acrescenta ainda aquele tribunal que o mesmo "tem por finalidade garantir a previsibilidade das situações e das relações jurídicas abrangidas pelo direito comunitário".

Da análise daqueles acórdãos resultam duas conclusões imediatas.

Fica claro que o princípio da segurança jurídica, ainda que sem menção expressa, é um *princípio geral e fundamental do Direito da UE*. Depreende-se também que as exigências decorrentes da tradicional *vertente objectiva* do princípio da segurança jurídica são igualmente tidas em conta pelo próprio TJUE.

O princípio da segurança jurídica assume, como já se deixou dito no PONTO 2.6., uma relevância tal no âmbito do Direito da UE que leva a que o TJUE *se dirija directamente ao poder legiferante dos Estados*, quer no domínio específico do Direito Tributário, quer no domínio de outros sectores do Direito, impondo-lhe limites ao nível do processo de elaboração de normas internas abrangidas pelo domínio do Direito da UE. Enquanto princípio geral do Direito da UE, o princípio da segurança jurídica impõe que as disposições emanadas no seio da UE revistam certeza, clareza e precisão, tornando assim as suas implicações jurídicas previsíveis. Detenhamo-nos então nesta temática.

Num ramo de Direito como o é o do Direito Tributário, a percepção do impacto de um princípio como o da segurança jurídica determinará que se faça uma análise às decisões proferidas pelo TJUE, ainda mais se em causa estiverem matérias pertencentes ao domínio da fiscalidade directa que se analisarão depois de percorrer alguma jurisprudência relevante nesta matéria ainda que no domínio da tributação indirecta.[323]

[322] Acórdão do TJUE de 18 de Novembro de 2008, proc. C-158/07.

[323] Ao contrário do que acontece nos domínios da tributação indirecta, em matérias de tributação directa a harmonização positiva torna-se especialmente difícil de obter desde logo

Em conflitos relativos a matérias de tributação indirecta, o TJUE tem vindo a recorrer ao princípio da segurança jurídica, tendo deste derivado um conjunto de exigências como: o princípio dos direitos adquiridos; as exigências de adequação de prazos dos procedimentos; as exigências de utilização de linguagem compreensível.[324]

Como exemplo, no acórdão Marks & Spencer – relativo a matéria de reembolso das quantias de IVA indevidamente pagas pela referida sociedade – o TJUE deixou claro que é compatível com o Direito da UE a "fixação de prazos razoáveis de recurso, sob pena de caducidade, no interesse da segurança jurídica que protege simultaneamente o contribuinte e a administração interessada.[325]

Por sua vez, no acórdão Traum, o TJUE reitera jurisprudência já anteriormente fixada, deixando clara a ideia de que "o princípio da segurança jurídica, que tem por corolário o princípio da protecção da confiança legítima, exige, por um lado, que as normas de direito sejam claras e precisas e, por outro, que a sua aplicação seja previsível para os cidadãos".[326] Para além disso, este acórdão fixou a ideia de que as exigências decorrentes do princípio da segurança jurídica se impõem com especial rigor quando em causa estejam normas susceptíveis de gerar encargos financeiros, uma vez que os interessados deverão conhecer com exactidão as obrigações que estas lhes impõem.

Já no que concerne a matérias inseridas do domínio da tributação directa, foi no acórdão Siat que o TJUE analisou, pela primeira vez, o princípio da segurança jurídica.[327]

porque o art. 115.º do TFUE exige unanimidade para a aprovação de normas no domínio da fiscalidade directa. Desta forma, a harmonização fiscal é tendencialmente realizada de forma negativa, mediante a jurisprudência do TJUE. Sobre as bases normativas da harmonização fiscal europeia *vide* Sérgio Vasques, (2018), pp. 135-146.

[324] Ver Luc De Bro, Thomas Gernay; Deduction of expenses paid to a service provider established in another Member State. Comment. *In* Highlights & Insights on European Taxation, Vol. 5, Kluwer, 2012, pp. 23-26. Quanto à densificação destes subprincípios veja-se Marjaana Helminen, "EU Tax Law – Direct Taxation – 2014", IBFD, 2014, pp. 9-10.

[325] Acórdão do TJUE de 11 de Julho de 2002, proc. C-62/00.

[326] Acórdão do TJUE de 9 de Outubro de 2014, proc. C-492/13.

[327] Acórdão do TJUE de 5 de Julho de 2012, proc. C-318/10.

De forma bastante resumida, veio o TJUE dizer que o seu âmbito de aplicação "não está previamente determinado com precisão suficiente e, numa situação em que o prestador de serviços está estabelecido num EM que não seja o Reino da Bélgica e aí está sujeito a um regime de tributação mais vantajoso do que aquele em que os rendimentos estão sujeitos na Bélgica, existem incertezas quanto à questão de saber se o referido regime será considerado um «regime claramente mais vantajoso» e se, como tal, a regra especial é aplicável".

Acrescentou ainda o tribunal que "tal regra não satisfaz, por conseguinte, as exigências da segurança jurídica que exige que as regras de direito sejam claras, precisas e previsíveis nos seus efeitos, em especial quando podem ter sobre os indivíduos e as empresas consequências desfavoráveis". Por fim, acaba o TJUE por concluir que "uma regra que não satisfaça as exigências do princípio da segurança jurídica não pode ser considerada proporcional aos objectivos prosseguidos".

Posteriormente, no acórdão Itelcar[328] o TJUE considerou que o então art. 58.º, n.º 4 do nosso CIRC[329] que definia "relações especiais" não era suficientemente determinado para efeitos do Direito da UE.[330] Afirmou a este prepósito o tribunal naquele acórdão que a referida legislação não viabilizava a determinação antecipada e exacta do seu âmbito de aplicação. No acórdão Itelcar, o TJUE reiterou jurisprudência previamente firmada no acórdão Siat, acabando por concluir que uma norma configurada e traçada em termos muito amplos e vagos, cujo conteúdo e sentido concreto é dificilmente determinável, macula o princípio da segurança jurídica e, consequentemente, mostra-se incompatível com o Direito da UE.

Mais recentemente, no acórdão Euro Park Service, o TJUE realçou a necessidade da legislação nacional francesa ter de prever as modalidades de aplicação do art. 11.º, n.º 1, al. *a*) da Directiva n.º 90/434 com um carácter preciso, claro e previsível para permitir aos contribuintes conhecer os seus direitos e, assim, respeitar o princípio geral do direito

[328] Acórdão do TJUE de 3 de Outubro de 2013, proc. C-282/12.

[329] Actual art. 63.º, n.º 4 do CIRC.

[330] Sobre esta temática em concreto veja-se Ana Paula Dourado (2019), pp. 174-176.

da segurança jurídica.[331] Neste sentido, afirmou o tribunal que "os casos em que se coloca a questão de saber se uma modalidade processual nacional torna impossível na prática ou excessivamente difícil o exercício dos direitos conferidos aos particulares pela ordem jurídica da UE devem ser analisados tendo em conta, sendo esse o caso, os princípios que estão na base do sistema jurisdicional nacional em questão, entre os quais se conta o princípio da segurança jurídica.". Acrescentou ainda que "o respeito do princípio da segurança jurídica exige que as modalidades processuais que apliquem a Directiva 90/434, e, mais concretamente, o seu artigo 11.º, n.º 1, al. *a*), sejam suficientemente precisas, claras e previsíveis para permitir aos contribuintes conhecer com rigor os seus direitos para garantir que estejam em condições de beneficiar das vantagens fiscais previstas na referida directiva e de as invocar, sendo esse o caso, nos tribunais nacionais".[332]

Tomando em consideração estas decisões, pode concluir-se que se por um lado há uma mensagem clara ao poder legislativo dos EM´s na concepção de leis latas, por outro parece também evidente que a interpretação que o princípio da segurança jurídica recebe por parte do TJUE coincide, em certa medida, com a interpretação que é feita daquele princípio por parte da doutrina clássica.

Assim, como a doutrina clássica quando perspectiva o princípio da segurança jurídica na sua *vertente objectiva*, impõe sob a esfera de actuação do legislador a verificação de exigências de clareza, precisão e previsibilidade ao nível do processo de elaboração de normas tributárias, também o TJUE impõe ao nível do processo de elaboração de normas tributárias domésticas quando em causa estejam matérias de Direito da UE a necessidade de cumprimento dos ditames clássicos da segurança jurídica.

Tal como se teve já oportunidade de referir no CAPÍTULO I no ordenamento jurídico português, as exigências decorrentes do princípio da segurança jurídica ao nível da determinabilidade das normas, não extravasam o estritamente necessário para que o contribuinte consiga alinhar e adaptar o seu comportamento ao comando legal, antevendo os efei-

[331] Acórdão do TJUE de 8 de Março de 2017, proc. C-14/16.

[332] Neste mesmo sentido vai o acórdão TJUE de 22 de Março de 2018, proc. apensos C-327/16 e C-421/16.

tos que tal comportamento provocará na sua esfera jurídica. Como tal, afasta-se a ideia de uma tipologia taxativa e rígida das normas tributárias tendo em vista um ganho ao nível da operacionalidade do sistema fiscal. A este propósito e como também se deixou já dito, ainda que o TJUE não consiga fixar definitivamente qual o grau de determinabilidade que uma norma tributária dos EM deve comportar, o certo é que a jurisprudência daquele tribunal tem ditado que os legisladores nacionais adoptem normas claras, precisas e previsíveis quanto aos seus efeitos, sob pena de os contribuintes, caso tal não se verifique, recorrerem ao TJUE.

Pode assim concluir-se que se a tendência é a vaguidade, o limite é a determinabilidade.

Ao nível do Direito da UE não é só a *vertente objectiva* do princípio da segurança jurídica que é tida em consideração pelo TJUE. De igual modo, tem-se verificado uma abordagem à temática da segurança jurídica sob a sua *dimensão subjectiva* de protecção da confiança, ainda que não directamente incidente em matéria de Direito Tributário.

Radicando a construção e desenvolvimento da *dimensão subjectiva* do princípio da segurança jurídica também na jurisprudência do TJUE, cabe, portanto, referir e analisar sucintamente alguns dos primeiros acórdãos que versaram sobre o tema além dos que já nos referimos em concreto no ponto anterior a propósito da limitação dos efeitos das decisões do próprio tribunal.

Para analisar a sua evolução jurisprudencial há que tomar em consideração o caso ALGERA como ponto de partida, no qual o TJUE analisou a cessação de actos administrativos ilegais.[333] Afirmou o tribunal que uma medida administrativa que atribuísse direitos individuais não podia ser anulada de forma unilateral, mesmo que o acto fosse considerado ilegal, quando o direito em causa não fosse inválido ou ilícito.

Também no caso SNUPAT não se verificou uma referência expressa ao princípio da protecção da confiança, ainda que aqui já seja possível identificar na decisão do TJUE um crivo de análise que configurou mais um passo na aproximação ao conteúdo que hoje lhe é associado.[334]

[333] Acórdão do TJUE de 12 de Julho de 1957, proc. C-7/56.

[334] Acórdão do TJUE de 17 de Julho de 1959, proc. C-32/58.

Se nos casos anteriormente abordados a referência ao princípio da protecção da confiança era meramente tácita ou inferida da argumentação do TJUE, foi após o caso LEMMERZ-WERKE que se deu explicitamente o seu reconhecimento enquanto princípio geral do Direito da UE.[335] Estava aqui em causa, uma vez mais, a revogação com efeitos retroactivos de um acto que desta feita atribuía uma isenção no pagamento pelas empresas de uma contribuição para o mecanismo de perequação das sucatas. A este respeito, entendeu o TJUE que "*[t]he High Authority can revoke illegal decisions, even retroactively, provided that in certain exceptional cases proper consideration is given to the principle of legal certainty*".

A partir do caso WESTZUCKER, o TJUE passou igualmente a analisar a conformidade de alterações legislativas com o princípio da segurança jurídica e da protecção da confiança, quando até então apenas o fazia no âmbito das decisões administrativas.[336] Entendeu ainda o tribunal que, em função dos factos trazidos ao processo, não se poderia considerar que "ao proceder a esta alteração, o Regulamento (...) tenha violado o princípio da segurança jurídica nos termos do qual a confiança legítima dos interessados merece protecção".

Verificou-se, uma vez mais, a configuração e o reconhecimento do princípio da segurança jurídica e do princípio da protecção da confiança pelo TJUE como princípios autónomos e independentes de Direito da UE, com potencialidade de serem invocados pelos contribuintes para garantia e tutela das suas posições jurídico-subjectivas.

Mais recentemente, no acórdão GEMEENTE LEUSDEN o TJUE fez referência aos princípios da protecção da confiança legítima e da segurança jurídica uma vez mais a propósito da aplicação retroactiva de uma norma, afirmando que aqueles princípios se opunham "a que um ajustamento nos termos do artigo 20.° da Sexta Directiva IVA ou o imposto ao abrigo do n.º 7, al. *a*), do artigo 5.º da mesma directiva sejam aplicáveis a um sujeito passivo pela única razão de, devido a uma alteração legislativa superveniente, esse sujeito passivo já não poder sujeitar a IVA a activi-

[335] Acórdão do TJUE de Julho de 1965, proc. C-111/63.

[336] Acórdão do TJUE de 4 de Julho de 1973, proc. C-1/73.

dade relativamente à qual adquiriu o direito à dedução nos termos da referida directiva".[337]

Nestes termos, e tendo em conta a jurisprudência do TJUE que se referiu, pode sem receios concluir-se que o princípio da protecção da confiança, perspectivado enquanto *dimensão subjectiva* do princípio da segurança jurídica, é também tido em conta pela jurisprudência europeia, tendo um reflexo directo e imediato na protecção das expectativas legítimas dos contribuintes.[338] Sobre este tema tivemos também oportunidade de nos referir quando atrás estudámos a temática da retroactividade da jurisprudência.

Há que mencionar que à semelhança do que acontece na ordem jurídica interna, também no ordenamento jurídico europeu o princípio da segurança jurídica existe enquanto princípio geral do Direito da UE, tendo sido o seu conteúdo progressivamente construído pelo labor jurisprudencial do TJUE. Labor este que só por via da consagração de um mecanismo de reenvio jurisprudencial – que visa, acima de tudo, uma aplicação uniforme e coerente do Direito da UE pelos vários EM – se pode concretizar. Também se pode concluir que as preocupações com *a vertente objectiva* da segurança jurídica são dirigidas ao *poder legiferante dos Estados* não descurando o TJUE a dimensão subjectiva da tutela da confiança.

Se a questão que nos propusemos responder neste Capítulo II se situava na temática de saber se a actual concepção legislativa em Direito Tributário tem implicações na construção teórica das dimensões da segurança jurídica, a resposta não pode deixar de ser positiva.

De uma sobreposição de planos resultaria a seguinte equação: a uniformização da segurança jurídica estará para a aplicação do Direito, como a estabilidade normativa e coerência sistemática estão para a criação do Direito. Isto na dimensão objectiva. Já a retroactividade racionalizada da

[337] Acórdão do TJUE de 29 de Abril de 2004, proc. apensos C-487/01 e C-7/02. Neste sentido vai também o acórdão do TJUE de 9 de Junho de 2016, proc. C-332/14.

[338] Para maiores desenvolvimentos quanto ao princípio da segurança jurídica e quanto à protecção das expectativas legítimas dos contribuintes no domínio europeu veja-se, por exemplo, Takis Tridimas, *in* "The general principles of EU law", 2.ª ed., Oxford University Press, 2006, pp. 242-297.

jurisprudência estará para a aplicação do Direito, como a protecção da confiança ou a proibição da retroactividade fiscal está para a criação do Direito.

Estamos capazes de afirmar que, na actual concepção do Direito Tributário, a capacidade de os cidadãos conformarem as suas condutas de acordo com o comando vertido num determinado acto normativo depende agora, em larga medida, do labor cometido, em última instância, aos tribunais quando concretizam a lei.

Assim sendo, só através da estabilidade dessa concretização normativa manifestada na uniformização e na coerência da jurisprudência, é que se assegurarão as características essenciais de previsibilidade e de calculabilidade, tal como são impostas pelo princípio da segurança jurídica. Se a uniformização é então parte da resposta, a consagração de um mecanismo que possibilite uma aplicação da jurisprudência retroactiva racionalizada há-de ser a outra parte.

Desta forma, a segurança jurídica pensada na óptica do aplicador do Direito reflecte-se na uniformização da jurisprudência e na garantia de que haverá que tratar a retroactividade jurisprudencial em moldes idênticos à retroactividade legal.

Se a resposta é então uniformização e retroactividade racionalizada da jurisprudência haverá que compreender como é que estas se efectivam na ordem jurídica.

Perceber quais são os instrumentos leva-nos, antes de mais, a um estudo do que se faz nestas matérias quer em jurisdições de *common law*, quer em outras jurisdições de *civil law* além da nossa.

Capítulo III
A Segurança Jurídica na Aplicação do Direito em Jurisdições de Common Law e de Civil Law

8. Colocação do problema

A dicotomia tradicionalmente estabelecida para o princípio da segurança jurídica preserva na actualidade os seus méritos, e isso é inegável. Porém, esta afirmação não pode ser absoluta e não terá seguramente a mesma validade para todos os ramos de Direito.

A actual concepção legislativa em Direito Tributário e a consequente assunção pelo aplicador do Direito de uma margem de concretização normativa não se compagina com a estrita recondução da *dimensão objectiva* e da *dimensão subjectiva* do princípio da segurança jurídica a momentos distintos e aceites como estanques. O mesmo é dizer que se revela insuficiente a tutela que é conferida ao abrigo do princípio da segurança jurídica quando se alocam as exigências pensadas para a *dimensão objectiva* daquele princípio exclusivamente ao plano legislativo.

Tal como se viu, as manifestações que são tradicionalmente associadas à *dimensão objectiva* e que se materializam, entre outras, na clareza, na previsibilidade e na calculabilidade normativa, não são passíveis de uma transposição *tout court* para o domínio da *aplicação do Direito*, contudo, sendo cometidas unicamente ao legislador, não se revelam suficientes para assegurar a uniformidade e a coerência da concretização normativa que é efectuada pelos tribunais. De igual modo, verificou-se a necessidade de se ir fazendo um desenvolvimento teórico na construção da *dimensão subjectiva* do princípio da segurança jurídica, quando pensada na óptica da *aplicação do Direito*, uma vez que esta versava essencialmente sob a aplicação retroactiva da lei, desprezando os problemas associados à retroactividade da jurisprudência.

Vimos também que, paradoxalmente, quanto maior for o grau de uniformização de um sistema processual, maior será a confiança dos destinatários na estabilidade da aplicação do Direito, sendo portanto maior a probabilidade de se frustrarem as expectativas dos particulares no caso de ocorrerem alterações à corrente jurisprudencial até então persuasiva.

Em suma, concluiu-se no Capítulo II que o princípio da segurança jurídica, tal qual é entendido na versão tradicionalmente propugnada pela doutrina, revela hoje uma capacidade limitada para prevenir os riscos derivados da actuação estatal. Isto porque, na actual concepção do Direito, a capacidade dos cidadãos conformarem as suas condutas de acordo com o comando vertido num determinado acto normativo depende, em larga medida, e em última instância, do labor cometido aos tribunais na sua tarefa de concretização de uma lei recorrentemente compreendida por conceitos vagos e indeterminados.

Concluiu-se que a lei, fonte imediata de Direito, só é compreensível quando completada pela jurisprudência que a concretizará normativamente. Concluiu-se também que a jurisprudência, ainda que não passe a ser fonte imediata de Direito, passa a ter que ser "contaminada" com imperativos mais exigentes de segurança jurídica semelhantes aos da lei porquanto passa a ser o veículo para revelar o Direito contido originariamente na lei.

Vimos ainda que, da vertente clássica do Direito podíamos fazer corresponder no actual plano da criação do Direito uma dimensão objectiva de estabilidade para a qual a uniformização jurisprudencial será a resposta e uma dimensão subjectiva de tutela da confiança para a qual será necessário olhar na perspectiva da retroactividade.

Posto isto, suscita-se a necessidade de se identificarem na ordem jurídica técnicas ou mecanismos que assegurem efectivamente a estabilidade, a uniformização e a coerência da concretização normativa relegada à jurisprudência, a fim de garantir uma real tutela da segurança jurídica que deve assistir aos destinatários na conformação das suas condutas em face do quadro normativo vigente.

Das conclusões do primeiro e segundo capítulos decorre que é preciso garantir a segurança jurídica na esfera do *aplicador do Direito*.

Neste sentido, porquanto se julga profícuo ao presente estudo, estudar-se-ão diferentes ordenamentos jurídicos de forma a identificar os mecanismos e as técnicas neles existentes que se encontram vocacionados para concretizar e assegurar a uniformização e a previsibilidade jurisprudencial.

Como se verá, a forma como a segurança jurídica está enraizada no sistema judicial é o resultado de um longo processo histórico. De uma perspectiva teórica, os pontos de partida na abordagem deste problema podem ser muito diferentes especialmente em função da "família" de Direito em que cada um dos sistemas jurídicos se insere ser de *civil law* ou de *common law*. No entanto, as diferenças acabam por ser menores do que aquilo que se poderia achar à partida.

É que, como se verá, a aplicação uniforme e coerente do Direito constitui uma preocupação comum e constante de todos os países seleccionados, independentemente de integrarem um sistema romano-germânico dito de *civil law* ou um sistema anglo-saxónico dito de *common law*.

Por referência ao ordenamento jurídico português, sabe-se já que, nos sistemas romano-germânicos, o poder de criar imediatamente o Direito está reservado ao legislador e, portanto, é constitucionalmente atribuído a um órgão distinto daquele que irá sindicar a aplicação da lei. Simplificando, o momento de *criação do Direito* e o momento da *aplicação do Direito* são distintos e tendencialmente segmentados, cabendo o primeiro ao legislador e o segundo à AT e aos tribunais. Na verdade, a lei, fonte de Direito imediata, desempenha um papel balizador da função do juiz, encontrando-se este coarctado do poder de *criação do Direito*. Dentro dos limites da legalidade, a verdade é que o juiz em *civil law* é livre de aplicar o Direito, não havendo portanto precedentes vinculativos. Isto significa então que, paradigmaticamente, em *civil law*, a jurisprudência é apenas fonte mediata de Direito e o precedente, a existir, é sempre persuasivo, sendo os juízes livres de aplicarem Direito mesmo em contradição com jurisprudência superior.

Pelo contrário, quando se aprofundar o funcionamento dos sistemas anglo-saxónicos, ditos de *common law*, tornar-se-á evidente que mais do que uma margem de concretização normativa, os juízes assumem um verdadeiro poder de *criação do Direito*. A jurisprudência assume-se como fonte imediata de Direito a par da lei. Ainda que, como se verá, actualmente na maioria dos Estados a função legislativa até possa competir, em primeira linha, ao Parlamento, a verdade é que acaba por ser permitido ao juiz criar Direito quando resolve o caso concreto, criando, portanto, normas gerais e abstractas que terão validade para o futuro. Daí que nestes sistemas se aceita a *judge-made law* traduzida num conjunto de regras jurídicas fruto de decisões judiciais.

Ora, este poder criador de Direito do juiz é materializado na doutrina do *stare decisis*, vulgo precedente judicial, segundo a qual a decisão adoptada pelo juiz para o caso concreto terá uma pretensão geral e abstracta, isto é, uma eficácia vinculativa para os demais juízes, *maxime* os dos tribunais inferiores, que se pronunciem sobre idêntico caso. Paradigmaticamente, porque a jurisprudência nestas "famílias do Direito" é fonte imediata de Direito, o precedente é vinculativo.

Conforme se depreende, ainda que a segurança jurídica consista num valor ou princípio basilar, quer em sistemas de *common law*, quer em sistemas de *civil law*, a verdade é que cada um destes sistemas apresenta peculiaridades e diferentes formas de tutelar este princípio.

Será quase intuitiva a constatação que em sistemas de *civil law* as preocupações com a segurança jurídica são tipicamente endereçadas ao legislador, ou seja, ao plano da *criação do Direito*, já que paradigmaticamente é a lei a fonte de Direito imediata.

Pelo contrário, em sistemas de *common law* a tutela da segurança jurídica surge também associada ao plano da *aplicação do Direito* já que, a par da lei, esta é aceite como fonte imediata de Direito.

Nestes ordenamentos jurídicos garante-se a coerência na tomada de decisões judiciais e o respeito mútuo dos juízes quanto à autoridade e confiança da *judge-made law* através da uniformização baseada na *stare decisis doctrine*. Há, portanto, preocupações acrescidas de segurança jurídica no plano da *aplicação do Direito* em sistemas jurídicos de matriz anglo-saxónica.

Mas se assim é em teoria, a verdade é que cada vez mais Estados de *civil law* se preocupam em assegurar a uniformização da aplicação do Direito e em reforçar a persuasão do precedente precisamente, pela necessidade de acautelar a segurança jurídica no plano do aplicador do Direito que assumiu um papel de concretizador normativo por via da evolução da técnica legislativa em Direito Tributário. E, ao mesmo tempo, cada vez mais Estados de *common law* flexibilizam a vinculatividade do precedente, conscientes da necessidade de conferir ao legislador maior poder de criação de leis e ao aplicador maior liberdade em prol da evolução do Direito.

Perceber como Estados de *civil law* têm reforçado a segurança jurídica no plano da aplicação do Direito leva-nos à análise do sistema jurídico judicial francês e holandês. Perceber como Estados de *common law* têm o seu sistema desenhado ao ponto de assegurarem a segurança jurídica na aplicação do Direito leva-nos aos exemplos do Reino Unido, dos EUA e da Austrália.

Faremos este percurso para perceber quais os instrumentos processuais que garantem a efectiva uniformização e coerência na aplicação do Direito.

Será com estas ideias que se partirá para o TÍTULO II. Com a ideia de quais os instrumentos de uniformização adoptados em outros Estados ainda que de diferentes "famílias" de Direito, e com a ideia de que em Portugal o direito processual terá que prever mecanismos que efectivamente garantam a segurança jurídica na aplicação do Direito já que, pelo menos no que respeita à vertente da tutela da confiança, estamos já conscientes que o sistema português não estará preparado para acautelar a segurança jurídica na aplicação do Direito.

9. Perspectiva histórica das jurisdições de *civil law* e de *common law* e a sua relação com o princípio da segurança jurídica

Nos sistemas romano-germânicos, vigentes na grande maioria dos países da Europa Ocidental e também na generalidade dos países da Europa Oriental, o Direito legislado é considerado como a principal fonte de Direito. Esta situação não é apenas o produto da influência do Direito Romano. É também consequência das escolhas colectivas feitas em 1789 por ocasião da Revolução Francesa e dos anos que se lhe seguiram.

Ao abrigo do *Ancien Régime*, os juízes não eram dignos de confiança e eram frequentemente acusados de serem arbitrários, parciais e corruptos. Existia um sentimento generalizado de que as regras concebidas pelos juízes eram necessariamente erradas e de que a única forma de prevenir abusos passaria, quer pelo Direito codificado criado de acordo com um processo transparente e democrático, quer pela obrigação dos juízes aplicarem a lei adoptada nos termos deste processo. Os Revolucionários empenharam-se em concentrar a competência para criar novas regras no Parlamento enquanto órgão representativo da vontade popular, deixando, desta forma, claro que os juízes tinham de ser privados de qualquer poder para elaborar regras de Direito, tal como vários filósofos do período iluminista o haviam recomendado.

A este respeito, MONTESQUIEU escreveu que "*les juges de la nation ne sont, comme nous avons dit, que la bouche qui prononce les paroles de la loi; des êtres inanimés, qui n'en peuvent modérer ni la force ni la rigueur. C'est donc la partie du corps législatif, que nous venons de dire être, dans une autre occasion, un tribunal nécessaire, qui l'est encore dans celle-ci; c'est à son autorité suprême à modérer la loi, en faveur de la loi-même, en prononçant moins rigoureusement qu'elle*".[339]

ROBESPIERRE, que esteve no poder entre os anos de 1793 e 1794, chegou ao ponto de afirmar que a palavra "jurisprudência" deveria ser extirpada do vocabulário francês, afirmando que, num Estado dotado de uma Constituição e de uma legislação, a jurisprudência dos tribunais não era nada mais que a lei do Parlamento.[340]

São estas razões históricas que explicam que em sistemas de *civil law* as decisões dos tribunais não produzam, em regra, além dos efeitos *inter partes*, efeitos *erga omnes* não vinculando, portanto, outros tribunais que venham a deparar-se com casos semelhantes no futuro. Não há então regra de precedente vinculativo, cabendo aos juízes aplicar o Direito sem obrigatoriedade de seguirem o que outros tribunais decidiram.[341]

[339] Foi no seu livro "Do espírito das leis" que MONTESQUIEU descreveu de forma percursora a teoria da tripartição de poderes de Aristóteles, aqui já não cometidos à mesma pessoa. Recorde-se a este propósito o que deixámos dito no CAPÍTULO II, no seu PONTO 5. MONTESQUIEU, *in* "Do espírito das leis" (1748), introd., trad. e notas de Miguel Morgado, Edições 70, 2011.

[340] A tradução é livre e é nossa, usada por LAURENT COHEN-TANUGI no "Case Law in a Legal System without Binding Precedent: The French exemple", *in* Stanford Law School, Comentário n.º 17, 2016.

[341] Nesse sentido, entendem CARLOS FERREIRA DE ALMEIDA e JORGE MORAIS CARVALHO em "Introdução ao Direito Comparado", Almedina, 2018, p. 55, que "(...) o valor da jurisprudência como fonte de direito é (...) matéria de discussão e de opiniões divididas. As principais orientações são as seguintes: 1ª – A jurisprudência não é fonte imediata de direito. As decisões dos tribunais só têm eficácia no caso concreto, pelo que valem apenas como meio mediato ou derivado de conhecimento do direito. Tem sido esta a posição dominante. 2ª – Quando uniforme, a jurisprudência constitui, em regra, precedente meramente persuasivo, mas, em certas matérias, pode ser considerada como fonte de direito, na medida em que interpreta,

Se assim foi historicamente, o certo é que pelas razões que se foram deixando expostas, não restarão grandes dúvidas que a actual concepção legislativa em Direito Tributário aumenta, em muito, o fenómeno em que dos juízes é cada vez mais esperada a concretização normativa da lei. Do juiz de *civil law* espera-se a decisão do caso concreto é certo mas, cada vez mais, e sempre que se justifique, a concretização normativa de leis intencionalmente amplas.[342]

O subsistema do Direito inglês constituiu, por seu turno, a referência para todos os demais sistemas jurídicos estaduais que integram o *common law* e que actualmente abrangem a maioria dos países de língua inglesa, designadamente o Reino Unido; a Irlanda; o Canadá; os EUA; a Austrália; a Nova Zelândia de entre outros Estados nomeadamente africanos como a África do Sul.[343] De acordo com a tradição do *common law*, o Direito é predominantemente jurisprudencial, isto é, a jurisprudência constitui o

desenvolve ou completa normas legais. (...) 3º- A jurisprudência constante tem o valor de costume jurisprudencial".

[342] Importa referir que existem sistemas ditos "híbridos" que se encontrarão a meio caminho entre sistemas de *common law* e sistemas de *civil law*. Como exemplo deste tipo de sistemas podemos apontar o caso do ordenamento jurídico da Noruega e do sistema jurídico da Coreia. Na Noruega, acompanhando o entendimento de Peter Lødrup, *in* "Norwegian Law: A Comparison with Common Law", Saint Louis University Law Journal, Vol. 4, 1961, p. 520 "[b]*y "civil law" is meant law which derives from the Roman law; to a Scandinavian jurist, this division of legal systems into two parts is a surprising over-simplification. And if Norwegian law is classified as "civil law" and thereby declared to be based on Roman law, the labelling is simply incorrect*." Por essa razão, a *ratio decidendi* das decisões proferidas pelo *Norges Høyesterett* (Supremo Tribunal da Noruega) vincula os tribunais que lhe sejam hierarquicamente inferiores a aplicarem a lei no mesmo sentido, promovendo-se assim a previsibilidade e calculabilidade do Direito norueguês. Na Coreia, os tribunais são encorajados a preservar a segurança jurídica dos cidadãos através do reconhecimento de uma autoridade pseudo-vinculativa às decisões proferidas pelo *Supreme Court of Korea*. Neste sentido, Eui Young Lee & Minsoo Yoon, afirmam que "*the system has developed in a unique way in adopting some characteristics of common law system, such as permitting dissenting opinions, though only at the final instance level, and giving greater weight to the precedents of the SC*" *in* "Precedent versus Change in Case Law: The Korean Perspective", IBFD, vol. 73, n.º 8, 2019, p. 428. Defendem ainda em p. 431 que "*precedents play a key role in maintaining the consistency and predictability of the judicial opinions. Judges of the lower courts generally defer to precedents of the higher courts and a change of a precedent happens rarely*".

[343] Patrícia Jerónimo, *in* "Lições de Direito Comparado", Escola de Direito da Universidade do Minho, 2015, p. 93.

principal modo de criação e de revelação de regras e princípios jurídicos. É esta característica que leva a que os investimentos de confiança por parte dos cidadãos sejam feitos no plano do *aplicador do Direito* a par do plano do legislador, desempenhando aqui o precedente – vinculativo – um papel fulcral.

Importa referir que as origens do subsistema anglo-saxónico remontam à Inglaterra do século XI, na qual vigorava um sistema feudal. Embora a noção de *common law* seja frequentemente cunhada à lei *judge-made* essa designação acaba por ser enganadora. A génese do *common law* reconduz-se à supressão do direito de os particulares resolverem os litígios, entre si, passando a ser regidos pela aplicação da lei do rei, através da designação dos juízes para desempenharem tais funções. A *common law* evoluiu na base do direito costumeiro e, ao longo do tempo, acabou por substituir essas regras e princípios costumeiros por um sistema uniforme do Direito que era aplicável a todo o território do reino. A noção de *common law* referia-se ao conjunto de regras e princípios que todas as pessoas tinham em comum. Não é portanto rigoroso dizer-se ou associar-se a *common law* à "lei feita pelo juiz", já que o direito comum é o produto de um processo judicial.[344]

Através das suas decisões, os tribunais reais foram criando as primeiras regras que serviram de base para a uniformização do sistema jurídico inglês, instituindo regras gerais e comuns que valiam em todas as partes do reino. As decisões dos tribunais reais ao mesmo tempo que determinavam o Direito aplicável a problemas concretos, também fixavam o Direito a ser aplicado, no futuro, a litígios semelhantes. Surgia assim a ideia do precedente, segundo a qual, uma decisão judicial tomada a partir de um caso concreto poderia servir como critério para o julgamento de casos sucessivos semelhantes, por via da analogia entre os factos do caso

[344] Como Sir Owen Dixon afirmou em 1965 acerca do *judicial method*: "[c]*ourts do in fact proceed upon the assumption that the law provides a body of doutrine which governs the decision of a given case. It is taken for granted that the decision of the court will be "correct" or "incorrect", "right" or "wrong" as it conforms with ascertained legal principles and applies then to a standard of reasoning which is not personal to the judges themselves. The Court would feel that the function it performed had lost its meaning purpose, if there were no external standard of legal correctness*", Sir Owen Dixon, "Jesting Pilate", law Book Co., 1965, pp. 155-156.

de referência e os factos do caso em análise. Esta ideia do precedente viria a constituir a base fundamental do subsistema anglo-saxónico e a materializar-se no princípio *stare decisis.*

Os países ditos de *common law* têm-se mantido como países em que, apesar de a lei ser criada pelos Parlamentos, o direito jurisprudencial assume preponderância, isto é, em que o processo de *criação do Direito* é fruto do labor judicial e das regras estabelecidas pelos juízes nas decisões que proferem.[345]

Na ausência de regulamentação de uma determinada matéria por lei, aquilo que num sistema romano-germânico se apelidaria de "lacuna", o juiz não encontra qualquer constrangimento à sua actuação, cabendo-lhe fixar o critério jurídico que sustenta a sua decisão e assim dar continuidade ao processo de criação do Direito por via do princípio *stare decisis.*[346] Na resolução destes *leading cases,* os juízes hão-de alicerçar e fundamentar as suas decisões, empregando critérios de razoabilidade, apelando a princípios que derivam do Direito anteriormente firmado ou, simplesmente, declarando que é essa a solução "segundo o direito inglês".[347]

Na verdade, o princípio do *stare decisis* foi adoptado como modelo de solução para casos idênticos a surgir no futuro, isto é, se uma determinada situação jurídica já foi objecto de uma decisão judicial anterior, o juiz encontra-se compelido a seguir o precedente fixado por essa decisão e a usar o mesmo critério decisório à resolução do problema em causa. São portanto razões de estabilidade e coerência na aplicação do Direito

[345] Neste sentido veja-se Patrícia Jerónimo (2015), p. 98 ou Joseph Dainow, *in* "The civil law and the common law: some points of comparison", *in* The American Journal of Comparative Law, Vol. 15, No. 3, 1966 – 1967, p. 422.

[346] O preenchimento de lacunas num sistema jurídico romano-germânico como o português está, como se sabe já, sujeito a determinadas condicionantes. Para mais desenvolvimento veja-se Miguel Teixeira de Sousa, *in* "Introdução ao Estudo do Direito", Almedina, 2015, pp. 397 e ss e veja-se também o que se deixou dito quanto à integração de lacunas e à analogia em particular em Direito Tributário no Capítulo I, mormente no Ponto 3. Pelo contrário, a respeito do papel desempenhado pelo juiz no sistema anglo-saxónico refere Joseph Dainow (1966 – 1967), em p. 433, que "*[b]y contrast, for him the difficulty arises when there is a pertinent legislative text not to his liking; the challenge then is to restrict the scope of its application*".

[347] Carlos Ferreira de Almeida e Jorge Morais Carvalho (2018).

e, portanto, de segurança jurídica que subjazem à adopção e manutenção desta doutrina da *stare decisis* ainda nos dias de hoje.[348]

Quanto à aplicação do princípio *stare decisis* cumpre ainda referir que o emprego de decisões judiciais anteriores aos casos postos em análise não ocorre de forma automática. Esta requererá a devida ponderação jurídica demandando um esforço interpretativo por parte dos juízes a quem caberá a tarefa de descortinar, no seio do texto das decisões judiciais, os critérios jurídicos decisivos para a resolução do caso, ou seja, a *ratio decidendi* que subjaz ao caso judicial que constitui o precedente.

Sempre se dirá a este propósito que a *ratio decidendi* é determinada pelos fundamentos jurídicos da decisão, constituindo o núcleo do precedente judicial. Portanto, não é a decisão judicial como um todo que vincula o juiz, mas apenas a *ratio decidendi* da decisão precedente, a norma jurídica geral estabelecida na fundamentação de determinadas decisões. Seguindo de perto as palavras de Joseph Dainow, o labor e a exigência de determinar a *ratio decidendi* surge da necessidade de os juízes protegerem as suas prerrogativas enquanto criadores do Direito, dado que, quanto mais circunscrita fosse a sua vinculação à decisão anterior, maior seria a sua liberdade para apreciar o caso.[349] Assim sendo, ao analisarem as decisões anteriores, os juízes procuram distinguir o critério decisivo que esteve na base da decisão anterior, leia-se a *ratio decidendi*, de outras considerações feitas pelo tribunal a propósito do problema, mas não essenciais para a sua resolução.

Estas últimas considerações constituem os *obter dicta*, isto é, os elementos que complementam a *ratio decidendi*, auxiliando na sua argumentação. Contudo, diferentemente do que sucede com a *ratio decidendi*, os

[348] Numa perspectiva australiana, veja-se a decisão proferida pelo *Federal Court of Australia*, no dia 22 de Setembro de 2000, relativa ao proc. *Telstra Corporation Ltd v. Treloar*. Em sentido idêntico, do prisma americano, sugere-se a consulta da decisão do *United States Supreme Court*, de 12 de Janeiro de 2016, relativa ao proc. *Hurst v. Florida*; a decisão do *United States Supreme Court*, de 26 de Junho de 2015, relativa ao proc. *Johnson v. United States*; a decisão do *United States Supreme Court*, de 27 de Maio de 2014, relativa ao proc. *Michigan v. Bay Mills Indian Cinty*; a decisão do *United States Supreme Court*, de 23 de Junho de 2011, relativa ao proc. *CSX Transp. Inc. v. Mc.Bride*.

[349] Joseph Dainow (1966 – 1967), p. 425.

obter dicta não têm carácter vinculativo, constituindo meros elementos auxiliares.[350]

Quando o juiz verifica se há ou não identidade entre o caso referência e o caso presente levará a cabo uma tarefa de confrontação e diferenciação entre os factos relevantes daqueles casos.[351] Se o juiz considerar que as diferenças encontradas são relevantes, o precedente fixado pela decisão anterior não é aplicado ao caso *sub judice*, já que as diferenças revelam a inadequação da aplicação da *ratio decidendi* do precedente ao caso em julgamento.

Já no que toca ao *overruling*, estamos perante uma técnica que permite superar um precedente já firmado, uma vez que o juiz, reconhecendo que não existem mais condições fáctico-jurídicas para a aplicação da *ratio decidendi*, pode pôr fim à aplicação da regra extraída de um precedente, substituindo-a por outra de sentido diferente.[352] Trata-se aqui de uma faculdade extremamente importante, na medida em que permite que o sistema se adapte às alterações motivadas por novas realidades.[353] Trata-se, portanto, de um instrumento que permite a evolução do Direito,

[350] A estrutura das decisões judiciais dos sistemas de *common law* é bastante importante e, como se verá, um instrumento decisivo à efectiva uniformização na aplicação do Direito operada pela doutrina da *stare decisis*. Na elaboração de uma decisão de Direito num país de *common law*, os juízes devem identificar a solução jurídica para a concreta questão controvertida, ou seja, a *decisão do processo – the holding of a case*. Os juízes devem autonomizar a *regra do processo – the rule of the case* – sendo que esta consistirá no princípio jurídico com o qual se debateria a questão controvertida. Finalmente, numa decisão proferida ao abrigo da doutrina da *stare decisis*, os juízes deverão individualizar a *ratio decidendi*, a qual, sabemos já, constitui o princípio geral de Direito que o tribunal erige como fundamento para a sua concreta decisão. Se a liberdade dos juízes é assegurada nas duas primeiras partes da decisão, só a *ratio decidendi* é que é verdadeiramente vinculativa. Neste sentido veja-se Jennifer Davies (2019), p. 404.

[351] Será o equivalente à nossa identidade de factos e de Direito patente no art. 284.º do CPPT para os casos de recurso para uniformização de jurisprudência.

[352] A este propósito *Perre v. Apand Pty Ltd*, onde se refere que "[a]*dvances in the common law must begin from a baseline of accepted principle and proceed by convencional methods of legal reasoning. Judges have no authority to invent legal doctrine that distorts or does not extend or modify accepted legal rules and principles. Any changes in legal doctrine, brought about by judicial creativity, must "fit" within the body of accepted rules and principles*". AU: HCA, 12 Aug. 1999, *Perre v. Apand Pty Ltd*, (1999) 198 CLR 18.

[353] Em concreto sobre esta temática *Breen v. Williams* (1996) onde se diz que "[h]*owever, the courts cannot alter the common law at will. Courts can only developed the common law logically and*

garantindo que os precedentes fixados se encontram ajustados e aptos a contemplar e regular a conjuntura sócio-económica emergente.[354]

Atenta a evolução histórica que se apresentou e as características gerais que se traçaram quanto ao funcionamento, quer do regime judicial em *common law*, quer do labor jurisprudencial do juiz neste regime, cabe agora aferir, em particular, o impacto do que se deixou dito no que em concreto respeita à segurança jurídica.

O princípio da segurança jurídica é a prescrição que, dirigida aos poderes legislativo, executivo e judicial, determina a procura por um estado de confiabilidade e calculabilidade no seio do ordenamento jurídico. E é assim independentemente de se estar numa família de Direito de *civil law* ou de *common law*.

Porém, ainda que nos dias de hoje haja um tendencial esbatimento das fronteiras entre estas duas tradições jurídicas, a verdade é que, na óptica da tutela das exigências impostas pelo princípio da segurança jurídica, constatam-se diferenças nítidas entre estes dois sistemas jurídicos. Se o princípio do *stare decisis* fundamenta a noção de segurança jurídica no *common law*, uma vez que imprime coesão e coerência nas decisões judiciais; em sistemas de *civil law* a concepção de segurança jurídica está tradicionalmente associada à confiabilidade do Direito legislado porquanto só este é fonte de Direito imediata.

Na *common law* a segurança jurídica perspectiva-se numa ideia de uniformização e estabilidade, quer da lei, quer da jurisprudência, não se podendo admitir que pessoas iguais, com casos iguais, possam obter decisões diferentes. Neste sistema jurídico, a submissão aos precedentes

analogically from existing legal principles within the constraints of the common law system of decision-making", AU: HCA, 6 Sept. 1996, *Breen v. Williams*. (1996) 186 CLR 71.

[354] Neste sentido, veja-se a decisão proferida pela *High Court of Australia*, em 13 de Outubro de 1988, relativa ao proc. *Giannarelli v. Wraith*, na qual se afirmara que "*[a] court is not ordinarily concerned to apply to the resolution of a current case a proposition of common law plucked from a moment in history, though the court will often refer to the history of the common law in ascertaining a principle for contemporary application. In declaring and applying the common law to a current case, a court is bound by earlier decisions state what that court is bound to take the common law to be. But when the court is not so bound, it may undertake its own inquiry into the common law and it may depart from earlier decisions. The doctrine of stare decisis requires no greater adherence to precedent, though curial policy may lead a court to adhere to earlier authority which is merely persuasive*".

judiciais não viola a garantia de independência do juiz, pelo contrário, confere racionalidade ao sistema judicial e à própria decisão.[355]

Por tudo o que foi dito, a questão da segurança jurídica é ponto que merece hoje reflexão nos países que se reconduzam à tradição romano-germânica. A ampliação da tarefa interpretativa do aplicador do Direito e o surgimento de decisões conflituantes para casos semelhantes, mormente decisões que digam respeito à aplicação de leis com características de vaguidade e amplitude acabam por interferir com as exigências do princípio da segurança jurídica. É inegável que, nos dias de hoje, as garantias de segurança jurídica, ainda que encontrem uma correlação com o grau de determinabilidade de um texto normativo, hão-de reconduzir-se, em larga medida, e cada vez mais, à previsibilidade e estabilidade na actividade jurisdicional.

E esta é uma preocupação que, como se tentará demonstrar de seguida, é transversal a todos os países, independentemente da família de Direito que integrem e que é acrescida se se levar em linha de conta, então, a actual concepção legislativa em Direito Tributário.

Detenhamo-nos em primeiro lugar, nos sistemas de *common law* que se seleccionaram: Reino Unido, EUA e Austrália. A terminar deter-nos-emos nos dois países de *civil law* onde a preocupação com a segurança jurídica na aplicação do Direito *rectius* com a uniformização da jurisprudência se nos apresentou mais interessante: França e Holanda.[356]

[355] Em países de *common law* ao se colocar a jurisprudência na panóplia de fontes imediatas de Direito e de se conferirem aos tribunais poderes de criação de Direito não significa que se negue o princípio da separação de poderes. Ainda assim há separação de poderes entre o poder legislativo e o judicial na medida em que os tribunais não podem criar Direito a não ser na decorrência de um caso concreto. Veja-se a este propósito o que refere Jennifer Davies (2019), p. 404. "*[a]lthough statute law is made by Parliament, it is the courts that determine the content of the statutory law as enacted. In doing so, it is constitutionally impermissible for a court to encroach on the legislature's role by rewriting or altering the statutory law as enacted. The court's function does not extend beyond determining the legal meaning of the statute law to determine the rights of the parties in the particular case before the court. Where the meaning of the legislation has already been considered in a prior judicial decision, any departure from the meaning attributed to the text by that prior judicial decision will be constrained by the doctrine of precedent*".

[356] São aqui seguidas de perto as conclusões do Congresso da Associação de Juízes que ocorreu em Ottawa em Setembro de 2018 e que teve precisamente como tema *Precedent: Stare*

10. A segurança jurídica na aplicação (e criação) do Direito pelos tribunais em jurisdições de *common law*

Depois de se ter efectuado um excurso geral pelas características históricas que justificam as diferenças da tónica atribuída ao princípio da segurança jurídica em sistemas de *common law* e em sistemas de *civil law*, cumpre-nos agora analisar, em concreto, o funcionamento do sistema judicial em países de *common law*.

Para tanto, começar-se-á por uma breve alusão à organização judiciária de cada um destes sistemas de modo a perceber de que forma é que se efectivam as regras da doutrina dos precedentes judiciais no seio das relações que se estabelecem entre os tribunais. A este respeito, descortinar-se-á a forma como são acolhidas as várias manifestações da doutrina do *stare decisis*, através da distinção entre, por um lado, o precedente vertical e, por outro lado, o precedente horizontal, constatando-se de que forma é que a jurisprudência pode evoluir nesses sistemas de *common law*. De seguida procurar-se-á esclarecer em que medida é que a doutrina do *stare decisis* erigiu a jurisprudência ao rol de fontes imediatas de Direito em cada um desses sistemas jurídicos.

10.1. Reino Unido

Com este pressuposto assente, o que se propõe é estudar, em primeiro lugar, o sistema de *common law* paradigmático: o do Reino Unido.

Neste país, a maioria dos litígios fiscais são decididos em 1.ª instância pelos *First-Tier Tribunals*.[357] Enquanto tribunal de 1.ª instância, debruça-se, pela primeira vez, sobre o litígio fiscal, competindo-lhe fixar a matéria de facto que esteja relacionada com o objecto da acção. Na verdade, em termos gerais, a matéria de facto só pode ser determinada pelo *First-Tier Tribunal*. Não obstante, com fundamento numa questão de Direito, uma

Decisis v. Change of Case Law. Os diferentes textos foram publicados na edição de Agosto de 2019 do IBFD.

[357] Antes de 2009, os contribuintes que quisessem impugnar contenciosamente actos tributários e actos administrativos relativos a questões tributárias, em matéria de impostos directos, tinham de dirigir uma petição ao *General* ou a um *Special Commissioner*, consoante os casos (*"Commissioners for the general purpose of the income tax"* e *"Commissioners for the special purposes of the Income Tax Acts"*). No tocante à matéria de impostos indirectos, a impugnação contenciosa de actos tributários era peticionada no *VAT & Duties Tribunal*.

decisão proferida por este tribunal, em matéria fiscal, poderá ser objecto de recurso para um dos *Upper-Tribunal*, os quais constituem os primeiros tribunais de recurso no seio da organização judiciária britânica.

Por sua vez, também com fundamento numa questão de Direito, uma decisão proferida por um dos *Upper-Tribunal* pode ser objecto de recurso para o "sistema geral" de tribunais de recurso. À luz da distribuição de regras de competência em razão do território, uma decisão do *Upper-Tribunal* poderá ser objecto de recurso, para o *Court of Appeal*, na eventualidade da causa apresentar um elemento de conexão com a Inglaterra ou o País de Gales; para o *Court of Session*, no caso da Escócia ou ainda para o *Northern Ireland Court of Appeal*, aqui também na pressuposição de que exista um elemento de conexão com aquele território.

A seu título, as decisões proferidas por estes tribunais podem ser objecto de recurso, com fundamento numa questão de Direito, para o *United Kingdom's Supreme Court*. Com efeito, desde que substituíra no ano de 2009 o *Judicial Committee of the House of Lords*, que o *United Kingdom's Supreme Court* constitui o tribunal de última instância do sistema judicial britânico. Na vasta maioria dos casos será o próprio *United Kingdom's Supreme Court* a decidir quais são os recursos que pretende apreciar.

O sistema jurídico britânico reconhece, de forma pacífica, a jurisprudência como fonte imediata de Direito. Neste contexto, acompanhando o entendimento do *United Kingdom's Supreme Court*, entende-se que a atribuição de força de lei a certas decisões judiciais "*provides at least some degree of certainty upon which individuals can rely in the conduct of their affairs, as well as a basis for orderly development of legal rules*".[358]

A jurisprudência e a lei do Parlamento estão equiparadas no patamar das fontes imediatas de Direito, sendo ambas gerais e abstractas. Em todo o caso, no contexto do sistema judicial britânico, constata-se que a autoridade de certas decisões judiciais tanto pode revestir-se de uma natureza vinculativa no caso relações verticais, como pode ter "apenas" um poder persuasivo sobre outros tribunais no caso de decisões horizontais. A doutrina do *stare decisis* efectiva-se então de forma distinta consoante estejam em causa relações verticais, vigorando o chamado precedente

[358] A este respeito *vide* o *Practice Statement* publicado pelo United Kingdom's Supreme Court, então Judicial Committee of the House of Lords, no ano de 1966.

vinculativo, ou relações horizontais, para as quais se reconhece a existência de um precedente meramente persuasivo.

Por essa razão, abordar-se-á em primeiro lugar a temática do *precedente vertical* com vista a compreender-se quais são os tribunais que se encontram vinculados a uma decisão proferida por um tribunal superior. No que diz respeito ao *United Kingdom's Supreme Court*, enquanto tribunal de última instância, importa sublinhar que a *ratio decidendi* das decisões deste tribunal será vinculativa para todos os tribunais que integram o sistema judicial britânico. Até ser proferida uma decisão em contrário por parte deste tribunal, ou na eventualidade de ser aprovada uma lei do Parlamento que seja incompatível com este precedente, os tribunais inferiores estarão obrigados a decidir casos futuros em conformidade com o entendimento sufragado pelo *United Kingdom's Supreme Court*.[359]

Descendo-se para o patamar hierárquico imediatamente inferior, mais concretamente, no que diz respeito aos *Courts of Appeal*, importa sublinhar que as decisões proferidas por estes tribunais deverão ser respeitadas pelos *Upper Tribunals* e pelos *First-Tier Tribunals*. Um precedente fixado por qualquer um dos *Courts of Appeal* – seja ele o *Court of Appeal*, o *Court of Session* ou o *Northern Ireland Court of Appeal* – só poderá ser revogado se for proferida uma decisão, por parte do *United Kingdom's Supreme Court*, que anule expressamente o precedente, que se demonstre incompatível com a *ratio decidendi* patente nessas decisões ou, ainda, que afirme que as decisões anteriores foram erradamente decididas perante os concretos factos do processo.[360]

No que diz respeito aos *Upper Tribunal*, os quais são conhecidos como *courts of record*, as decisões proferidas por estes tribunais vincularão os tribunais que lhes sejam hierarquicamente inferiores.

Finalmente, na medida em que não constituem tribunais de recurso, as decisões proferidas pelos *First-Tier Tribunals*, não terão um efeito vinculativo sobre a actuação de outros tribunais que decidam casos análogos. Em todo o caso, convém não descurar que uma decisão proferida

[359] Para mais desenvolvimentos *vide* a decisão do Judicial Committee of the House of Lords, de 25 de abril de 1898, relativa ao proc. *London Street Tramways Co Ltd v. London County Council.*

[360] A este respeito *vide* a decisão do *Court of Appeal*, do ano de 1922, relativa ao proc. *Consett Industrial and Provident Society v. Consett Iron Co.*

por parte de um *First-Tier Tribunal*, que seja pioneira na criação ou no desenvolvimento de um princípio jurídico, e que se tenha sedimentado no tempo, deverá ser seguida pelos outros tribunais, inclusive, pelo próprio *United Kingdom's Supreme Court*.[361]

No contexto do sistema judicial britânico, a par da existência de um precedente vinculativo que se estabelece no seio das relações verticais dos tribunais, constata-se que também existe um *precedente horizontal*, frequentemente conotado com uma autoridade persuasiva ou com um princípio de cortesia judicial. A esse respeito, por força do que se expôs relativamente à organização judiciária britânica, não será de estranhar que o *Court of Appeal* não se encontre vinculado à *ratio decidendi* contida numa decisão proferida pelo *Court of Session* e que, tão pouco, deverá decidir casos análogos em conformidade com um precedente judicial que possa ter sido fixado pelo *Northern Ireland Court of Appeal*. É que, como já foi oportunamente referido, a vinculatividade do precedente judicial só se efectiva no contexto das relações verticais. Ora, os *Courts of Appeal*, independentemente de se encontrarem na Escócia, em Inglaterra ou na Irlanda do Norte, são tribunais do mesmo grau hierárquico. Na realidade, uma decisão proferida pelo *Court of Appeal*, sito em Inglaterra, nunca seria objecto de recurso com fundamento na sua desconformidade com um precedente judicial fixado pelo *Northern Ireland Court of Appeal*, uma vez que não existe uma relação vertical entre estes dois tribunais. Nestes casos, embora o precedente judicial não se revista de uma autoridade vinculativa, o facto é que a *ratio decidendi* de uma decisão judicial poderá condicionar, em certos casos, as decisões futuras de tribunais do mesmo grau hierárquico.

Convém sublinhar que alguns autores associam a esta dimensão da doutrina do *stare decisis* um princípio de "cortesia judicial". Este princípio determina que os tribunais devam atribuir o maior respeito – a maior cortesia – às decisões judiciais proferidas por tribunais do mesmo grau hierárquico, precisamente por razões de uniformização e coerência judicial, ou seja, por razões de segurança jurídica.

[361] Neste sentido *vide* a decisão do *High Court, Chancery Division*, de 22 de Maio de 1974, relativa ao proc. *Astley v. Inland Revenue Commissioners.*

No que em particular diz respeito ao Direito Fiscal, a prática judiciária tem demonstrado que os tribunais ingleses têm seguido o entendimento ensaiado na *ratio decidendi* das decisões proferidas pelos tribunais, o que em última análise é aconselhável na medida em que existem leis fiscais cuja pretensão aplicativa encontra respaldo nos vários países constituintes do Reino Unido.[362] Aliás, embora os poderes de tributação continuem a ser descentralizados, tem-se vindo a atribuir uma maior importância ao precedente horizontal na uniformização da aplicação de certos impostos que, apesar de serem descentralizados, acabam por ser aplicados da mesma forma.[363]

Dito isto, retira-se uma primeira conclusão ao afirmar-se que tanto o precedente vertical quanto o precedente horizontal desempenham um papel fundamental no sistema de *common law* do Reino Unido. É através da efectivação das duas dimensões da doutrina do *stare decisis* que se garante a uniformização da aplicação do Direito por parte dos tribunais britânicos e, por conseguinte, se asseguram as exigências do princípio da segurança jurídica.

Nestes termos, constata-se que ao abrigo do regime dos precedentes judiciais vinculativos mas também persuasivos, o sistema judicial britânico acaba por privilegiar o princípio da segurança jurídica. Este é um entendimento confirmado por Malcolm Gammie, ao afirmar que "*underlying the classic conception of the United Kingdom's constitution is the idea that the law should be as certain as it can be. As can be seen, this underlies elements of judicial precedent, i.e, that issues should not be relitigated and that establishing and upholding the ratio of previous decisions, even if doubtful or possibly wrong, is an importante aspect of that certainty*".[364] Por força da autoridade vinculativa e persuasiva reconhecida ao precedente judicial, observa-se que saem reforçadas as exigências de determinabilidade e estabilidade dos actos normativos – enquanto dimensões do princípio da segurança jurídica – em benefício dos contribuintes e do próprio Estado britânico.

[362] Neste sentido *vide* a decisão do United Kingdom's Supreme Court, de 21 de Junho de 1960, relativa ao proc. *Abbott v. Philbin (Inspector of Taxes)*.

[363] Para mais desenvolvimentos *vide* a decisão do Upper-Tribunal, de 17 de Janeiro de 2018, relativa ao proc. *Cyclops Electronics Ltd and Anor v. Her Majesty's Revenue & Customs*.

[364] Neste sentido, Malcolm Gammie (2019), p. 422.

Contudo, o certo é que a doutrina do *stare decisis* não pode ser entendida de uma forma excessivamente rígida sob pena de ter consequências nefastas quanto à petrificação do sistema. A previsibilidade e tendencial estabilidade do corpo de decisões judiciais não pode constituir um "colete de forças" para o Governo, *Her Majesty's Revenue & Customs* e para os próprios tribunais.

À semelhança das leis do Parlamento, as quais se encontram adstritas a um princípio de autorevisibilidade justificado pela evolução natural do Direito, a própria estabilidade de um precedente judicial também pode ser contestada com fundamento na evolução das circunstâncias sociais e económicas que norteiam a criação de uma disciplina legal. Uma adesão demasiado rígida ao uso de precedentes judiciais pode levar a situações de injustiça e, bem assim, pode conduzir à distorção da evolução natural do Direito. Embora um tribunal superior possa sentir-se compelido a seguir uma decisão firmada no tempo, em razão da confiança depositada e investida na óptica dos contribuintes, o facto é que não se encontra vedada a possibilidade desse tribunal pôr em causa as decisões judiciais proferidas por tribunais inferiores e, do mesmo modo, não lhe é proibida a possibilidade de revogar os seus próprios precedentes judiciais.

Em todo o caso, antes de se escrutinar as situações que favorecem a evolução do Direito e, por conseguinte, determinam a revogação de um precedente judicial, convém recordar duas características essenciais do sistema constitucional do Reino Unido.

A primeira característica reconduz-se ao facto de as matérias atinentes ao Direito Fiscal estarem sujeitas à reserva de competência legislativa do Parlamento. Contrariamente a outras áreas de Direito, as cautelas atinentes à legitimidade na elaboração de leis fiscais determinam que, em teoria, o papel dos tribunais se reconduza, neste domínio, à "mera" interpretação da lei fiscal aprovada pelo Parlamento.[365]

[365] A este respeito, importa não descurar que a primeira limitação dirigida ao Estado relativa ao poder de arrecadação de tributos fora consagrada na cláusula 12.º da Magna Carta, de acordo com a qual, se prescrevia que "*no scutage or aid shall be imposed in our Kingdom unless by the Common Council of the Realm*". Na verdade, durante o reinado de Eduardo II estabelecera-se o princípio de que o poder de arrecadação de tributos seria exercido ilegalmente se não fosse consentido pelos dois órgãos do Parlamento. Em todo o caso, o certo é que mesmo no

No que diz respeito à segunda característica, importa sublinhar que a legislação fiscal desempenha um papel importante no contexto da repartição dos poderes legislativos entre o Parlamento e o Governo. No contexto do ordenamento jurídico britânico, o Governo tem o monopólio do poder legislativo em matéria fiscal. A este respeito, o Governo tem a iniciativa para propor medidas que determinam alterações à carga tributária, sendo que o OE se encontra sujeito a um procedimento legislativo especial que dispensa a segunda câmara do Parlamento de qualquer papel relevante na aprovação da legislação fiscal.

Atentas estas características, a temática da interpretação da lei fiscal pelos juízes não se relaciona com a questão do precedente judicial. Trata-se de resolver com precisão a amplitude e a incerteza crescentes da linguagem em casos específicos e esta é uma temática que já não é nova para nós: trata-se precisamente da temática relativa à actual técnica legislativa em Direito Fiscal. MALCOLM GAMMIE é da opinião que a maioria da actual legislação fiscal do Reino Unido oferece o pior de todos os mundos: uma lei densa e pormenorizada mas sobreposta, quer pela específica, quer pela geral, linguagem anti-abuso, "*such that even if judicial precedent can offer some certainty as to the meaning of the detai-*

século XVII os termos ou as condições em que o monarca poderia arrecadar tributos a favor dos cofres do Estado continuava a representar-se como uma questão bastante controvertida. Com efeito, uma das causas que motivaria a guerra civil inglesa prendia-se exactamente com o facto de o Parlamento se ter mostrado relutante em aprovar uma subida de impostos sugerida pelo Rei. Por essa ocasião, o Parlamento defendia que só acederia ao pedido do monarca caso este aceitasse algumas limitações ao seu poder, o que de resto, como se sabe, não veio a acontecer e motivou a guerra civil durante oito anos. Assim, foi no rescaldo desta guerra civil que se consagrou definitivamente o princípio de que o poder de arrecadação de tributos deveria ser consentido pelo Parlamento. Através da aprovação da *Bill of Rights* em 1688, declarar-se-ia que "[t]*he levying of Money for or the use of the Crown by pretence of prerrogative without grant of Parliament* (...) *is illegal*". Por outro lado, este entendimento encontra-se plasmado na decisão do *Privy Council of the United Kingdom*, de 25 de Novembro de 1968, relativa ao proc. *Ogden Industries Pty Ltd v. Lucas*, nos termos da qual, o Tribunal afirmara que "[i]*t is quite clear that judicial statements as to the construction and intention of an Act must never be allowed to supplant or supersede its proper construction and courts must beware of falling into the error of treating the law to be that laid down by the judge in construing the Act rather than found in the words of the Act itself*".

led legislation, that certainty tends to be undermined by the generality of the anti-avoidance language".[366]

Em suma, o legislador procura criar uma ampla *no-man's land* à margem do sistema fiscal. Nesse no *man's land*, independentemente de ter sido por acidente ou de forma voluntária, o precedente judicial é de pouca assistência na resolução da questão de se saber se o "*taxpayer has been hit by the bullets or stepped on a mine or has in fact moved successfully beyond the scope of the UK*".[367] Nesse último caso, "*one may be relatively certain that any judicial precedent will not survive the next legislative amendment*".[368]

Via de regra, as decisões proferidas pelo *United Kingdom's Supreme Court* que estabeleçam um princípio de Direito só poderão ser revogadas por via da aprovação de uma lei do Parlamento. Por essa razão, na maioria dos casos, o *United Kingdom's Supreme Court* não permitirá que as suas decisões anteriores sejam descartadas pelos tribunais inferiores pela simples razão de existirem pequenas diferenças entre os factos constantes da decisão do tribunal e a matéria de facto patente nos processos submetidos à decisão dos tribunais inferiores. A este respeito, importa referir que o *United Kingdom's Supreme Court* já reconheceu a possibilidade de se limitar a *ratio decidendi* de uma decisão anterior sua, na parte em que esta seja obscura; no segmento decisório que não vá ao encontro do entendimento do legislador ou na medida em que se tenha estabelecido um princípio em termos mais amplos do que aqueles que seriam necessários para se proferir uma decisão.[369]

[366] *Idem*, p. 422.

[367] *Idem*, p. 422.

[368] *Idem*, p. 422.

[369] A este respeito *vide* a decisão do *Judicial Committee of the House of Lords*, de 6 de de Dezembro de 1961, relativa ao proc. *Scruttons Ltd v. Midland Silicones Ltd*, e na qual o Lord Reid considerou que a regra consagrada no proc. *London Street Tramways*, era demasido rígida. Importa também sublinhar que a possibilidade de se revogar um precedente judicial fixado pelo *United Kingdom's Supreme Court* fora reconhecida pela primeira vez através da publicação de um *Practice Statement*, por parte deste tribunal, datado de 26 de Julho de 1966, de acordo com a qual, se defendeu que "[t]*heir Lordships nevertheless recognize that too rigid adherence to precedent may lead to injustice in a particular case and also unduly restrict the proper development of the law. They propose, therefore, to modify their present practice and, while treating former decisions of this House as*

A par do *United Kingdom's Supreme Court*, o qual tem mais facilidade em reverter um precedente na medida em que constitui o tribunal de última instância do Reino Unido, a verdade é que os tribunais que lhe são hierarquicamente inferiores, verificadas certas condições, também podem revogar um precedente judicial. Como já foi oportunamente referido, os *Courts of Appeal* não têm a prerrogativa de poderem rever as suas próprias decisões anteriores, pelo que estas os vincularão em casos futuros até ser proferida uma decisão em sentido contrário por parte do *United Kingdom's Supreme Court*. Contudo, existem algumas excepções.[370] Entre duas decisões proferidas por um *Court of Appeal* que se revelem incompatíveis entre si, este tribunal terá o direito de decidir qual é a decisão que sairá vencida. Um *Court of Appeal* não é obrigado a seguir uma decisão sua que, embora não tenha sido expressamente anulada em sede de recurso, seja contraditória com uma nova decisão proferida por parte do *United Kingdom's Supreme Court*.

Dito isto, parecerá intuitiva a conclusão de que o sistema de *common law* do Reino Unido promove as exigências do princípio da segurança jurídica através da autoridade vinculativa dos precedentes judiciais estabelecidos pelos tribunais superiores e, bem assim, por via da cortesia judicial existente entre tribunais do mesmo grau hierárquico, existindo a esse nível um grau de harmonização na jurisprudência em razão do efeito persuasivo dos precedentes judiciais. Através deste sistema de precedentes judiciais verificou-se que os contribuintes conseguem prever os efeitos jurídicos das decisões e, correspondentemente, depositar a sua confiança na manutenção de uma determinada interpretação da lei fiscal. Também se viu que esta doutrina não é acolhida de forma incondicional uma vez que a estabilidade da jurisprudência ancorada no princípio do *stare decisis*

normally binding, to depart from a previous decision when it appears right to do so. In this connection they will bear in mind the danger of disturbing retrospectively the basis on which contracts, settlements or property and fiscal arrangements have been entered into". Para mais desenvolvimentos, sugere-se a leitura do Practice Statement publicado pelo Judicial Committee of the House of Lords, no ano de 1966.

370 Neste sentido, veja-se a decisão do *Court of Appeal*, de 28 de Julho de 1944, relativa ao proc. *Young v. Bristol Aeroplane Co Ltd*, e, bem assim, a decisão do *Judicial Commitee of the House of Lords*, de 9 de Março de 1978, atinente ao proc. *Davis v. Johnson*.

comporta algumas limitações justificadas pela tensão dialéctica entre o princípio da segurança jurídica e a constante mutação do Direito.

Não obstante, o certo é que a uniformização da aplicação do Direito é tanto mais premente no contexto da actual concepção do Direito Fiscal. Acompanhando em parte o que se acaba de expor chama-se uma vez mais a atenção para MALCOLM GAMMIE quando defende que "*increasingly the problem for judges in construing tax legislation is not one created by the constraints of judicial precedent. It is one of resolving precisely how increasingly broad and uncertain language applies in particular cases*".[371]

Julga-se que a incerteza gerada pela flexibilidade do enunciado normativo da lei fiscal, particularmente visível no caso da *general anti-avoidance language* só pode ser remediada pela existência de mecanismos processuais que garantam efectivamente a uniformização da jurisprudência tributária.

Em todo o caso, pelo que se viu, trata-se de um desiderato que parece estar suficientemente assegurado no contexto do sistema judicial britânico, principalmente através da importância reconhecida ao precedente horizontal.

10.2. EUA

Visto que ficou o sistema britânico, caberá agora uma análise ao sistema americano, tendo especificamente por referência o sistema federal ao invés dos diversos sistemas estaduais que o integram.

O art. 3.º, secção I da Constituição Americana prescreve que "[t]*he judicial Power of the United States, shall be vested in one supreme Court, and in such inferior Courts as the Congress may from time to time ordain and establish*".

O Título 28.º do *United States Code,* intitulado *Judiciary and Judicial Procedure*, define a maioria dos tribunais que integram o sistema judicial federal e especifica os respectivos modos de funcionamento.

Os tribunais que compõem o sistema judicial federal correspondem ao *Supreme Court of the United States*, enquanto tribunal de última instância; aos *Courts of Appeal*, funcionando como tribunais de recurso; aos *District Courts*; aos *Bankruptcy Courts*; a um *Court of Federal Claims;* e, bem assim, a

[371] Para mais desenvolvimentos, veja-se MALCOLM GAMMIE (2019), p. 422.

um *Court of International Trade*, sendo que todos estes são tribunais de 1.ª instância. Paralelamente, o Título 26.º do *United States Code* criou o *United States Tax Court*, o qual corresponde a um tribunal federal de competência especializada cuja jurisdição incide sobre a integralidade do território norte-americano, tendo competência para dirimir o mais variado conjunto de litígios fiscais em matéria civil, entendidos para o efeito como litígios fiscais que não envolvam sanções penais.

Embora existam vários tribunais americanos que partilham competência para apreciar e decidir litígios fiscais,[372] o certo é que o *United States Tax Court* constitui o foro de eleição para a grande maioria dos processos fiscais.[373]

À semelhança do sistema jurídico britânico, os EUA elevam a jurisprudência ao rol de fontes imediatas de Direito. Neste contexto, a doutrina do *stare decisis* tanto se pode referir ao precedente vertical, nos termos do qual, existirá a obrigação de um tribunal decidir, sempre que se constatem factos materialmente idênticos, em conformidade com a *ratio decidendi* das decisões proferidas por tribunais que sejam hierarquicamente superiores; como pode aludir à regra do precedente horizontal, de acordo com a qual, um tribunal deverá seguir as suas próprias decisões anteriores e/ou respeitar as decisões anteriores proferidas por tribunais do mesmo grau hierárquico.[374] À semelhança do que se constatou no sis-

[372] Com efeito, embora os *District Courts* vejam a sua jurisdição limitada, de um ponto de vista geográfico a um determinado Estado ou a parte de um Estado, o certo é que não deixam de ser tribunais com competência genérica, o que implica que possam apreciar alguns processos relacionados com o reembolso de impostos. Por outro lado, à semelhança dos *District Courts*, os *Bankruptcy Courts* também podem decidir litígios fiscais no contexto dos processos de insolvência que lhes forem submetidos. Finalmente, à semelhança destes tribunais, o *Court of Federal Claims*, também tem competência para decidir uma vasta gama de processos atinentes a reembolso de impostos.

[373] O monopólio que o *United States Tax Court* tem sobre os litígios fiscais em matéria civil, explica-se pela circunstância de ter uma jurisdição de âmbito nacional, para além do facto de a impugnação de actos tributários por parte do contribuinte não se encontrar condicionada ao pagamento prévio do acto de liquidação de imposto. De resto, sugere-se a consulta das estatísticas disponibilizadas pelo *Office of Chief Counsel* do *Internal Revenue Service*, relativas ao ano de 2019 que reflectem o que se acaba de expor de forma impressiva.

[374] A este respeito *vide* a definição constante do "Black's Law Dictionary" (coord. BRYAN GARNER), 9ª Edição, Editora West, 2009 p. 1295 e, bem assim, a noção que se encontra patente

tema de *common law* do Reino Unido, vigora no sistema judicial americano uma regra de precedente vertical e uma regra de precedente horizontal.

O conceito de "precedente" varia porém em função do tribunal federal que estiver em causa. Os *District Courts* consideram, por exemplo, que as decisões do *United States Supreme Court* e dos *Courts of Appeal* que se situem no seu respectivo círculo constituem um precedente vinculativo. Por outro lado, estes tribunais entendem que as decisões dos *Courts of Appeal* que não se situem no mesmo círculo apenas têm uma autoridade persuasiva.

No que diz respeito ao *United States Tax Court*, este tribunal adopta uma abordagem distinta dos outros tribunais federais relativamente à aplicação prática da doutrina do *stare decisis*. Uma vez que constitui um tribunal de 1.ª instância com uma jurisdição de âmbito nacional, as decisões do *United States Tax Court* podem ser objecto de recurso para os doze *Courts of Appeal*, ou seja, para os *Courts of Appeal* do 1.° ao 11.° Circuito e para o *Court of Appeal* do distrito de Columbia.[375] Por essa razão, o *United States Tax Court* concretiza a doutrina do *stare decisis*, conformando-se com o precedente vertical e, bem assim, com o precedente horizontal. Tendo em conta que uma decisão proferida pelo *United States Tax Court* pode potencialmente ser objecto de recurso para diversos juízos, este tribunal teve de desenvolver regras específicas para a determinação do que devesse constituir um precedente a ser aplicado em casos futuros.

Desde o ano de 1970 que o *United States Tax Court* emprega mecanismos tendentes à uniformização da aplicação do Direito respeitando os precedentes judiciais estabelecidos pelo *United States Supreme Court* e, bem assim, aqueles fixados pelos *Courts of Appeal*.[376] Desde o caso *Golsen* que o *United States Tax Court* tem vindo a reconhecer que deverá decidir

em BRYAN GARNER, "A Dictionary of Modern Legal Usage", 2.ª Edição, Oxford University Press, 1995, p. 680.

[375] No que diz respeito aos *Courts of Appeal*, importa referir que as regras de atribuição de competência – "*appellate venue*" – encontram-se previstas nos termos das disposições da *Section 7482* do *Internal Revenue Code*, sendo que a competência é geralmente distribuída entre os 12 *Courts of Appeal* em função da residência ou da sede (local de direcção efectiva) do contribuinte, tal como consta da petição que fora entregue no *United States Tax Court*.

[376] A esse respeito *vide* a interessante decisão proferida pelo *United States Tax Court*, de 9 de Abril de 1970, relativa ao proc. *Golsen v. Commissioner*.

em conformidade com o precedente estabelecido por um *Court of Appeal*, num caso análogo, sempre que a sua decisão seja susceptível de recurso para um desses tribunais. Ao se formular um princípio que se basearia em conceitos de eficiência e de boa administração da justiça, a regra do precedente vertical não vincularia, mas antes persuadiria o *United States Tax Court* a decidir em conformidade com as decisões proferidas pelos *Courts of Appeal*.

No que diz respeito ao acolhimento da regra do precedente horizontal, importa referir que na medida em que as decisões proferidas pelo *United States Tax Court* sejam publicadas no respectivo jornal oficial e na condição de não terem sido anuladas expressamente pelo *United States Supreme Court*, ou de terem ficado sem efeito por força de uma alteração legislativa, este tribunal decidirá litígios fiscais em conformidade com as suas próprias decisões anteriores.

Noutro plano, embora não menos relevante no contexto da doutrina do *stare decisis*, importa referir o facto do sistema judicial americano reconhecer alguma importância ao precedente judicial estrangeiro. Ao interpretar as disposições constantes de um tratado em matéria fiscal, seja este bilateral ou multilateral, o *United States Tax Court* encara o tratado como um contrato entre dois estados soberanos.[377] O tribunal atribui relevância à interpretação e aplicação prática que é feita do tratado por parte dos tribunais das partes signatárias.

Acompanhando este entendimento, o *United States Supreme Court* já declarou que ao "[i]*nterpreting any Treaty, the opinion of our sister signatories* (...) *are entitled to considerable weight*", sendo que essa jurisprudência estrangeira foi já, por diversas vezes, tomada em consideração por parte do *United States Tax Court* ao interpretar disposições de acordos fiscais internacionais.[378] De resto, acompanhando o que se acaba de expor, PAIGE

[377] A este respeito *vide* a decisão proferida pelo *United States Tax Court*, de 22 de Dezembro de 2005, relativa ao proc. *Bhutta v. Commissioner* e, bem assim, a decisão proferida pelo *United States Supreme Court*, em 28 de Fevereiro de 1989, relativa ao proc. *United States v. Stuart*.

[378] Neste sentido, veja-se a decisão proferida pelo *United States Supreme Court*, em 17 de Maio de 2010, relativa ao proc. *Abbott vs. Abbott*; a decisão de 12 de Janeiro de 1999, relativa ao proc. *El Al Israel Airlines, Ltd. vs. Tsui Yuan Tseng*; a decisão de 17 de Abril de 1984, relativa ao proc. *Trans World Airlines, Inc. vs. Frankin Mint Corp.* e, bem assim, a decisão proferida pelo *United States Tax Court*, em 14 de Maio de 2003, relativa ao proc. *Estate of Silver vs. Commissioner*.

Marvel defende que *"the US courts do not act in a vacum* (...) [a]*lthough the decisions of foreign tribunals are not precedents that must be followed under the doctrine of stare decisis, the US courts consider the decisions of the courts of other signatories to the treaties in question in ascertaining the intent of the signatories on a disputed issue of treaty interpretation"*.[379]

Aqui chegados, conclui-se que a doutrina do *stare decisis* constitui um instrumento do qual os tribunais federais se socorrem para promover os valores da continuidade, da previsibilidade e da estabilidade do Direito. Embora este princípio corresponda a uma orientação dirigida aos tribunais, ele encoraja os tribunais federais a decidirem casos análogos em conformidade com a interpretação jurisprudencial que obteve vencimento em processos anteriormente resolvidos. A este respeito, o *United States Supreme Court* tem enfatizado que a confiança e a fé no sistema judicial americano se ancora nesta doutrina.[380]

Através da efectivação das duas dimensões dos precedentes judiciais verifica-se que existe uma preocupação efectiva em garantir a ordem e a previsibilidade da jurisprudência americana. No entanto, também se descortina no seio do sistema jurídico americano, o reconhecimento de uma tensão inevitável do princípio da segurança jurídica com outros valores em presença, mormente, a evolução do Direito e a correspondente necessidade de serem revistas as leis.

Por essa razão, o *United States Supreme Court* tem defendido que um precedente judicial possa ser contestado à luz de um conjunto de circunstâncias atendíveis, nomeadamente, a impraticabilidade do precedente judicial estabelecido pela decisão anterior; a incoerência da *ratio decidendi* constante da decisão anterior com decisões subsequentes que tenham versado sobre a mesma questão de Direito; a maturação do precedente judicial; a protecção das expectativas depositadas no precedente

[379] Neste sentido, veja-se Paige Marvel, *in* "Tax Litigation in the Federal Court of the United States: The Role of Precedent in a Changing Legal Environment", *in* IBFD, vol. 73 n.º 8, 2019, p. 436.

[380] Para mais desenvolvimentos, veja-se a decisão proferida por parte do *United States Tax Court*, de 12 de Janeiro de 2016, relativa ao proc. *Hurst vs. Florida*; a decisão de 26 de Junho de 2015, relativa ao proc. *Johnson vs. United States*; a decisão de 27 de Maio de 2014, relativa ao proc. *Michigan vs. Bay Mills Indian Cmty.* e, bem assim, a decisão proferida por este tribunal no dia 23 de Junho de 2011, relativa ao proc. *CSX Transp., Inc. vs. McBride.*

judicial; e, ainda, a evolução verificada na sociedade desde a publicação da decisão que consagrou o precedente.[381] Nestes termos, permitir-se-ia aos tribunais federais o afastamento de um precedente que revelasse um desajustamento com a legislação em vigor, com a evolução da sociedade ou que conduzisse a uma situação de injustiça num caso concreto.[382]

A posição do *United States Supreme Court* no contexto do caso *Wayfair* é ilustrativa do que se acaba de expor.[383] Em causa estava a aprovação de uma lei pelo Estado do Dakota do Sul que impunha o pagamento de um imposto que incidia sobre as receitas geradas com as vendas *on-line* de bens a residentes desse Estado, independentemente dessas empresas não estarem aí estabelecidas. Com fundamento em dois precedentes antigos que estipulavam que os rendimentos obtidos por uma empresa num Estado onde não tivesse uma presença física só poderiam ser tributados no Estado onde essa empresa tivesse a sua sede, a empresa *Wayfair* invocou que a lei aprovada era contrária à doutrina do *stare decisis*.[384]

Não só porque a salvaguarda da estabilidade e da previsibilidade do Direito Comercial e do próprio Direito Fiscal seria prevalecente face à necessidade de reversão e adaptação dos precedentes à evolução das circunstâncias sociais e económicas, mas também porque só o Congresso, enquanto órgão legislativo, é que deveria efectivar importantes alterações nesse domínio. Aquele tribunal acabaria por revogar os dois precedentes invocados, permitindo ao Estado do Dakota do Sul a cobrança do imposto com base nas vendas realizadas pela empresa *Wayfair* a residentes desse Estado. Para o efeito, entendeu que não podiam ser desconsideradas as alterações substanciais ocorridas na sociedade e na economia

[381] A título exemplificativo, veja-se pela actualidade a decisão proferida pelo *United States Supreme Court*, de 13 de Maio de 2019, relativa ao proc. *Franchise Tax Board of California vs. Hyatt* e, bem assim, a decisão proferida por este tribunal no dia 27 de Junho de 2018, relativa ao proc. *Janus v. Am. Fed'n of State, Cty. & Mun. Emps.*

[382] A posição do *United States Supreme Court*, de 21 de Junho de 2018, relativa ao proc. *South Dakota vs. Wayfair* é ilustrativa do que se acaba de expor.

[383] Decisão do *United States Supreme Court*, de 21 de Junho de 2018, relativa ao proc. *South Dakota vs. Wayfair.*

[384] Neste sentido, veja-se a decisão do *United States Supreme Court*, de 8 de Maio de 1967, relativa ao proc. *National Bellas Hess vs. Ilinois*, bem como a decisão de 26 de Maio de 1992, relativa ao proc. *Quill Corp. vs. North.*

desde os casos em questão, pelo que a doutrina do *stare decisis* não deveria ser aplicada, optando-se antes pela revogação dos precedentes desfasados da realidade.

À semelhança da experiência britânica, pode-se constatar que a doutrina do *stare decisis* também não representa um "colete de forças" que subjuga ou condiciona a actuação da administração fiscal americana e, bem assim, dos tribunais ao aplicarem a lei fiscal.

Se um tribunal federal decidir um litígio fiscal e o *Internal Revenue Service* não concordar com essa decisão, este notificará o público de que continuará a seguir o precedente anterior e a contestar o entendimento desse tribunal em tribunais de circuitos diferentes. Trata-se assim do reconhecimento do mecanismo de *checks and balances* bastante cravado no seio do contexto americano e que permite mitigar as consequências da adopção de um sistema de precedentes judiciais.

Também se pôde observar que esta doutrina condiciona a actuação dos tribunais americanos ao aplicarem a lei de acordo com a noção de precedente que é respectivamente acolhida por cada tribunal federal, no entanto, comporta um conjunto de limitações motivadas por exigências várias que poderão sobrepor-se às garantias oferecidas pela doutrina dos precedentes judiciais.

Em todo o caso, pode concluir-se que a abordagem americana à doutrina do *stare decisis* incentiva os tribunais federais a evitarem a incerteza e a instabilidade na aplicação do Direito seguindo os casos previamente decididos e qualificados como precedentes de uma forma racionalizada.

10.3. Austrália

Finalmente, propusemo-nos também a uma breve análise do sistema de *common law* australiano.

À semelhança do Reino Unido e dos EUA, a Austrália é um país cuja matriz legal decorre da tradição anglo-saxónica e que, por conseguinte, também tem um sistema de *common law* que se reflecte na criação do Direito pelos tribunais.

A Austrália tem duas fontes principais de Direito, a saber, a lei "estatutária" e a lei "comum". A lei estatutária corresponde à lei escrita, quer seja a lei do Parlamento ou a lei do Governo, por outro lado, a lei comum reconduz-se à "lei do juiz", ou seja, o corpo de regras jurídicas criadas por um conjunto de decisões judiciais.[385] Na Austrália, o direito legislado e o direito jurisprudencial coexistem, não como fontes separadas e independentes de Direito, mas como corpos de normas compreendidos num sistema jurídico integrado.

Nestes termos, a autoridade dos tribunais australianos para desenvolverem princípios ou regras de Direito deriva da doutrina do *stare decisis*, de acordo com a qual, um tribunal é obrigado a decidir casos análogos em conformidade com as suas próprias decisões anteriores e com aquelas que possam ter sido proferidas por um tribunal superior.

No contexto da hierarquia judicial australiana, a doutrina dos precedentes judiciais exige que os princípios jurídicos firmados pelas decisões dos tribunais superiores sejam seguidos e aplicados pelos tribunais que sejam hierarquicamente inferiores.[386] Antes, porém, de se indagar pelo concreto funcionamento da doutrina dos precedentes nas relações verticais e horizontais estabelecidas pelo sistema judicial australiano, convém denotar alguns aspectos atinentes à organização judiciária desse país.

A Austrália é uma Federação de 6 estados e dois "territórios" continentais. Ao abrigo deste sistema federal os poderes públicos encontram-se repartidos pelo governo federal da *Commonwealth*, o governo de cada Estado e os governos dos territórios. Na *Commonwealth*, os Estados e cada um dos territórios têm o seu próprio Parlamento, logo cada uma destas entidades pode elaborar as suas próprias leis. Por essa razão, o sistema judicial australiano é um sistema "dualístico", ou seja, prevê a existência de um conjunto de tribunais federais, os quais exercem a sua competência ao abrigo das leis da *Commonwealth*, e, por outro lado, compreende um conjunto de tribunais de base estadual e de tribunais ao nível de cada um dos "territórios".

No que diz respeito à hierarquia judicial australiana, convém sublinhar que o *High Court of Australia* constitui o tribunal de última instância.

[385] Neste sentido *vide* a decisão da *High Court of Australia*, de 31 de Maio de 2001, relativa ao proc. *Brodie vs. Singleton Shire Council*, nos termos da qual, afirma-se que "[l]*egislation and the common law are not separate and independent sources of law; the one the concern of parliaments, and the other the concern of courts. They exist in a symbiotic relationship*".

[386] A este respeito *vide* a decisão do *High Court of Australia*, de 9 de Outubro de 2003, relativa ao proc. *Lee vs. New South Wales Crime Commission.*

Tanto no sistema de tribunais federais quanto no de tribunais estaduais, o *High Court of Australia* representa o tribunal de grau hierárquico mais elevado. Na hierarquia dos tribunais federais, o *Federal Court of Australia* encontra-se no nível imediatamente inferior, sendo que constitui um tribunal superior de jurisdição originária e de recurso. Imediatamente abaixo do *Federal Court of Australia*, figura o *Federal Circuit Court of Australia*, o qual constitui o tribunal federal de 1.ª instância e, por conseguinte, não corresponde a um tribunal superior. Por outro lado, importa sublinhar que cada Estado e "território" tem o seu próprio *Supreme Court*, o qual corresponde ao tribunal de última instância dessas jurisdições, além de compreender dois outros níveis de tribunais, designadamente, os *District Courts* e os *Local* ou *Magistrate Courts*, os quais funcionam como tribunais de 2.ª e de 1.ª instância, respectivamente.

As decisões proferidas pelo *Full Court of the Federal Court of Australia* e por cada um dos *Supreme Courts* podem ser objecto de recurso para o *High Court of Australia*, embora a subida dos autos esteja condicionada à demonstração, por parte do requerente do recurso, de que a decisão sobre o litígio em causa envolve a apreciação de uma questão de Direito que se revela de importância fundamental para o público.

Dito isto, cumpre sublinhar que a *ratio decidendi* das decisões proferidas pelo *High Court of Australia*, na medida em que sejam objecto de publicação, integrar-se-á no *common law* da Austrália e vinculará todos os tribunais da Federação.

A exigência de um tribunal decidir casos análogos em conformidade com as decisões de um tribunal superior corresponde a um elemento central da doutrina do *stare decisis* na Austrália, uma vez que se reconhece que a jurisprudência constitui uma fonte imediata de Direito.

A doutrina do *stare decisis* explica, então, o facto de os tribunais terem autoridade para desenvolver princípios de Direito que constituam uma orientação para a decisão judicial de casos futuros.[387] Entende-se que um precedente será vinculativo para um tribunal australiano se tiver sido fixado por um tribunal que lhe seja hierarquicamente superior. Os tribunais inferiores serão obrigados a decidir um determinado caso concreto

[387] A este respeito *vide* a decisão proferida pelo *High Court of Australia*, de 1 de Abril de 2004, relativa ao proc. *Woolcock Street Investments Pty Ltd vs. CDG Pty Ltd.*

em conformidade com os princípios jurídicos firmados em decisões de tribunais superiores. O precedente só será vinculativo quando existirem casos análogos, ou seja, quando os factos em cada um dos processos – o processo decidido por um tribunal superior e o processo pendente perante um tribunal inferior – forem materialmente idênticos. Nesses casos, os tribunais inferiores devem considerar que o precedente foi correctamente estabelecido pelos tribunais superiores, por conseguinte, os mesmos devem aplicar a lei em conformidade com a *ratio decidendi* dessas decisões anteriores.[388]

O que se acaba de expor explica que as decisões do *High Court of Australia* sejam vinculativas para todos os tribunais da Federação. Justifica também que esse tribunal não se encontre condicionado pelos precedentes estabelecidos pelo *Federal Court of Australia*, nem tão pouco, se encontre vinculado a respeitar os precedentes judiciais criados por cada um dos *Supreme Courts* de cada Estado/"território". Este precedente vertical também permite perceber a razão das decisões do *Federal Circuit Court of Australia* não vincularem o *Federal Court of Australia*, visto que este último tribunal se encontra num nível hierárquico superior ao *Federal Circuit Court of Australia*. Acaba por explicar também que as decisões dos *District Courts* não condicionem a actuação dos *Supreme Courts* de cada Estado/"território". Perante o exposto, conclui-se que só o *High Court of Australia*, enquanto tribunal de última instância da Federação, é que escapa às malhas da regra do precedente vertical.[389]

Noutro plano, e a par do precedente vertical, coexiste no sistema judicial australiano o chamado precedente horizontal, dito de persuasivo. Embora não vincule os tribunais, esta manifestação da doutrina do *stare decisis* implica que os tribunais australianos tenham em consideração o seu próprio precedente judicial, estabelecido por ocasião de decisões anteriores, e, bem assim, o precedente criado por tribunais que não se encontrem na mesma relação hierárquica.

[388] Neste sentido *vide* a decisão proferida pelo *High Court of Australia*, de 30 de Abril de 1991, relativa ao proc. *O'Toole vs. Charles David Pty Ltd.*

[389] A este respeito *vide* a decisão proferida pelo High Court of Australia, de 28 de Novembro de 1977, relativa ao proc. *Queensland vs. Commonwealth* e, bem assim, a decisão proferida por este tribunal em 26 de Outubro de 1983, relativa ao proc. *Baker v. Campbell.*

A este respeito, cumpre sublinhar que a regra do precedente horizontal – no sistema judicial australiano – apresenta duas manifestações. Primeiro obriga a que um tribunal australiano tenha em consideração as decisões que já possa ter proferido sobre uma questão de Direito. Existindo casos análogos, ou seja, sabendo-se que os factos do processo decidido e os factos do processo pendente são materialmente idênticos, o tribunal terá de decidir em conformidade com o entendimento que ensaiara quando se deparou pela primeira vez com aquela questão de Direito. Em segundo lugar, a regra do precedente horizontal pode ser reconduzida a um princípio de "cortesia judicial".[390] É por razões de cortesia judicial que um tribunal deve decidir em conformidade com as decisões anteriores que tenham sido proferidas por tribunais do mesmo grau hierárquico.[391] Por exemplo, as decisões de um *Supreme Court*, de qualquer um dos Estados ou "territórios" da Federação, embora tenham uma autoridade persuasiva, não vinculam o *Federal Court of Australia* a decidir casos futuros em conformidade com essas decisões anteriores.

No entanto, importa referir que o precedente horizontal aplica-se aos tribunais de recurso intermédios – os *District Courts*, o *Federal Court of Australia* e o *Full Court of the Federal Court of Australia* – relativamente à revogação das suas próprias decisões. Embora não estejam estritamente vinculados às suas próprias decisões, estes tribunais dificilmente se afastarão das mesmas sempre que decidirem casos análogos, salvo se estiverem convencidos que uma decisão anterior estava manifestamente errada.

Dito isto, conclui-se que a doutrina do *stare decisis* desempenha um papel fundamental no contexto do sistema judicial australiano. Através da conjugação das suas duas dimensões, a doutrina dos precedentes judicias suporta a autoridade dos tribunais australianos, e a correspondente confiança na aplicação do Direito, pelo valor que atribui à uniformização e à coerência na tomada de decisões judiciais.

[390] Veja-se a decisão proferida pela *High Court of Australia*, de 17 de Março de 1993, relativa ao proc. *Australian Securities Commission vs. Marlborough Gold Mines Ltd.*

[391] Neste sentido andou a recente decisão do *High Court of Australia*, de 8 de Agosto de 2018, relativa ao proc. *R vs. Falzon*.

No entanto, a doutrina em análise não significa que a jurisprudência deva permanecer eternamente cristalizada no tempo. Erigindo-se a jurisprudência como fonte imediata de Direito, esta não deverá ser encarada de uma forma estática, uma vez que a evolução do Direito poderá determinar o abandono de um precedente judicial que tenha criado ou desenvolvido a disciplina legal de uma determinada matéria.[392]

Nestes termos, um tribunal superior australiano poderá reconsiderar uma decisão sua e, bem assim, pôr em causa as decisões de tribunais inferiores. Contudo, importa reter que o *High Court of Australia* já reiterou por diversas vezes que as suas decisões anteriores só devem ser anuladas em circunstâncias excepcionais já que as exigências do princípio da segurança jurídica aconselham a que se faça uma utilização prudente desta prerrogativa atribuída ao tribunal. Para tanto, adianta um conjunto de factores que devem ser tidos em consideração para se avaliar a justeza de uma sua decisão anterior.

Sempre que as decisões anteriores estejam em desconformidade com processos subsequentes que não as tenham anulado expressamente, o chamado "*overruling*"; sempre que o efeito de uma decisão anterior tenha ficado condicionado por uma alteração legislativa; e, finalmente, sempre que existam divergências de opiniões por parte do colectivo de juízes que proferiu as decisões anteriores e os novos argumentos sejam suficientemente convincentes deve permitir-se a alteração de precedente. No caso da interpretação da lei em sentido formal – a *statutory construction* – o *High Court of Australia* tem revelado alguma abertura a que se revertam alguns dos precedentes da sua autoria, de forma a garantir uma aplicação do Direito concordante com a intenção do legislador.

Por força das exigências do princípio da segurança jurídica, em sintonia com os corolários da doutrina do *stare decisis*, o certo é que os tribunais australianos não podem alterar o *common law* de acordo com o seu livre juízo. Isto significa que, na maioria das vezes, ao declarar-se e aplicar-se o *common law* a um determinado processo, os tribunais australianos

[392] Confirmando este entendimento *vide* a decisão do *High Court of Australia*, de 12 de Agosto de 1999, relativa ao proc. *Perre vs. Apand Pty Ltd.*

estarão vinculados ao corpo de doutrina judicial existente.[393] Os tribunais só podem desenvolver o Direito comum de forma lógica e análoga aos princípios jurídicos existentes no contexto dos condicionamentos impostos por um sistema de *common law*. Sempre que se constate uma situação de excepcionalidade justificada por valores conflituantes com as exigências de segurança jurídica, os tribunais australianos poderão proceder ao seu próprio "inquérito" sobre o que deve constituir o *common law*, afastando-se das decisões judiciais anteriores.

10.4. Conclusão

Traçado um excurso pelos sistemas judiciais do Reino Unido, dos EUA e, bem assim, da Austrália,[394] pôde-se constatar que as exigências de segurança jurídica são suficientemente acauteladas pela existência de mecanismos que garantem a estabilização da aplicação do Direito pelos tribunais tanto mais porque é claro que esta aplicação é, muitas vezes, criação do Direito.

Referimo-nos a mecanismos de uniformização da aplicação do Direito mais alicerçados na persuasão do que na vinculatividade. Verticalmente há vinculatividade mas horizontalmente há persuasão e ela funciona.

[393] Para mais desenvolvimentos *vide* a decisão proferida pela *High Court of Australia*, de 6 de Setembro de 1996, relativa ao proc. *Breen v. Williams*, na qual se afirmou que "[a]*dvances in the common law must begin from a baseline of accepted principle and proceed by conventional methods of legal reasoning. Judges have no authority to invent legal doctrine that distorts or does not extend or modify accepted legal rules and principles. Any changes in legal doctrine, brought about by judicial creativity, must "fit" within the body of accepted rules and principles*".

[394] Por razões de síntese não nos será permitido referir todas as jurisdições que têm tradição de *common law*. Citamos aqui tão só o exemplo do Canadá para reforçar o que se acaba de expor. No sistema judicial canadiano existem dois tipos de precedentes que protegem a lei contra a "criatividade judicial", o precedente vertical e o precedente horizontal. No que diz respeito à regra do precedente vertical, esta impõe que todos os tribunais Canadianos, sejam eles de base provincial ou de natureza federal, incluindo o *Tax Court of Canada*, devam decidir litígios em conformidade com a *ratio decidendi* das decisões anteriores proferidas por parte do *Supreme Court of Canada*. No tocante à existência de uma regra de precedente horizontal no seio do sistema judicial canadiano, ensinam S. Holloway e L. Lamarre (2019), p. 425 que "*these cases only carry "persuasive authority". As an example, superior courts and provincial appellate courts fall outside of the direct hierarchy of the TCC and, therefore, while their decisions may provide assistance, they are purely persuasive or influential authorities over Canadian tax court decisions*".

Com efeito, embora os sistemas de *common law* reconheçam de forma transversal a existência de um precedente vinculativo de acordo com o qual os tribunais inferiores deverão decidir litígios em conformidade com a *ratio decidendi* das decisões que possam ter sido proferidas, em casos análogos, por tribunais superiores, o certo é que se pôde constatar que a uniformização da *aplicação do Direito* (que neste caso também pode ser criação), em cada um desses sistemas jurídicos, não se encontra inteiramente dependente da existência de uma regra de precedente vertical (o vinculativo).[395] Observou-se que nesses sistemas de *common law*, a estabilidade da jurisprudência também se ancora na autoridade persuasiva do precedente horizontal, a partir do qual, a doutrina do *stare decisis* sugere a existência de uma coerência horizontal ao nível da tomada de decisões judiciais.[396]

No que diz respeito a esta vertente do precedente horizontal, pôde observar-se que o princípio da "cortesia judicial" prescreve, em cada um desses sistemas jurídicos, que os tribunais tenham em consideração as decisões proferidas anteriormente por outros tribunais, em casos análogos, e, isto, independentemente das decisões serem proferidas por tribunais do mesmo grau hierárquico ou por parte de tribunais que não se integrem na mesma relação hierárquica directa.[397] Dito de outro modo, constatou-se que nesses sistemas de *common law*, o princípio da "cortesia

[395] Também sobre esta temática Jeffrey Dobbins, *in* "Structure and Precedent", Michigan Law Review, Vol. 108, 2010, pp. 1453-1466; Evan H. Caminker, *in* "W*hy Must Inferior Courts Obey Superior Court Precedents?*", *in* Stanford Law Review, Vol. 46.º, pp. 820-821.; Michael Abramowicz e Maxwell Stearns, *in* "Defining Dicta", Stanford Law Review, Vol. 56, 2005, p. 57 e Phillip m. Kannan, *in* "The Precedential Force of Panel Law", *in* Marquette Law Review, Vol. 76, 1993, p. 76; Arthur Hellman, "By Precedent Unbound: The Nature and Extent of Unresolved Intercircuit Conflicts", *in* Pittsburgh Law Review, Vol. 56.º, 1995, pp. 693 e 696 e "Lawrence Solum, *in* "The Supreme Court in Bondage: Constitutional Stare Decisis, Legal Formalism, and the Future of Unenumerated Rights", in Journal of Constitutional Law, Vol. 9, 2006, pp. 155 e 187.

[396] A este respeito, vejam-se as noções de "*vertical stare decisis*" e de "*horizontal stare decisis*" constantes do "Black's Law Dictionary", 9ª Edição, West, 2009, p. 1537.

[397] A este respeito, veja-se Harry t. Edwards, *in* "The Effects of Collegiality on Judicial Decision Making" *in* University of Pennsylvania Law Review, Vol. 151, 2004, pp. 1639 e 1680, para quem, "*judges have cited collegiality in support of adherence to circuit precedent and the principle of stare decisis*".

judicial" reconhece uma autoridade persuasiva a certas decisões judiciais que, de outro modo, pela aplicação da regra do precedente vertical, não lograriam garantir a uniformização da aplicação do Direito.

Nestes sistemas de *common law* verificou-se que os tribunais são encorajados a preservarem a segurança jurídica e a protegerem a confiança depositada pelos cidadãos no precedente judicial.[398] No entanto, perante isto há que perceber que a importância atribuída ao precedente judicial e, correspondentemente, aos valores que a doutrina do *stare decisis* acautela, não pode significar uma cristalização absoluta do Direito. O ensejo de se garantir a previsibilidade e a estabilidade da interpretação e da aplicação da lei por parte dos tribunais não poderá sobrancear a necessidade de ser potencialmente introduzida uma mudança no curso da jurisprudência. Verificou-se então que os três sistemas de *common law* analisados comportavam mecanismos que compatibilizavam, por um lado, as garantias derivadas do princípio da segurança jurídica e, por outro lado, os valores que promovem a constante evolução do Direito.

Nesses sistemas de *common law* analisados, constatou-se que a doutrina do *stare decisis* obriga o juiz a ter de demonstrar, com base em circunstâncias atendíveis, que se revertera o curso de uma corrente jurisprudencial. Só será permitido aos juízes abandonarem um determinado precedente judicial se fundamentarem as suas decisões, com base nas mudanças sociais, económicas e/ou culturais ocorridas desde a aprovação da lei estatutária ou do estabelecimento do precedente; através da compreensão, motivada pelas circunstâncias do caso concreto, do escopo de um precedente judicial ou, ainda; asseverando que uma mudança

[398] Neste sentido, chama-se à colacção o entendimento ensaiado pelo *United States Supreme Court* na sua decisão, relativamente ao proc. *Hohn v. United States*, de 1998, de acordo com o qual, o tribunal afirmara que "[s]*tare decisis is 'the preferred course because it promotes the even-handed, predictable, and consistent development of legal principles, fosters reliance on judicial decisions, and contributes to the actual and perceived integrity of the judicial process.*" Relativamente às garantias de segurança jurídica promovidas pela doutrina do stare decisis, veja-se MICHAEL PAULSEN, *in* "Abrogating Stare Decisis by Statute: May Congress Remove the Precedential Effect of Roe and Casey?", Yale Law Journal, Vol. 109, 2000, p. 1538; FREDERICK SCHAUER, *in* "Precedent", Stanford Law Review, vol. 39, n.º 3, 1983, pp. 595 – 597; WILLIAM DOUGLAS, *in* "Stare Decisis", Columbia Law Review, vol. 49, n.º 6, 1949, pp. 735-736.

sofrida por um princípio jurídico condiciona a justeza da jurisprudência anterior.[399]

Compreendidas as características dos sistemas de *common law* caberá agora analisar a forma como em jurisdições de *civil law* se trata esta temática da uniformização da aplicação do Direito ou da segurança jurídica.

11. A segurança jurídica na aplicação do Direito pelos tribunais em jurisdições de *civil law*

Tal como se disse no início deste Capítulo III, existem diferenças assinaláveis no rol de fontes imediatas de Direito dos subsistemas de *civil law* e de *common law*, o que tem necessariamente reflexo no modo pelo qual a segurança jurídica na aplicação do Direito está enraizada.

Numa jurisdição de *civil law* em que a lei é fonte de Direito imediata e o Direito é criado pelo legislador e aplicado pelos tribunais as preocupações de segurança jurídica são mais prementes na fase da criação do Direito, *in casu* pelo legislador.

Numa jurisdição de *common law* onde quem cria Direito é tanto o legislador quanto os tribunais em que, portanto, a jurisprudência é, como a lei, fonte de Direito imediata, então a segurança jurídica tem que ser salvaguardada nas duas "etapas" – a da criação pelo legislador e a da criação e aplicação pelos tribunais. A solução, disse-se atrás, passa por assegurar uma aplicação uniforme do Direito mormente pela aceitação do precedente vertical – o vinculativo – mas, não de somenos importância, por garantir o precedente horizontal – o persuasivo.

Se assim é, a verdade é que como se comprovará, o contraste apresentado encontra-se cada vez mais desfasado daquela que é hoje a realidade.

Com propriedade, nos sistemas romano-germânicos que analisaremos concluir-se-á que é conferida uma importância cada vez maior à previsibilidade, estabilidade e uniformização da jurisprudência de forma a ser acautelado e efectivado o princípio da segurança jurídica. Isto é espe-

[399] Em sentido consonante, sugere-se a consulta de Jerold Israel, "Gideon v. Wainwright: The Art of Overruling" *in* Supreme Court Review", 1963, p. 211. Robert Wigton, *in* "What Does It take to Overrule? An Analysis of Supreme Court Overrulings and the Doctrine of Stare Decisis", The Journal of Legal Studies, Vol. 18, 1994, pp. 7-8; M. Lile, *in* "Some Views on the Rule of Stare Decisis", Virginia Law Review, Vol. 4, 1916, p. 95.

cialmente assim quando se compreende a actual concepção legislativa em Direito Tributário.

Por essa razão, nesta sede, procurar-se-á perceber de que modo as características dos sistemas de *civil law* têm evoluído, aproximando-se a sistemas de *common law*, em concreto no que concerne ao reforço do carácter persuasivo dos precedentes.[400]

É que, embora o reconhecimento da autoridade vinculativa ao precedente judicial constitua uma solução que não se coaduna com aquela que é a matriz dos sistemas de *civil law* e com a forma como se entende o princípio da separação de poderes,[401] o certo é que, cada vez mais, se verifica uma preocupação destes sistemas em assegurar as vantagens associadas à doutrina dos precedentes judiciais no que diz respeito à salvaguarda das exigências do princípio da segurança jurídica.

A fim de tentar justificar esta conclusão, procurar-se-á compreender de que modo os dois sistemas de *civil law* eleitos – o francês e o holandês[402] – têm materializado estas preocupações. Em concreto, procurar-se-á aferir de que modo o efeito persuasivo dos precedentes judiciais, quer seja numa perspectiva vertical, quer seja numa perspectiva

[400] A este respeito, importa referir que a atribuição de uma autoridade vinculativa às decisões proferidas por tribunais superiores – a vigência de uma regra de precedente vertical – não consubstancia um produto exclusivo da doutrina do *stare decisis*, nem tão pouco corresponde a uma característica que seja completamente dispensada em sistemas de *civil law*. Na verdade, a cultura jurídica Húngara constitui exemplo do que se acaba de dizer. Desde 1912, que a Cúria (correspondente ao Supremo Tribunal da Hungria) tem a prerrogativa de adoptar "decisões de uniformização" que se revestem de um efeito vinculativo para os tribunais que sejam hierarquicamente inferiores. Neste sentido, PÉTER DARÁK, *in* "The Uniform Application of Tax Law in Hungary, IBFD, vol. 73, n.º 8, 2019, afirma que "[t]*his legal tradition still exists today in Hungary, but is unknown in other Western legal cultures. Consequently, it is often misunderstood and regarded as a barrier to judicial independence, as if it exerted a "cooling effect" on individual judges. Despite this situation, Hungarian judges have always had the opportunity to derogate from the uniformity decisions by putting forward convincing arguments based on the individual circumstances of the case.*"

[401] A temática da vinculatividade da jurisprudência no ordenamento jurídico português será abordada no Título II aquando da discussão da constitucionalidade dos assentos.

[402] Escolhemos estes dois sistemas por duas ordens de razões. Primeiro o sistema francês, pela influência que este sempre teve no sistema português. Depois o holandês, porquanto a Holanda é sempre um exemplo a ter em consideração no que toca ao Direito Tributário.

horizontal, contribuiu para a uniformização da jurisprudência nesses sistemas.

11.1. França

Começamos a análise pelo ordenamento jurídico francês o qual, à semelhança do português, assenta numa dualidade no que respeita à construção do sistema judicial.

Coexistem neste ordenamento jurídico a ordem judicial e a ordem administrativa sendo que a competência dependerá da natureza do litígio em questão. A ordem judicial é responsável por dirimir litígios cíveis, comerciais e penais, tendo enquanto último tribunal de recurso a *Cour de Cassation*, correspondente ao STJ português. A ordem administrativa tem competência para dirimir conflitos de natureza administrativa, tendo enquanto órgão superior de recurso o *Conseil d'État*, congénere do nosso STA. Na posição imediatamente inferior da hierarquia judicial administrativa encontram-se os *Cours Administratives d'Appel* que constituem tribunais de recurso de segunda instância. Estes sindicam a aplicação do Direito que é efectuada pelos *Tribunaux Administratifs*, nos quais são julgadas as contendas fiscais em 1.ª instância de decisão.

Sendo um subsistema de *civil law* não é reconhecida autoridade vinculativa aos precedentes judiciais estabelecidos pelos tribunais, sendo a lei a fonte de Direito imediata por excelência. Neste sentido, importa salientar a existência do princípio consagrado no art. 5.º do *Code Civil*, segundo o qual, nenhum juiz pode criar regras para a resolução de um caso concreto cuja pretensão aplicativa seja geral e abstracta.

Não obstante, a verdade é que, desde cedo, a jurisprudência assumiu um papel determinante na concretização e evolução do Direito francês. Segundo Marc Ancel "[i]*n fact, by reason of the absence of statutes, French courts have in a good many cases been obligated to build up important doctrine, such as nearly all those of private international law, for instance, or the law of insurance*".[403] De modo a colmatar a ausência de regras jurídicas aplicáveis, verificou-se mesmo a assunção pelos juízes de um "poder criador" semelhante ao conferido aos juízes de *common law*.

[403] Marc Ancel, *in* "Case Law in France", Journal of Comparative Legislation and International Law Vol. 16, n.º 1, 1934, p. 7.

É neste sentido que Emmanuelle Cortot-Boucher refere que, "[i]*n some fields, where there was no statute law at all, it was only by way of case law that the applicable rules were defined. This situation is what happened, for example, regarding the rules relating to the liability of public authorities. These rules have been elaborated almost entirely by the CE [Conseil d'État], which, for this purpose, gave itself a creative power equivalent to that given to the courts in common law countries*".[404]

Seguindo ainda de perto as considerações tecidas pelo autor, constata-se que em casos muito específicos este desenvolvimento jurisprudencial efectuado pelo *Conseil d'État* assume mesmo um carácter "quase" vinculativo. É o que sucede relativamente ao desenvolvimento de princípios gerais de Direito que, não constando expressamente no Direito legislado, careciam de ser revelados pelo labor jurisprudencial.[405]

Viu-se que quando o *Conseil d'État* concretiza normativamente leis amplas revelando o Direito aplicado ao caso concreto a sua conclusão pode – em função da *ratio decidendi* identificada – ter de ser aplicada no futuro por parte dos tribunais inferiores quando se deparem com casos análogos. Como afirmava Kurt Lipstein, "[a]*lthough it must be conceded that a single decision of a (...) French (...) court is not a binding precedent, it is nevertheless of high persuasive authority*"[406].

Pelo interesse para a nossa investigação cumpre então perceber agora em que se consubstancia a natureza persuasiva dos precedentes judiciais franceses atentando-se, em primeiro lugar, aos precedentes verticais e, de seguida, aos precedentes horizontais.[407]

[404] Emmanuelle Cortot-Boucher (2019), p. 391.

[405] Decisão do Conseil d'État no *Caso Sa Ferme de Rumont*, proc. n.º 206145, de 7 de Dezembro de 2001 e decisão do *Conseil d'État* no *Caso Janfin*, proc. n.º 260050, de 27 de Setembro de 2006.

[406] Kurt Lipstein, *in* "The Doctrine of Precedent in Continental Law with Special Reference to French and German Law", *in* Journal of Comparative Legislation and International Law Vol. 28, n.º 3/4, 1946, p. 36.

[407] Recorde-se, uma vez mais, que no presente estudo tanto denominamos de precedentes as decisões judiciais que em ordenamentos jurídicos de *common law* têm, como se viu, força vinculativa, como as decisões que naqueles ordenamentos e nos ordenamentos de *civil law*, pela hierarquia dos tribunais que as proferem, têm ou devem ter força persuasiva. Um outra nota para recordar que o conceito de precedente usado respeita a todas as decisões judiciais e

Quanto aos primeiros, na prática, cumpre denotar que as decisões proferidas pelos tribunais superiores acabam por revelar um efeito altamente persuasivo sobre os tribunais que sejam hierarquicamente inferiores, de tal modo que se torna possível afirmar que "*the decisions of the Supreme Court although not of binding autorithy, exercise an influence not less marked than those of a court in a common-law jurisdiction*".[408]

Ao proferirem as suas decisões, os tribunais inferiores acabam por estar constrangidos a ter em consideração os precedentes previamente fixados pelos tribunais superiores já que caso apliquem o Direito à revelia destes precedentes, existe uma forte probabilidade dessas decisões, uma vez recorridas e submetidas à apreciação dos tribunais superiores, acabarem por ser revertidas.

Apesar de o carácter persuasivo dos precedentes horizontais não obrigar os tribunais superiores a decidirem em conformidade com os seus próprios precedentes, a verdade é que estes tribunais tendem a sedimentar a aplicação do Direito de tal modo que, conforme afirma EMMANUELLE CORTOT-BOUCHER, "[w]*hen it has to restate on a case, the CE* [Conseil d'État] *takes it for granted that the relevant precedents are well thought out and that they probably correspond to the best option available*".[409] Nestes casos, a revisibilidade da jurisprudência ocorrerá com maior dificuldade, uma vez que os tribunais superiores apenas se afastarão do precedente caso tal seja imperioso para garantir a adaptabilidade e evolução do Direito ou, naturalmente, caso a lei tenha sido alterada. Tal facto sucederá, por exemplo, nos casos de litígios que sejam decididos pela *Section du Contentieux* do *Conseil d'État*, uma vez que o precedente fixado corresponderá à posição adoptada pela instância mais elevada da hierarquia jurisdicional da ordem administrativa.

A força persuasiva dos precedentes em França é condicionada em função da classificação que lhes seja atribuída no relatório anual de jurisprudência.

não apenas às decisões que uniformizem jurisprudência, ainda que o factor persuasivo destas últimas seja naturalmente mais elevado em virtude de serem proferidas por um tribunal hierarquicamente superior face aos demais integrantes da mesma ordem judicial.

[408] *Idem*, p. 37.

[409] EMMANUELLE CORTOT-BOUCHER (2019) p. 391.

Tomando por referência a ordem jurisdicional administrativa, verifica-se que no relatório proferido pelo *Conseil d'État* se procede à mensuração da importância dos precedentes com base em três categorias, a saber: a categoria "A", "B" e "C".

A categoria "A" visa classificar os precedentes que detêm um considerável grau de importância, sendo a sua força persuasiva naturalmente maior.

Por seu turno, os precedentes de importância média serão classificados com a categoria "B", detendo estes uma força persuasiva menor.

Já os precedentes classificados com a categoria "C" são considerados como de diminuta importância, não sendo sequer publicados no relatório anual, daí que a sua força persuasiva seja bastante reduzida.

Há uma regra implícita que determina que um precedente que seja classificado na categoria "A" ou "B" deverá ter uma maturação de, pelo menos, dez anos para que possa ser revertido, salvaguardando-se eventuais casos excepcionais.[410] Conforme se compreende, a existência desta regra implícita que confira tal grau de maturação aos precedentes que sejam fixados constitui um factor fundamental para garantir que a aplicação do Direito é efectivamente previsível, estável e uniforme, garantindo-se consequentemente aos particulares a possibilidade de conformarem as suas condutas com base na jurisprudência dos tribunais superiores.

No sistema francês, a forma como os precedentes influenciam as decisões dos juízes não está definitivamente fixada. A título de exemplo, convém recordar que tanto o *Conseil d'État*, quanto a *Cour de Cassation* durante dez anos, reservaram-se o direito de produzir decisões que só têm um efeito para o futuro.[411] Ao abrigo de uma jurisprudência nova, os juízes podem determinar que a sua decisão só produz efeitos para o futuro. Contudo, quando o fazem, é claro, os juízes acabam por ficar vinculados às suas próprias palavras, o que significa que o precedente que altera a jurisprudência se lhes impõe nos exactos termos em que foi fixado. Recorde-se a este propósito, que esta foi uma das temáticas já abordadas e que o que se defendeu passa por prever, na lei processual

[410] *Idem*, p. 392.

[411] Veja-se, por exemplo, a decisão do Conseil d'État, de 17 de Julho de 2007, *Société Tropic Travaux Signalisations*, proc. n.º 291545.

portuguesa um mecanismo que permita delimitar no tempo os efeitos de uma decisão uniformizadora sob pena de violação do princípio da segurança jurídica na vertente da tutela da confiança.[412]

Do estudo feito pelo sistema francês poderá afirmar-se que a sua principal vantagem, à semelhança de qualquer jurisdição de *civil law*, reside no facto de este proporcionar uma grande flexibilidade aos juízes. Como na maioria dos casos os precedentes não são vinculativos, torna-se muito fácil para os juízes adaptá-los às opções económicas, tecnológicas e ao desenvolvimento social. Na verdade, os tribunais aspiram a melhorar a jurisprudência e não apenas a conservá-la. Esta perspectiva é muito diferente daquela adoptada pelos países de *common law* e do conceito de que os juízes, tal como foi afirmado por BLACKSTONE, "*are not delegated to pronounce a new law but to maintain and expound the old ones*".[413] No sistema judicial francês, os precedentes são constantemente desafiados e colocados em causa. Mas o que se ganha em flexibilidade perde-se, sabe-se já, em estabilidade.

Os tribunais franceses têm igualmente a capacidade de adaptar a jurisprudência a casos muito específicos através da adopção de "*décisions d'espèce*".

Nestes termos, os juízes são livres de não aplicar um precedente se puderem demonstrar que, por razões especificamente ligadas a um determinado processo, a situação em questão difere daquela a que se refere o precedente. Podem igualmente decidir um caso muito específico, afirmando expressamente que a decisão não deve constituir uma fonte de inspiração para decisões futuras. Para tanto, basta os juízes classificarem o precedente na categoria "C", o qual não será objecto de publicação, ou qualquer referência, no relatório anual de jurisprudência.

De acordo com as considerações tecidas na assembleia da Associação Internacional de Juízes Fiscais ocorrida em Ottawa em Setembro de 2018, onde se discutiu precisamente a temática dos precedentes judiciais, deixou-se claro que o sistema judicial francês poderia ser optimizado se se realçasse melhor o papel desempenhado pelos precedentes na tomada de

[412] Veja-se o que se deixou dito a este propósito no CAPÍTULO II, PONTO 6.2.3.

[413] WILLIAM BLACKSTONE, *in* "Commentaries on the Laws of England", vol. 1, Oxford University Press, 1765, p. 72.

decisões judiciais.[414] As decisões do *Conseil d'État* passariam então a citar os precedentes em que se baseassem e indicariam as razões pelas quais outros precedentes que, até poderiam parecer relevantes, deveriam ser descartados. Porém, até hoje isso não sucedeu, excepto no que se refere aos precedentes fixados pelo TJUE e do TC francês, que, à semelhança de resto com o que sucede em Portugal, são ambos "vinculativos" de certa forma.

11.2. Holanda

Ao contrário do que sucede no ordenamento jurídico francês e português, o sistema judicial holandês não apresenta uma dualidade que contrapõe uma ordem judicial comum a uma ordem administrativa.

Os *Rechtbanken* são os tribunais competentes para dirimir litígios em 1.ª instância e os *Gerechtshoven* são os tribunais de recurso de segunda instância. No topo da hierarquia judicial encontra-se o *Hoge Raad der Nederlanden* (Supremo Tribunal dos Países Baixos) que consiste na última instância de recurso para dirimir litígios em matéria cível, penal e fiscal.

[414] O número e os termos de citação de precedentes foram explorados pelo *Conseil d'État*. PHILIPPE MARTIN, na qualidade de Presidente do *Conseil d'État*, elaborara um relatório recomendando uma redacção mais completa das decisões daquele tribunal, todavia, isso suscitou uma forte oposição por alguns juízes o que, de resto, demonstra que a ideia em si continua a ser muito controversa. Afirmou também que podereria discutir-se a questão de se saber se os juízes estão autorizados a emitir opiniões concordantes ou discordantes e que uma reforma deste género poderia ser encarada como uma forma de acrescentar um critério à gama de critérios empregues para avaliar a força de um precedente. Deste modo, conhecer-se-ia a base sob a qual foi adoptado o precedente, nomeadamente, as razões para certos argumentos terem sido escolhidos e os motivos que determinariam o afastamento de outros. Esta situação impediria a inversão de um precedente visto que os juízes seriam levados a crer que um argumento não teria sido considerado por ter sido deliberadamente ignorado. Contudo, nos dias de hoje, uma tal proposta é, no seu entender, dificilmente imaginável, desde logo, porque isso implicaria o reconhecimento de que os juízes são, a título individual, influentes na decisão ("*decision influencers*"), o que acaba por ser estranho ao funcionamento da cultura judiciária francesa, a qual se baseia no sigilo das câmaras ("*secrecy of the chambers*"). Daqui resulta claro que se atravessa actualmente uma época de reflexão das bases do sistema francês mormente no que respeita aos mecanismos que devem ser adoptados a fim de reforçar a segurança jurídica na aplicação do Direito pelos tribunais franceses. A tradução é nossa e livre. Seguem-se aqui de perto as conclusões de EMMANUELLE CORTOT-BOUCHER (2019) p. 393.

Este apenas é competente para aferir questões de mérito sindicando a aplicação do direito material que tenha sido efectuada pelos tribunais inferiores, tendo ainda competência para aferir qual o tratamento a conceder a situações que não encontrem resposta no seio da lei que não se encontre codificada, *rectius*, escrita.

No ordenamento jurídico holandês os precedentes não são, em teoria, vinculativos. A forma como os juízes fiscais holandeses tratam e encaram a jurisprudência anterior é sobretudo uma questão de cultura jurídica. Neste sentido, a lei é a principal fonte de Direito, estando os juízes impedidos de criar regras gerais ou regulamentares para a resolução de casos concretos. A fundamentação das sentenças terá sempre de ter por base a lei e o direito constituído, não podendo os juízes recorrer à equidade para dirimir litígios.

Não obstante, como referem Wouter Blokland, Coen Maas e Peter Wattel no texto de 2019 publicado no IBFD, a verdade é que a jurisprudência, *maxime* a do *Hoge Raad der Nederlanden*, tem contribuído para o desenvolvimento e concretização do Direito, designadamente no que concerne à concretização de normas jurídicas vagas, ambíguas e genéricas, as tais decorrentes da actual concepção legislativa em Direito Tributário.[415]

O *Hoge Raad der Nederlanden* vai concretizando estes conceitos indeterminados numa base casuística, por vezes formulando princípios gerais que só admitem excepções em circunstâncias muito específicas, outras vezes, formulando decisões de escopo mais limitado, condicionadas pela matéria de facto em causa, de forma a evitar a flexibilidade e instabilidade na futura aplicação dos conceitos. As decisões posteriores complementam e constroem-se muitas vezes a partir de decisões anteriores, podendo inclusive estender, ajustar pormenores ou mesmo restringir as regras vertidas em decisões anteriores.

Uma outra área do Direito Fiscal em que se reconhece o contributo dos precedentes do tribunal são as regras do processo tributário.[416] Na

[415] Neste sentido veja-se Wouter Blokland; Coen Maas e Peter Wattel (2019), p. 385.

[416] Esta regra é curiosa já que em Portugal, como se verá, com a reforma do contencioso tributário de 2019, as matérias processuais foram precisamente retiradas do escopo do conhecimento do STA. É interessante ver que onde o legislador português deixou de querer a inter-

verdade, não é surpreendente que tenha sido essencialmente a jurisprudência a contribuir para a elaboração das regras do processo tributário, uma vez que o processo *"is the judiciary's own garden and tax procedure was initially only summarily codified"*.[417]

Exemplos recentes de regras processuais elaboradas pelos juízes são as regras que disciplinam as demoras injustificadas em processos fiscais, assim como, as regras que versam sobre a admissibilidade de processos em que os contribuintes não tenham possibilidades económicas de suportar as custas judiciais. No que diz respeito ao processo tributário, no geral, o Supremo Tribunal desenvolveu princípios gerais de boa administração, designadamente, os princípios da igualdade de tratamento dos contribuintes e do respeito pelas expectativas legítimas dos contribuintes.[418]

Ao longo dos anos, o *Hoge Raad der Nederlanden* tem dado cada vez mais ênfase ao efeito *pseudo-legislativo* (*pseudo-legislative effect*)[419] dos seus acórdãos, de resto, isso tem sido facilitado pelo próprio legislador ao facultar os meios processuais necessários para se concentrar na sua tarefa vocacionada à uniformização da aplicação do Direito, podendo desta forma o tribunal filtrar e excluir os casos que não compreendam uma questão jurídica relevante.

Esta evolução reflecte-se na forma como o *Hoge Raad der Nederlanden* tem redigido as suas decisões, tendo adoptado um *modus operandi* semelhante ao do TEDH.

Começa-se por explicar, em primeiro lugar, as disposições relevantes da lei além de se referir a jurisprudência mais relevante sobre esses mesmos artigos, tudo antes de se debruçar sobre os factos do caso que lhe é apresentado. Estas considerações preliminares do Supremo Tribunal referem-se às disposições jurídicas relevantes, mas sobretudo e,

venção do STA é precisamente uma das áreas onde o Supremo holandês mais intervém com contributo de precedentes.

[417] Outros exemplos podem ser vistos em "Geppaart, Over vanzelfsprekendheden in het fiscale procesrecht (On what is taken for granted in tax procedure)," Weekblad Fiscaal Recht (1988/1029) *apud* WOUTER BLOKLAND; COEN MAAS e PETER WATTEL (2016).

[418] P.J. VAN AMERSFOORT, *in* "The tax chamber of the Supreme Court as designer of principles of good administration", Maandblad Belasting Beschouwingen 5-6, 2015, pp. 160-168.

[419] A expressão é de WOUTER BLOKLAND; COEN MAAS e PETER WATTEL (2019) p. 386.

cada vez mais, ao objectivo desempenhado pelas mesmas tal como evidenciado pela história legislativa e pela jurisprudência anterior que a acompanha.

Nos últimos anos, estas considerações preliminares têm resultado, por diversas vezes, em sínteses completas e temáticas de áreas específicas da jurisprudência, servindo de guia às consultoras fiscais, aos escritórios de advogados e à própria administração holandesa, de forma a ajudar a tratar casos futuros sem que, para tanto, haja necessidade de litigar.[420] Estas considerações preliminares podem, por vezes, conter clarificações, especificações ou regras adicionais as quais mesmo quando não sejam necessárias para decidir o caso concreto poderão ser suficientemente expeditas e dotadas do grau de eficácia necessário para resolver casos futuros sobre questões jurídicas novas. Isto permite que o tribunal adopte uma abordagem preventiva no desenvolvimento da lei, aumentando a segurança jurídica e melhorando a aplicabilidade da jurisprudência. Este é um ponto bastante importante.

Num sistema judicial em que os precedentes têm um carácter informal, o facto de tais esclarecimentos, especificações e regras adicionais serem meros *obter dicta*, numa determinada decisão, não prejudica a importância que têm. Antes pelo contrário, o Supremo Tribunal considera que é necessário, através dessas considerações preliminares, antever casos futuros.

As referências à jurisprudência são um fenómeno relativamente recente que só constitui uma tendência das últimas décadas na Holanda. Antes disso, o Supremo Tribunal limitava-se a repetir a *ratio decidendi* de casos anteriores, deixando aos comentadores a tarefa de encontrarem a *stare decisis* na decisão em análise ou, pelo contrário, de verificarem se tinha ocorrido uma mudança na jurisprudência. A evolução sofrida provavelmente é o produto da consciencialização, por parte do Supremo Tribunal, do papel que desempenha no tocante ao seu papel de *pseudo-legislador* e ao sentimento generalizado da sociedade de que é neces-

[420] Sobre esta temática veja-se L.J.A. Pieterse, Het verschijnsel overzichtsarrest; een oriëntatie, Fiscaal Tijdschrift FED, 2017/1, *apud* Wouter Blokland; Coen Maas; Peter Wattel; The Role of Precedents in Netherlands Tax Litigation, *in* IBFD, vol. 73, n.º 8, 2019.

sário existir transparência, concretamente, transparência do raciocínio ensaiado pelo tribunal.

Quer as partes num processo, quer os próprios tribunais de nível hierárquico inferior podem solicitar uma pronúncia do *Hoge Raad der Nederlanden*. Na verdade, as partes estão na melhor posição para apresentar questões de Direito ao tribunal, mas tanto os tribunais de 1.ª instância quanto os tribunais de recurso podem apresentar questões prejudiciais ao Supremo Tribunal. Este procedimento permite que o Supremo estabeleça, de forma célere, um precedente caso a resposta a uma questão de Direito possa afectar um número razoável de processos pendentes.

Em suma, o *Hoge Raad der Nederlanden* tem contribuído para garantir uma aplicação uniforme do Direito, função esta que lhe é cometida por lei. Por esta razão, mesmo na inexistência de um precedente vinculativo, a verdade é que os precedentes que sejam fixados revelam um elevado grau persuasivo.

Numa perspectiva vertical, ainda que os tribunais inferiores não estejam vinculados a proferir as suas decisões em conformidade com as decisões dos tribunais superiores, a verdade é que se as contrariarem, na eventualidade de recurso para esse mesmo tribunal, estas sempre correm o risco de ser revertidas. Em todo o caso, a verdade é que os tribunais inferiores acabam habitualmente por seguir os precedentes fixados pelo Supremo Tribunal, remetendo para o acórdão relevante na decisão do litígio e empregando o mesmo raciocínio patente nessa decisão.

Por seu turno, verifica-se que os precedentes fixados pelo *Hoge Raad der Nederlanden* não são vinculativos para os demais tribunais de última instância, de tal modo que a uniformização aí apenas ocorrerá em virtude de uma questão de cortesia judicial. Não obstante, é possível identificar a existência de um carácter persuasivo dos precedentes também numa perspectiva horizontal.

O Supremo Tribunal tende a acatar e até mesmo reforçar os precedentes que tenha previamente fixado, de tal modo que as decisões posteriores que profere muitas vezes complementam ou adaptam aqueles que são os precedentes anteriormente fixados.

Neste sentido é possível afirmar que geralmente "*the Supreme Court does refer to its previous case law (...) and regularly hands down judgments contai-*

ning an overview of its case law on a specific issue, which may in essence provide a decision tree or substantive manual to decide future cases".[421]

Ao construírem as suas decisões judiciais enunciando preliminarmente o conjunto de legislação aplicável e de jurisprudência que já tenha versado sobre o caso *sub judice*, o *Hoge Raad der Nederlanden* garante que as suas decisões conferem aos particulares um verdadeiro meio para que estes consigam conformar as suas posições jurídicas.

Mas esta não é a única particularidade do sistema holandês na prossecução da estabilidade e uniformização da jurisprudência. Há mais duas características que se podem apontar e que reforçam esta ideia de preocupação do sistema em assegurar uniformização e coerência na aplicação do Direito.

Por um lado, a temática da alteração de jurisprudência uniformizadora e das cautelas que são necessárias para a substituição de um precedente. Para que o Supremo Tribunal reverta um precedente, tem que apresentar as razões que justifiquem essa reversão. E essas razões terão que andar entre: a existência de razões sociais ou de adaptação e evolução do Direito; a existência de questões relativas aos resultados indesejáveis provocados pelo precedente anterior; ou, a necessidade de adaptação do precedente em face do Direito legislado seja interno ou europeu. Desta forma, reforça-se o sentido e a coerência da jurisprudência superior, verificando-se a existência de uma regra informal que tende a que os precedentes não sejam revertidos num prazo inferior a 10 anos a não ser em casos excepcionais, como aqueles acabados de referir.

Por outro lado, verifica-se que a importância conferida ao *Hoge Raad der Nederlanden* e ao seu papel uniformizador é reforçada em virtude de os tribunais inferiores lhe poderem suscitar questões prejudiciais e, ainda, pelo facto de este ter competência para decidir "casos-piloto" seleccionados pela administração holandesa e por consultores fiscais. Estes últimos casos são bastante interessantes.

A administração, o próprio membro do Governo responsável pelos assuntos fiscais e os consultores fiscais e advogados, perante situações jurídicas que tenham suscitado um elevado número de reclamações ou que

[421] Neste sentido veja-se Wouter Blokland; Coen Maas e Peter Wattel (2019), p. 385.

se possam repetir no futuro podem suscitar directamente ao *Hoge Raad der Nederlanden* a sua posição. A este respeito permite-se que o membro do Governo responsável pela área das finanças, por exemplo, suspenda os procedimentos que estejam em curso de modo a que o Supremo Tribunal se possa pronunciar sobre a resolução dos mesmos, garantindo a sua resolução uniforme e coerente e obstando, deste modo, à proliferação contínua de litígios relativos a essa mesma questão de Direito.

Embora num sentido informal, o efeito vinculativo das decisões do *Hoge Raad der Nederlanden* explica-se pela missão que é cometida a este tribunal, pelo seu papel de garante da segurança jurídica, da igualdade horizontal, ao zelar pelo respeito das expectativas legítimas criadas pelos precedentes.[422]

Existem correntes doutrinais que defendem que, no desempenho da sua missão de desenvolvimento do Direito, especialmente ao preencher as lacunas deixadas pelo legislador, ao densificar conceitos vagos, nomeadamente, o que se entende por "boas práticas empresariais", mas também ao aplicar doutrinas não-escritas, tais como a *fraus legis*, e os princípios gerais da boa administração, a secção especializada em Direito Fiscal do *Hoge Raad der Nederlanden* pode ser visto como um *sub-legislador*.[423]

11.3. Conclusão

Da sequência expositiva tecida a respeito do sistema jurídico francês e holandês torna-se perceptível aquilo que já decorria das considerações efectuadas a respeito da contraposição de sistemas de *civil law* e de sistemas de *common law*.

Em *civil law*, verifica-se que a lei desempenha um papel balizador da actuação do juiz, não lhe sendo conferido à partida um poder de cria-

[422] Jan Vranken, *in* "Mr. C. Asser's guide to the practice of Dutch civil law: General part", W.E.J. Tjeenk Willink, 1995, pp. 120-121.

[423] Ver J.L.M. Gribnau, A.O. Lubbers e H. Vording, De belastingrechter: rechtsvinder en wetgever-plaatsvervanger *in* Rechterlijke Macht: Rechtspraak en rechtshandhaving in Nederland, Kluwer, 2013, *apud* Wouter Blokland; Coen Maas e Peter Wattel, The Role of Precedents in Netherlands Tax Litigation, *in* IBFD, vol. 73, n.º 8, 2019. Estes autores acabam porém por chamar a atenção para o facto de este papel que tem vindo a ser assumido pelos tribunais poder bulir com o princípio da separação de poderes e com o princípio da legaldade tributária.

ção do Direito. Não obstante, a verdade é que nem por isso o juiz em *civil law* deixa de desempenhar um papel fundamental – e cada vez mais premente – no desenvolvimento e concretização do Direito, daí que a uniformização da jurisprudência se revele fundamental para garantir e acautelar o princípio da segurança jurídica.

Em todo o caso, a verdade é que, dentro dos limites da legalidade, o juiz em *civil law* é livre de interpretar e de aplicar a lei no caso concreto, não se encontrando em regra vinculado aos precedentes que tenham sido previamente fixados. Neste sentido, verificou-se que, quer no sistema jurídico francês, quer no sistema jurídico holandês se procura articular a flexibilidade que é inerente aos sistemas de *civil law* com uma maior rigidez, certeza e estabilidade características da doutrina do *stare decisis* de *common law*.

Viu-se que no que toca à tutela da confiança, o sistema francês prevê a possibilidade da jurisprudência uniformizadora se poder aplicar só para o futuro.

Viu-se também que o precedente, ainda que assuma um mero efeito persuasivo, acaba por revelar preocupações crescentes com a aplicação uniforme do Direito.

Numa perspectiva vertical, verificou-se que quanto maior o grau hierárquico do tribunal que emite o precedente, maior será o respectivo efeito de persuasão. Viu-se também que, na prática, os precedentes emanados pelos tribunais superiores acabam que por vincular os tribunais hierarquicamente inferiores, particularmente quando esses precedentes permitam fundar uma jurisprudência constante.

Por seu turno, numa perspectiva horizontal, verificou-se que a eficácia persuasiva do precedente se tem materializado sobretudo numa "autovinculação" dos tribunais superiores aos precedentes por si emanados, procurando estes tribunais garantir a sua vigência por um período mínimo de 10 anos, apenas procedendo à sua revisibilidade em casos excepcionais que o justifiquem.

Mas as cautelas que nestes países se assumem de modo a garantir e efectivar a segurança jurídica em virtude deste papel assumido pela jurisprudência não se ficam por aqui.

A este respeito, salienta-se em primeira linha a formulação pelo *Conseil d'État* de um relatório anual de jurisprudência em que se classificam os precedentes consoante o seu grau de importância e, consequentemente, de persuasão. Por seu turno, salienta-se a preocupação crescente do *Hoge Raad der Nederlanden* em redigir os seus acórdãos em moldes idênticos aos do TEDH de tal modo que confira aos particulares um guia da legislação aplicável ao caso a decidir mas, principalmente, um autêntico guia quanto à jurisprudência existente sobre aquela questão fundamental de Direito, assim permitindo que os particulares tenham na jurisprudência um efectivo elemento que lhes permita conformar as suas condutas especialmente quanto a "casos-piloto".

Aqui chegados, torna-se possível concluir que a preocupação com uma jurisprudência estável, coerente e uniforme que permita conferir aos particulares maior segurança jurídica é transversal. A verdade é que esta realidade, que está dependente de uma mudança de paradigma em que se aceita os tribunais superiores como *sub-legisladores*, tem levado a que sejam criados instrumentos processuais cujo fito é permitir uma maior interacção e entrosamento entre os tribunais e os destinatários das decisões para uma mais célere e eficaz composição dos litígios.

Estes instrumentos são essencialmente de reforço da uniformização através do aumento da tónica persuasiva do precedente e de controle das alterações jurisprudenciais e dos seus possíveis efeitos retroactivos. São portanto medidas que aproximam jurisdições de *civil law* a jurisdições de *common law*.

Posto isto, cumpre agora testar os mecanismos e soluções existentes no seio do ordenamento processual tributário português de forma a compreender se a nossa jurisdição contém, ou não, instrumentos que permitam, de facto, garantir a estabilidade e a uniformização da aplicação do Direito e, bem assim, compreender que medidas deviam ser tomadas para acautelar um eventual efeito retroactivo da jurisprudência – *maxime* – uniformizadora.

Título II
Instrumentos de Uniformização no Direito Processual Português

Capítulo I
Os Instrumentos Uniformizadores em Portugal

12. Colocação do problema

Até ao momento, procurámos assentar um conjunto de premissas elementares de que parte a presente dissertação, as quais de forma muito sintética se poderiam resumir no facto de a actual concepção legislativa em Direito Tributário, que se traduz na adopção de uma técnica legislativa caracterizada pela flexibilização do enunciado legal e que se manifesta pela existência de leis tributárias de enunciado normativo vago e indeterminado; transferir para o plano de actuação do aplicador do Direito, *maxime*, do juiz, um poder que seria, de uma perspectiva doutrinal clássica, unicamente atribuído ao legislador.

Trata-se do poder de determinação do conteúdo normativo ou de concretização normativa.

É precisamente por força desta função do juiz, cada vez mais acentuada pela actual concepção legislativa em Direito Tributário, que decorrem os principais desafios quanto à tutela das diferentes dimensões do princípio da segurança jurídica impondo-se, portanto, um novo enquadramento deste princípio na óptica do aplicador do Direito.

Significa isto que também terão de ser acauteladas as preocupações ao nível da previsibilidade, estabilidade e coerência na aplicação do Direito e não só na sua criação, fundamentais para que os cidadãos possam com certeza e segurança planear as suas condutas e para que a AT possa determinar a legalidade da sua actuação.

A chave reside, como vimos já, na uniformização ao nível da aplicação do Direito Tributário pelos tribunais, por um lado, e terá que passar também pelo acautelar de mecanismos que prevejam uma limitação de efeitos retroactivos da jurisprudência uniformizadora, por outro. Esta não é, porém, uma conclusão inteiramente original.

Se a uniformização na aplicação do Direito e a jurisprudência retroactiva racionalizada são a resposta, nesta parte do nosso estudo deter-nos-emos mais na tentativa de compreender se o sistema tributário português está preparado para responder ao primeiro repto – o da uniformização – já que ao segundo fomos percebendo que não há qualquer mecanismo previsto que o acautele.

São vários os Estados que tomaram consciência desta necessidade de garantir a uniformização e avançaram no sentido de encontrar mecanismos que reponham a segurança jurídica.

Conforme se avançou, esta é uma preocupação transversal, estejamos nós em jurisdições ditas de *common law* ou em jurisdições ditas de *civil law*.

A resposta em ambas é a mesma, de tal modo que a uniformização na aplicação do Direito é a solução para a verificação de segurança jurídica. Se naquelas a regra do precedente vinculativo e a colocação da jurisprudência como fonte imediata de Direito já tendia para esta resposta; nestas é essencialmente a actual técnica legislativa que impulsiona os Estados a reforçarem e a adoptarem medidas que incrementem a segurança jurídica, através da introdução nas suas ordens processuais de mecanismos que permitem imprimir uniformização e coerência à aplicação do Direito. Tudo porque compreenderam que uma aplicação do Direito incoerente e imprevisível pode ser tão ou mais nefasta do que a instabilidade legislativa.

Aqui chegados, há que prosseguir com o plano geral expositivo traçado para o presente trabalho e que passa por perceber se o sistema jurídico processual português está, ou não, preparado para garantir a uniformização na aplicação do Direito necessária, sabemos já, à afirmação da segurança jurídica perante a actual concepção legislativa em Direito Tributário. É que, recorde-se, esta é precisamente a questão a que procuramos dar resposta com o presente estudo.

A começar, dar-se-á um panorama dos instrumentos com vocação uniformizadora existentes no direito processual português, mormente dos recursos, sem esquecer o particular caso da arbitragem tributária. Nesta tese não se tem, no entanto, a pretensão de elaborar um tratado sobre o regime dos recursos em processo tributário mas antes, insista-se, analisar primeiro o panorama dos instrumentos com verdadeira vocação uniformizadora, para, no capítulo seguinte, estarmos capazes de, mais do que escalpelizar o respectivo regime jurídico, testar a comprovação da efectividade uniformizadora de cada um deles.[424]

Por agora, far-se-á um percurso geral, mas comparativo, entre o sistema de recursos com vocação uniformizadora antes e depois da reforma que ocorreu em Setembro de 2019 e cujo móbil foi, precisamente, o de imprimir ao sistema de recursos maior segurança jurídica na aplicação do Direito.[425]

Neste caminho comparativo não poderemos negligenciar a importância da arbitragem tributária, mecanismo alternativo à impugnação judicial e que, sabe-se já, pela importância que tem assumido no cenário da justiça portuguesa precipitou a necessidade de trazer maior uniformização ao sistema judicial e jurisdicional português ao salientar a influência que a jurisprudência fiscal tem enquanto fonte de Direito.

13. Os recursos uniformizadores em Portugal

Ainda que, em face da actual concepção legislativa do Direito Tributário, se verifique uma necessidade acrescida e premente de tutelar a segurança jurídica na aplicação do Direito, a verdade é que aquela tutela não constitui uma realidade inteiramente desconhecida do legislador.

Nos termos do art. 8.º, n.º 3 do CC, impõe-se, desde logo, que o julgador tenha "em consideração todos os casos que mereçam tratamento análogo, a fim de obter uma interpretação e aplicação uniformes do direito".

[424] Para maiores desenvolvimentos sobre o regime dos recursos veja-se, entre outros, o nosso manual com Serena Cabrita Neto, *in* "Contencioso Tributário, Vol. II", Almedina, 2017; Jorge Lopes de Sousa, *in* "Código de Procedimento e de Processo Tributário – Volume IV – anotado e comentado", Áreas, 2011; Margarida Reis e Cristina Flora, *in* "Recursos no contencioso tributário", Quid Juris, 2015; Rui Duarte Morais, *in* "Manual de Procedimento e Processo Tributário", 2012 (reimpressão de 2016); Joaquim Freitas da Rocha (2019).

[425] As Leis n.ºs 118/2019 e 119/2019, de 17 e 18 de Setembro respectivamente, procederam a várias alterações ao que nos importa em três diplomas fundamentais da jurisdição administrativa e fiscal: no ETAF; no CPTA e no CPPT. Referir-nos-emos em geral a estas alterações preconizadas por estes diplomas como "reforma de 2019".

É igualmente indiscutível que o legislador processual português se encontra familiarizado com preocupações de segurança jurídica também, no âmbito da aplicação do Direito.

Quando se olha à segurança jurídica no direito processual são normalmente apontadas duas figuras: a dos recursos com vocação uniformizadora e a figura do caso julgado. Sempre, claro está, numa óptica de confiança dos sujeitos e da comunidade numa decisão previsível e respeitadora do princípio da segurança jurídica.

Ora, sabemos já, que este estudo é motivado pela resposta à questão de saber se o direito processual português está apetrechado de instrumentos que permitam assegurar a segurança jurídica na aplicação do Direito em face dos desafios da actual concepção legislativa do Direito Tributário. Para se responder a esta pergunta importa perceber quais os instrumentos que garantem uma aplicação uniforme do Direito e que garantem, portanto, previsibilidade e confiança ao sistema.

A chave é a uniformização ao nível da aplicação do Direito Tributário pelos tribunais. Já nada disto é novo. Assim sendo haverá aqui que ter cautela, já que, ao que se julga, o caso julgado nada tem a ver com esta temática, mas sim com a tutela da confiança (daquele ou) daqueles sujeitos intervenientes na acção.[426]

Porque o objectivo do caso julgado é exactamente a imodificabilidade da decisão transitada e a irrepetibilidade do juízo, o estudo deste instituto será lateral ao aprofundamento do princípio da segurança jurídica tal qual nós o perspectivámos.[427]

[426] Recorde-se que o instituto do caso julgado é "a insusceptibilidade de impugnação de uma decisão (despacho, sentença ou acórdão) decorrente do seu trânsito em julgado (...)". Trata-se, pois, da impossibilidade de outro tribunal se pronunciar sobre uma decisão de um primeiro tribunal, ou desse próprio tribunal que proferiu a decisão se voltar a pronunciar sobre aquele processo, sendo que "se por um lado, o caso julgado impõe que as consequências jurídicas dos factos discutidos e decididos (ou de alguns factos discutidos e decididos) num determinado processo não mais o serão para o mesmo pedido, por outro, esse mesmo efeito da sentença alarga-se a factos não alegados e, portanto, a factos cujas consequências jurídicas não foram objecto de decisão", Miguel Teixeira de Sousa, *in* "Estudos sobre o Novo Processo Civil", Lex – Edições Jurídicas, 1997, pp. 568 e ss e Mariana França Gouveia, *in* "A Causa de Pedir na Ação Declarativa", Almedina, 2004, p. 401.

[427] Realidade diferente do caso julgado é a autoridade do caso julgado, a qual muito embora

Se esta preocupação uniformizadora existia já antes das alterações legislativas efectuadas pela reforma de 2019, a verdade é que ela torna-se ainda mais evidente no cenário pós-reforma.

Iremos já de seguida atentar ao elenco dos instrumentos – na sua grande maioria recursos –, que tinham antes de 2019 e têm no regime actual, vocação para imprimir uma aplicação do Direito uniforme e coerente.

Não começamos porém sem algumas cautelas.

A primeira para dizer que não se pretende, na presente dissertação, aprofundar o recurso para o TC que se encontra previsto no art. 280.º da CRP.[428]

se justifique igualmente por razões de certeza, confiança e segurança jurídica, que legitimam a previsão deste instituto se distingue daquela realidade. Neste caso, está-se perante um efeito positivo: a imposição da primeira decisão como pressuposto indiscutível da segunda decisão de mérito, isto é, a existência de uma proibição de contradição que é desejável à luz do princípio da segurança jurídica. Enquanto a excepção do caso julgado impõe ao juiz, depois de verificada a tríplice identidade, decidir a absolvição da instância por procedência da excepção, a autoridade do caso julgado "obriga" o juiz a transpor para o caso, *a quo*, o corpo de factos dados como assentes em decisão anterior. Porém também este instituto em nada se relaciona com os desafios à segurança jurídica na aplicação do Direito decorrentes da actual concepção legislativa em Direito Fiscal. É urgente ter em conta a importância da autoridade do caso julgado no que em concreto respeita às matérias tributárias especialmente quanto a factos que podem dar azo a correcções em diferentes impostos a serem julgados de forma diferente em diferentes processos. Ou de correcções que se protelem em diferentes anos ainda que sobre o mesmo imposto e em que diferentes tribunais tratam os mesmos factos de forma diferente. Não será no entanto neste trabalho que nos dedicaremos a este tema já que nos desviaríamos do nosso foco. E o nosso foco é precisamente responder à questão colocada.

[428] Este artigo consagra o sistema de fiscalização concreta da constitucionalidade, ao abrigo do qual se prevê a possibilidade de recurso para o TC das decisões dos tribunais que apliquem o Direito ordinário. Por esta via o TC apenas afere, a título incidental, a conformidade constitucional da norma que constitui objecto do recurso, isto é, o TC apenas aprecia as decisões de outros tribunais no que em concreto respeita à conformidade constitucional das normas aplicadas naquelas decisões. Em termos singelos, prevê-se a possibilidade de recurso de decisão que recuse a aplicação de qualquer norma com fundamento na sua inconstitucionalidade (art. 280.º, n.º 1, al. *a)*, da CRP), de decisão que aplique uma norma cuja inconstitucionalidade haja sido suscitada durante o processo recorrido (art. 280, n.º 1, al. *b)*, da CRP) e, ainda, de decisão que aplique uma norma cuja inconstitucionalidade já tenha sido julgada em sentido afirmativo pelo TC (art. 280, n.º 5, da CRP). Para maiores desenvolvimentos a este respeito

Não o pretendemos analisar porque este é um recurso em que o TC tem um âmbito de conhecimento limitado e portanto em que o efeito uniformizador à aplicação do Direito é restrito à temática da conformidade constitucional (ou não) da questão em discussão.[429] Não o pretendemos analisar também porque se trata de um recurso em que a decisão pode, como se sabe, revestir carácter de força obrigatória geral.[430] Portanto, se há caso em Portugal em que se pode aceitar a vinculatividade do

vide MARIA DOS PRAZERES PIZARRO BELEZA, *in* "Tutela Judicial Efectiva e Acesso dos Cidadãos ao Tribunal Constitucional", Julgar n.º 29, Maio-Agosto, Almedina, 2016, pp. 63-71.

429 Ao que aqui importa, decorre do art. 280, n.º 6, da CRP que os recursos para o TC são restritos à questão da inconstitucionalidade, de tal modo que este tribunal não terá em conta na sua decisão o mérito da causa da decisão recorrida. Por esta via, delimita-se não só a competência decisória, mas também os respectivos efeitos da sua decisão. Significa isto que o recurso para o TC tem efeito cassatório, uma vez que ao ser proferida decisão no sentido da inconstitucionalidade da norma, a decisão recorrida será anulada, incumbindo ao tribunal *a quo* a sua reforma. Para maiores desenvolvimentos a este respeito *vide* GOMES CANOTILHO (2003), pp. 999-1001; JORGE MIRANDA, *in* "O Regime de Fiscalização Concreta da Constitucionalidade em Portugal", 2012, pp. 19-20, disponível *online* em https://www.icjp.pt/sites/default/files/media/1119-2440.pdf.

430 Conforme se viu, as decisões do TC referentes a recursos para fiscalização concreta da constitucionalidade apenas fazem caso julgado quanto à concreta decisão recorrida. Não obstante, para além dos casos de fiscalização abstracta da constitucionalidade previstos no art. 281.º, n.ºs 1 e 2, da CRP, determina o n.º 3 do mesmo artigo, que o TC aprecia e declara com força obrigatória geral a inconstitucionalidade de qualquer norma, conquanto esta tenha sido por ele julgada inconstitucional em três casos concretos. Conforme se depreende, nos casos em que o TC efectue uma fiscalização concreta da constitucionalidade, a decisão proferida consistirá num (mero) precedente persuasivo, não existindo obrigatoriedade de tal decisão ser acatada, seja numa perspectiva vertical ou horizontal. Por seu turno, nos casos em que o TC declare a inconstitucionalidade da norma com força obrigatória geral, tal decisão produzirá efeitos desde a entrada em vigor da norma em questão, determinando simultaneamente a repristinação das normas que ela tenha eventualmente revogado, conforme determina o art. 282.º, n.º 1 da CRP. Deste modo, reconhece-se um verdadeiro efeito uniformizador dessa decisão, uma vez que a mesma consistirá num precedente vinculativo para todos os demais órgãos constitucionais, jurisdicionais ou administrativos. Recorde-se que foi precisamente a propósito deste instrumento que escrevemos no PONTO 6.2.3. sobre RETROACTIVIDADE JURISPRUDENCIAL. Para maiores desenvolvimentos a este respeito *vide* GOMES CANOTILHO (2003), pp. 1009-1023.

precedente é este,[431] não se justificando portanto o teste de uniformização para os efeitos que pretendemos.[432]

A segunda para também deixar claro que há uma outra área em que se pode aceitar a vinculatividade do precedente e que, portanto, por essa razão, ficará fora do âmbito da nossa análise: a do reenvio de questões prejudiciais para TJUE.[433]

Com efeito, relativamente às matérias passíveis de serem colocadas à jurisdição do TJUE através de questões prejudiciais, há já a garantia de uniformização da aplicação do Direito porquanto, conforme se foi dizendo no Título I, o papel do TJUE é essencialmente de harmonizador da interpretação que os EM fazem do Direito da UE.[434] Este mecanismo é estabelecido no interesse, quer dos tribunais nacionais, quer da

[431] Note-se, contudo, que este não é um caso único, verificando-se outros casos com um âmbito de conhecimento limitado em que se admite a vinculatividade do precedente. É o caso da declaração de ilegalidade com força obrigatória geral de normas emanadas ao abrigo de disposições de Direito Administrativo nos termos dos arts. 72.º e 73.º, ambos do CPTA, aplicáveis subsidiariamente ao contencioso tributário nos termos do art. 49.º, n.º 1, al. *e)* subalínea *i)* do ETAF e do art. art. 97.º, n.º 1, al. *p)* parte final do CPPT. Um outro caso será o do recurso que vise a fixação de jurisprudência quanto a decisões em matéria de concessão ou recusa de visto e de responsabilidade financeira que assentem, relativamente à mesma questão fundamental de Direito, sobre soluções opostas, cominando o art. 103.º, n.º 3 da Lei n.º 98/97, de 26 de Agosto que a jurisprudência fixada será obrigatória para o Tribunal de Contas enquanto a lei não for modificada.

[432] Neste sentido, não serão abordados os mecanismos de uniformização de jurisprudência existentes ao nível do TC, designadamente os mecanismos previstos nos arts. 79.º-A e 79.º-D da Lei n.º 28/82, de 15 de Novembro.

[433] O mecanismo de reenvio prejudicial está previsto no art 267.º do TFUE. A este propósito veja-se o nosso artigo com Susana Bradford Ferreira (2015).

[434] O reenvio prejudicial, de certo modo, traduz-se num meio de controlo da validade do Direito secundário da UE e simultaneamente permite assegurar a interpretação e aplicação uniformes das respectivas normas europeias. Dito de outro modo, este mecanismo vem permitir que os juízes dos diferentes EM percepcionem e apliquem o Direito da UE de igual modo, ainda que sejam evidentes as diferenças culturais, linguísticas e jurídicas existentes no quadro dos países membros da UE. A existência do reenvio prejudicial é, portanto, favorável ao processo de harmonização uma vez que contribui para a aproximação dos regimes jurídicos através da interpretação que faz da aplicação do Direito da UE. Esta interpretação deverá ser respeitada não apenas pelo Estado que submeteu a questão prejudicial ao TJUE mas também pelos demais, sendo a decisão do TJUE vinculativa.

ordem jurídica europeia e, como tal, é usualmente considerado como um instrumento de cooperação judiciária.

Pode dizer-se, que em todas as matérias que possam ser sujeitas a submissão de reenvio prejudicial há já precedente vinculativo acautelado e portanto a segurança jurídica na aplicação do Direito está, à partida, assegurada uma vez que a uniformização da aplicação do Direito é feita pela interpretação do TJUE à qual os tribunais nacionais estão vinculados.[435]

No que nos importa, tal mecanismo permite assegurar que no domínio do Direito Fiscal a emissão de regulamentos, directivas, etc cumpre efectivamente o intuito harmonizador visado, garantindo que relativamente a matérias fiscais que caiam no escopo do Direito da UE, os tribunais nacionais apliquem uniformemente o Direito.

Se a coerência, a unidade de acção na aplicação do Direito da UE e o respeito pela segurança jurídica são objectivos que subjazem ao funcionamento do mecanismo de reenvio prejudicial, é também necessário reter que com este mecanismo apenas se garantem estes valores de coerência, de estabilidade e de uniformização relativamente a decisões que se debrucem sobre matérias às quais seja aplicável o Direito da UE. Estão, portanto, "condenados" aos mecanismos uniformizadores instituídos internamente os litígios relacionados com matérias fiscais que não se enquadrem no âmbito do Direito da UE.

E é nestes, e não no funcionamento e operacionalidade daquele, que nos vamos focar.

[435] A relação que se estabelece entre o TJUE e os tribunais nacionais não se baseia numa estratificação hierárquica, mas antes numa mútua necessidade, na medida em que, tanto os tribunais nacionais necessitam do TJUE para aplicar de forma eficaz as normas europeias, quanto o TJUE necessita dos tribunais nacionais para garantir uma aplicação eficaz do Direito da UE em todo o seu território. Neste sentido, cumpre referir que o TJUE se distingue de um supremo tribunal de um Estado Federal, na medida em que na UE não se estabelece uma relação hierárquica entre o TJUE e os tribunais dos EM, nem o TJUE funciona como tribunal de recurso das decisões proferidas pelos tribunais dos EM. Por isso, o TJUE não declara a invalidade de uma norma nacional. O juiz nacional quando estiver perante uma norma nacional desconforme com a norma da UE, deve desaplicá-la sem declarar a sua invalidade. É esta a razão pela qual se pode afirmar que os tribunais nacionais exercem a sua função como tribunais comuns do Direito da UE e que o TJUE surge, então, no vértice da pirâmide representativa da organização judiciária, tendo, como se disse, a incumbência de assegurar uma interpretação e aplicação uniformes do Direito da UE, nos termos do art. 19.º, n.º 1 do TUE.

A última cautela prende-se com o teste que se irá efectuar a fim de comprovar a eficácia uniformizadora dos expedientes processuais que se irão analisar.

A verdade é que o legislador português, à semelhança dos seus congéneres europeus, percebeu a necessidade de reforçar os mecanismos de uniformização de jurisprudência no sistema processual tendo procedido, como se disse, a uma alteração do regime dos recursos em processo tributário em 2019.

Esta reforma, se por um lado dá razão e reforça a temática subjacente a esta tese, por outro lado poderia, em teoria, dificultar a certificação dos mecanismos uniformizadores na medida em que não se dispõe ainda de jurisprudência actualizada por forma a fazer o teste de efectividade uniformizadora dos mecanismos actuais.

Porém, a verdade é que, como se demonstrará, a reforma não abalou os alicerces dos mecanismos de uniformização que já existiam. Os mecanismos de uniformização e coerência no processo tributário português pós reforma não andam, na prática, muito longe do que já era entendido pela doutrina e pela jurisprudência quanto aos anteriores. Os recursos uniformizadores actuais reflectem na letra da lei o que era já a concretização normativa feita pela jurisprudência e, portanto, não são assim tão diferentes do que já existia antes de 2019 e os seus requisitos de interposição também não.

A conclusão, essa, adiante-se, andará então por dois caminhos.

Por um primeiro, que passará precisamente por perceber que há lições a tirar da análise da jurisprudência proferida ao abrigo do regime anterior na medida em que as diferenças para o actual regime não são substanciais. Deste modo, o teste de eficácia uniformizadora que se fará no capítulo seguinte não fica comprometido e será feito com base na jurisprudência, ainda que proferida ao abrigo do regime dos recursos anteriores. As conclusões que se alcançarão da análise da jurisprudência proferida ao abrigo do regime anterior são aplicáveis, portanto, ao regime actual.

Por um segundo, que passará por perceber que se assim é, há uma conclusão óbvia a retirar: a reforma de 2019 será insuficiente para garantir a segurança jurídica na aplicação do Direito.

Dito isto, estudar-se-ão agora os instrumentos com vocação uniformizadora existentes na ordem jurídica portuguesa, fazendo-se a comparação necessária entre o regime existente até Setembro de 2019 e o regime pós reforma.

13.1. Recursos com vocação uniformizadora no contexto pré reforma de 2019

Antes de começar o processo comparativo dos recursos com vocação uniformizadora terá que se fazer referência à característica que ainda se verifica nos dias de hoje e que imprime personalidade, mas também complexidade, ao sistema de recursos em contencioso tributário e que se traduz na *dualidade de regimes.*[436]

Dizermos que o sistema de recursos em contencioso tributário obedece a uma dualidade de regimes, é o mesmo que dizer que os recursos dos actos jurisdicionais praticados no processo judicial tributário e no processo de execução fiscal se encontram regulados no CPPT; mas significa também, que os recursos dos actos jurisdicionais sobre meios processuais acessórios comuns, quer à jurisdição administrativa, quer à AT, bem como os recursos de actos jurisdicionais que não se enquadrem no conceito de processo judicial tributário regulado no CPPT, são tratados, por seu turno, pelas normas do CPTA.[437]

Para a compreensão desta temática dos recursos em contencioso tributário contribui ainda a percepção da regra do duplo grau de decisão.

[436] Esta é uma característica, de resto, bastante criticada pela doutrina. Neste sentido veja-se, o nosso Manual com Serena Cabrita Neto (2017), pp. 187-194. Veja-se ainda Rui Duarte Morais, (2012), p. 350 e Joaquim Freitas da Rocha (2019), p. 39 e 303 e ss.

[437] Ainda a este propósito uma nota para dizer que a segunda regra que é necessário apreender no que ao contencioso tributário diz respeito, é que na determinação do regime jurídico aplicável há que analisar a remissão operada nos termos do art. 2.º do CPPT, para vários diplomas legais sempre que ocorra falta de regulamentação no CPPT. Assim, relativamente aos recursos jurisdicionais, a conjugação do art. 2.º com o art. 279.º do CPPT, procede a uma remissão para as regras processuais plasmadas no CPC e no CPTA, urgindo assim analisar, muito sucintamente, o âmbito de aplicação da reforma do CPC de 2013. Como consta do regime previsto no art. 7.º da Lei n.º 41/2013, de 26 de Junho, o regime de recursos previstos no CPC aplica-se somente aos recursos de decisões proferidas em acções instauradas a partir de 1 de Setembro de 2013, momento a partir do qual o diploma entra em vigor. No que respeita aos restantes casos, aplicar-se-á a redacção anterior do CPC. Também neste sentido Jorge Lopes de Sousa (2011), p. 67.

Muito sucintamente, sempre se dirá que o art. 268.º, n.º 4 da CRP, que trata das garantias impugnatórias de actos da administração, apenas consagra o direito de acesso aos tribunais como um direito fundamental de qualquer administrado enquanto expressão do princípio da tutela jurisdicional efectiva. Não existe para o contencioso tributário consagração constitucional de um direito ao recurso ou a um duplo grau de recurso, contrariamente ao que sucede no âmbito do Direito Penal em que tal possibilidade se encontra expressamente garantida, nos termos do disposto no art. 32.º, n.º 1 da CRP e do art 14.º, n.º 5, do Pacto internacional dos Direitos Civis e Políticos.

A realidade demonstra, no entanto, que tem sido admitido o direito ao recurso jurisdicional nos casos em que estejam em questão direitos fundamentais que, no contencioso tributário, se poderão colocar, designadamente, em sede de derrogação do sigilo bancário na medida em que constituirá restrição ao direito à reserva da intimidade da vida privada previsto no art. 26.º da CRP. Apontam assim a este propósito Gomes Canotilho e Vital Moreira[438] que "[o] direito de acesso aos tribunais e à tutela jurisdicional efectiva não fundamentam um direito subjectivo ao duplo grau de jurisdição".[439]

[438] Veja-se Gomes Canotilho E Vital Moreira, (2014) p. 418. Rui Medeiros pronunciou-se afirmando que: "é jurisprudência firme e abundante do Tribunal Constitucional que o direito de acesso aos tribunais não impõe ao legislador ordinário que garanta sempre aos interessados o acesso a diferentes graus de jurisdição para a defesa dos seus direitos e interesses legalmente protegidos. Por maioria de razão, a Constituição não exige a consagração de um sistema de recursos sem limites ao *ad infinitium* (Acórdão. N.º 125/98). A existência de limitações à recorribilidade funciona como mecanismo de racionalização do sistema judiciário, permitindo que o acesso à justiça não seja, na prática, posto em causa pelo colapso do sistema, decorrente da chegada de todas (ou da esmagadora maioria) das ações aos diversos "patamares" de recurso" (sic). Rui Medeiros, anotação ao artigo 20.º da CRP *in* Jorge Miranda e Rui Medeiros, *Constituição Portuguesa Anotada*, Vol. I, Universidade Católica Editora, 2017, p. 329. Não obstante esta regra existem excepções. Nos termos dos n.ºs 2 e 4 do mencionado art. 280.º, estabelece-se que há situações em que há possibilidade de se recorrer mais do que uma vez. Desde logo, uma das excepções ao princípio do duplo grau de jurisdição é, a existência de um duplo grau de recurso que abre possibilidade de acesso a uma terceira instância judicial, cabendo então ao legislador ordinário estabelecer estas regras.

[439] É também neste sentido que António Santos Abrantes Geraldes, *in* "Recursos no Novo Código de Processo Civil", 5.ª ed., Almedina, 2018, pp. 348-349, teve oportunidade

A regra que vigora no seio do contencioso tributário é então a do duplo grau de jurisdição, tal como decorre do teor do art. 280.º n.º 1 do CPPT, e não do duplo grau de recurso.[440] Tal consagração significa, na prática, que

de se pronunciar afirmando que "[o] *triplo grau* de jurisdição em matéria cível não constitui uma garantia generalizada. Ainda que ao legislador ordinário esteja vedada a possibilidade de eliminar em absoluto a admissibilidade de recurso de revista para o Supremo (possibilidade que implicitamente decorre da previsão constitucional de uma hierarquia de tribunais judiciais, tendo como vértice o Supremo Tribunal de Justiça), ou de elevar o valor da alçada da Relação a um nível irrazoável e desproporcionado, (...) o Tribunal Constitucional tem considerado que não existem impedimentos absolutos à limitação ou condicionamento do acesso ao Supremo".

[440] Neste mesmo sentido tive já oportunidade de afirmar com Serena Neto que "[n]ão há dúvidas que este princípio (o do duplo grau de jurisdição) vigora no âmbito do contencioso tributário, embora não esteja taxativamente consagrado numa determinada norma, quer na Lei Geral Tributária, quer no CPPT. A sua aplicação decorre da conjugação das normas que regulam os recursos e as competências dos tribunais tributários em razão de hierarquia" por Serena Cabrita Neto e Carla Castelo Trindade (2017), pp. 376-377. A este propósito veja-se o recente acórdão do TC n.º 577/2019 de 17 de Outubro de 2019, proc. n.º 99/19, no qual o TC foi categórico ao não confirmar a inconstitucionalidade da norma do art. 25.º, n.º 2 do RJAT na sua redacção originária. Sucintamente o que se discutia naquele processo era, precisamente, a questão de saber se a irrecorribilidade das decisões arbitrais, mesmo quando contraditórias entre si, era conforme à CRP. Entendeu então o TC que a irrecorribilidade da arbitragem tributária não seria incompatível com o princípio da tutela jurisdicional efectiva vertido no art. 20.º, n.º 1, da CRP, uma vez que "fora do âmbito do direito criminal (e com ressalva dos casos excecionais em que a lesão resulte imediatamente do ato jurisdicional) a Constituição não consagra um direito a um duplo grau de jurisdição, gozando o legislador ordinário, por isso, de uma ampla liberdade de conformação neste domínio". Em todo o caso, seguindo a sua jurisprudência constante nesta matéria, referiu o TC que caso o legislador consagrasse o acesso à via judiciária em mais do que um grau, este teria de assegurar que os pressupostos de admissibilidade e do regime dos recursos não seriam arbitrários ou discriminatórios por referência ao princípio da igualdade vertido no art. 13.º da CRP. Em suma, ao legislador caberia, pelo menos, assegurar o acesso a um grau de jurisdição, e já não a possibilidade de recurso da decisão que viesse a ser proferida. Como se verá, apesar deste acórdão, o legislador com a reforma de 2019 andou bem quando passou a prever a recorribilidade das decisões arbitrais quando contraditórias entre si. Esta possibilidade, veremos, ainda que não tivesse sido defendida por nós nos primeiros anos do RJAT – veja-se o que se defendeu no nosso "Regime Jurídico da Arbitragem Tributária Anotado", Almedina, 2016, p. 486, em anotação ao art. 25.º – foi por nós defendida expressa e publicamente a partir de 2017. Veja-se a este propósito o que se defendeu nas jornadas de jurisprudência da Universidade Católica portuguesa que decorreram em 31 de Janeiro de 2018 onde se apresentou o tema "Decisões

das decisões proferidas pelos tribunais de 1.ª instância, apenas se pode recorrer uma única vez e para o TCA, ou directamente para a secção do contencioso tributário do STA quando a decisão seja de mérito e esteja em causa matéria exclusivamente de Direito e, uma novidade trazida pela reforma de 2019, não se trate de uma temática processual.[441]

Perante o exposto, pode adiantar-se uma conclusão que se reforçará no capítulo seguinte, principalmente quando se analisar a origem do recurso para a uniformização de jurisprudência e do recurso excepcional de revista: a tendência no direito processual português, mormente do contencioso administrativo e tributário tem sido a de introduzir filtros no acesso aos tribunais superiores.[442] Esta característica foi ainda mais acentuada com a reforma de 2019.[443]

Contraditórias e Uniformização da Jurisprudência Arbitral" disponíveis em https://fd.lisboa.ucp.pt/pt-pt/eventos/2a-edicao-das-jornadas-de-jurisprudencia-fiscal-7706, e, bem assim, a apresentação pública do *Speed* que decorreu na Universidade Nova de Lisboa, em 27 de Março de 2019, onde o tema foi precisamente "O recurso da decisão arbitral em matéria tributária".

[441] Uma nota aqui para referir que, como se verá mais à frente, ainda que tenha sido esta a intenção do legislador – a de excluir da análise do STA questões processuais – a verdade é que desde que a decisão da 1.ª instância seja de mérito, já que é a natureza da decisão que determina o recurso para o STA, o recurso do actual art. 280.º, n.º 1 do CPPT pode versar, nestes casos, sobre matérias processuais.

[442] Embora o art. 285.º do CPPT tenha como epígrafe "Recurso de revista" nós, por razões de facilitação, chamar-lhe-emos recurso excepcional de revista já que no direito processual administrativo, a revista desdobra-se em duas modalidades: o recurso de revista propriamente dito – o designado recurso excepcional de revista – e o recurso de revista *per saltum*. Todavia, apenas nos deteremos no recurso excepcional de revista, porquanto apenas esse se encontra previsto no direito processual tributário e apenas este tem vocação uniformizadora.

[443] Sem prejuízo do que sempre se dirá mais à frente quanto ao papel do STA enquanto instituição responsável pela melhoria do Direito cumpre desde já compreender algo que é lateral mas que não é de somenos importância ao papel assumido pelo STA na jurisdição portuguesa. A repartição de competências entre o STA e os TCA foi alterada com a reforma de 2019, que restringiu as competências do STA para o conhecimento de recursos das decisões dos tribunais tributários de 1.ª instância às "decisões de mérito (...), com exclusivo fundamento em matéria de direito» [artigo 26.º, al. b), do ETAF], cabendo aos tribunais centrais administrativos a competência para os restantes recursos [artigo 38.º, alínea b), do ETAF]". Esta opção legislativa implicará inegavelmente uma considerável redução dos processos da competência do STA, pois grande parte dos recursos jurisdicionais abrangidos pelo regime anterior têm por objecto decisões que conheceram apenas de questões processuais. No entanto, acompanhamos aqui Jorge Lopes de Sousa no seu mais recente artigo quando defende que "não

O STA quer-se a cúpula da excelência do Direito onde só chegam (ou só devem chegar)[444] as questões verdadeiramente importantes para a melhoria do Direito onde se incluem inelutavelmente as questões de uniformização na aplicação do Direito.[445]

Podemos afirmar, com particular certeza, que até à reforma do contencioso tributário, existiam no sistema processual tributário português os seguintes mecanismos processuais dotados de um propósito uniformizador: (i) o *recurso para uniformização de jurisprudência* à data apenas previsto no art. 152.º do CPTA e no art. 25.º, n.º 2 do RJAT; (ii) o *recurso por oposição de acórdãos*, antes previsto nos arts. 280.º, n.º 2 e 284.º do CPPT, o qual seguia as normas previstas no CPTA, nomeadamente as regras respeitantes ao recurso para uniformização de jurisprudência previsto no art. 152.º do CPTA; (iii) o *recurso por oposição de julgados*, previsto no art. 280.º, n.º 5 do CPPT e, também com vocação uniformizadora, dizemos nós (iv) o *recurso excepcional de revista* previsto no art. 150.º do CPTA.[446]

ficará afastada a competência do STA para apreciar questões processuais, pois elas podem ser objecto de recursos de decisões dos tribunais centrais administrativos (para uniformização de jurisprudência e revista excepcional), para além de os recursos de decisões de mérito de decisões dos tribunais tributários de 1.ª instância poderem ter por objecto apenas questões processuais nela contidas. Na verdade, tendo-se elegido como critério da repartição a natureza da decisão e não o tipo de questões nela apreciadas, incluir-se-ão na competência do STA todos os recursos de decisões dos tribunais tributários de 1.ª instância que apreciem o mérito da causa, inclusivamente os que apreciem também questões processuais e sejam estas apenas objecto de recurso.". Jorge Lopes de Sousa, *in* "Notas sobre a reforma de contencioso tributário de 2019", Cadernos de Justiça Tributária, n.º 27, CEJUR, 2020.

[444] Ainda que a reforma tenha acentuado este intuito, a verdade é que o mesmo sempre será posto em causa em virtude de se permitir o recurso *per saltum* para o STA de qualquer decisão de mérito desde que o valor da causa seja superior a EUR 5.000.

[445] Recorde-se que um dos três objectivos apontados no Ponto 3 da Exposição de Motivos do Projecto que acompanhou a proposta de lei de autorização da Reforma dos Recursos em Processo Civil de 2008, foi precisamente a "*racionalização do acesso ao Supremo Tribunal de Justiça, acentuando-se as suas funções de orientação e uniformização da jurisprudência*". Este foi, de resto, um objectivo patente em toda a reforma de 2008. Para maiores desenvolvimentos veja-se "Reforma Dos Recursos Em Processo Civil, Trabalhos Preparatórios", Ministério da Justiça – Direcção-Geral da Política da Justiça, 2008, p. 271.

[446] A este respeito salienta-se, ainda, a existência de um recurso uniformizador em matéria tributária previsto a respeito das contra-ordenações, conforme decorre dos termos conjugados dos arts. 83.º e 84.º do RGIT e do art. 73.º, n.º 2 do RGIMOS, aplicável *ex vi* art. 3.º, al. *b)* do

Olhemos sucintamente a cada um destes instrumentos a fim de compreendermos, por comparação, o que mudou pós 2019 em face do regime existente até então.

O *recurso para uniformização de jurisprudência*, hoje também previsto no CPPT, encontrava-se, antes da reforma de 2019, apenas consagrado no art. 152.º do CPTA, sendo aplicável unicamente aos processos que seguiam o regime do CPTA. Era então aplicável, *grosso modo*, aos processos referentes aos actos administrativos em matéria tributária, e – tal como ainda hoje – às decisões arbitrais que contrariassem decisões do TCA ou do STA, uma vez que, como se verá, curiosamente o legislador do RJAT remeteu para o regime do art. 152.º do CPTA e não para o regime então aplicável aos actos tributários, únicos arbitráveis – o do recurso por oposição de acórdãos previsto no então art. 280.º, n.º 2 e art. 284.º do CPPT.[447]

O recurso para uniformização de jurisprudência era, e ainda é, admissível quando, sobre a mesma questão fundamental de Direito, existisse contradição entre: (i) um acórdão do TCA, e outro acórdão anteriormente proferido pelo mesmo ou outro TCA ou pelo STA;[448] (ii) dois acórdãos do STA; (iii) entre uma decisão de um tribunal arbitral e um acórdão do TCA ou do STA. Tratava-se de um recurso que era (e é) julgado pelo pleno da secção de contencioso tributário do STA nos termos do art. 27.º, n.º 1, al. *b)* do ETAF e do art. 152.º, n.º 4 do CPTA.

RGIT. Por seu turno, e ainda que não constituíssem um recurso com vocação uniformizadora, salienta-se também as hipóteses de *intervenção em formação alargada*, em certos casos referidos expressamente como destinados à uniformização, como sucede no art. 23.º, n.º 1, al. *f)*, no art. 36.º, n.º 1, al. *g)* e no art. 41.º, n.º 1, todos do ETAF e, bem assim, o art. 93.º, n.º 1, al. *a)* do CPTA.

[447] Hoje é também o regime aplicado no caso de contradição entre decisões arbitrais.

[448] Por via das alterações efectuadas em 2004 pelo ETAF, o STA passou a entender que a oposição teria de se verificar entre acórdãos da secção de contencioso tributário de um TCA ou do STA. Isto na medida em que aquela alteração suprimiu a competência do Plenário do STA (composto por juízes de ambas as secções) para julgar estes recursos. Nestes termos o STA entendeu que havia sido abolida a possibilidade de o acórdão fundamento ser de outra secção, visto que a apreciação de um conflito de jurisprudência pressupõe que o órgão decisor tem competências em ambas as matérias e está numa posição hierárquica que justifica que possa sobrepor as suas decisões às que estão em conflito, o que deixou de se verificar. Neste sentido veja-se o acórdão do pleno da secção de contencioso administrativo de 14 de Outubro de 2010, proc. n.º 0149/10.

Apesar de o recurso para uniformização de jurisprudência previsto no art. 152.º do CPPT ser o recurso paradigmaticamente uniformizador, ele continha em si um entrave à real uniformização do Direito Tributário, já que só se aplicaria aos processos que seguissem o regime do CPTA, ou seja, quando em causa estivessem actos administrativos em matéria tributária e não actos tributários *stricto sensu*. Como tal, os processos referentes a actos tributários encontravam-se fora do escopo daquele recurso.

É por isso que entre os anos de 2017 e Junho de 2020 foram interpostos 25 recursos para uniformização de jurisprudência ao abrigo do art. 152.º do CPTA, ou seja, interpostos relativamente a actos administrativos em matéria tributária. Deste universo de decisões os recursos admitidos foram 5 e portanto em 15 ocasiões o STA considerou não estarem preenchidos os pressupostos de admissão de recurso negando portanto a sua análise. O STA analisou então 20% dos recursos interpostos.

Disse-se "unicamente", já que a este número de 25 recursos para uniformização de jurisprudência pode contrapor-se aos 96 recursos por *oposição de acórdãos* decididos pelo STA entre 2017 e Junho de 2020. É que antes da reforma de 2019, o recurso verdadeiramente uniformizador em processo tributário era o recurso por *oposição de acórdãos*.[449] Este encontrava-se previsto nos art. 280.º, n.º 2 e 284.º do CPPT, sendo ainda regulado, subsidiariamente, quanto aos requisitos de admissibilidade, pelas regras respeitantes ao recurso para uniformização de jurisprudência previsto no art. 152.º do CPTA.[450]

[449] Nas palavras de Freitas da Rocha, este recurso por oposição de acórdãos visava a concretização de dois princípios jurídico-constitucionais essenciais: por um lado, o princípio da segurança jurídica e protecção da confiança, por outro lado, o princípio da igualdade. Joaquim Freitas da Rocha (2019), p. 450. Para Rui Duarte Morais, por seu turno, o recurso por oposição de acórdãos tinha um importante papel de uniformização da jurisprudência, contribuindo para uma maior segurança jurídica para a generalidade dos cidadãos. No entanto, ambos os autores ressalvavam o facto de aquele recurso não ser verdadeiramente de "uniformização de jurisprudência", tendo em conta que a decisão proferida no âmbito do mesmo não obrigava (como não obriga) os tribunais a, no futuro, seguirem a orientação definida naquela decisão, embora na prática tal acabasse por acontecer. Rui Duarte Morais (2012), p. 360.

[450] É neste sentido que dispõe, por exemplo, o acórdão do STA de 26 de Setembro de 2007, proc. n.º 452/07.

A jurisprudência dos tribunais superiores entendia que a interposição do recurso por oposição de acórdãos, à semelhança de resto do que já sucedia com o recurso para uniformização de jurisprudência, dependia da verificação cumulativa de dois requisitos principais: (i) contradição inconciliável e expressa entre o acórdão recorrido e um outro acórdão, designado de "acórdão fundamento" sobre a mesma questão fundamental de Direito; e (ii) que não ocorresse o caso de a decisão impugnada estar em sintonia com a jurisprudência mais recentemente consolidada do STA. Era ainda exigível a verificação de um outro requisito que se prendia com o facto de as decisões terem que ter sido proferidas em processos diferentes.[451]

Não se aprofundará, por ora, os fundamentos e os requisitos de interposição do antigo recurso por oposição de acórdãos (e de uniformização de jurisprudência) já que esta será uma matéria de que nos ocupará o capítulo seguinte. Por agora basta referir que os fundamentos de interposição do recurso por oposição de acórdãos, tal qual eram concretizados pelo STA, eram idênticos aos previstos quanto ao recurso para uniformização de jurisprudência do art. 152.º do CPTA e são hoje idênticos ao recurso para uniformização de jurisprudência agora plasmado no art. 284.º do CPPT que veio substituir, precisamente, o recurso por oposição de acórdãos. E é por esta razão que a análise da jurisprudência do STA é fundamental mesmo que proferida ao abrigo do regime anterior, já que,

[451] Uma nota apenas para dizer que as principais diferenças entre o recurso para uniformização de jurisprudência e o recurso por oposição de acórdãos no regime existente até 2019 residiam precisamente na tramitação que cada um seguia, inserindo no ordenamento jurídico uma discriminação, crê-se, injustificada dos processos que seguiam o regime do CPPT em face dos processos que seguiam o regime do CPTA. Existia, pois, uma diferença substancial em termos de prazo de interposição, exigências referentes ao requerimento de interposição e alegações. E neste ponto, segundo se julga, a utilização do recurso para uniformização de jurisprudência seria mais benéfica para o recorrente, tendo em conta o prazo para interposição de 30 dias contados do trânsito em julgado por contraposição ao de 10 dias contados da notificação da decisão respeitante ao recurso por oposição de acórdãos. A isto somava-se também o facto de a tramitação do recurso por oposição de acórdãos exigir dois momentos distintos de alegações e prazos muitos curtos, um após a admissão do recurso (8 dias para a primeira alegação), e outro após o relator considerar a existência da oposição (15 dias para a segunda alegação), o que não era exigido no âmbito do recurso para uniformização de jurisprudência.

tal qual tem sido o entendido pelo STA, na pureza dos princípios, independentemente da nomenclatura legal, estamos perante a mesma figura.

Diga-se também, a este propósito, que ao longo dos anos o STA tem feito uma interpretação bastante cautelosa daqueles fundamentos necessários à aceitação do recurso.

Tal como demonstram os números, dos 96 recursos por oposição de acórdãos que foram interpostos só 15, ou seja, só 15,6% dos recursos é que foram admitidos. Foram então negados 81 recursos, o que equivale a uma percentagem de 84,4%, sempre por incumprimento dos fundamentos que o STA considera necessários à sua apreciação. Note-se que a negação do recurso tem como efeito a manutenção na ordem jurídica de decisões potencialmente contraditórias.

A este respeito parece já clara uma conclusão: quanto mais conservador for o STA na leitura dos fundamentos legais necessários ao recurso uniformizador, menor será a eficácia e a vocação uniformizadora dos recursos, mormente do de uniformização de jurisprudência e portanto menor será, em consequência, a segurança jurídica na aplicação do Direito conseguida com este expediente. Isto porque será menor a franja de situações analisadas e portanto será menor o número de acórdãos uniformizadores.

O *recurso por oposição de julgados,* previsto antes da reforma no art. 280.º, n.º 5 do CPPT, concretizava-se num instrumento diferente do recurso por oposição de acórdãos. Previa-se a possibilidade de recurso directo para a secção de contencioso tributário do STA – e não para o pleno da secção de contencioso tributário como acontecia com o recurso por oposição de acórdãos – de decisões proferidas por tribunais de 1.ª instância que perfilhassem solução oposta relativamente ao mesmo fundamento de Direito e na ausência substancial de regulamentação jurídica com: (i) mais de três decisões proferidas por um tribunal de 1.ª instância e (ii) uma decisão do TCA ou do STA.

Este era, e continua a ser, um recurso que, ainda que residual, é de enorme importância, conquanto permite que exista uma uniformização de jurisprudência mesmo quando o valor do processo decidido em 1.ª instância não admite recurso ordinário.[452] Trata-se, portanto, de um recurso

[452] Os tribunais tributários têm alçada idêntica à dos tribunais judiciais de 1.ª instância (art. 6.º, n.º s 1 e 3, do ETAF), que é de € 5.000,00 (art. 14.º, n.º 1, da LOSJ, aprovada pela Lei n.º

que se caracterizava essencialmente por não estar limitado à alçada dos tribunais recorridos e por ter como objecto apenas a sentença da 1.ª instância, desde logo porque as decisões proferidas pelo TCA eram, à data, recorríveis mediante interposição do recurso por oposição de acórdãos.[453] Contudo, a redacção legal que admite o recurso por oposição de julgados foi também alterada com a reforma de 2019, suscitando-se actualmente dúvidas quanto à interpretação dos requisitos de interposição do mesmo.

Por fim, cumpre referir o *recurso excepcional de revista*, outrora somente previsto no art. 150.º do CPTA. Este é o chamado "recurso para melhoria do Direito", que, em termos bastante singelos, permite que o STA se pronuncie sobre decisões proferidas em segunda instância pelo TCA quando esteja em causa a apreciação de uma questão que, pela sua relevância jurídica ou social, se revista de importância fundamental ou quando a admissão do recurso seja claramente necessária para uma melhor aplicação do Direito.

Este recurso foi durante muito tempo entendido como admissível tão só no caso das decisões proferidas em processos regulados no âmbito do CPTA, tais como a acção administrativa e os meios processuais acessórios, não se prevendo possibilidade semelhante no regime de recursos consagrado no CPPT. Porém, dado o seu intuito de melhoria na aplicação do

62/2013, de 26 de Agosto, republicada pela Lei n.º 40-A/2016, de 22 de Dezembro). Os TCA's têm alçada idêntica aos tribunais da Relação, que é de € 30.000,00 (art. 14.º, n.º 1, citado e art. 6.º, n.º 4, do ETAF).

[453] Convém aqui ressalvar que a reforma de 2019 introduziu ainda alterações quanto ao valor da sucumbência passar a ser em contencioso tributário o que era já em contencioso administrativo, i.e., passar a ser determinante na admissibilidade do recurso. As alterações introduzidas no n.º 2 do art. 280.º do CPPT são assim uma reprodução textual do n.º 1 do art. 142.º do CPTA, na redacção introduzida pelo DL n.º 214-G/2015, de 2 de Outubro, regra também já prevista no art. 629.º, n.º 1, do CPC. Este regime é aplicável às decisões que tenham conhecido do mérito da causa. O mesmo é dizer que esta regra não prejudica a admissibilidade de recurso quanto a decisões que ponham termo ao processo sem conhecer do mérito da causa (art. 280.º, n.º 3, do CPPT para a al. *d)* do n.º 3 do art. 142.º do CPTA); e, independentemente do valor da causa e da sucumbência, nos "casos previstos na lei processual civil e administrativa" isto é, quando tenham sido proferidas contra jurisprudência uniformizada pelo STA nos termos do art. 142.º, n.º 3, al. *c)*, do CPTA e "com fundamento na violação das regras de competência internacional, das regras de competência em razão da matéria ou da hierarquia, ou na ofensa de caso julgado" conforme o art. 629.º, n.º 2, al. *a)*, do CPC.

Direito, desde 2006 que tem vindo a ser entendido pelo STA ser também admissível a sua aplicação aos casos dos recursos regulados pelo CPPT.

Na verdade, em sede do contencioso tributário, as decisões de recursos de revista proferidas nos últimos anos pelo STA demonstram, não raras vezes, a necessidade de repor a legalidade em decisões flagrantemente ilegais ou com grande repercussão social o que em matéria tributária é muitas vezes justificado em face da fácil e provável replicação dos casos em litígio. Parece, assim, que a convocação deste instituto pelo STA para o processo tributário visou precisamente fazer deste recurso a "válvula de segurança do sistema" sendo a sua aplicação sinónimo de maior segurança jurídica.[454]

Poder-se-á mesmo dizer que o recurso excepcional de revista é, acima de tudo, um mecanismo que garante, para além da uniformização, a própria coerência do ordenamento jurídico-tributário tido como um todo, porquanto a admissão da revista excepcional não está condicionada pela ponderação de critérios atinentes à existência de contradições na jurisprudência de tribunais anteriores.

Em jeito de resumo estatístico, sempre se dirá que no intervalo temporal correspondente aos anos de 2017 a Junho de 2020 foram interpostos 149 recursos excepcionais de revista. Do universo de recursos interpostos foram negados 98 deles, o que representa uma taxa superior a 65%.

No que respeita ao ano de 2017, foram 30 as decisões de admissibilidade do recurso excepcional de revista superando desta forma as decisões sobre a sua inadmissibilidade que se resumiram a 28.[455]

[454] O recurso excepcional de revista foi incluído na legislação de contencioso administrativo – do art. 150.° do CPTA – para funcionar como uma *válvula de segurança do sistema*, conceito retirado da Exposição de Motivos do CPTA, dando ao STA o poder e a responsabilidade de decidir as situações que justifiquem a sua intervenção. Ao STA caberia o papel de uniformização da interpretação e aplicação do Direito, o papel de orientador dos tribunais inferiores e de corrector dos erros grosseiros cometidos pelos tribunais inferiores. A respeito do funcionamento deste recurso Freitas da Rocha salientava o facto de o mesmo não significar a introdução de uma nova instância de recurso ou de um terceiro grau de jurisdição, constituindo na verdade uma "válvula de segurança do sistema" cujo objectivo era garantir verdadeiramente a uniformização do Direito, decorrente do princípio constitucional da segurança jurídica e da protecção da confiança. Joaquim Freitas da Rocha (2019), p. 454.

[455] Neste ano de 2017 foi o primeiro ano em que o STA aceitou sem reservas a utilização deste

Em 2018, as decisões sobre a não admissibilidade do recurso excepcional de revista superam em larga medida as que decidiram pela sua admissibilidade, verificando-se 28 decisões contra 13.

Em 2019 e em 2020 este fenómeno de admissão de recursos muito inferior ao número de recursos rejeitados foi semelhante ao de 2018. Em 2019 dos 22 recursos, só 4 foram admitidos e, até Junho de 2020, dos 28 recursos interpostos temos já 24 decisões de rejeição.

Foi perante este contexto que se fez a reforma em 2019.

13.2. Recursos com vocação uniformizadora no contexto pós reforma de 2019

Há muito que se reclamava uma reforma do contencioso tributário e o que se pretendeu com estas alterações foi principalmente a convergência e harmonização do regime dos recursos previstos no CPPT com o regime do CPTA, tendo-se também tentado a simplificação e a agilização do processo tributário.[456]

Se o CPPT foi objecto de uma "reforma" edificada em torno do escopo da simplificação; da agregação processual e da convergência e harmonização com o regime do CPTA foi ao nível do regime dos recursos jurisdicionais que esta "reforma" do contencioso tributário trouxe uma significativa restruturação, modificando-se praticamente todas as disposições do Título V e operando-se uma forte, ainda que formal, aproximação ao regime do CPC e do CPTA.[457]

expediente. Até aqui só encontrámos 1 processo em que a secção de contencioso tributário do STA admitiu o recurso excepcional de revista em processos regulados no CPPT. A saber o processo sobre regulação do sigilo bancário regulado nos arts. 146.º-A a 146.º-D do CPPT. Neste sentido veja-se o acórdão de 4 de Outubro de 2006, proc. n.º 854/06.

[456] Neste sentido, Dulce Neto, *in* "As propostas de alteração ao Código de Procedimento e de Processo Tributário (CPPT)", "Atas da Conferência sobre Iniciativas Legislativas de Reforma do Processo Administrativo e Tributário" (coord. Eduardo Paz Ferreira et. al), ICJP/CIDP, 2019, p. 131. Disponível online em https://www.icjp.pt/sites/default/files/publicacoes/files/e-book_atasconferencia_reformacpat_icjp2019_0.pdf. A respeito das alterações veiculadas na denominada reforma de 2019 veja-se a apresentação que se fez nas Jornadas de Jurisprudência da Universidade Católica portuguesa em 31 de Janeiro de 2020 disponível em https://fd.lisboa.ucp.pt/asset/6256/file.

[457] Cf. Jorge Lopes de Sousa (2011), pp. 320 e ss; Margarida Reis e Cristina Flora (2015), pp. 15 e ss; Rui Duarte Morais (2012), pp. 350 e ss; Joaquim Freitas da Rocha

Ao mesmo tempo que assistimos à harmonização entre os regimes do CPPT com o regime do CPC e do CPTA, assistimos também a um reforço dos mecanismos de uniformização previstos no sistema processual português.

Dito de outro modo, se agora o recurso para uniformização de jurisprudência e o recurso excepcional de revista são expressamente admissíveis no contencioso tributário em moldes idênticos ao que já acontecia no contencioso administrativo – o que levou, por seu turno, à eliminação do recurso por oposição de acórdãos – o mais curioso ao nosso estudo é que também se assistiu à consagração expressa no CPPT de novos mecanismos que visam, precisamente, potenciar a uniformização ao nível da aplicação do Direito.

Falamos aqui do *julgamento ampliado de recurso* e do *julgamento em formação alargada e consulta prejudicial para o STA*. Falamos ainda de regras introduzidas à tramitação processual, mormente à coligação de autores; à cumulação de pedidos; e, bem assim, à priorização de processos em massa que visaram, como se verá, também trazer maior uniformização e coerência à aplicação do Direito pelos tribunais portugueses.

Porém, não obstante esta intenção e as alterações introduzidas, a verdade é que muito ficou por fazer.

Ficou por fazer a verdadeira compatibilização entre as regras do CPPT e do CPTA, ou seja, a harmonização entre contencioso tributário e o contencioso administrativo e a eliminação da dualidade de regimes que tantas entropias cria ao contencioso tributário português.

Ficou por fazer a regulação de matérias bastante actuais como a relação do processo tributário com o processo crime e as questões processuais relacionadas com sigilos profissionais, designadamente, o sigilo médico.

Ficou por fazer a adaptação e concretização das regras processuais ao novo desafio colocado pela actual concepção legislativa em Direito Tributário ao aplicador do Direito já que como se verá em pouco se alteraram os pressupostos uniformizadores dos instrumentos já existentes.

(2019), pp. 441 e ss. Também nós já tínhamos defendido publicamente a urgência da necessidade de reforma. Neste sentido veja-se Serena Cabrita Neto e Carla Castelo Trindade (2017), p. 44 e pp. 187-194.

Ainda assim, nos dias de hoje, o sistema processual tributário português contém os seguintes mecanismos a que reconhecemos vocação uniformizadora:

- O *recurso para uniformização de jurisprudência*, actualmente previsto no art. 284.º do CPPT;
- O *recurso por oposição de julgados*, agora previsto no art. 280.º, n.º 3 do CPPT;
- O *recurso excepcional de revista*, expressamente previsto no art. 285.º do CPPT;
- O *julgamento ampliado de recurso*, consagrado no art. 289.º do CPPT; e
- O *julgamento em formação alargada e consulta prejudicial para o STA*, previsto no art. 122.º-A do CPPT.

O *recurso para uniformização de jurisprudência*, outrora apenas aplicável aos processos que seguissem o regime do CPTA, abrange hoje, também, os processos que seguem o regime do CPPT.

Pois bem, a previsão expressa deste recurso no próprio CPPT veio simplificar, clarificar e sistematizar o regime dos recursos previstos naquele Código. Mas foi só isto porque, como se verá, não houve qualquer alteração em face do seu enquadramento anterior.[458]

A redacção do actual art. 284.º do CPPT é em tudo semelhante à redacção do art. 152.º do CPTA.[459]

[458] A este propósito refere Jorge Lopes de Sousa (2020), "[n]o entanto, os regimes básicos dos recursos jurisdicionais são substancialmente idênticos, como se vê pela comparação do novo artigo 282.º do CPPT com os artigos 144.º e 145.º do CPTA. Aliás, é clara a opção pela aplicação do regime dos recursos jurisdicionais do contencioso administrativo ao contencioso tributário, quer quanto ao regime geral de recursos previsto no artigo 282.º do CPPT, como quanto aos recursos para uniformização de jurisprudência (artigo 284.º) e de revista excepcional (artigo 285.º). Por isso, não são claras as razões pelas quais se manteve a pluralidade de regimes que decorre do artigo 279.º do CPPT, que tem como corolário soluções diferentes para situações substancialmente idênticas.".

[459] Aqui uma nota para dizer que se lamenta que no que em concreto respeita ao *dies a quo* da interposição do recurso – 30 dias a contar do trânsito em julgado do acórdão impugnado – se tenha transposto para o CPPT o regime do art. 152.º do CPTA em bloco e não a regra especial do RJAT que, recorde-se, já antes seguia o regime do art. 152.º excepto neste ponto. É que no RJAT o recurso é interposto, desde sempre, a contar da notificação da decisão arbitral o que

Estamos, portanto, perante aquele que é hoje o verdadeiro recurso com intenção uniformizadora, um recurso extraordinário que permite ao STA emitir uma pronúncia sobre decisões contraditórias entre: (i) um acórdão do TCA, e outro acórdão anteriormente proferido pelo mesmo ou outro TCA ou pelo STA, (ii) dois acórdãos do STA, (iii) entre uma decisão proferida por um tribunal arbitral e um acórdão do TCA ou do STA; e – uma novidade – (iv) decisões proferidas por tribunais arbitrais.

Não obstante a novidade deste instrumento processual no CPPT, o "teste de efectividade uniformizadora" a ele respeitante poderá ser efectuado também com base na jurisprudência anterior proferida ao abrigo do recurso para oposição de acórdãos, em virtude da similitude de fundamentos da actual redacção do art. 284.º do CPPT com a sua anterior redacção, bem como com o art. 152.º do CPTA.

Já o *recurso por oposição de julgados*, antes da reforma previsto no art. 280.º, n.º 5 do CPPT, encontra-se hoje no n.º 3 do mesmo preceito. A redacção deste preceito sofreu várias alterações e tem suscitado várias dúvidas, podendo resultar da letra da lei, pelo menos três interpretações distintas.

Uma primeira interpretação seria a de que são actualmente recorríveis as decisões de 1.ª instância que perfilhem solução oposta, relativamente ao mesmo fundamento de Direito e na ausência substancial de regulamentação jurídica com mais de três decisões da 1.ª instância, ou do TCA ou do STA e ainda com um acórdão para uniformização de jurisprudência do STA.[460]

Uma segunda interpretação, em que o resultado da redacção actual seria equivalente ao da redacção anterior, e que passaria pela constatação de que são recorríveis as decisões de 1.ª instância que perfilhem solução oposta relativamente ao mesmo fundamento de Direito e na ausência substancial de regulamentação jurídica com: (i) mais de três decisões proferidas por um tribunal de 1.ª instância; e (ii) uma decisão do TCA ou do STA.

traz vantagens claras à manutenção do efeito suspensivo do recurso quer quanto à eventual garantia prestada, quer quanto aos eventuais juros indemnizatórios.

[460] Cfr. art. 629.º, n.º 2 al. *c)* do CPC e do art.142.º n.º 3 al. *c)* do CPTA.

Por fim, uma terceira interpretação poderia levar a considerar que são recorríveis as decisões de 1.ª instância que perfilhem solução oposta relativamente ao mesmo fundamento de Direito e na ausência substancial de regulamentação jurídica com três decisões da 1.ª instância (só). Esta última interpretação tem em linha de conta a expressão "tribunais tributários" prevista na actual redacção do art. 280.º, n.º 3 do CPPT e o art. 45.º do ETAF. Contudo, a aceitar-se uma interpretação nestes termos retirar-se-ia qualquer efeito útil ao recurso por oposição de julgados, na medida em que o mesmo só permitiria recorrer de decisões de 1.ª instância que estivessem em contradição com três decisões também de 1.ª instância, o que se torna praticamente impossível de se verificar na prática, desde logo porque as decisões proferidas em 1.ª instância não são publicadas. Quanto a este ponto não podemos porém deixar de dizer que seria incongruente um regime que impusesse como condição de recurso um requisito que, na prática, só é passível de ser preenchido por uma parte – a AT – que, teoricamente, sendo parte na maioria dos processos pode conhecer do sentido das decisões proferidas.[461] É que compreenda-se, mesmo após a previsão no n.º 2 do art. 30.º do CPTA da obrigatoriedade de publicação de acórdãos e sentenças dos tribunais administrativos de círculo, nada se disse para as decisões dos tribunais tributários de 1.ª instância.[462]

Assim, independentemente da posição que se adopte, importa compreender que a possibilidade de recurso em processos de valor inferior à alçada dos tribunais tributários de 1.ª instância justifica-se, na medida em que decisões opostas sobre a mesma questão de Direito contrariam

[461] A este respeito veja-se o que se defendeu na apresentação que se fez nas Jornadas de Jurisprudência da Universidade Católica portuguesa em 31 de Janeiro de 2020 disponível em: https://fd.lisboa.ucp.pt/asset/6256/file.

[462] Como bem refere Jorge Lopes de Sousa, (2020), esta reforma preocupou-se ao invés em "*piorar* o serviço de publicitação das decisões arbitrais que tem vindo a ser feito pelo CAAD." Já que "desta nova remissão para os termos do artigo 185.º-B resulta que apenas serão publicadas as decisões arbitrais *transitadas em julgado* e não *todas* as decisões arbitrais, como vem fazendo o CAAD".

precisamente o princípio da segurança jurídica e ofendem o princípio da igualdade.[463]

Acompanhamos aqui JORGE LOPES DE SOUSA quando afirma que "deveria bastar a oposição entre uma decisão de um tribunal tributário e qualquer outra decisão transitada em julgado de qualquer outro tribunal, de qualquer hierarquia, para justificar a admissibilidade de recurso".[464]

Na redacção em vigor manteve-se a necessidade de 3 sentenças como condição de recurso, eliminando-se a possibilidade de recurso com fundamento em oposição apenas com uma decisão de um tribunal de hierarquia superior. Ainda assim, somos da opinião que com a remissão para os "*casos previstos na lei processual civil e administrativa*" que se faz no n.º 3 do art. 280.º do CPPT, subsistirá a admissibilidade de recurso de decisões dos tribunais tributários de 1.ª instância em processos de valor inferior à alçada quando forem proferidas contra jurisprudência uniformizada pelo STA, prevista na al. *c)* do n.º 3 do art. 142.º do CPTA.

Em face da actual redacção, conjugada com o estabelecido no n.º 1 deste art. 280.º e nos arts. 26.º, al. *b)*, e 38.º, al. *a)*, do ETAF sobre a repartição de competências entre o STA e os TCA´s para conhecimento de recursos jurisdicionais de decisões dos tribunais tributários de 1.ª instância; o recurso destas decisões com fundamento em oposição de sentenças será interposto para o STA ou o TCA conforme se trate ou não de decisão de mérito. Estes recursos seguirão os termos previstos no art. 282.º do CPPT e não os termos próprios dos recursos para uniformização de jurisprudência, que estão previstos para acórdãos dos TCA´s ou do STA (e não para sentenças).[465]

Perante a alteração dos fundamentos de recurso por oposição de julgados operada pela reforma de 2019, no capítulo seguinte não se fará o teste de uniformização deste recurso.

[463] Neste sentido, pode ver-se o acórdão do pleno da secção do contencioso tributário do STA de 24 de Fevereiro de 1999, proc. n.º 021384.

[464] JORGE LOPES DE SOUSA (2020).

[465] A nossa posição é confirmada por JORGE LOPES DE SOUSA (2020) quando refere que "[o] recurso só é admissível quando esteja em causa matéria de direito, como decorre de o seu fundamento ser as sentenças perfilharem «*solução oposta relativamente ao mesmo fundamento de direito e na ausência substancial de regulamentação jurídica*»".

É que da posição que se tome quanto às interpretações possíveis, cujas alterações podem ser mais ou menos substanciais quando comparadas com a redacção anterior, resultarão consequências completamente díspares. Deste modo, a análise da jurisprudência proferida pelo STA em função da redacção anterior poderá ser despicienda, já que os resultados obtidos poderão não ser passíveis de aplicação à actual redacção da norma, o que obstaria à formulação de conclusões ou, pelo menos, poderia resultar em conclusões desprovidas de utilidade.

Relativamente ao *recurso excepcional de revista*, e à semelhança do que aconteceu com o recurso para uniformização de jurisprudência, este passou a estar previsto também no art. 285.º do CPPT numa redacção bastante idêntica à do art. 150.º do CPTA, pondo-se assim termo a algumas vozes que, ainda que isoladas na doutrina e na jurisprudência, defendiam a sua não admissão atendendo à inexistência de norma no CPPT que o admitisse expressamente.[466]

Mas a novidade no sistema processual tributário português quanto aos instrumentos uniformizadores passa então, em primeiro lugar, pelo *julgamento ampliado de recurso* previsto no art. 289.º do CPPT.

Trata-se de um expediente que não é original na medida em que é importado do art. 148.º do CPTA e que em traços gerais, se pode resumir no seguinte: quando tal se revele necessário ou conveniente para assegurar a uniformidade da jurisprudência, os presidentes do STA ou o do TCA podem determinar que no julgamento de um recurso intervenham todos os juízes da secção, sendo o quórum de dois terços.

A consagração no CPPT deste recurso é, sem dúvida, reflexo das preocupações de segurança jurídica espelhadas na previsão de mecanismos específicos e expressamente direccionados à uniformização de jurisprudência em matéria tributária por parte do legislador nacional. Relativamente ao julgamento ampliado de recurso, a iniciativa pode ser das partes e deve ser proposto pelos relatores ou pelo adjunto, nomeadamente quando se verifique a possibilidade de vencimento de solução jurídica

[466] Neste sentido, Ricardo Pedro, "Linhas gerais sobre as alterações ao regime de recursos jurisdicionais no âmbito do CPPT, em especial o recurso de revista excecional", *in* Comentários à Legislação Processual Tributária, AAFDL Editora, 2019, p. 361.

em oposição com jurisprudência anteriormente firmada no domínio da mesma legislação e sobre a mesma questão fundamental de Direito.

O art. 122.º-A do CPPT que consagra o *julgamento em formação alargada e consulta prejudicial para o STA*.

Esta é a segunda novidade no sistema processual tributário português quanto aos instrumentos uniformizadores introduzida pela reforma de 2019.

Este instrumento passa então a permitir que, quando se coloque uma questão de Direito nova à apreciação de um tribunal tributário de 1.ª instância, que suscite dificuldades sérias e possa vir a ser posta noutros litígios, pode o respectivo presidente, oficiosamente ou por proposta do juiz da causa, determinar que se adopte o julgamento em formação alargada ou a consulta prejudicial para o STA, nos mesmos termos do art. 93.º do CPTA.

Neste caso não estamos perante um mecanismo de recurso, mas perante um mecanismo que actua mesmo antes de ser proferida a decisão em 1.ª instância. Não deixa porém de ser um mecanismo uniformizador que pode assumir uma importância capital.

Quanto a este expediente em concreto haverá que perceber se ele pode, ou não, ser utilizado, também, na jurisdição arbitral. Pelo seu objectivo claro de uniformização e, portanto, de reforço de segurança jurídica na aplicação do Direito, haverá muita vantagem em a resposta ser positiva. Na verdade, sendo este mecanismo um expediente nacional semelhante ao reenvio para o TJUE e, sendo o reenvio para o TJUE aceite na medida em que não é, verdadeiramente, um recurso, então não se encontram razões teóricas que justifiquem uma não aplicabilidade.

Aqui não podemos avançar sem fazer uma chamada de atenção para a posição de Jorge Lopes de Sousa quando só deixa clara a bondade deste mecanismo do "reenvio prejudicial" interno já existente no contencioso administrativo e aplicável ao contencioso tributário, como assume ter sido ele o autor dos vários reenvios existentes até então.

Afirma a este propósito que "[c]om a certeza, confirmada na prática, da utilidade do reenvio prejudicial para o STA como meio de resolver antecipadamente litígios, eu próprio efectuei vários reenvios prejudiciais, no exercício das funções de Presidente do Tribunal Administrativo e Fiscal de Braga, que exerci entre 2004 e 2012. No entanto, as vantagens da resolução rápida e antecipada de questões susceptíveis de se repetirem em inúmeros processos e consequente enorme economia dos meios afectos aos tribunais não terão sido suficientes para convencer a generalidade dos presidentes dos TAF's a efectuarem reenvios, como se infere do facto de o último processo decidido que consta da base de dados, ter dado entrada em 2012 (processo n.º 015/12)". Terá sido então por esta razão que o legislador deixou claro na lei este expediente, não tendo no entanto ido tão longe como seria expectável já que "seria de aventar que (com melhor justificação do que na situação prevista no artigo 105.º do CPPT), se impusesse aqui a obrigatoriedade de consulta/reenvio, pois, sem ela, não é previsível que este expediente processual venha a atingir toda a sua potencial relevância".[467]

Quanto à reforma de 2019 salientam-se ainda as regras introduzidas no *regime da cumulação de pedidos e da coligação de autores*,[468] quer no âmbito do procedimento de reclamação graciosa – que passa a ser equiparado ao regime previsto para a impugnação judicial –, quer no âmbito da uma impugnação judicial, em que sejam cumulados pedidos para cuja apreciação sejam territorialmente competentes tribunais distintos, podendo o autor escolher qualquer um dos tribunais para a propositura da acção.[469]

Com as alterações agora introduzidas, estabelece-se a possibilidade de cumulação de pedidos, mesmo que relativos a diferentes actos e, bem assim, a coligação de autores, desde que, de forma cumulativa: (i) aos pedidos corresponda a mesma forma processual; (ii) os pedidos tenham por base as mesmas circunstâncias de facto ou o mesmo relatório de inspecção tributária ou, ainda, sejam susceptíveis de decisão com base na aplicação das mesmas normas a situações de facto do mesmo tipo.

Determina-se, ainda, que não obsta à cumulação ou à coligação o facto de os pedidos dizerem respeito a diferentes tributos, na condição de estes se reportarem à mesma natureza.

[467] Jorge Lopes de Sousa (2020).

[468] Na sua grande maioria foram alterações introduzidas ao art. 104.º do CPPT.

[469] Com excepção dos casos em que a cumulação diga respeito a pedidos entre os quais haja uma relação de dependência ou de subsidiariedade, situação em que a impugnação judicial deve ser proposta no tribunal competente para apreciar o pedido principal.

Ainda a este propósito, mas agora quanto ao processo de execução, foi alterada a regra introduzida no art. 206.º do CPPT relativa às regras aplicáveis à *coligação de executados e revertidos*. Os executados e revertidos passam também a poder coligar entre si, nos termos aplicáveis ao processo de impugnação judicial.

Referem-se, também a este propósito, as regras quanto à *oposição única e apensação de oposições*,[470] através das quais se passa a estabelecer a possibilidade de dedução de apenas uma oposição contra diferentes execuções fiscais pendentes contra o mesmo executado no mesmo órgão de execução fiscal (ainda que não apensadas), podendo o executado fazer uso de tal faculdade até ao termo do prazo de oposição que começou a correr em primeiro lugar. Quando o juiz entenda não haver prejuízo para o andamento de uma oposição, pode passar a determinar que os processos de oposição possam ser apensados à oposição autuada em primeiro lugar no tribunal, na condição de as oposições se encontrarem na mesma fase e as execuções fiscais em causa estarem pendentes no mesmo órgão de execução fiscal.[471]

Por último, referimo-nos aos *processos com andamento prioritário*,[472] também eles uma novidade (boa) da reforma de 2019, em que se importa para o contencioso tributário uma regra já existente no contencioso administrativo: a de os presidentes dos tribunais deverem determinar que seja dado andamento unicamente a um deles com suspensão da tramitação dos demais.

Esta prerrogativa pode ser utilizada sempre que, num mesmo tribunal, sejam intentados mais de 10 processos ou interpostos recursos de decisões atinentes a mais de 10 processos, que respeitem ao mesmo tributo, ainda que referentes a actos tributários diferentes, nos quais sejam arguidos os mesmos vícios e sejam susceptíveis de ser decididos com base

[470] Cfr. art. 203.º n.º 5 do CPPT.

[471] Estabelece-se ainda que, sendo invocada como fundamento da oposição à execução, a ilegitimidade da pessoa citada por não ter exercido funções de administração ou de gestão na pessoa colectiva devedora originária, o órgão de execução fiscal, juntamente com a remessa do processo ao tribunal e da informação que reputar conveniente, terá que passar a identificar todos contra quem tenha sido revertida a execução, os que foram citados, os que deduziram oposição com idêntico fundamento e o estado em que se encontram as referidas oposições.

[472] Cfr. art. 105.º do CPPT.

na aplicação das mesmas normas a situações de facto do mesmo tipo. As partes devem ser sempre ouvidas. Ao processo a que for dado andamento prioritário aplicam-se as regras dos processos urgentes, previstas no n.º 4 do art. 36.º do CPTA, tal como dispõe o art. 48.º n.º 8.

Este regime tem um potencial uniformizador bastante elevado, mas terá ficado aquém do ideal já que, ao que se julga, aplica-se tão só aos processos de impugnação judicial, ficando de fora, por exemplo, as oposições à execução.

Terá ficado também aquém, na medida em que se aplica unicamente a processos pendentes no mesmo tribunal. Julgamos no entanto que este será um regime que se pode e deve aplicar à acção administrativa.

Trata-se de uma imposição e não de uma opção para o juiz o que, na prática, pode vir a relevar alguns inconvenientes mas que poderá vir a assumir um papel bastante relevante no panorama nacional.[473]

Também aqui será de equacionar a pertinência da migração deste expediente para a arbitragem tributária. Pese embora a celeridade processual – um dos objectivos deste expediente quando pensado para os processos que correm termos nos tribunais judiciais – não se justifique na arbitragem com tanta premência (na medida em que os processos são decididos em 4,5 meses), a verdade é que haverá outras razões como a contradição de decisões e, portanto, a segurança jurídica, que justificariam a sua migração.

Em todas estas medidas, mesmo nas de tramitação processual, é claro o benefício para a aplicação uniforme do Direito, na medida em que, quanto maior for o universo de situações decididas ao mesmo tempo, menor possibilidade haverá de contradição na aplicação do Direito e, portanto, maior coerência e certeza se alcançará. Tudo em claro benefício do princípio da segurança jurídica.

Passados em revista os mecanismos consagrados no sistema processual tributário português de uniformização ao nível da aplicação do Direito resta evidente que, ainda que o legislador nacional se tenha mostrado atento à necessidade de garantir mecanismos processuais que

[473] Ao contrário do que sucede no contencioso administrativo cfr. art. 48.º do CPTA pelo que a remissão do art. 105.º do CPPT para o CPTA é tão só para a tramitação do processo e não para os requisitos do regime.

funcionem como garante do princípio da segurança jurídica na aplicação do Direito Tributário; após a reforma de 2019 aquelas mesmas preocupações ganham maior amplitude. Esta conclusão mais do que provir da transposição expressa para o CPPT de mecanismos uniformizadores até então apenas previstos no CPTA – já que materialmente não há alterações de grande monta relativamente ao regime anterior –, provém sim da consagração destes últimos instrumentos de que falámos e que reflectem um claro sinal de preocupação com a coerência na aplicação do Direito.

É que se em teoria os mecanismos processuais de uniformização existem e até foram reforçados, atentar à prática e compreender o entendimento que tem sido dado pelo STA a cada um dos institutos através do balanço dos fundamentos de recurso aceites e negados pelo tribunal; e testar a sua eficácia uniformizadora, vai levar-nos a conclusões bastante interessantes.

Haverá um exercício interessante no equilíbrio que deverá ser feito pelo STA em, por um lado, filtrar as questões que lhe são submetidas não cedendo à pressão dos interessados no recurso, sejam os particulares, seja a própria AT, que terão a tentação de recorrer sempre que perdem; e em, por outro lado, não ser de tal forma exigente nos fundamentos de recurso, que esvazie a eficácia uniformizadora dos diferentes institutos.

Note-se assim que, por muito importante que seja, para garantir o princípio da segurança jurídica, o papel desempenhado pelo legislador tributário na criação de instrumentos que estabelecem a coerência e trazem estabilidade ao sistema, os tais a que chamámos de uniformizadores; esta deve ser acompanhada de previsibilidade e estabilidade no ordenamento jurídico-tributário, valores que se devem reflectir ao nível daqueles que aplicam no caso concreto o Direito, mormente na forma mais ou menos ampla com que olham para a admissão dos requisitos dos recursos uniformizadores.

Não basta que o legislador preveja o mecanismo uniformizador. A forma como o instrumento uniformizador é entendido pelo próprio aplicador do Direito é fundamental ao cumprimento dos desígnios da segurança jurídica que a uniformização e a coerência pretendem assegurar.

No horizonte temporal que mediou 2017 e 2020, dos 270 recursos com vocação uniformizadora interpostos pelas partes – 25 recursos para uniformização de jurisprudência do art. 152.º do CPTA; 96 recursos de oposição de acórdãos; 149 recursos excepcionais de revista – só 71 é que foram admitidos pelo STA, ou seja, cerca de 16%.

A este respeito teremos oportunidade de reflectir de forma mais aprofundada no Capítulo III depois de munidos de uma série de constatações empíricas, desenvolvidas no Capítulo II, sobre a experimentação daquele que tem sido o entendimento do STA quanto à aceitação (e negação) dos fundamentos de recursos e sobre a efectividade uniformizadora dos recursos existentes no sistema processual português. Por agora passemos ao caso especial da arbitragem tributária e ao resumo daqueles que serão os instrumentos uniformizadores no meio alternativo que cada vez mais assume uma importância fulcral no ordenamento jurídico português.

13.3. O caso especial da arbitragem tributária

Assente que está a necessidade de obstaculizar a que sejam proferidas decisões judiciais opostas relativamente a situações idênticas, mormente quando dos aplicadores do Direito cada vez mais se espera uma função também de concretização normativa, cumpre agora analisar o caso particular das decisões arbitrais e da sua possível contradição, quer com decisões judiciais de tribunais superiores, quer com outras decisões arbitrais.[474]

O princípio da segurança jurídica e respectivas dimensões não são alheios ao contexto particular da arbitragem tributária. Contudo, o legislador partiu no RJAT de uma premissa *sui generis* e sem paralelo no ordenamento jurídico tributário português: a da irrecorribilidade das decisões arbitrais como regra.

A irrecorribilidade das decisões arbitrais não consubstancia, porém, uma inovação para a arbitragem em geral.[475]

[474] A arbitragem foi aprovada pelo DL n.º 10/2011, de Janeiro, no uso da autorização legislativa concedida pelo Governo pelo art. 124.º da Lei n.º 3 – B/2010, de 28 de Abril. Mesmo hoje, a arbitragem tributária apenas existe em mais um único país do mundo – Cabo Verde – e as semelhanças com o regime português são inegáveis.

[475] Neste sentido, e como refere António Sampaio Caramelo, "[e]mbora a resolução de litígios através da arbitragem não seja ontologicamente incompatível com a possibilidade de os tribunais estaduais reapreciarem a decisão dos árbitros sobre o fundo da causa, a grande maioria das leis nacionais reguladoras da arbitragem (...) impedem que da sentença arbitral

Esta regra da irrecorribilidade encontra paralelo na *arbitragem voluntária*. A arbitragem voluntária, inicialmente regulada pela então LAV, a Lei n.º 31/86, de 29 de Agosto, tinha como regra a recorribilidade, não obstante a possibilidade de renúncia pelas partes, prevendo o art. 29.º, n.º 1, que "Se as partes não tiverem renunciado aos recursos, da decisão arbitral cabem para o tribunal da relação os mesmos recursos que caberiam da sentença proferida pelo tribunal de comarca".

A actual LAV, Lei n.º 63/2011, de 14 de Dezembro, revogou esta norma e passou a consagrar, até hoje, a regra da *irrecorribilidade* das decisões arbitrais, de resto à semelhança do que já sucedia no RJAT.

Trata-se, porém, de uma regra relativa, na medida em que é permitido às partes preverem expressamente na convenção de arbitragem a possibilidade de recurso, desde que a causa não possa ser decidida segundo a equidade.

Há, portanto, na arbitragem voluntária, a possibilidade de um recurso de *opt-in* em contraposição à arbitragem tributária, na qual a irrecorribilidade não pode ser excepcionada pelas partes.

Em todo o caso, não é demais lembrar que este afastamento da arbitragem tributária em face da arbitragem voluntária está presente desde os seus primórdios. Arrisca-se a dizer, era condição de aprovação e de constitucionalidade do regime.

São inúmeras as diferenças estruturais que separam a arbitragem tributária da arbitragem comercial. Tais diferenças começam, desde logo, pelo facto da arbitragem tributária ter sido gizada como um direito potestativo do sujeito passivo, passando pelo facto de os tribunais arbitrais só poderem decidir de acordo com o direito constituído, e terminando no facto de o legislador ter, desde logo, previsto um recurso por oposição de decisões no art. 25.º, n.º 2 do RJAT. Pelo contrário, a arbitragem voluntária está assente numa decisão das partes de submeterem o litígio à jurisdição arbitral, podendo o mesmo ser decidido segundo critérios de equidade.

Acima de tudo, é o direito substantivo (comercial, civil *vs* tributário) que está na base de cada um dos tipos de arbitragem que leva a este acentuar de diferenças. Não se poderá também descurar que é o princípio da

possa interpor-se recurso ordinário para o tribunal estadual", *in* "A Impugnação da Sentença Arbitral", 3.ª edição, Almedina, 2020, pp. 7-8.

legalidade tributária, consagrado no art. 103.º da CRP, a impor algumas das soluções consagradas no RJAT, em particular por força da indisponibilidade dos créditos tributários. Por fim, a necessidade de uma tutela jurisdicional efectiva e a prossecução do Estado de Direito Democrático são, na arbitragem tributária, substancialmente mais fortes e prementes do que em qualquer ramo do direito privado.

Os principais obstáculos apontados à introdução plena de uma arbitragem em matéria em direito administrativo – sem a qual, ao que se julga, a arbitragem tributária não seria possível – foram o da sua alegada incompatibilidade com o princípio da legalidade, a prossecução de interesse público e a reserva de competência dos tribunais judiciais administrativos em determinadas matérias.

Foi o ultrapassar destes obstáculos e o consequente "ganhar terreno" da arbitragem em direito administrativo que permitiu uma maior abertura ideológica quando, depois de várias tentativas, em 2010, foi proposta na AR uma autorização legislativa para a aprovação de um regime jurídico da arbitragem tributária.[476]

Já no caso das *arbitragens necessárias* a regra é exactamente a inversa, ou seja, a da recorribilidade da decisão.

A opção pela arbitragem é imposta por lei e implica que os litigantes fiquem impedidos de recorrer directamente aos tribunais ordinários que normalmente seriam competentes, podendo, por isso, segundo o entendimento de alguma doutrina, pôr em causa não apenas o direito de acesso aos tribunais, mas também o princípio da igualdade.[477]

Por esta razão, pode dizer-se que se encontram prejudicados alguns dos requisitos fundamentais que na arbitragem voluntária justificam a irrecorribilidade das decisões arbitrais para os tribunais estaduais. Em

[476] Sobre os motivos que levaram a esta construção veja-se o nosso *in* "Regime Jurídico da Arbitragem Tributária Anotado", pp. 118 e 163 e ss.

[477] Como defende Rui Medeiros: "A leitura constitucional (...) tem conduzido a duas concepções distintas: de um lado, numa visão radical, defende-se, pura e simplesmente, a tese da inconstitucionalidade da arbitragem necessária; do outro, numa postura mais mitigada, admite-se tribunais arbitrais necessários, desde que esteja garantido que a decisão arbitral não é definitiva, ou seja, contanto que esteja salvaguardado o direito de recurso pleno para os tribunais estaduais" *in* "Arbitragem Necessária e Constituição", Estudos em memória do Conselheiro Artur Maurício, Coimbra Editora, 2014.

suma, quando e porque a arbitragem é necessária, a regra tem de ser a da recorribilidade.

No seio das arbitragens necessárias salientamos duas: a do desporto e a do medicamento. Em ambas a regra é da recorribilidade da decisão arbitral como o é na arbitragem do trabalho, na arbitragem dos serviços públicos essenciais e na arbitragem das expropriações.

A arbitragem do medicamento – instituída pela Lei n.º 62/2011, e 12 de Dezembro, que criou o regime de composição dos litígios emergentes de direitos de propriedade industrial, quando estejam em causa medicamentos de referência e medicamentos genéricos – permite, à semelhança do que sucede com a arbitragem do trabalho e com a arbitragem das expropriações, a interposição de recurso da decisão arbitral junto do Tribunal da Relação; regra que não existe na arbitragem tributária.

Já na arbitragem do desporto como se disse, onde a arbitragem é, em certas matérias, necessária, prevê-se já um equivalente ao recurso excepcional de revista, admitindo o n.º 7 do art. 8.º da Lei n.º 74/2013, de 6 de Setembro, que a decisão da câmara de recurso – tida como uma segunda instância arbitral – seja susceptível de recurso para o STA quando esteja em contradição, quanto à mesma questão fundamental de Direito, no domínio da mesma legislação e regulamentação, com acórdão proferido por TCA ou pelo STA.[478]

Ora, se por um lado, a premissa da irrecorribilidade das decisões arbitrais em Direito Tributário contribuiu para o sucesso que o regime tem alcançado, por outro lado, poderá ter influenciado ou comprometido, o

[478] Aqui uma curiosidade, no ac. n.º 781/2013, de 20 de Novembro, o TC declarou a inconstitucionalidade, com força obrigatória geral, das normas constantes do n.º 1 e do n.º 2 do art. 8.º, conjugadas com as normas dos arts. 4.º e 5.º, todas da Lei 74/2013, de 6 de Setembro do Tribunal Arbitral do Desporto, aprovada em anexo a Lei n.º 74/2013, de 6 de Setembro. Para este efeito, e sem entrar porém em pormenores quanto à inicial inconstitucionalidade do regime em face da previsão de uma arbitragem necessária quanto a certas matérias sem possibilidade de recurso para os tribunais estaduais, refira-se apenas que o TC sustentou que o direito fundamental de acesso aos tribunais não podia conformar-se com a simples previsão da impugnação da decisão arbitral, impondo que as partes pudessem também discutir o mérito da decisão, apontando assim para a necessidade de previsão de algum mecanismo de reexame por parte de um tribunal estadual. Parece assim que para o TC, quando a arbitragem é necessária, não pode a decisão deixar de ser, de alguma forma, recorrível.

modo como se contrabalançou o princípio da segurança jurídica em face do princípio da celeridade e do acesso à justiça.

Não sendo a presente dissertação a sede oportuna para levar a cabo uma exposição sobre todo processo envolto na criação do RJAT e sobre o funcionamento do mesmo, pretende-se antes de começar, esclarecer em traços muito sucintos o que justificou a regra da tendencial irrecorribilidade das decisões arbitrais, para depois perceber quais são as excepções e, dentro destas, quais as que revelam preocupações de uniformização e segurança jurídica.

O programa do XVIII Governo Constitucional não fazia alusão à arbitragem tributária, ainda que tivesse como objectivo "criar condições para uma justiça tributária mais célere", na medida em que previa a instituição de "soluções pré-contenciosas eficazes para resolução de conflitos".

A arbitragem em matéria tributária surgiria apenas na Proposta de Lei do OE para 2010.[479] A razão que motivou esta medida ficou plasmada no preâmbulo do DL n.º 10/2011, de 20 de Janeiro, que instituiu o RJAT: o premente descongestionamento dos tribunais judiciais.

Foi então o art. 124.º da Lei n.º 3-B/2010, de 28 de Abril, que veio habilitar o Governo a legislar "no sentido de instituir a arbitragem como forma alternativa de resolução jurisdicional de conflitos em matéria tributária", concebendo-a como "um meio processual alternativo ao processo de impugnação judicial e à acção para o reconhecimento de um direito ou interesse legítimo em matéria tributária" e como um meio que visa "reforçar a tutela eficaz e efectiva dos direitos e interesses legal-

[479] No relatório do OE para 2010 lê-se: "As razões que justificam esta medida são bem conhecidas, têm vindo ao longo dos últimos anos a ser debatidas sobejamente pela nossa comunidade jurídica e prendem-se com o esgotamento do sistema judicial como resposta única à resolução de litígios em sede fiscal. Milita nesse sentido o elevado grau de litigância que caracteriza uma época de "fiscalidade de massas" como aquela que vivemos e a incapacidade que os tribunais judiciais inevitavelmente sentem para lhe dar resposta pronta. Este estrangulamento do sistema judicial é exacerbado pela crescente sofisticação do Direito Fiscal, marcado por soluções técnicas de imensa delicadeza e em constante transformação, bem como pelo investimento cada vez maior que os operadores privados fazem no planeamento dos seus impostos e na gestão seus litígios tributários. A morosidade da justiça tributária que daqui resulta representa um prejuízo económico efectivo para os contribuintes e não poucas vezes para a Administração Fiscal." (destacado nosso).

mente protegidos dos contribuintes, devendo ser instituída de modo a constituir um direito potestativo dos contribuintes".

Não há dúvidas de que a arbitragem tributária foi criada com o objectivo de reforçar a tutela eficaz dos interesses legalmente protegidos dos cidadãos, de forma a imprimir uma maior celeridade na resolução dos litígios e, assim, reduzir a pendência de processos nos TAF's.

Cedo se percebeu que este objectivo só se alcançaria caso a decisão arbitral fosse irrecorrível.

Assim, aquando da criação do RJAT, o legislador português consagrou como regra a irrecorribilidade das decisões proferidas pelos tribunais arbitrais em matéria tributária. Fê-lo, porque uma regra que possibilitasse o recurso da decisão do tribunal arbitral em matéria tributária, que teria necessariamente que correr termos nos tribunais judiciais, ditaria o insucesso do regime à nascença, contrariando uma das causas da sua própria existência: a necessidade de uma justiça mais célere.

De acordo com os números apontados aquando da publicação do OE para 2010, no final de 2009 existiam 43.505 processos em matéria tributária pendentes de decisão nos TAF's. Como salientava à data Manuel Fernando dos Santos Serra "todos sabemos que uma sentença tardia pode resultar inútil ou até adicionar prejuízos aos já de outra forma enfrentados pela parte lesada".[480]

Se a celeridade era um fim em si mesmo e um pilar à consagração da arbitragem, a regra da irrecorribilidade não era, *a priori*, uma opção do legislador do RJAT, mas constituiu isso sim, uma condição necessária à assunção da arbitragem tributária como uma verdadeira alternativa ao descongestionamento dos TAF's. Esta acabou por ser vista como uma espécie de condição *sine qua non* para o sucesso do regime, tendo ficado desde logo plasmada nas directrizes constantes da autorização legislativa.

[480] Manuel Fernando dos Santos Serra *in* "A Arbitragem Administrativa em Portugal: evolução recente e perspectivas", Nuno Villa-Lobos e Mónica Brito Vieira (coord.), Mais justiça Administrativa e Fiscal, 2010, p. 20. A razão que motivou esta medida proposta pelo Governo estava em directa correlação com os objectivos da medida que acabaram por ser consagrados no preâmbulo do DL n.º 10/2011, de 20 de Janeiro, que instituiu o RJAT: o premente descongestionamento dos tribunais judiciais.

A irrecorribilidade veio consagrada na al. *h)* do n.º 4 do art. 124.º da Lei n.º 3-B/2010 de 28 de Abril.

O legislador previu, no entanto, duas excepções à irrecorribilidade nos arts. 25.º e 26.º do RJAT:[481] a interposição de recurso para o TC – uma excepção ditada por razões de conformidade constitucional –; e o recurso por oposição de julgados para o STA – excepção motivada precisamente por razões de segurança jurídica.[482]

Previu-se um recurso para o TC, tal como impunha o art. 204.º da CRP ao dispor que "[n]os feitos submetidos a julgamento não podem os tribunais aplicar normas que infrinjam o disposto na Constituição ou os princípios nela consignados". Foi, portanto, em respeito por esta norma fundamental que o legislador previu, no art. 25.º, n.º 1, do RJAT, o recurso

[481] O RJAT permite ainda a impugnação da decisão arbitral tributária, um meio de reacção que não é, em boa verdade, uma instância de recurso, mas antes uma acção especial de natureza constitutiva. Os recursos são de natureza tendencialmente substitutiva em Portugal – existindo, naturalmente, algumas excepções, como o recurso de constitucionalidade e o recurso de revisão – enquanto que a impugnação tem natureza meramente cassatória. A classificação doutrinal que vem sendo feita a propósito dos recursos distingue-os em recursos de substituição e recursos de cassação. Nos recursos de substituição, se ao proceder à apreciação de um recurso, o tribunal o considerar procedente, para além de revogar a decisão recorrida, substitui-se ao tribunal *a quo* proferindo de imediato uma nova decisão. Já nos recursos de cassação, o tribunal de recurso, se através da análise do recurso o considerar procedente, limita-se a revogar a decisão recorrida. Por outro lado, a impugnação distancia-se ainda dos recursos - enquanto meios destinados a impugnar decisões jurisdicionais com fundamento numa questão de mérito, submetendo a questão decidida a reapreciação jurisdicional levada a cabo por outro tribunal, em regra de hierarquia superior – na medida em que pretende destinar-se apenas à apreciação de questões formais e procedimentais da decisão impugnada. Neste sentido, ANTÓNIO S. ABRANTES GERALDES, *in* "Cassação ou substituição? Livre escolha ou determinismo legislativo?", As Recentes Reformas na Acção Executiva e nos Recursos (coord. Rui Pinto), Coimbra Editora, 2009, pp. 3-4.

[482] Tem-se admitido a possibilidade dos tribunais arbitrais poderem proceder ao reenvio prejudicial para o TJUE. Tal possibilidade foi pela primeira vez admitida pelo TJUE no acórdão ASCENDI – 12 de Junho de 2014, proc. n.º C-377/13, ficando plenamente fixada a legitimidade dos tribunais arbitrais como verdadeiros tribunais de reenvio. Hoje é inquestionável que os tribunais arbitrais portugueses são órgãos jurisdicionais de um EM, preenchendo a *ratio legis* do art. 267.º do TFUE. Porém, e como se sabe, não sendo o reenvio verdadeiramente um recurso esta possibilidade não é uma excepção à regra da irrecorribilidade e, portanto, não será, por razões de economia, objecto do presente estudo. A este propósito veja-se CARLA CASTELO TRINDADE (2015).

para o TC das decisões arbitrais que, pondo termo ao processo, recusassem a aplicação de uma norma com fundamento na sua inconstitucionalidade, ou que aplicassem uma norma cuja inconstitucionalidade houvesse sido suscitada na pendência do processo. Este recurso encontra-se restrito à questão de inconstitucionalidade suscitada, fazendo caso julgado sobre a mesma, conforme resulta do disposto no art. 71.º, n.º 1 e 80.º, n.º 1, ambos da LTC e do art. 280.º, n.º 6, da CRP. É por esta razão que não se irá aprofundar este recurso. As justificações que demos acima quanto ao recurso por inconstitucionalidade das decisões judiciais servem agora quanto às decisões arbitrais.

Já no que concerne ao recurso por oposição de julgados para o STA, não fazia parte das possibilidades de recurso previstas na Lei n.º 3-B/2010, de 28 de Abril, onde vinha unicamente prevista a susceptibilidade de recurso para o TC, além da impugnação da decisão arbitral em matéria tributária. A consagração expressa de tal possibilidade de recurso constituiu, assim, uma inovação, não apenas no domínio da arbitragem tributária, mas, como se deixou já dito, no domínio arbitral. Esta possibilidade resultou de uma preocupação clara e assumida do legislador com a possibilidade de contradição de julgados entre as decisões arbitrais e as decisões dos tribunais judiciais. Dúvidas não restam de que esta evolução concretizada na preocupação de integrar a jurisprudência arbitral no sistema jurisprudencial como um todo, resultou irrefutavelmente de uma preocupação com a unidade e a segurança do sistema.

Até 2019, nos termos do art. 25.º, n.º 2, do RJAT, as partes podiam recorrer da decisão arbitral em matéria tributária com fundamento na sua oposição, quanto à mesma questão fundamental de Direito, com acórdão preferido pelo TCA (Norte ou Sul), ou com acórdão proferido pelo próprio STA.

A susceptibilidade de recurso dependia do preenchimento de determinados requisitos substanciais a que a jurisprudência não raras vezes vem fazendo referência colando-os à construção jurisprudencial que tem feito quanto aos fundamentos gerais. Neste sentido, a existência de uma contradição entre a decisão arbitral de que se recorre e um acórdão emanado por um TCA ou pelo STA ou (agora) decisão arbitral anterior, é requisito basilar na fundamentação do recurso previsto no art. 25.º, n.º 2. Sucede, porém, que tal contradição deve dizer respeito à mesma questão fundamental de Direito, sendo este o segundo requisito do recurso em análise.

Desde o início do regime, até Junho de 2020, foram interpostos 178 recursos de oposição de julgados por contradição entre decisões arbitrais e acórdãos do TCA ou do STA, 86 foram interpostos pelos sujeitos passivos e 92 pela representação da AT. Deste universo, só 102 é que foram decididos e destes só 14 processos é que foram julgados procedentes pelo STA. Isto significa que o STA só julgou procedente 8% dos recursos interpostos para uniformização de jurisprudência.

Antecipa-se que esta baixa admissibilidade do recurso se prende com a forma como a jurisprudência tem entendido os fundamentos de recurso, mormente com o que deve ser entendido por "oposição quanto à mesma questão fundamental de direito".

Valem aqui as mesmas cautelas que se deixaram ditas para o recurso para uniformização de jurisprudência das decisões judiciais e, bem assim, para o recurso por oposição de acórdãos já que a concretização normativa que é feita pelo STA para uns vale para os outros. É que, na definição do recurso por oposição de julgados para o STA, o legislador do RJAT apoiou-se consideravelmente no recurso para uniformização de jurisprudência previsto no art. 152.º do CPTA, pelo que os mesmos problemas quanto à admissibilidade efectiva do recurso colocam-se no domínio das decisões arbitrais como se colocaram no universo das decisões judiciais.

Explicados que ficaram os dois mecanismos de recurso previstos pelo legislador nacional e assente que ficou a possibilidade de recurso para o STA de decisões arbitrais contrárias a decisões judicias proferidas quer pelo TCA, quer pelo STA, resta clara a seguinte conclusão: se à data da criação do RJAT o legislador assumiu uma clara preocupação com a possibilidade de contradição de julgados entre as decisões arbitrais e as decisões dos tribunais judiciais, o mesmo não se poderá dizer relativamente à contradição entre decisões arbitrais.

Aquando da criação do regime da arbitragem tributária, a irrecorribilidade da decisão arbitral foi perspectivada como regra fundamental para preservar a definitividade da sentença e, reflexamente, garantir a celeridade do sistema. No entanto, ao fim de alguns anos percebeu-se que o sentido das decisões sobre casos idênticos variava muitas vezes.

Nos primeiros onze anos desde a aprovação do regime, foram iniciados mais de 5.557 processos nos tribunais arbitrais tributários e foram discutidos cerca de EUR 1.579.211.800,55 em matéria tributária.

Só em 2019, deram entrada cerca de 953 processos com um tempo médio de conclusão de 4 meses e meio.[483]

Hoje é, de facto certo que as decisões arbitrais têm uma fortíssima relevância prática, influenciando comportamentos futuros, quer por parte dos contribuintes, quer por parte da AT, quer pela própria jurisprudência dos tribunais judiciais e influenciando não raras vezes o próprio legislador.

Hoje é incontornável que este fenómeno em muito contribui para que o foco da segurança jurídica na aplicação do Direito seja direccionado para a actuação dos tribunais tanto ou mais do que é para a actuação da AT. É hoje inegável que este hiato temporal tão estreito entre a inspecção tributária que motiva a liquidação adicional e o seu escrutínio pelos tribunais arbitrais com consequente possibilidade de sujeição destas temáticas ao crivo do próprio STA quando em contradição de julgados, posiciona a jurisprudência como uma fonte de Direito cada vez mais importante no âmbito do panorama nacional.

Quanto às questões que podem ser submetidas à arbitragem haverá que distinguir dois grandes grupos: as decisões arbitrais que versam sobre questões *já* tratadas pelos tribunais judiciais e as questões *ainda não* tratadas pelos tribunais judiciais. E a segurança jurídica tem que estar presente em ambas.

Quanto às decisões arbitrais em matéria tributária que versam sobre questões *já* tratadas pelos tribunais judiciais, as decisões arbitrais ou as confirmam ou as contrariam.

Quando a decisão arbitral confirma a jurisprudência já formada não há qualquer instabilidade no sistema jurídico. Já quando a decisão arbitral contraria uma decisão de um tribunal judicial já transitada em julgado, e preenchidos que sejam os restantes pressupostos constantes do art. 25.º n.º 2 do RJAT, a decisão arbitral poderá ser objecto de recurso por

[483] Em 2017 por seu turno deram entrada cerca de 693 processos e 709 em 2018.

oposição de decisões para o STA, garantindo-se uma aplicação do Direito uniforme.

O que dizer, porém, quando, versando sobre uma matéria que porventura *ainda não* tenha sido objecto de pronúncia por um dos TCA's ou pelo STA, há contradição entre decisões arbitrais?

Se não há problema quando, nas matérias ainda não tratadas pelos tribunais judiciais, os tribunais arbitrais tratam estas questões novas da mesma forma, firmando jurisprudência uniforme, o mesmo não sucedia até Setembro de 2019, quando havendo entendimentos diferenciados as decisões eram contraditórias. Tudo porque as decisões arbitrais, quando contraditórias entre si, não cabiam no escopo da excepção à irrecorribilidade da arbitragem, ou seja, as decisões individualmente consideradas eram definitivas porque não recorríveis.

Note-se que aqueles entendimentos diferenciados sucediam-se recorrentemente, existindo temáticas particularmente sensíveis em que situações idênticas eram tratadas de forma absolutamente contraditória.

Refiram-se aqui, a título de exemplo, algumas temáticas onde a contradição de decisões arbitrais era preocupante, visto que eram (e são) decisões sobre matérias bastante actuais, de fortíssima sofisticação, e relativamente às quais nem o TCA, nem tão pouco o STA tiveram, ainda hoje, oportunidade de se pronunciar na sua grande maioria.

Compreenda-se a este propósito que a morosidade da decisão judicial em 1.ª instância leva a que, a existirem processos sobre estas temáticas tão actuais a correr termos em tribunais judiciais, estes cheguem ao TCA e, eventualmente, ao STA, passados largos anos, ou seja, quando já várias decisões arbitrais tinham sido proferidas sem possibilidade de harmonização e quando, arrisca-se, a relevância prática das temáticas estivesse já ultrapassada.

Salientar-se-ão a este propósito três ou quatro temáticas que se julgam ilustrativas.

Em questões relativas à *dedutibilidade dos montantes devidos a título de tributação autónoma aos montantes pagos a título de pagamento especial por conta*, conta-se hoje com 35 decisões favoráveis à AT e 22 decisões favoráveis ao contribuinte, todas elas transitadas em julgado.

Tendo ainda como pano de fundo a *dedutibilidade dos montantes devidos a título de tributação autónoma*, mas agora quanto *aos benefícios fiscais de dedu-*

ção à colecta como o SIFIDE/CFEI/RFAI houve 18 decisões que favoreceram a AT, e cerca de 25 decisões favoráveis ao contribuinte. O que se discutia era saber, quer no primeiro grupo, quer no segundo, se ao valor devido a título de tributações autónomas podia ser descontado aos créditos de benefícios fiscais ou aos créditos resultantes de pagamentos por conta.[484]

Uma outra temática onde surgiram decisões contraditórias preocupantes foi a referente ao direito de opção na integração de um grupo sujeito ao RETGS, e a sua conformidade com a jurisprudência do TJUE. Neste âmbito encontramos duas decisões favoráveis à AT,[485] e uma favorável ao contribuinte.[486] Também aqui, a preocupação residia no facto de, perante uma quase total identidade factual, as decisões emitidas pelos tribunais arbitrais serem absolutamente contraditórias, inviabilizando a existência de RETGS numas e admitindo a existência de RETGS noutras. Isto ainda que esteja em causa a aplicação de decisões do TJUE. Aqui uma nota para dizer que duas das decisões contraditórias diziam respeito ao mesmo contribuinte, admitindo-se num ano que haveria grupo e para outro ano, noutro processo, que não haveria grupo.

Por último, e sem prejuízo do que se deixou dito no último ponto do Capítulo I do Título I deste estudo onde se analisou a concretização normativa da CGAA e se tiveram em consideração várias decisões arbitrais contraditórias sobre o mesmo tema – o da censurabilidade da transformação de sociedades por quotas em sociedades anónimas –, faz-se ainda uma referência à questão da requalificação de dividendos em dívida aos sócios/accionistas e consequente aplicação da CGAA. A este propósito, tem-se entendido: *i*) que se deverá proceder a uma revalorização das acções na esfera da sociedade anónima, fazendo-se uso da figura dos preços de transferência; ou *ii*) que a transmissão das acções da sociedade anónima para a SGPS, deve ser tratada como mais valia e não como uma

[484] Precisamente em resposta a um recurso por contradição entre duas decisões arbitrais, o STA, em 8 de Julho de 2020 proferiu uma decisão de uniformização de jurisprudência nos termos do proc. n.º 010/20.1BALSB onde veio a considerar a não dedutibilidade das tributações autónomas confortando assim a posição até então defendida pela AT.

[485] Decisões arbitrais de 18 de Abril de 2017, proc. n.º 574/2016-T e de 05 de Junho de 2017, proc. n.º 1/2017-T.

[486] Decisão arbitral de 26 de Junho de 2016, proc. n.º 786/2015-T.

distribuição de dividendos, ocorrendo a tributação na esfera da sociedade anónima;[487] ou, *iii*) que é ineficaz a constituição da SGPS, aplicando-se o procedimento da CGAA na esfera da sociedade anónima;[488] ou, por último *iv*) que a solução passará por se considerar a existência de um esquema artificioso, sendo irrelevante em quem se tributa.[489]

Temos portanto sempre a mesma questão de Direito – a da censurabilidade de uma não distribuição de dividendos – estando a sua consequência, quer para efeitos da sociedade, quer para efeitos do accionista a ser tratada de forma bastante diferente, numas vezes redundando na anulação da liquidação emitida pela AT, noutras redundando no indeferimento do pedido do contribuinte e isto, mesmo quando o enquadramento fáctico é semelhante.

Foram situações como as que se acabam de enunciar que levaram à necessidade de repensar as opções do legislador do RJAT em 2011 tanto mais urgente quanto a importância que a arbitragem foi assumindo no panorama nacional.

Foi justamente isto que se pretendeu quando se aprovou em Conselho de Ministros a Proposta de Lei n.º 180/XIII que previa o recurso para o STA de decisões arbitrais que contrariassem outras decisões arbitrais. A referida proposta previa que, em caso de oposição entre decisões proferidas no domínio da arbitragem tributária, as partes pudessem recorrer para o STA. Esta alteração permitiria, assim, "submeter à apreciação do órgão judicial de cúpula da jurisdição administrativa e fiscal a oposição de julgados entre decisões arbitrais".[490]

Pois bem, foi através da Lei n.º 119/2019, de 18 de Setembro, que, em plena conformidade com a Proposta de Lei, o art. 25.º, n.º 2 do RJAT passou a prever também o recurso para o STA de uma decisão arbitral contrária a uma outra decisão arbitral.[491]

[487] Decisão arbitral de 30 de Janeiro de 2015, proc. n.º 381/2014-T.

[488] Decisões arbitrais de 14 de Junho de 2014, proc. n.º 258/2013-T e de 19 de Fevereiro de 2016, proc. n.º 335/2015-T.

[489] Decisão arbitral de 22 de Maio de 2015, proc. n.º 377/2014-T; de 04 de Novembro de 2015, proc. n.º 173/2015-T e de 14 de Novembro de 2017, proc. n.º 162/2017-T.

[490] Proposta de Lei 180/XIII (Exposição de Motivos), disponível em www.parlamento.pt.

[491] Relativamente a esta alteração legislativa, Joaquim Freitas da Rocha e Tiago Serrão realçam a "inusitada circunstância de o legislador se ignorar a si mesmo, continuando a uti-

Se no momento da aprovação do RJAT se entendia que a irrecorribilidade da decisão arbitral era uma condição *sine qua non* do sucesso do regime, enquanto veículo para prossecução do objectivo de imprimir uma maior celeridade e eficácia à justiça fiscal; a partir da reforma de 2019 assumiu-se que a irrecorribilidade do mérito da decisão arbitral não pode ser absoluta, e que os requisitos apertados do recurso por oposição de acórdãos não se apresentam como suficientes para resolver a indesejável contradição de decisões arbitrais. Começou a perceber-se que a segurança jurídica não era suficientemente acautelada no domínio arbitral, e que a celeridade processual não poderia ser obtida em seu prejuízo.

Ora, se à partida parece encontrar-se resolvido o problema da instabilidade e imprevisibilidade geradas em grande parte pelo legislador que permanecia, no âmbito da arbitragem tributária, omisso em face da recorrente contradição de decisões arbitrais, não podemos deixar de assinalar que a referida opção legislativa não se encontra, naturalmente, isenta de críticas.

Cumpre aqui fazer referência a duas questões que se destacam por via daquela mesma remissão para o art. 152.º do CPTA: uma delas relacionada com a efectividade deste recurso e uma outra de natureza mais estrutural e dependente da actuação do STA.

Quanto à primeira questão, se, tal como vimos no ponto antecedente, o STA interpretar os requisitos de admissibilidade do recurso de decisões arbitrais de forma tão conservadora como tem vindo a fazer até agora – recorde-se que das 102 decisões do STA sobre recursos de oposição de julgados arbitrais só 14 foram admitidos –, então os mesmos problemas de efectividade do mecanismo anteriormente destacados colocar-se-ão aqui em moldes idênticos.

Não obstante a pertinência desta opção legislativa, a verdade é que se teme que o sistema se veja obstruído ao nível do STA. Existe, portanto, uma preocupação amplamente partilhada que se prende com a possibili-

lizar a expressão "oposição", sabendo que o denominado *recurso por oposição de acórdãos* já não existe em matéria tributária com essa designação, aplicando-se – em alteração introduzida no dia anterior! – o recurso por uniformização de jurisprudência". Joaquim Freitas da Rocha e Tiago Serrão, *in* "Arbitragem tributária e arbitragem administrativa: breve ponto de situação" Comentários à Legislação Processual Tributária, AAFDL Editora, 2019, pp. 426-427.

dade de congestionamento da via judicial, a qual se traduzirá numa diminuição dos níveis de celeridade que caracterizam a arbitragem tributária, responsável pelo seu sucesso e pela crescente, e até constante, opção por essa via.[492]

Um importante aspecto que não abona a favor do recurso para uniformização de jurisprudência de decisões arbitrais que contrariem outras decisões arbitrais (que é o que na realidade este recurso a que o RJAT denomina de recurso por oposição de julgados é), e que se relaciona directamente com esta questão do possível congestionamento da via judicial, prende-se precisamente com a inexistência de uma fase de apreciação preliminar sumária de admissibilidade do recurso – ao contrário do que acontece no recurso excepcional de revista. Esta situação é particularmente preocupante se se compreender que o recurso por oposição de decisões arbitrais vai ser utilizado pelos recorrentes como último reduto de reacção perante uma decisão definitiva do tribunal arbitral.

Apesar da novidade do expediente, cumpre salientar que entre Setembro de 2019 e Março de 2020, o mesmo foi já utilizado 13 vezes. A AT interpôs 4 recursos por contradição entre decisões arbitrais e o sujeito passivo 9. Este tipo de atitude perante a positivação deste recurso poderá inviabilizar a bondade do expediente e, talvez, até da própria arbitragem, porquanto apesar de o STA – quando faltem os pressupostos de recurso – não ter de conhecer do recurso, a verdade é que o custo de contexto da sua apreciação é bastante elevado. Aqui não existe a possibilidade de uma apreciação sumária dos pressupostos de recurso.

Este capítulo permitiu então ilustrar os instrumentos, particularmente os recursos, com especial aptidão uniformizadora previstos no sistema processual português ao dispor das partes, mas permitiu, acima de tudo, chamar a atenção para possíveis falhas e comportamentos que

[492] O congestionamento da via judicial, que é já uma realidade sobejamente conhecida, manifestando-se de forma preocupante ao nível da 1.ª instância, tem sido apontado como principal problema da justiça tributária em Portugal. Como forma de solucionar ou pelo menos amenizar este problema, veio o Governo, em clara manifestação da confiança depositada na figura da arbitragem, possibilitar a migração de processos para arbitragem tributária sem custas, tendo para tal estabelecido um novo período de migração. Esta medida foi encetada pelo DL n.º 81/2018, de 15 de Outubro.

do ponto de vista teórico obstam já a uma tutela efectiva do princípio da segurança jurídica na aplicação do Direito.

A este respeito viu-se que, ainda que da reforma de 2019 tenha resultado um notável reforço dos mecanismos uniformizadores previstos no CPPT, o qual deixa transparecer as preocupações de segurança jurídica por parte do legislador tributário, o aperfeiçoamento do enquadramento legal, por si só, não basta para garantir uma verdadeira e efectiva uniformização.

É, portanto, com a devida percepção dos actuais desafios apostos ao labor judicial que no CAPÍTULO II se fará um estudo mais pormenorizado e de teste jurisprudencial em torno dos dois mecanismos de uniformização e coerência por excelência previstos no sistema processual português: o *recurso para uniformização de jurisprudência* e o *recurso excepcional de revista*.

Tudo para olhar à prática e compreender se e em que medida é que o regime actualmente previsto na lei é eficaz.

Capítulo II
Os Recursos com Vocação Uniformizadora – Testes de Uniformização

14. Colocação do problema

Passados em revista os mecanismos consagrados no sistema processual tributário português com vocação uniformizadora ao nível da aplicação do Direito resta agora testar a sua eficácia.

Recorde-se que a questão a que se procura dar resposta por agora passa por saber se o sistema processual português está, ou não, preparado para *garantir* a *uniformização*[493] na aplicação do Direito necessária, sabemos já, à afirmação da segurança jurídica perante a actual concepção legislativa em Direito Tributário.

Essa garantia não se alcança pela mera previsão legal de instrumentos com vocação uniformizadora. Se assim fosse tínhamos respondido já à nossa questão no capítulo anterior quando elencámos os mecanismos e o seu funcionamento.

Se, em teoria, os mecanismos processuais de uniformização existem e até foram reforçados com a reforma de 2019, olhar à prática e compreender o entendimento que tem sido dado pelo STA e a sua capacidade persuasiva perante os restantes tribunais, é fundamental para poder responder à questão colocada.

[493] Tudo porque, como fomos vendo, no que respeita à vertente subjectiva de protecção da confiança o sistema não está preparado para acautelar a segurança jurídica, ou seja, não há no sistema processual português nenhum mecanismo que permita *uma aplicação retroactiva racionalizada da jurisprudência*. Este capítulo permitirá compreender melhor em que medida o sistema português não está preparado.

Escolhemos estudar dois instrumentos com vocação uniformizadora, a saber o *recurso para uniformização de jurisprudência*, quer de decisões judiciais, quer de decisões arbitrais e o *recurso excepcional de revista.*[494]

Só estes são passíveis de serem submetidos a um teste de controlo jurisprudencial rigoroso, na medida em que os demais instrumentos ou são novos, ou têm novos pressupostos. Estes dois instrumentos não deixam de ser também os mais importantes, pelo que em nada fica comprometida a resposta à nossa questão.

Escolhemos abordar a eficácia dos mecanismos uniformizadores sob dois prismas.

Sob um primeiro prisma, olhando à forma como o STA entende os diferentes fundamentos necessários aos dois recursos que se analisarão e à forma como este tribunal legitima as situações que merecem a sua intervenção enquanto instituição última da uniformização do Direito. A estreiteza ou amplitude com que o STA aceita ou nega cada um dos fundamentos de recurso ditará a maior ou menor eficácia destes instrumentos. Neste exercício, constatar-se-á uma realidade interessante, e que se prende com o difícil equilíbrio que deverá ser feito pelo STA em, por um lado, filtrar as questões que lhe são submetidas, não cedendo à pressão dos interessados no recurso, sejam os particulares, seja a própria AT, que terão a tentação de recorrer sempre que perdem; e em, por outro lado, não ser de tal forma exigente nos fundamentos de recurso, que se esvazie a eficácia uniformizadora dos diferentes institutos.

Sob um segundo prisma, olhando ao precedente e à eficácia persuasiva que a decisão uniformizadora tem sobre os processos futuros, sejam eles do STA, do TCA ou dos tribunais arbitrais.[495]

[494] Aqui não será demais recordar que, na verdade, onde dizemos que se analisarão dois recursos com vocação uniformizadora referimo-nos ao recurso excepcional de revista e ao recurso para uniformização de jurisprudência e neste último incluir-se-ão, pela similitude de fundamentos de recurso: (*i*) o recurso uniformizador de jurisprudência aplicável aos actos administrativos em matéria tributária nos termos do art. 152.º do CPTA; (*ii*) o anterior recurso por oposição de acórdãos previsto até 2019 no art. 284.º do CPPT; e (*iii*) o recurso por oposição de julgados do art. 25.º do RJAT que remete, sabe-se já, para o art. 152.º do CPTA.

[495] Ficarão de fora a jurisprudência dos tribunais de 1.ª instância porquanto, como se disse já, trata-se de decisões que não são objecto de publicação no sistema da DGSI.

Para tal, o que se propõe a começar é analisar o contexto histórico em que se firmaram os recursos com vocação uniformizadora mormente enquanto decorrência da revogação dos assentos em Direito Civil.

De seguida, iremos aprofundar os fundamentos de cada um dos recursos para iniciarmos o *primeiro teste de uniformização*, percebendo então a forma como o STA tem aceitado ou tem negado cada um dos recursos. Neste teste preocupar-nos-emos com a análise das decisões do STA que negaram o recurso, mais do que com as que o aceitaram, na medida em que, ao que aqui importa, a delimitação negativa do âmbito material dos fundamentos de recurso é tão ou mais importante do que a positiva. Ao que se julga, este caminho permitir-nos-á fazer a concretização normativa dos fundamentos de recurso com base na posição mais recente do STA, já que se analisarão decisões proferidas durante o ano de 2019 e até Junho de 2020.

No fim, efectuaremos o *segundo teste uniformizador* por referência à jurisprudência proferida pelo STA durante o ano de 2017, procurando atestar a existência, ou não, de um precedente judicial vertical em Portugal pelo menos no que toca ao respeito pela jurisprudência uniformizadora. Neste teste, preocupar-nos-emos com o estudo das decisões do STA que, porque deram provimento ao recurso, tiveram vocação de uniformizar a jurisprudência, aferindo se as decisões posteriores dos tribunais inferiores confirmam, ou não, o entendimento jurisprudencial nelas vertido. Esta análise comparativa levar-nos-á a compreender se em Portugal o precedente uniformizador, não sendo vinculativo, é ou não persuasivo.

15. A génese dos instrumentos uniformizadores

Enquanto a génese do recurso para uniformização de jurisprudência remonta ao direito privado, a génese do recurso excepcional de revista remonta ao direito administrativo, ainda que ambos tenham posteriormente passado a ter aplicação, com maiores ou menores adaptações, noutros domínios. No domínio tributário, só a partir de 2019 é que ambas as figuras passaram a estar expressamente previstas no CPPT.

Estes instrumentos surgiram num contexto *sui generis* do nosso direito processual, a saber, o da revogação do instituto dos *assentos*.[496]

[496] No contencioso administrativo e no contencioso tributário nunca houve assentos pelo que

A origem deste instituto remonta aos assentos[497] da Casa da Suplicação, ainda que só em 1926 se tenha verificado a sua consagração legal enquanto instrumento de uniformização da jurisprudência.[498] Não obstante, e ainda que o STJ tenha desde logo acolhido a denominação de "*assentos*" a respeito dos acórdãos proferidos em virtude daqueles recursos, a verdade é que a consagração expressa de tal denominação apenas se verificou com o CPC de 1939. Por seu turno, fruto da introdução no CPC de 1961, eliminou-se a possibilidade de revisibilidade dos *assentos*, isto é, eliminou-se a possibilidade concedida ao STJ de alterar a jurisprudência previamente uniformizada nos seus *assentos*. Tal facto suscitou controvérsia na doutrina já que, como bem se compreende, a imutabilidade dos *assentos* representaria uma jurisprudência cristalizada e, consequentemente, a incapacidade desta de corresponder às necessidades e interesses emergentes na ordem jurídica que não encontrassem respaldo na jurisprudência anteriormente uniformizada.[499] Esta veio a ser, de resto, a principal causa da sua revogação.[500] A verdade é que, posteriormente, se assistiu à introdução dos *assentos* no art. 2.º do CC de 1967, em concreto, no quadro das fontes de Direito, determinando-se que "[n]os casos declarados na lei, podem os tribunais fixar, por meio de assentos, doutrina com força obrigatória geral". Por via desta norma procurou dirimir-se a con-

não será totalmente rigoroso considerar que o recurso para uniformização de jurisprudência ou o recurso excepcional de revista sejam seus sucessores. As decisões do STA eram publicadas mas apenas em apêndices ao Diário da República e não na primeira 1ª série como eram os assentos. Porém, para a compreensão da temática que nos importa e pela importância que tiveram no ordenamento jurídico como um todo, merecerão um tratamento ainda que breve neste estudo.

[497] Sobre esta temática vejam-se as reflexões de CASTANHEIRA NEVES (1983) no estudo que apesar ser de 1983 continua a ser bastante interessante.

[498] A este respeito, referia JOSÉ ALBERTO DOS REIS que "[e]ste recurso há-de ser julgado em tribunal pleno; e a jurisprudência que em tal julgamento for estabelecida fica revestida, para o futuro, de força obrigatória tanto para tribunais inferiores, como para o próprio Supremo, enquanto não for modificada por outra, igualmente emitida em tribunal pleno" *in* "Código de Processo Civil Anotado", Vol. VI. Coimbra Editora, 1953, pp. 237-238.

[499] JORGE MIRANDA, *in* "Contributo para uma Teoria da Inconstitucionalidade", Coimbra Editora, reimpressão de 1996, p. 200.

[500] Recorde-se, o que se deixou dito no PONTO 6.2.3. do TÍTULO I, no qual se deu o ponto de vista teórico da importância da revisibilidade da jurisprudência na evolução do Direito.

trovérsia até então existente quanto ao valor jurídico ou à eficácia que deveria ser atribuída aos *assentos* e que resultava, em grande medida, da interpretação do art. 769.º, n.º 2, do CPC então vigente; esclarecendo-se que estes não só vinculavam todos os tribunais, como revestiam de força obrigatória geral.

Conforme se depreende do breve excurso histórico efectuado, o regime jurídico dos *assentos* passou por várias vicissitudes ao longo do tempo, tendo perdurado na nossa ordem jurídica mais de 60 anos. Todavia, este foi um instituto jurídico que sempre levantou grande discussão doutrinária, sendo controversa a sua natureza jurídica.

Discutia-se extensamente na doutrina se os *assentos* eram ou não, verdadeiras leis em sentido material. Por um lado, para autores como Afonso Queiró, Marcello Caetano, José Alberto dos Reis ou Jorge Miranda, os assentos qualificar-se-iam enquanto actos de natureza jurisdicional, subordinados material e temporalmente à lei.[501] A seu título, consideravam, entre outros, Ferrer Correia, Pires de Lima, Antunes Varela ou Oliveira Ascensão, que os *assentos* teriam a natureza de normas jurídicas, ainda que constantes de um acto jurisdicional, devendo as mesmas ser entendidas tal como qualquer outra norma do sistema.[502] Por fim, autores como Fezas Vital, Cabral de Moncada ou Adelino da Palma Carlos configuravam os *assentos* enquanto verdadeiros actos de natureza legislativa, dada a sua força obrigatória geral, isto é, consistiam verdadeiras fontes de Direito.[503]

[501] Afonso Queiró, Lições de Direito Administrativo, Coimbra: [s.n.], 1976, pp. 386 e ss.; Marcello Caetano, Manual de Direito Administrativo, Tomo I, 1973, pp. 122 e ss.; Alberto dos Reis, Código de Processo Civil anotado, vol. VI, pp. 233 e ss.; Jorge Miranda (1996), pp. 191-204.

[502] Ferrer Correia; Alberto dos Reis, Disposições a favor de terceiros em convenções antenupciais, pp. 51 e ss.; Pires de Lima e Antunes Varela, Noções Fundamentais de Direito Civil – vol. I, 6.ª ed., Coimbra Editora, 1965; Oliveira Ascensão, A tipicidade dos direitos reais, Petrony, 1968, p. 253.

[503] Fezas Vital, *Hierarquia das fontes de direito, Boletim Oficial do Ministério da Justiça*, III, n.º 15, pp. 13 e ss; Cabral de Moncada, Lições de Direito Civil – Tomo I, Atlântida, 2.ª ed., 1954, tomo I, pp. 120 e ss; Adelino da Palma Carlos, Direito Processual Civil – Dos Recursos, Lições policopiadas, A.A.F.D.L., 1962-1963, pp. 106.

Conforme se depreende, e tal como salientou de forma impressiva Menezes Cordeiro "[o]s assentos são – eram! – na verdade, um «instituto perturbadoramente problemático»".[504]

Foi neste contexto que o TC, no ac. n.º 810/93, de 7 de Dezembro de 1993, se pronunciou no sentido dos assentos serem verdadeiras normas jurídicas com eficácia *erga omnes*, isto é, revestirem carácter imperativo e força obrigatória geral.[505] Neste sentido, o TC declarou que o art. 2.º do CC seria inconstitucional por violação do princípio da tipicidade dos actos normativos previsto no art. 115.º, n.º 5, da CRP (actual art. 112.º, n.º 5). Isto, pelo facto de "os assentos se arrogarem o direito de interpretação ou integração autêntica da lei, com força obrigatória geral, assumindo assim a natureza de actos não legislativos de interpretação ou integração das leis". Considerou ainda o TC, que o regime jurídico que conformava os *assentos* chegava mesmo a ser contraproducente e inadequado para os fins a que se propunha, nomeadamente, para obter "a unidade do direito e a segurança da ordem jurídica". Isto na medida em que a imutabilidade que caracterizava os assentos impedia que estes estivessem efectivamente ao "serviço da segurança jurídica", já que o ideal de estabilidade não poderia sacrificar a própria adaptação e evolução do Direito. Por conseguinte, concluiu o TC que "a unidade progressiva da jurisprudência, ao invés da integral erradicação dos assentos, justifica a sua continuidade no ordenamento, devendo porém no quadro das exigências constitucionais, encontrar-se o ponto de equilíbrio que legitime a subsistência das irrecusáveis vantagens que nele se contêm".

Em suma, e de modo a serem salvaguardadas as virtualidades inerentes aos assentos, o TC acabou por traçar as características que deveria deter o regime para atingir aquele ponto de equilíbrio, estabelecendo que se deveria garantir que os assentos perdiam o carácter normativo *erga*

[504] António Menezes Cordeiro, *Anotação ao Acórdão do pleno do Supremo Tribunal de Justiça de 31 de Janeiro de 1996 – venda com reserva de propriedade; incorporação de elevadores: novo regime dos assentos, in* R.O.A., ano 56 – vol. I, 1996, p. 308. Veja-se, ainda, as críticas tecidas por Castanheira Neves no estudo anteriormente citado de 1983, pp. 22 e ss e do mesmo autor O problema da constitucionalidade dos assentos – Comentário ao Acórdão nº 810/93 do Tribunal Constitucional, Coimbra Editora, 1994, pp. 88 e ss.

[505] Cfr. proc. n.º 474/88.

omnes, bem como a irrevisibilidade que lhes estava associada, de modo a garantir que estes se situavam num mero plano persuasivo de "jurisprudência qualificada".[506]

Independentemente da temática da constitucionalidade e da ponderação de outros valores, a verdade é que os assentos eram um instituto de elevada relevância no dia-a-dia dos tribunais, figurando, em rigor, como uma garantia de segurança jurídica na aplicação do Direito. Por esta via, dirimiam-se as divergências interpretativas existentes na jurisprudência e garantia-se uma tutela efectiva do princípio da segurança jurídica representando a "última guarda da confiança da unidade do sistema e na estabilidade das decisões jurisprudenciais, particularmente oportuna perante o natural individualismo dos juristas portugueses".[507] As vantagens para a segurança jurídica eram claras, porém, as desvantagens para a evolução do Direito eram evidentes.

Depois da revogação daquele instituto através do DL n.º 329-A, de 1995, tornou-se indispensável uma alteração na conformação da jurisprudência dos tribunais portugueses. Isto porque o intuito de uniformização da jurisprudência que era assegurado pelos *assentos* era essencial para garantir a segurança jurídica na aplicação do Direito e tinha de ser substituído por outro que assegurasse tal desígnio.[508]

O primeiro passo dado pelo legislador foi a implementação do *julgamento ampliado da revista*. Com a reforma levada a cabo logo em 1995 no domínio civilístico, introduziu-se naquela ordem processual este recurso.[509] A finalidade da revista ampliada podia resumir-se, nas palavras de

[506] Criticando a solução do TC na apresentação de um regime alternativo que permitisse salvar as virtualidades dos assentos veja-se Jorge Teixeira Lapa, *Da inconstitucionalidade do assento, in* Polis: Revista de Estudos Jurídico-Políticos, Ano I-n.º 1, Outubro-Dezembro, 1994, pp. 166 e ss.

[507] António Menezes Cordeiro, *op. cit.*, pág. 311.

[508] Isto ainda que houvesse quem defendesse como Carlos Lopes do Rego em *A uniformização da jurisprudência no novo direito processual civil*, Lisboa: Lex, 1997, p. 20 que "as correntes jurisprudenciais formadas no âmbito dos tribunais superiores valem por si próprias, pela própria 'natureza das coisas' independentemente de um texto legal lhes conferir uma específica e determinada 'força vinculativa'".

[509] O julgamento ampliado da revista ou revista ampliada estava previsto nos arts. 732.º-A e 732.º-B do CPC, introduzidos pelo DL n.º 329-A/95, de 12 de Dezembro. A este respeito

José Lebre de Freitas e Armindo Ribeiro Mendes, em "estabelecer acórdãos do STJ, provenientes de um amplo colégio dos juízes desse tribunal, que, embora desprovidos de carácter vinculativo, pudessem assegurar a uniformidade da jurisprudência e, deste modo, a unidade do direito".[510]

Foi porém em face da insuficiência no que respeita à efectiva realização da uniformização jurisprudencial pela revista ampliada que, em 2007, foi introduzido, também no domínio do processo civil, o *recurso para uniformização de jurisprudência*.[511]

É hoje inegável a importância crescente da função uniformizadora dos supremos tribunais portugueses.[512] Actualmente esta pode ser tida como a actividade judicativa dos tribunais superiores por excelência. A pendência de processos no STA aumentou 6% em 2018 relativamente ao ano de 2017, porém a verdade é que dos 747 processos decididos pelo STA cerca de 20% foram uniformizadores de jurisprudência ou excepcionais de revista.[513]

É certo que a "reabertura" de processo judicial aparentemente findo, para efeitos de uniformização de jurisprudência, poderá contender com a estabilidade da decisão judicial à luz do caso julgado.[514] Não é porém

salienta-se que o julgamento com intervenção de todos os juízes já se encontrava anteriormente previsto no contencioso administrativo e no contencioso tributário, conforme decorria dos arts. 23.º, n.º 5; 25.º, n.º 4; 27.º, n.º 4 e 34.º, n.º 4, todos do ETAF de 1984, para além dos casos previstos no art. 31.º, n.º 1 daquele diploma em que intervinha o pleno.

[510] José Lebre de Freitas e Armindo Ribeiro Mendes, *Código de Processo Civil – Anotado – Volume 3.º – Tomo I*, 2.ª ed., Coimbra Editora, 2008, p. 195.

[511] Por via do DL n.º 303/2007, de 24 de Agosto.

[512] A função de uniformização de jurisprudência cabe ao STJ e ao STA nos termos da LOSJ, designadamente a al. *c*) do art. 53.º, e nos termos da al. *b*) do n.º 1 do art. 27.º o ETAF, respectivamente.

[513] Estes números retiram-se da conjugação dos dados constantes do Relatório de Actividade Anual publicado pelo CSTAF de 2018 disponível em: www.cstaf.pt/documentos/Relatório_CSTAF_2018.pdf e da consulta da jurisprudência do STA disponível em: http://www.dgsi.pt/jsta.nsf?OpenDatabase.

[514] Só assim é para o recurso de uniformização de jurisprudência que é um recurso extraordinário. O recurso excepcional de revista é um recurso ordinário a que se aplica o n.º 1 do art. 144.º do CPTA. O mesmo sucede desde a reforma de 2019 para o CPPT: só o prazo do recurso para uniformização de jurisprudência se conta do trânsito em julgado (art. 284.º do CPPT);

menos certo, que auspiciará a uma estabilidade do quadro jurisprudencial amplamente considerado. O que se perde em estabilidade do caso concreto ganhar-se-á em estabilidade do Direito transversalmente considerado.

Mas será exactamente a perturbação dos efeitos ocasionados pelo trânsito em julgado da decisão e a salvaguarda da função extraordinária destes recursos que justifica que a admissibilidade dos mesmos esteja sujeita a um conjunto de fundamentos de cumprimento rigoroso que veremos de seguida, afirmando-se desta forma a excepcionalidade destes dois instrumentos a um escopo de aplicação que não do mérito da decisão recorrida mas, tão só, da uniformização da mesma no contexto judicial transversalmente considerado.

16. O recurso para uniformização de jurisprudência

O intuito uniformizador de jurisprudência consiste numa das funções que é historicamente reconhecida ao STJ e ao STA. Foi por esta razão que, após a revogação do regime dos *assentos*, o legislador sentiu a necessidade de colmatar o "vazio" deixado por aquele instituto, criando assim expedientes que permitissem restaurar a função uniformizadora desempenhada por aqueles tribunais.

Neste sentido, por via da reforma de 1995, passou a prever-se na legislação processual civil o julgamento ampliado de revista e o agravo em segunda instância, cuja concretização visou, exactamente, sanar eventuais contradições entre decisões judiciais. Ainda que estes expedientes consistissem em meios para restaurar a uniformização na aplicação do Direito pelos tribunais, a verdade é que a sua operacionalidade se revelou largamente insuficiente, dado que a admissibilidade da interposição destes recursos não estava na inteira disponibilidade das partes. À data, para que o pleno fosse chamado a dirimir as contradições jurisprudenciais, seria necessário que o Presidente do STJ, por via de um juízo de razoabilidade, desse provimento quanto à necessidade ou conveniência da intervenção daquele tribunal para asseverar a uniformização jurisprudencial. Foi neste contexto que o legislador sentiu a necessidade de restabelecer,

quanto ao recurso excepcional de revista, não se indicando regime especial conta-se o início do prazo nos termos do n.º 1 do art. 282.º do CPPT.

uma vez mais, a função uniformizadora que devia ser desempenhada por aquele tribunal.

Para o efeito, por via da reforma de 2007, passou a prever-se um recurso extraordinário para o pleno do STJ que, naquele caso, consubstancia um quarto grau de jurisdição, na medida em que a decisão que vier a ser proferida pelo STJ poderá resultar na revogação, confirmação ou alteração do acórdão recorrido. Este recurso, para além de produzir efeitos quanto ao próprio acórdão recorrido, visa uniformizar a jurisprudência que até então se apresentava contraditória, garantindo-se assim uma tutela efectiva dos princípios da segurança jurídica e da igualdade que não havia sido conseguida desde a revogação dos *assentos*.

Ao contrário do que anteriormente sucedia, a iniciativa da interposição deste recurso passou a competir à parte vencida ou ao MP, deixando os pressupostos da sua admissibilidade de estar na dependência de uma apreciação subjectiva tecida pelo Presidente do STJ.

A admissibilidade deste recurso passou a estar dependente da verificação de critérios objectivos, nomeadamente, na verificação da contradição que fundamenta a necessidade de uniformização. Em suma, ao consagrar o recurso para uniformização de jurisprudência, o legislador procurou concretizar aquele que é o expoente máximo da actividade do STJ e que se consubstancia na garantia de uma aplicação uniforme do Direito.

A génese deste recurso remonta, como se vê, ao direito processual civil, sendo o carácter uniformizador propugnado por este expediente assegurado por via do art. 629.º, n.º 2, al. *c*) do CPC, ao possibilitar a interposição de recurso, independentemente do valor da causa e da sucumbência, "[d] as decisões proferidas, no domínio da mesma legislação e sobre a mesma questão fundamental de direito, contra jurisprudência uniformizada do Supremo Tribunal de Justiça".[515] Ao ser sempre garantida a possibilidade

[515] A respeito deste preceito, refere Armindo Ribeiro Mendes, em *Recursos em Processo Civil – Reforma de 2007*, Coimbra Editora, 2009, pp. 64-65, que o mesmo "visa salvaguardar o acatamento da jurisprudência uniformizada do Supremo Tribunal de Justiça, constante dos assentos proferidos até 1995 e da jurisprudência uniformizada proveniente das secções reunidas na chamada revista alargada ou ampliada. A partir da reforma de 2007, a jurisprudência uniformizada poderá também ser emitida no âmbito do recurso extraordinário para uniformização de jurisprudência". Por seu turno, Abrantes Geraldes (2018), pp. 53-54, refere sobre a mesma temática que "[c]om esta previsão pretende-se potenciar, de forma indireta,

de interposição de recurso, confere-se à jurisprudência uniformizada um elevado grau persuasivo quanto ao seu acatamento.

O grau persuasivo deste precedente revela-se numa perspectiva vertical, já que uma decisão de um tribunal de 1.ª instância ou de um tribunal da Relação em sentido contrário a tal jurisprudência correrá "o sério risco" de vir a ser revertida e substituída por aquele que é o entendimento expresso do STJ quanto a essa matéria. E esse grau persuasivo é reforçado em virtude de ser competente para a proferição daquela decisão uniformizadora o mais elevado órgão de recurso, isto é, o pleno das secções.

O grau persuasivo dos acórdãos uniformizadores de jurisprudência manifesta-se também numa outra perspectiva, a horizontal, isto é, relativamente às decisões que venham a ser proferidas pelo próprio STJ. A este respeito revela-se impressivo o disposto no art. 686.º, n.º 3 do CPC, que comina a obrigatoriedade do relator, ou qualquer dos seus adjuntos, diligenciar junto do Presidente do STJ a convocação do pleno para reapreciação da questão de Direito subjacente ao juízo em causa, sempre que se afigure verosímil que o vencimento dessa decisão esteja em contradição, no domínio da mesma legislação e sobre a mesma questão fundamental de Direito, com jurisprudência uniformizada. Significa isto que ao STJ cumpre preservar as soluções já por si uniformizadas, verificando-se que a persuasão dos seus precedentes também restringe a sua própria actividade, garantindo a devida estabilidade e previsibilidade das suas decisões. Este é, como se sabe já, o precedente horizontal.

Em suma, os acórdãos uniformizadores de jurisprudência repercutem os seus efeitos de modo diverso, em função dos destinatários em questão. O precedente será vinculativo quanto ao acórdão recorrido, apresentando um "mero", embora significativo, efeito persuasivo quanto às demais decisões que venham a ser proferidas posteriormente a tal uniformização. E isto quer em relação às decisões dos tribunais de instâncias inferiores, quer quanto às decisões do próprio STJ.

a obediência aos acórdãos de uniformização de jurisprudência. Não beneficiando estes da força vinculativa que outrora era atribuída aos *Assentos* pelo art. 2.º do CC, a recorribilidade das decisões que os contrariem, independentemente do valor da causa ou sucumbência, constitui um factor fortemente inibidor da adoção de entendimentos desrespeitadores de jurisprudência".

Por esta via, procura-se o reforço da uniformização na aplicação do Direito pelos tribunais. A decisão prévia que uniformizou jurisprudência irá exercer uma força persuasiva que aumentará a previsibilidade e alcançará uma certa estabilidade quanto ao modo de conformação de uma dada questão pelos tribunais, o que irá permitir uma melhor conformação das respectivas posições jurídicas pelas partes e, até mesmo, mitigar a verificação de litígios. Tudo em prol de uma tutela efectiva do princípio da segurança jurídica.

Agora no que respeita ao contencioso administrativo, o legislador consagrou o recurso para uniformização de jurisprudência no art. 152.º do CPTA, admitindo-se, assim, a sua interposição para o STA nos casos em que: (i) exista uma contradição, quanto à mesma questão fundamental de Direito, entre um acórdão do TCA e outro acórdão anteriormente proferido pelo mesmo ou outro TCA ou pelo STA; ou (ii) entre dois acórdãos do STA.[516]

Do ponto de vista estritamente teórico, a necessidade sentida pelo legislador em positivar este recurso traduz o reconhecimento de que em Portugal, o precedente judicial nem sempre logra ter um efeito persuasivo. Isto é ainda mais claro quando, como no contencioso administrativo – e no tributário – se tornou elegível como fundamento de recurso a contradição entre e com decisões do STA mas, também, entre e com decisões do TCA e entre decisões arbitrais. De forma algo paradoxal, é precisamente porque os tribunais portugueses podem não se deixar persuadir pela jurisprudência dos TCA's, dos tribunais arbitrais ou do STA que existe este instrumento. Assim, sempre que é interposto um recurso destes, em teoria pelo menos, não funcionou a persuasão do precedente.[517] De um ponto de vista pragmático, se o precedente fosse vinculativo

[516] Conforme se depreende, enquanto que no direito civil a contradição terá de incidir sobre um acórdão proferido pelo STJ, na jurisdição administrativa e, como se verá, na tributária, o requisito é menos exigente, já que se admite que a contradição se verifique entre um acórdão do TCA, dos tribunais arbitrais ou do próprio STA.

[517] Recorde-se o que se entendeu para efeitos deste estudo como precedente: é considerado precedente qualquer decisão anterior que pode servir de exemplo e critério de decisão em casos análogos. Como já se disse no Ponto 9., não há em Portugal precedente vinculativo sendo a força da persuasão do precedente diferente em função da hierarquia do tribunal que profere a decisão.

ou, pelo menos, a persuasão fosse reforçada, muito se ganharia em segurança jurídica e em celeridade.

No que respeita ao contencioso tributário, só com a reforma de 2019 se consagrou expressamente no CPPT o recurso para uniformização de jurisprudência já que até então o que existia no CPPT era o recurso para oposição de acórdãos. Ainda que a consagração deste regime se tenha traduzido numa mera reprodução, nos seus exactos termos, do regime vigente no CPTA, a verdade é que a mesma se revelou, de relativa importância. Com esta reforma permitiu-se evitar os inconvenientes anteriormente existentes da vigência de um processo segmentado, isto é, da necessária articulação de diferentes regimes, previstos em legislação também diferente, e que propiciavam um clima de confusão, carência de inteligibilidade e, a final, insegurança jurídica.[518] Esta reforma não trouxe muito mais.

Actualmente, à semelhança do regime previsto no art. 152.º do CPTA para onde continua de resto a remeter o art.º 25.º do RJAT, prevê-se no art. 284.º do CPPT que "[a]s partes e o Ministério Público podem dirigir ao Supremo Tribunal Administrativo, no prazo de 30 dias contado do trânsito em julgado do acórdão impugnado, pedido de admissão de recurso para uniformização de jurisprudência, quando, sobre a mesma questão fundamental de direito, exista contradição: a) Entre um acórdão do Tribunal Central Administrativo, e outro acórdão anteriormente proferido pelo mesmo ou outro Tribunal Central Administrativo ou pelo

[518] Até à referida reforma verificava-se a necessidade de distinguir os actos tributários dos actos administrativos em matéria tributária, prevendo-se (e continuando a prever-se) ainda uma solução específica para o regime da arbitragem tributária. Aos actos tributários, seria aplicável o regime de oposição de acórdãos previsto no art. 284.º do CPPT; aos actos administrativos em matéria tributária, seria aplicável o regime previsto no art. 152.º do CPTA e, por fim, ao específico caso da arbitragem tributária seria aplicável (como continua a ser) o regime dos recursos por oposição de julgados previstos no art. 25.º do RJAT e que seguem também o regime do art. 152.º do CPTA, isto ainda que só dissessem respeito a actos tributários, os únicos arbitráveis. Salienta-se que a configuração do regime por oposição de acórdãos como sendo um recurso para uniformização de jurisprudência não era pacífica. Isto porque este configurava um recurso ordinário, uma vez que a sua interposição teria de ter lugar, necessariamente, antes do trânsito em julgado da decisão recorrida. Neste sentido referiam Cristina Flora e Margarida Reis (2015), p. 74, referindo que o seu objectivo era "assegurar a igualdade de tratamento dos interessados, e não uniformizar jurisprudência".

Supremo Tribunal Administrativo; b) Entre dois acórdãos do Supremo Tribunal Administrativo".

A este rol acrescenta-se ainda a contradição de decisões arbitrais com acórdãos dos TCA's ou do STA e entre decisões arbitrais.

Em resumo, uma decisão judicial do TCA que contrarie uma decisão também do TCA, ou do STA; ou uma decisão arbitral que contrarie outra decisão arbitral anterior, ou uma decisão do TCA, ou do STA ou uma decisão do STA que contrarie outra decisão do STA, é susceptível de recurso para uniformização de jurisprudência.[519]

Caso a decisão de um tribunal judicial, mormente de um dos TCA's, contrarie uma decisão do tribunal arbitral anterior, esta contradição não é elegível para efeitos de recurso por uniformização de jurisprudência. Isto ainda que seja absolutamente claro que as matérias que são submetidas à jurisdição arbitral são bastantes actuais e, em parte, de elevada complexidade técnico-jurídica.

É em face deste contexto que cumpre delinear a tramitação deste recurso e, principalmente, os pressupostos materiais da sua admissibilidade, aferindo em que se traduz a contradição sobre *a mesma questão fundamental de Direito*, fundamento cuja concretização normativa do STA tem sido mais "polémica". Só a seguir se estará em condições de realizar o primeiro teste de efectividade quanto à capacidade uniformizadora deste instrumento aferindo-se, assim, de que modo o STA baliza o recurso a este expediente processual.

No que respeita à *tramitação do recurso*, o mesmo não será admitido na eventualidade do acórdão impugnado ainda ser susceptível de recurso ordinário, uma vez que se estabelece que a sua interposição deverá ocorrer no prazo de 30 dias contados do trânsito em julgado da decisão impugnada.

Este é o regime do art. 284.º do CPPT, já que no domínio da arbitragem tributária a interposição do recurso não implica o trânsito em julgado das decisões em confronto, mas tão só, o trânsito em julgado do acórdão fundamento. Como se deixou dito, o art. 25.º, n.º 3 do RJAT esta-

[519] Recorde-se, uma vez mais, que o acórdão fundamento tem de ser proferido pela secção de contencioso tributário de um dos TCA's ou do STA, conquanto o STA tem exigido que os acórdãos em contradição sejam proferidos pela mesma secção.

belece que o prazo para interposição do recurso embora, igualmente, de 30 dias, é contado a partir da notificação da decisão arbitral e já não do seu trânsito em julgado. A solução arbitral, ao prever a manutenção da suspensão do processo, melhor acautela, pelo menos em nossa opinião, as especificidades da realidade jurídico-fiscal mormente no que respeita aos efeitos no eventual processo de execução fiscal e de juros.

No que concerne à *legitimidade*, esta cabe tanto às partes no processo, quanto ao MP, ainda que as regras aplicáveis a ambos não sejam coincidentes. Quanto às partes, de acordo com o critério geral de legitimidade estabelecido no art. 141.º, n.º 1 do CPTA – aplicável subsidiariamente ao processo tributário *ex vi* art. 2.º, al. *d*) do CPPT –, apenas se considera ter legitimidade para recorrer a parte vencida na acção que é quem tem interesse em ver uniformizada a jurisprudência a seu favor. Quanto ao MP, salienta-se a tarefa que lhe foi expressamente conferida pelo legislador, nos termos do art. 284.º, n.º 7 do CPPT, de pugnar, de modo generalizado, pela uniformização de jurisprudência. Para o efeito, o MP terá sempre legitimidade para recorrer, mesmo quando não seja parte na causa, ressalvando-se nestes casos a não produção de efeitos do acórdão uniformizador eventualmente proferido em relação ao processo recorrido.[520]

Agora no que respeita à *forma que o recurso deve assumir*, dispõe o art. 284.º, n.º 2 do CPPT, que o requerimento de interposição do recurso deve ser acompanhado da respectiva alegação, demonstrando com precisão a existência da contradição alegada, nomeadamente, os "aspectos de identidade" que determinam a contradição, bem como a identificação da infracção assacada ao acórdão impugnado.

Dispõe o n.º 4 do presente preceito que o julgamento do recurso cabe ao pleno da secção de contencioso tributário do STA, sendo a decisão publicada na primeira série do Diário da República. É de resto nesta característica que reside parte da força persuasiva deste instrumento.

Por último, no que concerne aos *efeitos jurídicos da decisão* proferida em sede de recurso, estabelece o n.º 5 do preceito em questão que, em caso de provimento do recurso, a decisão favorável não produz efeitos relativamente a qualquer decisão anterior à decisão recorrida, nem rela-

[520] O MP em contencioso tributário tem sempre legitimidade para recorrer nos termos do n.º 4 do art. 9.º e do n.º 1 do art. 280.º, ambos do CPPT.

tivamente às situações jurídicas constituídas ao abrigo da mesma, verificando-se ainda a anulação do acórdão recorrido, sendo o mesmo substituído e decidida a questão controvertida em conformidade com a decisão de uniformização, tal como estabelece o n.º 6 do presente artigo.

Aqui teremos de nos deter.

Nos termos da lei a decisão de uniformização de jurisprudência não irá ter qualquer efeito sobre decisões que já tenham transitado em julgado – é o que decorre da primeira parte do n.º 5 do art. 284.º quando diz que "A decisão de provimento emitida pelo tribunal superior não afeta qualquer decisão anterior àquela que tenha sido impugnada".

Não pode também afectar situações jurídicas que se tenham constituído ao abrigo dessas decisões já transitadas em julgado. É o que decorre da última parte do n.º 5 do art. 284.º quando se lê "nem as situações jurídicas ao seu abrigo constituídas".

Isto não significa, naturalmente, que processos que estejam em curso não tenham ou não possam ser "influenciados" pelo desiderato uniformizador do acórdão em causa. Este é o pressuposto da uniformização de jurisprudência. A verdade é que o efeito persuasivo, maior ou menor, de uma decisão de uniformização de jurisprudência, pressupõe que o seu sentido seja estendido a processos em curso.

Como se disse no Ponto 6.2.3., a questão da retroactividade da jurisprudência pode colocar-se em, pelos menos, dois planos que nos importam.

No plano de saber se os efeitos persuasivos do acórdão em causa podem estender-se a *situações já transitadas em julgado* e no plano de saber se podem, por outro lado, estender-se a *processos em curso* que pese embora ainda não tenham transitado em julgado ocorreram factualmente quando a jurisprudência ou não existia ou era outra que não a do acórdão uniformizador.

Defendeu-se para o primeiro caso a consagração de um regime – diferente do que está expressamente previsto na lei – que permitisse que em casos em que da decisão uniformizadora decorresse uma situação vantajosa para os sujeitos passivos estes pudessem utilizar esta "nova" jurisprudência ainda que quanto a direitos adquiridos ou a situações já transitadas em julgado. Defendeu-se esta posição, de resto na linha do que sucede já no caso do art. 282.º, n.º 3 da CRP.

Coisa diferente é o que se defendeu para a segunda situação em que o que se questiona é se, e em que medida, a "nova" jurisprudência se deve/pode aplicar em bloco aos processos em curso e se deve ser ou não previsto na lei um mecanismo equivalente ao do n.º 4 do art. 282.º da CRP que permita ao tribunal limitar os seus efeitos no tempo. Chamámos a esta figura *retroactividade racionalizada da jurisprudência*.

Isto é dizer em primeira linha, que aceitar um mecanismo de uniformização e lê-lo como só utilizável para factos controvertidos que ocorram posteriormente à sua prolação, seria esvaziar o mecanismo persuasivo da uniformização da jurisprudência. A interpretação conforme à lei e ao espírito do sistema será que perante um acórdão uniformizador o que se pretende é que todas as decisões posteriores se deixem influenciar pelo menos pela *ratio decidendi*. É exactamente por esta razão que defendemos a existência de um mecanismo que em casos excepcionais, designadamente de equilíbrio orçamental, desse aos juízes a possibilidade de limitar no tempo o efeito persuasivo pretendido.

Um mecanismo como este permitiria mitigar os efeitos potencialmente lesivos do efeito retroactivo da jurisprudência sobre as garantias da *vertente objectiva* e da *vertente subjectiva* do princípio da segurança jurídica. E, embora se reconheça, como já se deixou dito, que o efeito retroactivo de uma declaração de inconstitucionalidade actua num plano distinto daquele a que se aludiu quando se alertou para os perigos da eventual aplicação retroactiva das decisões proferidas pelo STA, o certo é que a actual concepção legislativa abre a porta a novos riscos que bulem irrazoavelmente com as garantias do princípio da segurança jurídica, os quais fogem às malhas do legislador e do próprio TC e que portanto devem ser atendidos.

Os eventuais perigos à própria segurança jurídica na vertente da retroactividade sempre seriam assegurados, no sentido do que tem vindo a ser a jurisprudência constante do TJUE e do TEDH, pela consagração de um mecanismo, equivalente ao que existe no n.º 4 do art. 282.º da CRP. Um mecanismo que permitisse aos juízes limitar no tempo os efeitos da "doutrina" proferida no acórdão em causa. Defendeu-se já que se este seria um mecanismo de fácil positivação na lei processual, o fundamento da sua utilização pelo STA já não será tão simples. Para a solução que se advogou remete-se para o fim do Ponto 6.2.3..

Em face do exposto, e tendo-se deixado traçado o regime de tramitação do recurso para uniformização de jurisprudência, cumpre analisar os pressupostos materiais de que depende a sua admissibilidade e cuja verificação é escrutinada pelo STA.

16.1. A concretização normativa dos fundamentos de recurso pelo STA – 1.º teste uniformizador

Tendo em consideração a relativa novidade do regime previsto no art. 284.º do CPPT, ir-se-á ter em consideração neste primeiro teste a jurisprudência que se tem vindo a estabelecer quanto à densificação dos referidos pressupostos a respeito do art. 152.º do CPTA, e, bem assim, da anterior redacção do art. 284.º do CPPT, no decorrer do ano de 2019 e até Junho de 2020.

Recorde-se que a lei é (e já era) relativamente vaga quanto aos fundamentos de recurso designadamente quanto ao entendimento do que deve ser tido como a *mesma questão fundamental de Direito*. Ainda que o legislador tivesse querido impor critérios objectivos e "vinculativos" para os fundamentos do recurso uniformizador de jurisprudência – em contraposição aos fundamentos do recursos excepcional de revista que, porque mais amplos, conferiam maior liberdade ao STA e portanto ditaram a insuficiência deste expediente –, não deixa de se notar que, ainda assim, se tenha recorrido a critérios que carecem de concretização normativa por parte do próprio STA.

A concretização dos referidos pressupostos tem vindo a ser feita através da actividade jurisprudencial do STA. Na sua função de concretizador normativo, este tribunal chega a conceber "novos" fundamentos de recurso além dos previstos na lei. A este respeito, refere o STA, entre outros, num acórdão de 30 de Janeiro de 2019, que "[o] único requisito explicitamente referido para a admissibilidade do recurso para uniformização de jurisprudência (art. 152.º do CPTA) é a existência de contradição entre o acórdão recorrido e o acórdão fundamento sobre a mesma questão fundamental de direito", pelo que, "[n]a ausência de qualquer expresso tratamento legislativo neste âmbito serão assim de manter os critérios jurisprudenciais já firmados no domínio da LPTA e do ETAF quer relativamente à caracterização da questão fundamental sobre a qual deverá existir contradição, quer quanto à verificação da oposições de julgados".[521]

Neste sentido, adianta-se, são identificáveis na lei e, principalmente, decorrem da jurisprudência do STA *quatro requisitos* fundamentais dos quais depende a admissibilidade do recurso para uniformização de jurisprudência: *i*) a existência de contradição entre um acórdão do TCA ou uma decisão arbitral e o acórdão anteriormente proferido pelo mesmo ou outro TCA ou tribunal arbitral (entre decisões arbitrais), ou pelo STA; ou entre dois acórdãos proferidos pelo STA; ii) o trânsito em julgado do acórdão fundamento; iii) a existência de contradição relativamente à mesma questão fundamental de Direito; e iv) o facto de o acórdão impugnado/recorrido não estar em sintonia com a jurisprudência mais recentemente do STA.

Cumpre ainda salientar um *quinto* requisito adicional, que impõe que as decisões em contradição não tenham sido proferidas no âmbito do mesmo processo, sob pena de aplicação subsidiária do art. 625.º do CPC *ex vi* art. 2.º, al. *e*) do CPPT, que determina o cumprimento da decisão que passou em julgado em primeiro lugar.

Dos quatro requisitos mencionados, a aferição da existência de contradição relativamente *à mesma questão fundamental de Direito* tem sido aquele que mais controvérsia tem suscitado na doutrina e na jurisprudência.

Os números aqui revelam-se importantes à compreensão da dimensão prática desta temática.[522]

[521] Proc. n.º 0417/18.4BALSB. Veja-se ainda, a título de exemplo, o acórdão do STA de 18 de Maio de 2016, proc. n.º 01405/14; o acórdão do STA de 11 de Dezembro de 2019, proc. n.º 046/19.5BALSB ou ainda o acórdão, também, do STA, de 1 de Julho de 2015, proc. n.º 0781/14.

[522] As conclusões que se extraíram neste trabalho foram firmadas com base na jurisprudência consultada principalmente na base de dados provida pelo Instituto de Gestão Financeira e Equipamentos da Justiça, I.P.. (http://www.dgsi.pt/jsta.nsf?OpenDatabase). Porém há que referir que esta base de dados se apresenta particularmente falível e, segundo cremos, não é actualizada com brevidade designadamente quanto à prolação de novas decisões. Aqui uma nota para dizer que não se compreende como é que para o contencioso administrativo não existe a disponibilização da jurisprudência uniformizadora organizada por anos como existe por exemplo no caso do STJ – consulta de "jurisprudência firmada" https://www.stj.pt/?page_id=6078. Nos dias de hoje isto seria algo relativamente simples e que traria ao sistema bastante certeza e segurança jurídica. Sempre se diga, adicionalmente, que os temas e os descritivos de cada acórdão, que norteiam a pesquisa efectuada, muito diferem de relator

Em 2017, houve 53 decisões decorrentes de recursos uniformizadores de jurisprudência – 8 interpostos nos termos do art. 152.º do CPTA; 27 interpostos nos termos do anterior art. 284.º do CPPT; e interpostos 18 nos termos do art. 25.º do RJAT. Deste universo, foram negados, ao que se conseguiu apurar, pelo menos, 31 recursos dos quais 22 foram com fundamento no não preenchimento do pressuposto *mesma questão fundamental de Direito* o que representa uma percentagem assinalável de 59% de recusa relativamente à amostragem total dos recursos e, destes, 71% foram negados com base neste fundamento.

No ano de 2018, existiram 62 decisões relativas a recursos para uniformização de jurisprudência – 6 interpostos nos termos do art. 152.º do CPTA; 35 interpostos nos termos do anterior art. 284.º do CPPT; e 21 interpostos nos termos do art. 25.º do RJAT. Destas 62 decisões, 32 foram de negação dos recursos das quais 30 precisamente por não preenchimento do pressuposto *mesma questão fundamental de Direito*, o que equivale, neste ano, a uma percentagem total de recusa de 52%, ou seja, quase metade dos recursos que se sabe que foram interpostos e cuja admissibilidade foi escrutinada pelo STA, dos quais mais de 94% foram negados por incumprimento deste requisito.

Por seu turno, em 2019, houve 61 decisões relativas a recursos para uniformização de jurisprudência – 7 interpostos nos termos do art. 152.º do CPTA; 19 interpostos nos termos do anterior art. 284.º do CPPT; e 35 interpostos nos termos do art. 25.º do RJAT. Deste universo, foi negado provimento a 35 recursos, dos quais 26 foram negados, uma vez mais, por não preenchimento do pressuposto *mesma questão fundamental de Direito*, perfazendo os casos de recusa com base na não verificação deste fundamento uma percentagem de 74%, numa amostragem geral de cerca de 43% de recusa relativamente aos recursos apresentados.

A terminar, até Junho de 2020, o STA tinha proferido já 37 decisões relativas a recursos para uniformização de jurisprudência – 4 nos termos do art. 152.º do CPTA; 15 nos termos do anterior art. 284.º do CPPT; e 18 nos termos do art. 25.º do RJAT. Destes, foram negados 24, e destes,

para relator, de caso para caso, de tribunal para tribunal, o que dificulta uma análise rigorosa da jurisprudência. Ainda assim, em face dos dados alcançáveis perante as contingências práticas desta análise, os números são de facto bastante interessantes.

13 precisamente por não preenchimento do pressuposto *mesma questão fundamental de Direito*, o que perfaz uma percentagem de recusa de 65% de recursos negados dos quais 54% foram por incumprimento daquele requisito.

Se no seu total, pelo menos 58% das decisões do STA são de não provimento do recurso para uniformização de jurisprudência destas mais de 75% são por não cumprimento do pressuposto relativo à *mesma questão fundamental de Direito* caberá então analisar o que o STA tem entendido como não elegível para efeitos daquele pressuposto.

Estes números são mais facilmente compreensíveis se se atentar ao seguinte gráfico:

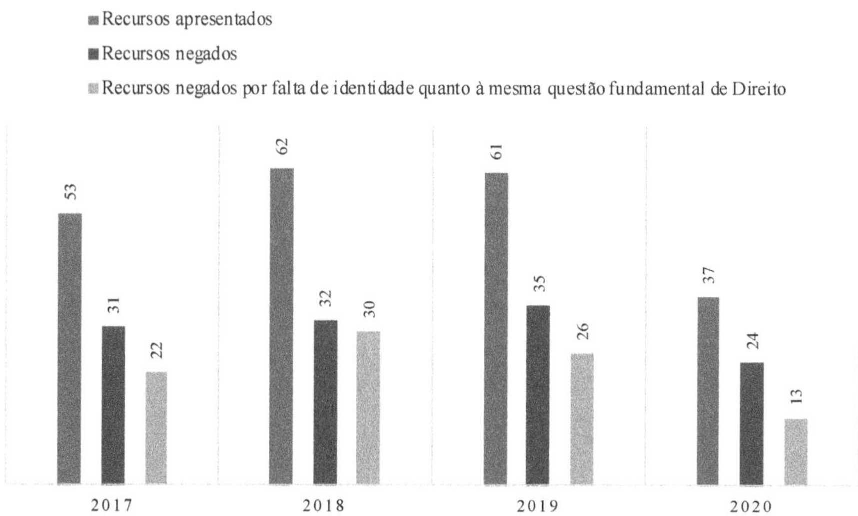

Pode afirmar-se que tem sido entendimento constante do STA que a discussão da *mesma questão fundamental de Direito* se resume: à identidade do quadro fáctico; à existência de uma total identidade material dos acórdãos em confronto, o que pressupõe uma subsunção de factos idênticos ao mesmo quadro regulador.

Tem igualmente entendido o STA que a verificação de uma alteração substancial ao nível da legislação aplicável às situações em causa revela uma notória falta de identidade, obstando assim à conclusão pela contradição quanto à mesma questão fundamental de Direito. Por fim, será necessário que a contradição ou oposição decorra expressamente da resolução da questão de Direito suscitada, não podendo estar em causa uma contradição meramente implícita.

A necessidade de se verificar uma identidade substancial não deve ser entendida como uma total identidade dos factos, mas apenas como a sua subsunção às mesmas normas legais das situações fácticas em confronto que determine divergência de soluções quanto à mesma questão de Direito. Não é necessário "por exemplo, estar em causa, necessariamente, o mesmo exercício/período fiscal" já que "[a] identidade pode não ser absoluta, desde que as diferenças verificadas, em concreto, não determinem a aplicação de um quadro jurídico-regulador diferente. Aí sim, deixaria de estar em causa eventual contradição, por não se tratar da mesma questão fundamental de direito, em virtude de as situações de facto na sua base serem também diferentes.".[523]

Ora, da análise dos acórdãos proferidos pelo STA no último ano e meio – de 2019 à primeira metade de 2020 – verificou-se, desde logo, que só em 11 dos casos em que o recurso não foi admitido o acórdão fundamento apontado pelo recorrente foi proferido pelo STA.[524] Nos restantes casos o acórdão fundamento foi uma decisão proferida por um dos TCA´s.

Dos casos analisados salientam-se algumas decisões que julgamos relevantes e expressivas à nossa análise.

Comecemos por fazer referência aos acórdãos do STA de 30 de Janeiro de 2019 e de 11 de Dezembro de 2019.[525]

Em ambos os arestos, a análise centrou-se fundamentalmente na (errónea) interpretação do art. 3.º do CIUC em face de um acórdão do TCA Sul.[526] Concluiu o STA no mesmo sentido em ambos, dizendo que, apesar

[523] Acórdão do STA de 17 de Fevereiro de 2016, proc. n.º 0591/15.

[524] No que respeita a 2019, foram analisadas 30 das 61 decisões proferidas, sendo que por referência a 2020, a amostra objecto de análise é constituída por 18 das 37 das decisões proferidas, todas elas no âmbito de recursos tendentes à uniformização jurisprudencial. Trata-se pois de uma análise que versa, em concreto, sobre cerca de 49% das decisões emitidas pelo STA.

[525] Proc. n.ºs 0417/18.4BALSB e 044/19.9BALSB, respectivamente.

[526] Proc. n.º 08300/14. Aqui o acórdão fundamento foi o mesmo. Em várias temáticas, sobretudo quando o responsável pelo impulso processual é a AT, há vários recursos com o mesmo acórdão fundamento. Tal factor leva a crer que haverá instruções internas no seio da AT no

de poder estar em causa a divergência na apreciação da mesma questão de Direito, o recurso não foi admitido porque os factos passíveis de ilidir a presunção não foram provados no processo *a quo*. O tribunal refere que a contradição se verifica tão-apenas numa dimensão factual, aventando que "as questões de valoração da prova não podem servir de fundamento ao recurso para uniformização de jurisprudência". É interessante esta delimitação negativa do conceito efectuada pela jurisprudência.

Já em matéria de CGAA foi proferido o acórdão de 23 de Outubro de 2019,[527] interposto pela AT perante decisão arbitral,[528] tendo como acórdão fundamento um acórdão do TCA Sul.[529] Em causa estava a interpretação do n.º 2 do art. 38.º da LGT e, bem assim, o n.º 3 do art. 63.º do CPPT – *in concreto*, o prazo de caducidade previsto neste último preceito.

Em sede de recurso para uniformização de jurisprudência, entendeu o STA que a norma aplicada pelo TCA Sul não coincidiu totalmente com aqueloutra aplicada pelo tribunal arbitral, pois teria ocorrido uma alteração legislativa determinante. Assim, "a situação fáctico-jurídica analisada na decisão recorrida e no acórdão fundamento, não atinge a identidade substancial necessária para que se possa concluir terem ocorrido decisões antagónicas quanto à mesma questão fundamental de direito" porquanto a solução divergente não adveio, em rigor, da aplicação do mesmo quadro regulador.[530] Importante também esta jurisprudência em que se reafirma que, perante alterações legislativas, a contradição pode deixar de impor uniformização.

Por seu turno, no acórdão do STA, de 11 de Dezembro de 2019,[531] julgou-se o recurso interposto pela AT, nos termos do art. 25.º, n.º 2 do

que respeita à interposição deste recurso quando, sendo fixadas decisões-chave quanto a determinadas matérias, deva o acórdão fundamento em causa ser utilizado para efeitos de recurso de situações idênticas.

[527] Proc. n.º 017/19.1BALSB.

[528] Proc. n.º 235/2018-T.

[529] Proc. n.º 04255/10.

[530] O acórdão analisado conta com 17 páginas, sendo que a fundamentação ocupa uma pequena fracção do documento (cerca de duas páginas), porquanto o restante é maioritariamente utilizado para reprodução da factualidade dada como provada numa e noutra decisão.

[531] Proc. n.º 051/19.1BALSB.

RJAT, de decisão arbitral,[532] tendo sido invocado enquanto acórdão fundamento o aresto proferido pelo pleno da secção de contencioso tributário do STA, de 23 de Maio de 2018.[533] Em causa, estava a contradição entre os referidos acórdãos no que respeitava ao momento a partir do qual são devidos juros indemnizatórios em caso de revisão do acto tributário por iniciativa do contribuinte.

No acórdão recorrido considerou-se que o pagamento dos juros indemnizatórios deveria ser calculado com base na data dos pagamentos efectuados até à sua integral devolução. Entendeu-se, por seu turno, no acórdão fundamento que o pagamento de juros indemnizatórios deveria ser efectuado desde a data do pagamento até à data em que viesse a ocorrer o respectivo reembolso. Nestes termos, entendeu o STA que as situações factuais entre cada um dos acórdãos eram semelhantes, e isto independentemente do facto de o pedido formulado no processo arbitral dizer respeito à declaração de ilegalidade da liquidação, enquanto que no acórdão fundamento apenas se dizia respeito à anulação. Não obstante, considerou ainda assim o tribunal que a diferença terminológica não era essencial, uma vez que também a declaração de ilegalidade iria produzir efeitos anulatórios, pelo que estaria verificada a identidade quanto à mesma questão fundamental de Direito. O STA julgou procedente o recurso para uniformização, fixando jurisprudência no sentido de que "[p]edida pelo sujeito passivo a revisão oficiosa do acto de liquidação (cfr. art. 78.º, n.º 1, da LGT) e vindo o acto a ser anulado, mesmo que em impugnação judicial do indeferimento daquela revisão, os juros indemnizatórios são devidos depois de decorrido um ano após a apresentação daquele pedido, e não desde a data do pagamento da quantia liquidada [cfr. art. 43.º, n.ºs 1 e 3, alínea c), da LGT]". Esta decisão, ainda que de aceitação, é bastante relevante para compreender que o STA na sua análise, olha à materialidade subjacente à situação em concreto para efeitos de apuramento da eventual contradição.

No que respeita a 2020, até Junho encontraram-se 18 acórdãos interpostos nos termos do art. 25.º do RJAT, sendo que em 11 dos 18 acórdãos analisados, o STA entendeu não se verificar a alegada contradição

[532] Proc. n.º 663/2018-T.

[533] Proc. n.º 01201/17.

relativamente à mesma questão fundamental de Direito, obstaculizando a admissibilidade e conhecimento do mérito do recurso. Tal equivale a uma percentagem de recusa de 61,11%, ou seja, mais de metade. Veja-se pois, que destes 11 casos em que a admissibilidade do recurso foi recusada, a decisão fundamento foi, em 2 dos casos, um acórdão proferido por um dos TCA, em 7 dos casos, tratou-se de acórdão proferido pelo STA e ainda se contaram 2 casos em que a decisão fundamento foi uma decisão arbitral, isto é, o recurso foi já interposto à luz da nova redacção do n.º 2 do art. 25.º do RJAT.

Porque também aqui as matérias escrutinadas foram várias, e o espaço para debater esta questão é limitado, escolheram-se duas delas para demonstrar, uma vez mais, de que modo o STA apreciou aquele que é o requisito fundamental nesta sede. Iremos comparar duas decisões cujo recurso foi interposto também de decisões arbitrais e cujo acórdão fundamento invocado foi o mesmo – o acórdão do STA de 15 de Novembro de 2017.[534] Sendo que num processo o STA considerou o recurso e noutro negou-o.

O recurso foi, nos dois casos, interposto pela AT, entendendo o STA que, de facto, em face do probatório fixado nos dois arestos em confronto se estaria *i*) perante sujeitos passivos idênticos (instituições de crédito) e em que *ii*) ambos exercem, entre outras, actividades de *leasing*. Note-se que o regime de IVA no qual estavam enquadrados era também idêntico, figurando como sujeitos passivos mistos. Num caso o STA entendeu assim que as situações fácticas em apreço seriam, sem reservas, subsumíveis no mesmo quadro regulador e, em consequência, que os arestos difeririam, pois, na solução jurídica preconizada por um e outro tribunal justamente pelo enquadramento jurídico da situação fáctica. No outro, o tribunal entendeu não se verificar a oposição quanto à mesma questão fundamental de Direito, porquanto as entidades em causa nos acórdãos em cotejo eram, no que toca à sua natureza, diferentes. De um lado estava uma instituição financeira e do outro, uma sociedade financeira, levando assim a que a identidade factual não tenha sido, no entender do STA, a

[534] Proc. n.º 0485/17.

mesma e, com isso, que o recurso não tenha sido admitido por falta de preenchimento do pressuposto em análise.[535]

Atente-se agora a outra decisão, de 4 de Março de 2020.[536] Trata-se de um recurso interposto ao abrigo do n.º 2 do art. 25.º do RJAT, em que o impulso processual proveio da AT e o acórdão fundamento foi uma outra decisão arbitral.[537]

O que se discutia era a interpretação levada a cabo pela AT quanto à Circular n.º 7/2004 a respeito da dedução de encargos financeiros excluídos de dedução nos exercícios anteriores ao abrigo do disposto no n.º 2 do art. 32.º do EBF.

Sem prejuízo da alegação da recorrente, o tribunal entendeu que "[p]ese embora não resultarem diferenças significativas da factualidade constante da decisão recorrida e da arbitral que serve de fundamento à questão fundamental de direito tal como enunciada pela recorrente (...) consideramos não se verificar identidade quanto à mesma tal como ficou expresso numa e noutra decisões".[538] Quanto à decisão recorrida, considerou-se que a questão concretamente apreciada teve que ver com o facto de a circular acima referida vincular ou não a AT nos termos do art. 68.º-A da LGT, na redacção dada pela Lei n.º 64-A/2008, de 31 de Dezembro – tendo sido o que, em exclusivo, levou a considerar em 2014 a dedução fiscal de encargos financeiros ocorridos em vários exercícios referentes aos anos anteriores. Já na decisão arbitral fundamento, considerou-se que o foco foi, independentemente do cariz vinculativo da Circular, a não aplicação do n.º 6 da referida Circular, bem como o momento relevante para a mencionada dedução.

O STA conclui, assim, que "o único ponto em contacto radica no n.º 6 da circular n.º 7/2004, mas tal não basta para se considerar que se verifica

[535] Trata-se do acórdão do STA de 20 de Maio de 2020, proc. 091/19.0BALSB. Veja-se a interessante declaração de voto da Conselheira Isabel Marques da Silva.

[536] Proc. n.º 083/19.0BALSB.

[537] Proc. arbitral n.º 610/2017-T.

[538] A recorrente entendeu, tendo alegado nesse sentido, que a identidade factual plasmada nas situações subjacentes às decisões em confronto se encontrava verificada, já que em ambos os casos se estava perante encargos financeiros suportados por sociedades dominantes e dominadas com a aquisição de participações sociais nos períodos de tributação de 2007 a 2013, acrescidos ao lucro tributável à luz do art. 32.º do EBF.

oposição quanto à "questão fundamental de direito", cuja identidade não ocorre na decisão recorrida e na que serve de fundamento, de acordo com o que acima referido ficou expresso".[539]

No âmbito do acórdão do STA, de 20 de Maio de 2020,[540] julgou-se o recurso interposto pelo sujeito passivo, nos termos do art. 25.º, n.º 2 do RJAT, de decisão arbitral,[541] por alegada contradição com o acórdão do STA, de 7 de Novembro de 2018.[542]

Em causa estava a discussão da legalidade de liquidações de IUC quanto a uma embarcação em virtude da não aplicação da isenção prevista no art. 7.º, al. *d*) do DL n.º 165/86, de 26 de Junho. O STA considerou que, embora estivesse em causa o mesmo regime do DLR n.º 14/2010/M, na redacção conferida pelo DLR n.º 2/2011/M, não existia oposição, na medida em que, não só não existia identidade substancial de factos – o acórdão fundamento versava sobre IRC –, como também não se verificava uma identidade relativamente à questão decidenda.

Podemos concluir que a existência de contradição nos arestos em questão quanto à *mesma questão fundamental de Direito*, não só tem de corresponder a uma interpretação divergente do mesmo regime normativo, mas também as próprias situações materiais em litígio têm de ser análogas ou equiparáveis do ponto de vista jurídico-normativo.

Adicionalmente, a divergência alegada deverá revestir um pendor essencial para a solução do caso, integrando assim a sua *ratio decidendi*.[543]

Quanto à necessária identidade do regime jurídico-normativo aplicável, tem entendido o STA na sua jurisprudência mais recente que daí decorre naturalmente a necessidade de que se esteja perante realidades factuais semelhantes, por forma a não estar em causa, tão-só, uma dife-

[539] No voto de vencido, o Conselheiro NUNO BASTOS considerou que não só as situações de facto em confronto eram substancialmente idênticas, como o quadro jurídico-regulador seria coincidente, ou seja, substancialmente idêntico, de tal modo que não deveria ter sido afastada a manifesta identidade, quer quanto à realidade fáctica; quer quanto à questão fundamental de Direito.

[540] Proc. n.º 048/19.1BALSB.

[541] Proc. n.º 386/2018-T.

[542] Proc. n.º 046/15.4BEALM.

[543] Veja-se a jurisprudência civilística na matéria. Por todos, o acórdão do STJ, de 2 de Outubro de 2014, proc. n.º 268/03.0TBVPA.P2.S1-A.

rente interpretação do regime jurídico que poderia facilmente advir o facto de se estar perante quadros fácticos diferentes.[544]

Ao não ir tão longe ao ponto de exigir uma total coincidência entre as situações em apreço, o "conservadorismo" ou a estreiteza com que o STA tem olhado à concretização normativa dos fundamentos de recurso é positivo, na medida em que obsta à banalização do instituto. É que, na verdade, se só em 27% das situações é que, de facto, havia contradição quanto à mesma questão de Direito, andou bem o STA ao não proferir decisões uniformizadoras onde não havia contradição. Só perante estas situações é que a manutenção na ordem jurídica de ambas as decisões, em

[544] Não terminamos este primeiro teste sem nos referirmos a um outro pressuposto que também tem ocupado o STA e que merece a nossa referência ainda que singela. Nos termos do art. 284.º, n.º 3 do CPPT, o recurso não será admissível na eventualidade de o acórdão impugnado perfilhar a orientação da *jurisprudência mais recentemente consolidada* do STA. Ora, é exactamente quanto à determinação daquilo em que consiste essa mesma jurisprudência consolidada que têm sido vários os entendimentos sufragados pelo STA. A este respeito, parecem não existir dúvidas de que quando esteja em causa jurisprudência fixada pelo pleno da secção do STA – *in casu*, de contencioso tributário – se está perante jurisprudência consolidada para efeitos do preceito acima referido, bem como a jurisprudência proferida em formação alargada. Sobre esta expressão, de cariz irremediavelmente indeterminado, escreveram Mário Aroso de Almeida e Carlos Cadilha que "[s]e o acórdão impugnado seguir o entendimento expresso pelo pleno no âmbito de um julgamento ampliado de revista ou em anterior acórdão uniformizador, não tem, na verdade, justificação submeter a questão de novo à apreciação do pleno. Face à lateralidade do preceito, a possibilidade de não admissão do recurso também existe quando o acórdão impugnado se conforme com a jurisprudência pacífica e uniforme do STA, mesmo quando tirada pelas subsecções ou, pelo menos, com a jurisprudência firme que se tenha consolidado recentemente". Mário Aroso de Almeida e Carlos Alberto Fernandes Cadilha, "Comentário ao Código de Processo Tribunais Administrativos", 4.ª edição, 2017, p. 1010. Da amostra analisada para efeitos de experimentação e balanço nesta dissertação, das 48 decisões por nós escrutinadas, em que em 25 o recurso foi negado com base no fundamento aqui em análise, apenas em 8 delas o tribunal negou provimento ao recurso, não apreciando o seu mérito em virtude de o acórdão recorrido estar em sintonia com a jurisprudência mais recentemente consolidada do STA. No entanto, também se verificou que, em alguns casos, o recurso foi negado com base noutras questões, designadamente, no que aos acórdãos mais recentes diz respeito, porquanto o novo regime previsto no RJAT – a admissibilidade do recurso com base na contradição verificada entre duas decisões arbitrais – ainda não teria entrado em vigor aquando da interposição do recurso para uniformização de jurisprudência justamente nessas circunstâncias, pelo que o mesmo não foi, nesses casos, admitido. Foi o que se verificou em, pelo menos, 4 das decisões analisadas.

sentidos opostos, iria dar lugar a contradição de decisões sobre a mesma questão de Direito em violação clara do princípio da segurança jurídica.

Ora, perante estes números há pelo menos duas conclusões imediatas a tirar.

Uma primeira para dizer que o esforço do STA – traduzível nas 18 páginas que gasta em média para fundamentar a não aceitação do recurso – devia ser reduzido a um despacho liminar que, à semelhança do que sucede com o recurso excepcional de revista, evitaria que este tribunal despendesse tempo e recursos numa análise que não irá em bom rigor traduzir-se em qualquer uniformização de jurisprudência não se desvirtuando, ainda assim, os propósitos para os quais o legislador previu o mecanismo.

A segunda para dizer que se assim é, então deveria prever-se um mecanismo dissuasor da utilização deste expediente como último reduto de recurso. À semelhança do que sucede com os recursos para o TC,[545] deveria prever-se um mecanismo, designadamente para efeitos de majoração de custas, condenando o recorrente em custas acrescidas caso o STA liminarmente negasse o recurso por não cumprimento dos requisitos mormente por não comparabilidade das situações em causa.[546]

16.2. O precedente persuasivo do recurso – 2.º teste uniformizador

Nesta sede caberá examinar as decisões do STA que, tendo dado provimento aos respectivos recursos, uniformizaram a jurisprudência.

Analisar-se-á a jurisprudência uniformizadora proferida pelo STA durante o ano de 2017 a fim de conseguir comparar a jurisprudência

[545] Apesar de não implicar necessariamente uma majoração da taxa de justiça fixada, dispõe-se nos termos do art. 6.º, n.º 3 do DL n.º 303/98, de 7 de Outubro, que regula o regime de custas no TC que, "Nos casos em que o tribunal não tome conhecimento do recurso, por falta de pressupostos da sua admissibilidade, a taxa de justiça é fixada entre 2 UC e 20 UC". Este seria um mecanismo que poderia prever a diminuição ou dispensa de custas sempre que em situações concretas se justificasse.

[546] Aqui uma curiosidade para referir, a respeito do impulso processual, que em 2019, das 30 decisões analisadas, em 20 delas foi recorrente a AT e nas restantes 10 o sujeito passivo. Para 2020, por seu turno, dos 19 acórdãos analisados resulta que o recurso foi interposto em 13 dos casos pela AT, o que revela uma percentagem de 66,7 % de casos em que o impulso processual proveio do Estado.

posterior dos tribunais inferiores e, bem assim, do próprio STA, necessária à confirmação ou negação da existência do precedente judicial em Portugal.

Dos acórdãos analisados referentes ao ano de 2017, iremos analisar 4 acórdãos uniformizadores de jurisprudência.[547]

Uma nota inicial para referir que, independentemente de ser ter constatado a ausência de decisões judiciais que perfilhassem um entendimento contrário à orientação jurisprudencial fixada por cada um dos acórdãos uniformizadores que integraram o objecto desta análise, não poderá deixar de se intuir que as decisões proferidas pelos TCA's ou pelos tribunais arbitrais que não tenham afirmado o precedente acolhido em cada um dos acórdãos analisados terão sido, com uma fortíssima probabilidade, objecto de recurso, estando os correspondentes processos provavelmente pendentes de decisão.

Basta, para o efeito, que nos detenhamos nos dados revelados pelo último relatório anual do CSTAF, reportado ao ano de 2018, para constatar um aumento significativo da pendência processual – na ordem dos 6% – no seio da secção de contencioso tributário do STA.[548]

De acordo com aquele relatório estavam pendentes de decisão nos STA 803 processos, não sendo por isso surpreendente que muitos desses processos se refiram a recursos uniformizadores de jurisprudência de decisões dos TCA's ou de tribunais arbitrais que tenham contrariado jurisprudência do STA ou do TCA ou, até, arbitral.

Dito isto, tomar-se-á como ponto-de-partida o acórdão do STA de 7 de Junho de 2017,[549] no qual a questão *decidenda* se prendia com a temática de saber a natureza do facto tributário subjacente a uma mais-valia mobiliária e o alcance temporal das alterações introduzidas ao seu regime jurídico pela Lei n.º 15/2010, de 26 de Julho. Este processo teve na sua

[547] A metodologia empregue na "mensuração" do grau de persuasão da jurisprudência uniformizadora do STA – tendo por base os recursos interpostos nos termos dos arts. 152.º do CPTA, 284.º do CPPT e 25.º do RJAT que obtiveram provimento no ano de 2017 – apoiou-se, como já se referiu, na base de dados jurídico-documental constante do site-web da Direcção-Geral dos Serviços de Informática.

[548] Disponível em http://www.cstaf.pt.

[549] Proc. n.º 01471/14.

génese uma decisão arbitral, de 20 de Novembro de 2014,[550] na qual o tribunal arbitral entendeu que as alterações introduzidas eram aplicáveis às mais-valias realizadas anteriormente à data de entrada em vigor do diploma.

O STA analisou o preenchimento dos requisitos formais e substanciais dos quais dependia a admissibilidade do recurso, tendo considerado que existia contradição de julgados quanto à referida questão.[551] Quanto ao fundo da causa entendeu que, à semelhança do acórdão fundamento, as mais-valias mobiliárias correspondiam a factos tributários de formação instantânea, na medida em que o facto gerador do imposto ocorria no momento da alienação, conforme o disposto no art. 10.º, n.º 3 do CIRS, sendo esse o momento relevante para efeitos de aplicação no tempo da Lei n.º 15/2010.

Da análise efectuada às decisões proferidas pelos tribunais tributários depois da prolação do presente aresto, pôde-se constatar a existência de, pelo menos, um acórdão proferido pelo STA e de um acórdão proferido pelo TCA Norte que acompanham a referida orientação jurisprudencial.[552] Não se encontrou nenhum acórdão que tenha contrariado esta posição ressalvando naturalmente que, caso exista, poderá ter sido objecto de recurso para uniformização de jurisprudência e estar ainda pendente de decisão no STA.

No acórdão do STA de 29 de Março de 2017,[553] discutiu-se a legalidade da TMDP.

A entidade recorrente, não se conformando com o entendimento plasmado no acórdão do TCA Sul, de 8 de Outubro de 2015, que concedera provimento ao recurso interposto pelo Município de Sintra, defen-

[550] Proc. n.º 453/2014-T.

[551] O STA analisou ainda o preenchimento dos requisitos de recurso quanto a uma segunda questão. Nesta, pretendia-se saber "quais são os efeitos jurídicos decorrentes da não notificação ao mandatário constituído do projecto de relatório e do relatório final de inspecção", não tendo o tribunal tomado conhecimento do mérito do recurso no que diz respeito a este segmento por considerar que não existia contradição de julgados.

[552] A este respeito, veja-se o acórdão proferido pela 2ª secção de contencioso tributário do STA, de 11 de Dezembro de 2019, proc. n.º 0514/12.0BESNT; o acórdão proferido pela 2ª secção de contencioso tributário do TCA Norte, de 18 de Outubro de 2018, proc. n.º 00917/13.3BECBR.

[553] Proc. n.º 01091/16.

deu que existia contradição de julgados entre este e o acórdão do STA de 22 de Abril de 2015, relativamente à mesma "questão fundamental de direito", ou seja, a de se saber se a taxa correspondente ao tributo devido pela utilização do domínio público com a realização de obras de implantação de cabos instalados por operadores de redes de comunicações electrónicas se confundiria com a TMDP.

O STA viria a conceder provimento ao recurso, determinando que "o regime plasmado na Lei n.º 5/2004, de 10 de Fevereiro, proíbe a cobrança pelas autarquias locais de qualquer outra taxa, encargo ou remuneração pela utilização ou aproveitamento dos bens do domínio público e privado municipal, para além da taxa municipal de direitos de passagem prevista nos termos do art. 106.º da Lei das Comunicações Electrónicas".

Da análise efectuada à jurisprudência dos tribunais tributários, verificou-se a existência de 5 decisões proferidas pelo STA depois da prolação do presente acórdão, que acompanharam a orientação jurisprudencial estabelecida por este aresto.[554]

Já a terminar analisámos também o acórdão do pleno da secção de contencioso tributário, de 29 de Março de 2017.[555]

Neste, defendeu-se, que a decisão recorrida – o acórdão proferido pelo TCA Sul, de 2 de Julho de 2013[556] – teria incorrido em erro de julgamento conquanto decidira de forma contrária ao entendimento sufragado no acórdão do STA, de 22 de Maio de 2013.[557] A questão a decidir prendia-se com a aplicação da norma transitória constante do art. 32.º, n.º 8 da Lei n.º 109-B/2001, de 27 de Dezembro, nos termos da qual se estabelecera um novo regime quanto à tributação das mais e menos-valias em sede de IRC.

Considerando estarem preenchidos os requisitos de admissibilidade de interposição do recurso por oposição de acórdãos, o STA viria a con-

[554] Neste sentido, veja-se o acórdão do STA, de 3 de Abril de 2019, proc. n.º 0155/11.9BESNT; acórdão do STA, de 13 de Fevereiro de 2019, proc. n.º 0154/11.0BESNT; acórdão do STA, de 12 de Dezembro de 2018, proc. n.º 0153/11.2BESNT; acórdão do STA, de 7 de Novembro de 2018, proc. n.º 087/13.6BEALM 0627/15; acórdão do pleno da secção de contencioso tributário do STA, de 3 de Maio de 2017, proc. n.º 01092/16.

[555] Proc. n.º 097/15.

[556] Proc. n.º 06613/13.

[557] Proc. n.º 01041/11.

ceder provimento à pretensão deduzida pela entidade recorrente, esclarecendo que "no preceito em análise se refere a alienação do correspondente activo a que está associada" e não "activos". Usou-se o singular e não o plural no que respeita ao objecto de reinvestimento da mais-valia realizada antes de 01/01/2001 o que significa, a nosso ver, que se pretendeu admitir a opção pelo regime transitório relativamente a cada um dos activos nos quais as mais valias foram reinvestidas, sendo pois de afastar a interpretação efectuada pela recorrida que terá sido sustentada no parecer nº 19/2003 do Centro de Estudos Fiscais de 28/04/2003 de que uma vez feita a opção pelo referido regime transitório a diferença positiva entre as mais valias e as menos valias suspensa de tributação deve ser incluída na sua totalidade no lucro tributável do exercício anterior ao da alienação do correspondente activo a que está associada, na hipótese de ainda não ter sido incluída num exercício anterior.".

Da pesquisa de jurisprudência efectuada constatou-se a existência de, pelo menos, um acórdão proferido pelo STA que acompanha esta orientação jurisprudencial.[558]

Finalmente, veja-se agora o acórdão do STA, de 7 de Junho de 2017,[559] no qual o objecto da temática discutida se prendeu com a "questão fundamental de direito" de se saber se as operações de apuramento do imposto oficiosamente liquidado estavam suficientemente fundamentadas, em face do disposto no art. 77.º da LGT.

De acordo com o relatório do acórdão em análise, a entidade recorrente – a Fazenda Pública – apresentou recurso por não se conformar com o entendimento acolhido pelo TCA Norte, o qual julgara procedente uma impugnação judicial deduzida contra uma liquidação oficiosa de IVA.

Tendo tomado conhecimento do mérito do recurso, o STA viria a conceder provimento ao recurso entendendo que "no que se refere aos actos tributários de liquidação, o nº 2 do art. 77º da LGT estabelece os parâmetros mínimos de fundamentação. Estes actos podem conter uma fundamentação sumária, que, no entanto, não pode deixar de conter as disposi-

[558] A este respeito, sugere-se a consulta do acórdão do STA, de 9 de Maio de 2018, proc. n.º 0685/17.

[559] Proferido no proc. n.º 0723/15.

ções legais aplicáveis, a qualificação e quantificação dos factos tributários e as operações de apuramento da matéria tributável e do tributo", por essa razão, "o acto de liquidação não [padecia] do invocado vício de falta de fundamentação, pelo que o acórdão recorrido [incorrera] em erro de julgamento".

Da análise efectuada às decisões proferidas por tribunais tributários depois da prolação do presente aresto, pôde-se constatar a existência de, pelo menos, 1 acórdão do TCA Sul e 6 acórdãos proferidos pelo STA que acompanharam a orientação jurisprudencial adoptada.[560]

Do estudo que se deixou feito resulta que o precedente uniformizador contém uma elevada força persuasiva.

Esta verifica-se segundo uma perspectiva vertical, de tal modo que aquele precedente irá influenciar fortemente as decisões dos tribunais inferiores que a ela sejam análogas. Mas também se verifica segundo uma perspectiva horizontal, o que significa que o STA irá reforçar e sedimentar aquele precedente, proferindo os seus acórdãos em idêntico sentido quando tenha de se pronunciar em recursos que versem casos análogos.

Deste modo, admitindo que os fundamentos de recurso se encontram verificados, sempre se dirá que, por maioria de razão, se uma decisão de um tribunal inferior não respeitar o precedente uniformizador, a decisão proferida dará lugar, certamente, a recurso para uniformização de jurisprudência. Isto na medida em que, a parte vencida no processo, consegue prever com elevado grau de probabilidade qual será o sentido da decisão do STA, dado que este tenderá a reverter a decisão recorrida e reestabelecer o precedente uniformizador previamente decidido.

Desta forma, garante-se a estabilidade e a segurança jurídica na aplicação do Direito em Portugal, obrigando-se no entanto as partes a recorrerem e o STA a debruçar-se sobre uma temática que devia estar já

[560] Neste sentido, veja-se o acórdão do TCA Sul de 28 de Fevereiro de 2019, proc. n.º 567/17.4BELRS; bem como os acórdãos do STA de 12 de Dezembro de 2018, proc. n.º 01116/04.0BELSB 01240/17; de 20 de Maio de 2020, proc. n.º 0211/18.2BEFUN; de 20 de Maio de 2020, proc. n.º 0276/14.6BECBR; de 6 de Maio de 2020, proc. n.º 01070/18.0BEALM; de 20 de Abril de 2020, proc. n.º 01090/08.3BESNT; de 16 de Janeiro de 2020, proc. n.º 01029/10.6BEALM e de 12 de Fevereiro de 2020, proc. n.º 01661/14.9BEPRT.

estabilizada na ordem jurídica porquanto foi objecto de um acórdão uniformizador, criando custos de contexto e entropias no sistema.

Se assim é, todas as medidas que possam ser tomadas para reforçar o nível persuasivo a um nível abaixo do STA e do precedente uniformizador, evitarão este percurso em benefício de todos e, principalmente, em benefício da própria segurança jurídica.

Se assim é, todas as medidas que possam ser tomadas para reforçar a função uniformizadora do próprio STA são também vantajosas no reforço da segurança jurídica na aplicação do Direito em Portugal.

17. O recurso excepcional de revista

À semelhança do que se referiu a respeito do recurso para uniformização de jurisprudência, a consagração expressa do recurso excepcional de revista no CPPT apenas se concretizou com a reforma de 2019.

Não obstante, a verdade é que a sua aplicação ao processo tributário já vinha sendo admitida pela jurisprudência.

Ainda que tal solução não fosse, como vimos, isenta de controvérsia, seria incompreensível que o acesso a um duplo grau de recurso apenas fosse impedido no âmbito do contencioso tributário.[561] Tal como já sucedia no âmbito do processo administrativo e do processo civil, também – e, arrisca-se, principalmente – no processo tributário se poderiam verificar situações excepcionais, com um impacto assinalável para os sujeitos processuais e para o Direito globalmente perspectivado, que justificassem a admissibilidade da aplicação deste recurso. Dizemos principalmente porque, no âmbito do processo tributário, a complexidade e minúcia técnica das temáticas fiscais é elevada; a par da acrescida susceptibilidade para, a final, se confirmar uma particular ingerência e lesão grave ao nível dos direitos e interesses dos contribuintes; e bem assim, a propensão para se multiplicarem as temáticas motivada pelo facto de a AT ser, na grande maioria dos casos, parte. Assim sendo seria incontornável a necessidade

[561] Durante muito tempo, a aplicabilidade do regime do art. 150.º do CPTA ao processo tributário gerou variadíssimos recursos interpostos pelo MP para o TC, provocando atrasos incomportáveis ao nível destes processos. A reforma do contencioso de 2019 permitiu, pois, pôr fim a este dilema.

de previsão de um recurso excepcional que atribuísse ao STA a última palavra na melhoria do Direito.

Para que se compreenda devidamente o regime consagrado no art. 285.º do CPPT haverá que revisitar os regimes que o influenciaram.[562]

No direito processual civil a revista desdobra-se em três modalidades: o recurso de revista de acórdão da Relação, o recurso de revista excepcional e o recurso de revista *per saltum* para o STJ. No direito processual administrativo, a revista desdobra-se em duas modalidades: o recurso de revista propriamente dito – o designado recurso excepcional de revista – e o recurso de revista *per saltum*. Todavia, apenas nos deteremos no recurso excepcional de revista, porquanto apenas esse se encontra previsto no direito processual tributário e apenas este tem vocação uniformizadora.

Olhando em primeiro lugar para a legislação processual administrativa, cumpre referir que o recurso excepcional de revista foi, pela primeira vez, consagrado no art. 150.º do CPTA por via da Lei n.º 15/2002, de 22 de Fevereiro.

A respeito da sua finalidade, salientou-se na Exposição de Motivos da respectiva Proposta de Lei que a "(...) criação de um novo recurso de revista (...) mais do que decidir um grande número de casos, se destina a servir para orientar os tribunais inferiores, definindo o sentido que deve presidir à jurisprudência". Deste modo, para evitar a generalização do recurso de revista, "cabe[ria] dosear a sua intervenção, por forma a permitir que esta via funcione como uma *válvula de segurança do sistema*". (destacado nosso)

É neste mesmo sentido que aponta a jurisprudência e, bem assim, a doutrina.[563] A consagração deste mecanismo excepcional de recurso procurou viabilizar o acesso a um terceiro grau de jurisdição, conferindo-se

[562] Recorde-se a este propósito que ainda que o art. 285.º do CPPT refira "recurso de revista", para distinção do recurso de revista *per saltum* nós adptamos a designação "recurso excepcional de revista".

[563] Neste sentido veja-se o acórdão do STA de 17 de Junho de 2020, proc. n.º 0596/09.1BEPRT 0411/18, no qual se dispôs que "Decorre expressa e inequivocamente do n.º 1 do transcrito artigo [150.º do CPTA] a excepcionalidade do recurso de revista em apreço (...) devendo este recurso funcionar como uma válvula de segurança do sistema e não como uma instância generalizada de recurso.". A este propósito Mário Aroso de Almeida refere que "não se pretende generalizar o recurso de revista, com o óbvio inconveniente de dar causa a uma

a possibilidade de interposição de recurso para o STA das decisões proferidas em segunda instância pelos TCA's.

Não obstante, e de modo a cumprir o desígnio da não generalização deste expediente, estabeleceu-se no art. 150.º, n.º 1 do CPTA que o recurso apenas seria admitido "quando esteja em causa a apreciação de uma questão que, pela sua relevância jurídica ou social, se revista de importância fundamental ou quando a admissão do recurso seja claramente necessária para uma melhor aplicação do direito".

Balizou-se desta forma o acesso a este expediente recorrendo à técnica legislativa decorrente da actual concepção legislativa em Direito Tributário, ou seja, estabelecendo na lei critérios de recurso assentes em conceitos indeterminados e deixando ao aplicador do Direito, neste caso ao STA, a função de concretização normativa.

Estabeleceu-se para o efeito no n.º 6 do referido preceito, que a apreciação do preenchimento dos pressupostos de aplicação do recurso excepcional de revista, no caso concreto, seria efectuada pelo próprio STA por via de apreciação preliminar sumária, garantindo-se que este expediente cumpra o seu desígnio de "válvula de segurança" do sistema. Esta apreciação sumária, que em caso de negação não é recorrível, confere ao tribunal a prerrogativa de só aceitar o que verdadeiramente considera importante não tendo, como no recurso uniformizador de jurisprudência, que despender muito tempo e recursos quando, a final, não vai decidir do mérito.

No processo civil, a consagração do recurso excepcional de revista apenas ocorreu com a reforma operada pelo DL n.º 303/2007, de 24 de Agosto. A consagração deste regime foi largamente inspirada no regime então vigente no seio da jurisdição administrativa, procurando-se aqui mitigar a introdução da regra da dupla conforme – prevista no art. 721.º, n.º 3 do CPC de 1961, actual art. 671.º, n.º 3 do CPC de 2013 – que restringiu o acesso ao órgão de cúpula da hierarquia dos tribunais judiciais

acrescida morosidade na resolução final dos litígios", *in O Novo Regime do Processo nos Tribunais Administrativos*, Almedina, 2005, p. 323.

quanto aos processos cujas decisões proferidas em primeira e segunda instâncias não se afigurassem divergentes.[564]

Atendendo agora ao específico domínio do processo tributário, já não é novo que só com a recente reforma de 2019 se consagrou expressamente no CPPT o recurso excepcional de revista.

A previsão deste recurso no art. 285.º do CPPT é em tudo idêntica àquela prevista no art. 150.º do CPTA, mas nem por isso de somenos importância.

A reforma de 2019 permitiu afastar qualquer dúvida quanto à aplicabilidade do recurso excepcional de revista ao processo tributário, consagrando-se um regime idêntico àquele que já vinha sendo aplicado pela jurisprudência.

Também no contencioso tributário se pretendeu conceber um recurso excepcional que funcionasse enquanto "válvula de segurança do sistema" que permitisse "orientar os tribunais inferiores, definindo o sentido que deve presidir à jurisprudência" reconhecendo-se então um duplo grau de

[564] Actualmente, dispõe o art. 672.º do CPC de 2013 que, mesmo nos casos de dupla conforme, será admissível o recurso excepcional de revista quando estiver em causa: a) "uma questão cuja apreciação, pela sua relevância jurídica, seja claramente necessária para uma melhor aplicação do direito" ou, por outro lado, b) "estejam em causa interesses de particular relevância social", ou ainda quando c) "o acórdão da Relação esteja em contradição com outro, já transitado em julgado, proferido por qualquer Relação ou pelo STJ, no domínio da mesma legislação e sobre a mesma questão fundamental de direito, salvo se tiver sido proferido acórdão de uniformização de jurisprudência com ele conforme". Assim, e exceptuando o último dos fundamentos indicados que visou simultaneamente alcançar, e bem, a uniformidade da jurisprudência e a segurança na aplicação do Direito, verificou-se que os pressupostos de que depende a interposição e, bem assim, a admissibilidade do próprio recurso são idênticos àqueles previstos no CPTA. E o mesmo se poderá dizer quanto à apreciação do preenchimento desses mesmos pressupostos, cuja apreciação preliminar sumária compete ao STJ nos termos do art. 672.º, n.º 3 do CPC cominando-se expressamente no n.º 4 do referido preceito que tal decisão, sumariamente fundamentada, não será passível de reclamação ou recurso, sendo assim definitiva. Uma outra particularidade deste regime é a possibilidade conferida ao STJ de, no âmbito da apreciação preliminar sumária, poder remeter o recurso de revista para apreciação preliminar nos termos gerais caso considere que não se verificam os pressupostos da revista excepcional, e desde que nada obste a tal admissibilidade permitindo-se deste modo que o STJ convole o recurso excepcional de revista, previsto no art. 672.º do CPC, em recurso de revista nos termos gerais do art. 671.º do CPC.

recurso à partida vedado, desde logo, por não preenchimento dos pressupostos do recurso para uniformização de jurisprudência.

Ora, se no recurso para uniformização de jurisprudência se visa a eliminação directa de uma contradição entre decisões judiciais, no recurso excepcional de revista esse fim apenas surge de modo mediato. Neste recurso, a intervenção do STA está dependente da consideração da sua essencialidade para garantir uma melhoria na aplicação do Direito, de tal modo que o fim último não é já a solução concreta do caso subjacente, isto é, a tutela dos direitos e interesses do recorrente, mas antes dos direitos e interesses de todos aqueles que necessitem de aplicar e concretizar normativamente as normas jurídicas subjacentes àquele recurso.

Tal como refere o STA, a admissibilidade deste recurso para garantir uma melhoria na aplicação do Direito está dependente da possibilidade de "(...) expansão da controvérsia de modo a ultrapassar os limites da situação singular, designadamente quando o caso concreto revele seguramente a possibilidade de ser visto como um tipo".[565] Quer isto dizer que o intuito de melhoria do Direito[566] tem ínsito o carácter persuasivo destas decisões do STA sobre os litígios que venham a ser julgados no futuro. E este precedente persuasivo será determinante para dissipar dúvidas quanto à interpretação ou à concretização jurídica futura de situações que assumam peculiar relevância, bem como para dirimir eventuais divisões existentes na doutrina ou na jurisprudência quanto ao tratamento jurídico a conferir no futuro a essas mesmas situações.[567]

A clarificação do Direito garantida por este recurso também será fundamental nos casos em que o STA ainda não se tenha pronunciado sobre a concreta questão jurídica que lhe seja submetida, de tal modo que essa mesma decisão, proferida pelo órgão de cúpula da jurisdição tributária, constituirá ou deverá constituir o "tipo" ou o "paradigma" para

[565] Acórdão do STA de 17 de Junho de 2020, proc. n.º 0402/09.7BELRA.

[566] A expressão, recorde-se, não é nossa mas sim do próprio legislador quando no art. 285.º, n.º 1 refere que "Das decisões proferidas em segunda instância pelo Tribunal Central Administrativo pode haver, excecionalmente, revista para o Supremo Tribunal Administrativo, quando (..) a admissão do recurso seja claramente necessária para uma *melhor aplicação do direito*". (destacado nosso)

[567] Neste sentido veja-se o acórdão do STA de 17 de Junho de 2020, proc. n.º 02825/12.5BEPRT.

a resolução dos casos que no futuro lhe venham a ser submetidos e que, indubitavelmente, influenciarão (ou deverão influenciar) as decisões dos tribunais inferiores.[568]

A respeito destas considerações salienta-se o acórdão do STA, de 17 de Junho de 2020,[569] no qual se referiu que "atento a que a litigiosidade em torno desta questão não tem conduzido à mesma resposta, que o Recorrente já obteve em sede arbitral resposta diametralmente oposta, em situação exatamente idêntica, ainda que referente ao outro exercício (proc. arbitral n.º 29/2012-T, em 15.06.2012), pelo que se lhe afigura que a presente questão interpretativa move-se num terreno de nebulosidade e indefinição que, a julgar pelo número de litígios que ainda aguardam decisão, permite concluir pelo agravamento dessa indeterminação, afigurando-se-lhe necessária a intervenção deste STA para melhor aplicação do Direito, pois o julgado suscita fundadas dúvidas e, em consequência, incerteza e instabilidade na resolução dos litígios nos quais se discuta a interpretação das disposições normativas supra indicadas, instabilidade que é de molde a justificar a revista para melhor aplicação do direito".

Resulta claro das palavras do STA, que este recurso concretiza efectivamente as dimensões tipicamente associadas ao princípio da segurança jurídica, porquanto também ele permite obstar à incerteza e instabilidade passível de se verificar quanto à aplicação do Direito e à conformação das posições jurídicas das partes.

Assim sendo, por maioria de razão, valem aqui as considerações tecidas quanto ao recurso para uniformização de jurisprudência no que respeita à aplicação retroactiva da doutrina vertida no acórdão do STA a decisões já transitadas em julgado. A decisão de um recurso excepcional de revista quando favorável aos sujeitos passivos devia ser passível de ser utilizada como acórdão fundamento para eventual recurso para uniformização de jurisprudência quando em contradição com outro acórdão ainda que já transitado em julgado.[570]

[568] Neste sentido vejam-se os acórdão do STA de 3 de Junho de 2020, proc. n.º 0614/16.7BEAVR e de 20 de Maio de 2015, proc. n.º 0185/15.

[569] Proc. n.º 0596/09.1BEPRT 0411/18.

[570] Como se verá, defenderemos uma figura própria para este efeito o "recurso conformador".

Aqui valem as ressalvas, quer quanto à possibilidade de se prever neste mecanismo que o STA possa limitar os seus efeitos, quer quanto à aplicação retroactiva racionalizada da jurisprudência. Recorde-se aqui que nos referimos à possibilidade de, no que respeita aos processos em curso, o STA poder limitar os seus efeitos só para o futuro tal qual, de resto, sucede no caso do TC, do TJUE ou do TEDH.

Não obstante o que se disse, a garantia de uma protecção adicional conferida pelo recurso de revista não pode significar uma banalização do acesso ao STA, pelo que se revela essencial assegurar a excepcionalidade. Nestes termos, verificou-se que a articulação daquelas necessidades foi assegurada uma vez mais pelo legislador ao fixar os fundamentos de recurso com base em conceitos indeterminados, conferindo a devida plasticidade ao regime por via da abrangência do máximo de realidades no seio de um regime que se quer excepcional.

Estabeleceu-se para o efeito que a verificação do preenchimento de tais pressupostos, estaria dependente de uma aferição casuística efectuada pelo próprio STA, ou seja, caberia a este tribunal delimitar quais os casos a que, pela sua importância, deveria ser conferido um segundo grau de recurso. Este expediente permite mitigar a rigidez do regime de recursos no ordenamento processual tributário, garantindo o acesso ao STA em casos limite que se revelem de peculiar importância.

Nos termos do art. 285.º, n.º 1 do CPPT, este recurso tem como objecto as decisões proferidas em segunda instância pelos TCA's – ficando de fora as decisões arbitrais – sendo apenas admitido nos casos em que o recurso consubstancie a apreciação de uma questão que, em razão da sua relevância jurídica ou social, se revista de importância fundamental ou, por outro lado, que seja claramente necessária para uma melhor aplicação do Direito. São assim estes os casos que conferem acesso à "válvula de segurança do sistema".

Por seu turno, a interposição deste recurso apenas pode ter como fundamento a violação de lei substantiva ou processual, e já não o erro na apreciação de provas e na fixação dos factos materiais da causa, conforme decorre dos termos conjugados dos n.ºs 2, 3 e 4 do art. 285.º do CPPT.

Excepciona-se na parte final do n.º 4 do presente artigo os casos em que se verifique a "ofensa de uma disposição expressa de lei que exija certa espécie de prova para a existência do facto ou que fixe a força de determinado meio de prova" e que traduzem, em bom rigor, uma violação da lei substantiva ou processual. Assim, é por esta fixação da matéria de facto envolver apenas aplicação de regras jurídicas que ela é incluída no âmbito de um recurso limitado a matéria de Direito.

Por último, salienta-se que, ao contrário do que sucede com o recurso para uniformização de jurisprudência, a apreciação do preenchimento dos fundamentos de recurso é efectuado pelo STA por via de apreciação preliminar sumária. Esta fica a cargo de uma formação constituída por três juízes de entre os mais antigos da secção de contencioso tributário, conforme dispõe o art. 285.º, n.º 6 do CPPT, com as virtualidades que já se deixaram ditas atrás designadamente no que respeita ao facto de ser bastante menos onerosa ao STA esta emissão a despacho liminar evitando os custos de contexto de que tivemos oportunidade de referir para o recurso para uniformização de jurisprudência.

Aqui chegados, cumpre então aferir de que modo o STA tem utilizado os seus poderes de cognição do preenchimento dos pressupostos e fundamentos de recurso excepcional de revista, destrinçando em que termos tem este tribunal materializado a existência, ou não de questões que, pela sua relevância jurídica ou social, se revistam de importância fundamental ou de questões relativamente às quais a admissibilidade do recurso se revele claramente necessária para uma melhor aplicação do Direito.

17.1. A concretização normativa dos fundamentos de recurso pelo STA – 1.º teste uniformizador

Em 2017, foram admitidos 30 num total de 58 recursos excepcionais de revista interpostos. Foram assim aceites 51,7% dos processos interpostos o que corresponde a uma taxa de negação de 48%.

Esta média não mais se verificou, justificando-se estes valores, neste ano em concreto, pelo facto de, recorde-se, este ter sido o ano seguinte ao da aceitação generalizada pela jurisprudência deste expediente no contencioso tributário, sendo que 23 dos recursos admitidos diziam respeito essencialmente à mesma questão de Direito.

No ano de 2018, foram admitidos 13 recursos excepcionais de revista num total de 41 recursos interpostos, o que perfaz uma taxa de aceitação de aproximadamente 32%, o que corresponde a uma taxa de negação de 68%.

Em 2019, foram intentados 44 recursos excepcionais de revista, tendo sido negados 33, com base no não preenchimento dos respectivos pressupostos. O STA entendeu assim justificar-se a sua intervenção somente em 25% dos casos negando, portanto, 75% dos casos que lhe foram submetidos.

Na primeira metade de 2020 existiram já 46 decisões relativas a recursos excepcionais de revista, tendo sido negados 37 dos processos submetidos a juízo. Deste modo, o STA apenas considerou justificada a sua intervenção quanto a aproximadamente 20% dos recursos interpostos, tendo então negado 80% dos recursos.

Conforme se depreende dos números apresentados, o STA tem efectivamente afirmado o carácter excepcional do recurso de revista, admitindo apenas nestes primeiros quatro anos, uma média de 32% dos recursos interpostos o que equivale a uma taxa de negação de cerca de 68% dos casos.

Estes números são mais facilmente compreensíveis se se atentar ao seguinte gráfico:[571]

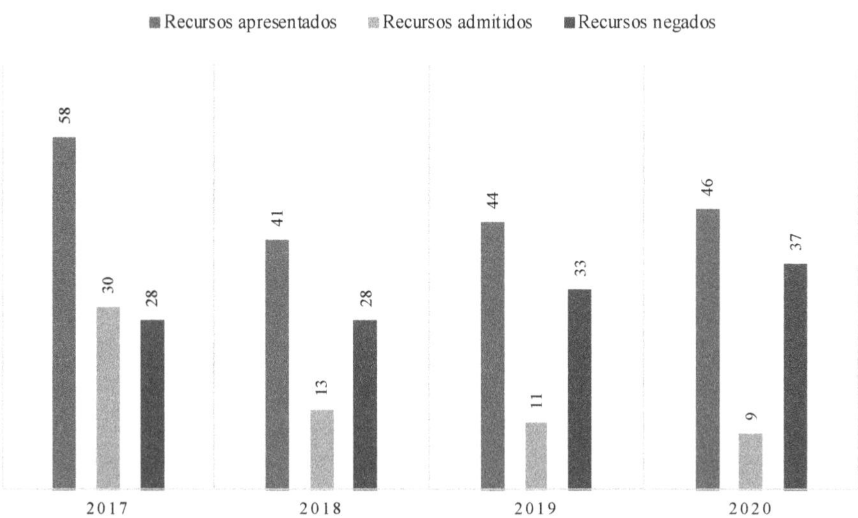

[571] Os números em consideração no presente gráfico já têm em conta a interposição de recursos excepcionais de revista nos termos do art. 285.º do CPPT.

Para se proceder a este 1.º teste uniformizador atentar-se-á especificamente à jurisprudência mais recente do STA, nomeadamente aos acórdãos decididos entre Janeiro de 2019 a Março de 2020.

Enquanto ponto de partida, cumpre referir que praticamente todos os acórdãos analisados efectuam, a título prévio, uma referência teórica e abstracta quanto à jurisprudência estabilizada e pacífica do STA no que concerne à concretização dos critérios qualitativos de que depende a admissibilidade do recurso. Os juízes conselheiros, antes de procederem à análise concreta da verificação dos pressupostos no aresto em questão procedem a uma enunciação daquele que é o entendimento constante do STA nesta matéria e que se encontra sufragado em precedentes anteriores no que respeita em concreto à questão específica do cumprimento dos fundamentos de recurso. Não deixa de ser curioso que esta técnica, parecida de resto com a técnica defendida pelos holandeses e utilizada na elaboração das decisões pelo TEDH, seja usada pelo STA sempre que quer concretizar normativamente os fundamentos de recurso porquanto estes são, precisamente, o reflexo do actual paradigma da lei em Direito Tributário.

A análise que se fará de cada pressuposto partirá das considerações efectuadas no caso concreto para que, por fim, se esteja em condições de frisar aquele que é o entendimento estabilizado e constante do STA nesta matéria.

São vários os conceitos indeterminados constantes do regime legal. Aqui, tentar-se-á perceber qual tem sido a concretização normativa que tem sido feita pelo STA, tendo em conta o que este tribunal não aceita como realidade subsumível em cada conceito, mais do que ao que aceita.

Comecemos então pelo conceito de *relevância jurídica fundamental.*

No acórdão de 3 de Junho de 2020,[572] entendeu o STA que a questão em controvérsia – condenação em custas decidida no acórdão recorrido, bem como a respectiva repartição entre as partes no processo – não revestia especial complexidade, não sendo passível de gerar controvérsia na doutrina ou de dar azo a decisões contraditórias na jurisprudência.

[572] Proc. n.º 0696/16.1BELLE.

Noutro acórdão também de 3 de Junho de 2020,[573] no qual os recorrentes pretendiam ver aferida pelo STA a anulação parcial da liquidação de IRS, o tribunal também negou o recurso com base no não preenchimento do mesmo requisito.

Dizia a recorrente que a anulação em causa nos autos não deveria ser parcial mas, ao invés, total, em face do deferimento da reclamação graciosa que estes haviam apresentado, de tal modo que essa liquidação seria já uma nova liquidação e, nessa medida, ilegal, porquanto efectuada após o decurso do prazo de caducidade. A este respeito, considerou o STA que apesar de alegarem a pretensa relevância jurídica da revista, os recorrentes não "fundamentam minimamente" as razões do seu preenchimento, não sendo evidente que a questão apresentasse especial complexidade, nem que implicasse "apurados raciocínios jurídicos ou a concatenação de fontes de origem diversa". Pelo contrário, entendeu o STA que a questão "não convoca senão fontes internas que os tribunais da jurisdição utilizam quotidianamente".

Em suma, a revista seria negada não só pela falta de invocação e explanação do preenchimento dos pressupostos pelo recorrente, mas também pelo facto de a questão não necessitar a intervenção do STA, na medida em que se revelava acessível aos tribunais inferiores.

Ainda a respeito deste pressuposto, veja-se o acórdão do STA, de 13 de Março de 2019, cuja recorrente era a AT.[574] A questão subjacente a este recurso traduzia-se, sucintamente, na aferição da aplicação do regime da eliminação da dupla tributação constante dos arts. 46.º e 88.º, ambos do CIRC, aos "dividendos atribuídos relativos a participações financeiras que compõem parte dos fundos adquiridos em resultado da aplicação dos montantes recebidos pelos tomadores de seguro unit-linked".

Alegou a recorrente que a questão revestia relevância jurídica fundamental, na medida em que traduzia uma elevada complexidade jurídica, sendo assim essencial a intervenção do STA de modo a ser conferida a mais correcta interpretação sobre a questão. Entendeu este tribunal que "a questão em apreço não envolve a realização de operações lógico-jurídicas de particular complexidade, nem envolve a interpretação ou a

[573] Proc. n.º 0498/13.7BELLE.

[574] Proc. n.º 01305/07.5BELSB 052/18.

aplicação de regime que coloque dificuldades superiores ao comum ou a cujo propósito persistam divergências jurisprudenciais ou controvérsias doutrinais.". Isto na medida em que "a solução que o acórdão recorrido encontrou, podendo ser refutável, não comporta raciocínios que se afastem das regras lógicas e jurídicas ou dos critérios de hermenêutica correntemente aceites". Tendo ainda em consideração que o acórdão recorrido se havia baseado na doutrina e na jurisprudência pacífica a este respeito, considerou o STA que não se justificava a sua intervenção que sempre deverá ser excepcional.

Se se pudesse adiantar uma concretização normativa para este conceito de *relevância jurídica fundamental* poderá dizer-se que, no entender da jurisprudência mais recente do STA, este requisito está verificado "quando a questão a apreciar seja de elevada complexidade ou, pelo menos, de complexidade jurídica superior ao comum, seja por força da dificuldade das operações exegéticas a efectuar, de um enquadramento normativo especialmente intricado ou da necessidade de concatenação de diversos regimes legais e institutos jurídicos, ou quando o tratamento da matéria tem suscitado dúvidas sérias quer ao nível da jurisprudência quer ao nível da doutrina.".[575]

Olhe-se agora ao conceito de *relevância social fundamental*.

No acórdão de 3 de Junho de 2020[576] entendeu o STA que, apesar de a regra relativa à caducidade do direito de acção não consubstanciar uma questão de especial complexidade jurídica sendo assim a questão desprovida de relevância jurídica fundamental, a verdade é que a necessidade de articulação daquela regra com a interpretação das normas relativas à distribuição do ónus da prova bem como do dever de conservação de documentos, justificavam a admissibilidade da revista. Isto em virtude do "interesse social fundamental da questão, pois que se trata de questão que, com esta configuração, nunca se colocou a este STA e cuja decisão pode servir de paradigma para a resolução de futuros casos.".

[575] Tal como se refere, por exemplo, no acórdão do STA de 17 de Junho de 2020, proc. n.º 0596/09.1BEPRT 0411/18, no qual se cita o precedente anteriormente fixado no acórdão do STA de 2 de Abril de 2014, proc. n.º 1853/13.

[576] Proc. n.º 0614/16.7BEAVR.

Por seu turno, entendeu-se no acórdão do STA de 3 de Abril de 2019,[577] no qual se discutiu a admissibilidade da revista relativamente a um acórdão do TCA Sul que julgara verificados os pressupostos da responsabilidade tributária subsidiária dos TOC's, constante do art. 24.º, n.º 3 da LGT, entendeu o STA que estava em causa uma "matéria de inegável relevo social fundamental, sobre a qual este STA nunca se pronunciou, e que, como órgão de cúpula da jurisdição, importa que pronuncie, densificando os pressupostos da responsabilidade tributária aí prevista (...)". Em suma, e tendo em conta a concretização normativa que o STA propugna deste pressuposto, constata-se que a admissão da revista teve por base a intenção de estabelecer o caso "tipo" ou "paradigma" quanto à melhor interpretação da norma em questão e do modo de efectivação da responsabilidade tributária a ela subjacente.

Em idêntico sentido dispôs o acórdão do STA de 27 de Fevereiro de 2019,[578] onde a propósito da questão de saber se o alegado erro de julgamento do acórdão recorrido revestia relevância social fundamental, o STA considerou que não, porquanto estava em causa uma "questão com natureza casuística, em que a utilidade da decisão não extravasa os limites do caso concreto e das partes envolvidas no litígio", de tal modo que a revista não permitiria lograr o efeito influenciador ou de orientação para a apreciação de outros casos posteriores.

O acórdão de 3 de Junho de 2020,[579] também considerou não admissível a revista por não preenchimento deste requisito na medida em que o que se pretendia – configuração jurídica da cessão da posição contratual e respectivo enquadramento em sede de SISA – não só haviam sido julgadas no acórdão recorrido em sentido plausível, mas também, se encontravam em conformidade com o entendimento jurisprudencial já perfilhado pelo STA. Aqui podemos concluir que, caso já exista um precedente do STA que confira orientação à resolução das mesmas questões, a revista não será admitida porquanto não será necessária para garantir a sua finalidade de "válvula de segurança do sistema". E isto ainda que se trate de

[577] Proc. n.º 0415/12.1BEBJA 01361/17.

[578] Proc. n.º 01823/06.2BELSB 01450/17.

[579] Proc. n.º 0856/05.0BELSB 0706/07.

questões que revelem uma capacidade de extravasar os limites do caso concreto.

Tentando uma concretização normativa deste conceito pode-se dizer que, no entender da jurisprudência mais recente do STA se estará perante uma questão de *relevância social fundamental* "quando a situação apresente contornos indiciadores de que a solução pode constituir uma orientação para a apreciação de outros casos, ou quando esteja em causa questão que revele especial capacidade de repercussão social, em que a utilidade da decisão extravasa os limites do caso concreto das partes envolvidas no litígio".[580] Tudo desde que não tenha havido ainda jurisprudência firmada do STA sobre a temática.

Cumpre agora estudar outro dos pressupostos de que depende a admissibilidade do recurso, designadamente à necessidade da revista para *melhor aplicação do direito*.

Relativamente à concretização normativa que é feita deste pressuposto cumpre atentar, em primeiro lugar, ao acórdão de 6 de Maio de 2020.[581]

No âmbito deste recurso, pretendia o sujeito passivo que o STA sindicasse a aplicação do Direito efectuada pelo acórdão recorrido no que respeitava à improcedência da impugnação judicial que este havia interposto contra liquidações adicionais de IVA. Em concreto, pretendia a recorrente que fosse aferido o não reconhecimento da nulidade da notificação da ordem de serviço que deu azo ao procedimento inspectivo e, consequentemente, à verificação da caducidade do direito à liquidação.

A este respeito, inicia o STA a sua análise por referir que à recorrente caberia demonstrar o preenchimento dos pressupostos de que depende a admissibilidade do recurso, o que não se poderá considerar verificado com a mera "alegação genérica e sem concretização concernente às concretas questões que pretendia ver reexaminadas". Considerou aquele tribunal que a decisão constante do acórdão recorrido se afigurava "ple-

[580] Tal como se refere, por exemplo, no acórdão do STA de 6 de Maio de 2020, proc. n.º 0294/12.9BEVIS, no qual também se cita o precedente anteriormente fixado no acórdão do STA de 2 de Abril de 2014, proc. n.º 1853/13.

[581] Proc. n.º 0241/12.8BEBJA.

namente plausível", uma vez que a mesma se encontrava devidamente fundamentada e sustentada na jurisprudência dos tribunais superiores.[582]

Pelo contrário, no âmbito do acórdão do STA de 11 de Julho de 2019,[583] foi o recurso de revista admitido precisamente para garantir uma melhor aplicação do Direito.

Este recurso foi deduzido pelo sujeito passivo em virtude da improcedência da sua impugnação judicial da liquidação adicional de IRC que havia sido emitida pela AT. Ao que aqui importa, pretendia o sujeito passivo submeter a recurso a questão de determinar os efeitos fiscais da resolução de um contrato de compra e venda, designadamente no que concerne à eliminação, ou não, de proveitos com carácter retroactivo, bem como da compatibilização do princípio da especialização dos exercícios com os efeitos tributários da resolução do contrato. A este respeito, entendeu o STA, de forma clarificadora, que estavam em causa "questões juridicamente relevantes e susceptíveis de repetição num número indeterminado de casos futuros, cuja solução terá repercussão em múltiplas situações perante a abrangência da matéria, mostrando-se objectivamente útil a intervenção do STA para que a sua pronúncia possa servir como orientação para os tribunais de que é órgão de cúpula e assim contribuir para uma melhor aplicação do direito.".

Neste sentido, constata-se que a admissibilidade da revista teve por base a necessidade de estabelecer um precedente que conferisse a "melhor" aplicação do Direito e, assim, reforçasse a certeza e segurança jurídica quanto à concretização normativa das questões em análise.

À semelhança do caso anterior, também no acórdão do STA de 22 de Maio de 2019, se julgou admitida a revista para melhor aplicação do Direito.[584]

Este recurso foi interposto pelo sujeito passivo, em virtude da decisão do acórdão recorrido que concedeu provimento ao recurso deduzido pela AT, a respeito da decisão do TAF do Porto, que julgara procedente

[582] Neste mesmo sentido veja-se o acórdão do STA de 20 de Abril de 2020, proc. n.º 0746/10.5BELRS 01848/13, ou o acórdão de 2 de Abril de 2020, proc. n.º 02535/13.6BEPRT 0491/18.

[583] Proc. n.º 079/11.0BEAVR.

[584] Proc. n.º 0305/14.3BEPRT.

a impugnação judicial deduzida pela recorrente quanto a liquidações de IUC. Em síntese, pretendia ver-se respondida na revista a questão de saber se "um veículo automóvel matriculado pela primeira vez num EM da UE antes de 1981 fica sujeito a IUC se importado para Portugal e lhe for atribuída uma matrícula após 1 de Julho de 2007, atendendo a que os veículos matriculados em Portugal antes de 1981 não estão sujeitos a este imposto". Para o efeito, considerou o sujeito passivo que a revista seria essencial para garantir uma melhor aplicação do Direito "que resultar[ia] da reapreciação do entendimento sobre a matéria num número indeterminado de casos futuros, tendo como escopo a uniformização do direito". Ora, foi neste sentido que o referido tribunal considerou admissível a revista.

Considerou o STA que a questão revestia alguma complexidade jurídica em virtude da necessária concatenação do Direito interno com o Direito da UE. Por seu turno, o acórdão recorrido havia olvidado a aplicação daquele regime pelo que, apesar de não ser referido, estaria em causa uma errónea aplicação do Direito. Por fim, tendo em conta a possibilidade de verificação desta mesma questão num número indeterminado de casos futuros, seria essencial garantir a melhor aplicação do direito e, assim, pugnar por uma correcta interpretação e aplicação da lei em sede de IUC.

Ainda a respeito deste requisito refere-se, por fim, o acórdão do STA de 12 de Fevereiro de 2020.[585]

Pretendia o sujeito passivo ver respondida nesta revista a questão de saber se a nulidade insuprível da execução fiscal em virtude do não cumprimento dos requisitos essenciais do título executivo, insusceptíveis de serem ultrapassados por prova documental, constitui, ou não, fundamento de oposição à execução fiscal.

Para o efeito, alegou que esta questão não era uniforme no seio da jurisprudência do STA, sendo assim necessária a revista para uma melhor aplicação do Direito. O STA entendeu em sentido contrário, considerando que a decisão sufragada pelo acórdão recorrido se encontrava em conformidade com a jurisprudência consolidada e uniforme do STA, pelo

[585] Proc. n.º 0460/15.5BEMDL 0581/18.

que não se poderia considerar verificada a necessidade da melhor aplicação do Direito porquanto esta já se encontrava estabelecida.

Tentando uma concretização normativa deste conceito pode dizer-se que no entender da jurisprudência do STA a revista será necessária para uma *melhor aplicação do direito* nos casos em que exista a "possibilidade de repetição [da questão em juízo] num número indeterminado de casos futuros e consequente necessidade de garantir a uniformização do direito em matérias importantes tratadas pelas instâncias de forma pouco consistente ou contraditória – nomeadamente por se verificar a divisão de correntes jurisprudenciais ou doutrinais e se ter gerado incerteza e instabilidade na sua resolução a impor a intervenção do órgão de cúpula da justiça administrativa e tributária como condição para dissipar dúvidas – ou por as instâncias terem tratado a matéria de forma ostensivamente errada ou juridicamente insustentável, sendo objectivamente útil a intervenção do STA na qualidade de órgão de regulação do sistema.".[586]

Tendo sido destrinçados os pressupostos de que depende a admissibilidade do recurso de revista, considera-se relevante salientar duas temáticas que limitam aquela mesma admissibilidade.

Em primeiro lugar, salienta-se a impossibilidade legal de interpor recurso de revista com base na errónea verificação da matéria de facto pelo acórdão recorrido.

A este respeito veja-se o acórdão do STA, de 17 de Junho de 2020,[587] no qual o sujeito passivo pretendia uma reapreciação do acórdão recorrido que julgou procedente o recurso interposto pela AT da sentença do TAF de Lisboa que havia julgado procedente a impugnação judicial deduzida contra liquidações adicionais de IRC. Na análise do preenchimento dos fundamentos de recurso, considerou o STA que não tinha o sujeito passivo formulado qualquer questão que cumprisse aqueles requisitos. Neste sentido, frisou o tribunal que o sujeito passivo apenas pretendia uma reapreciação do mérito do acórdão recorrido, sendo que as questões

[586] Tal como se refere, por exemplo, no acórdão do STA de 17 de Junho 2020, proc. n.º 0402/09.7BELRA, no qual se cita o precedente anteriormente fixado no acórdão do STA de 9 de Outubro de 2014, proc. n.º 01013/14. Veja-se ainda neste sentido o acórdão do STA de 23 de Outubro de 2019, proc. n.º 0423/10.7BEPRT 0635/15.

[587] Proc. n.º 0262/07.2BELRS.

decididas nesse aresto assentavam, essencialmente, na matéria de facto provada e nas ilações dela decorrentes, não existindo qualquer questão de fundamental relevância social e jurídica, nem tampouco a necessidade de assegurar uma melhor aplicação do Direito.

Em idêntico sentido, veja-se o acórdão do STA, de 3 de Junho de 2020,[588] no qual o sujeito passivo pretendia que o STA sindicasse a interpretação efectuada pelo acórdão recorrido das normas legais relacionadas com a desconsideração de custos reflectidos em facturação indiciada como falsa, bem como as respectivas consequências em termos de IRC e de IVA. A este respeito, considerou o STA que a questão formulada tinha natureza casuística e singular, tendo a mesma subjacente "a apreciação da consistência, solidez e idoneidade dos indícios mobilizados pela AT". Nestes termos, ao estar o recurso de revista vedado quanto à apreciação de erro na apreciação das provas e na fixação dos factos materiais da causa no seio do acórdão recorrido, decidiu o STA pela inadmissibilidade da revista.[589]

Em segundo lugar, cumpre analisar uma temática discutida no recente acórdão do STA de 17 de Junho de 2020.[590]

Para o que aqui nos importa, pretendia a AT, entidade recorrente, ver respondida a questão de saber quem é que preenchia o conceito de "interessado" para efeito da aplicação do então art. 50.º do CIS, até à sua revogação pela Lei 64-B/2011, de 30 de Dezembro. A este respeito, considerava que a questão revestia "relevância jurídica ou social, aferida em termos de utilidade jurídica, decorrendo, da interposição do presente recurso, a possibilidade de melhor aplicação do direito, tendo como escopo a uniformização do mesmo direito". Ao analisar a admissibilidade desta revista, entendeu o STA que o recurso não poderia ser admitido por "falta de interesse de agir", uma vez que, mesmo em caso de provimento

[588] Proc. n.º 0463/08.6BESNT.

[589] Ainda neste sentido veja-se, por exemplo, o acórdão do STA de 3 de Junho de 2020, proc. n.º 0447/04.3BESNT, no qual se entendeu que "como é sabido, o STA não pode sindicar a factualidade apurada ou as ilações de facto tiradas pelo tribunal recorrido, atento o disposto no artigo 150.º/3/4 do CPTA, tendo, apenas, competência para a reapreciação da decisão de direito, em função de toda a factualidade apurada pelas instâncias".

[590] Proc. n.º 0249/14.9BESNT.

do recurso, a decisão recorrida não seria afectada, mantendo-se na ordem jurídica como tal. Dito de outro modo, o presente recurso seria desprovido de utilidade prática quanto àquela questão, o que não se compatibilizava com o intuito subjacente a este recurso excepcional. Isto, em virtude do facto de "as decisões judiciais destina[re]m-se a dirimir conflitos, a decidir questões concretas e que tenham utilidade, na medida em que sejam susceptíveis de influir na decisão da causa, e já não a decidir outras questões, que por muito interesse académico ou teórico que revistam, se devam ter como inúteis na lide (...)". Tal como se depreende, se é certo que o recurso excepcional de revista apresenta uma tutela meramente mediata dos interesses do recorrente, a verdade é que esses interesses sempre terão de existir, não sendo assim admitidos os recursos que revistam uma mero potencial de aplicação hipotético.

Perante o que acaba de se expor, compreende-se que os requisitos de admissibilidade do recurso de revista se encontram concretizados de forma pacífica e constante na jurisprudência, o que facilita a percepção do conteúdo normativo que está associado a cada um desses conceitos indeterminados.

Neste sentido, verificou-se que, na sua análise, o STA acaba por ocupar, em regra, uma pequena fracção da apreciação liminar com o "teste" do preenchimento daqueles requisitos qualitativos, ocupando o relatório a grande parte daquela apreciação.

Constatou-se que o STA acaba por se socorrer, em larga medida, de uma enunciação prévia do que tem entendido quanto a cada um dos pressupostos, isto é, da concretização normativa que se encontra estabilizada quanto a cada um deles.

O STA tem procurado efectivamente conferir um carácter de excepcionalidade a este recurso, impondo ao sujeito passivo o "ónus" de alegação e de explanação do preenchimento de tais requisitos, negando o provimento do recurso nos casos em que as questões a submeter a revista não se encontrem com aqueles devidamente delineadas.

Por último, este tribunal tende ainda a garantir a excepcionalidade daquele recurso por via da sua não admissão sempre que já exista um precedente por si emanado que permita conferir o intuito uniformizador que seria alcançado por via da revista, salvaguardando, no entanto, a utilização do recurso para os casos em que o acórdão recorrido não siga a jurisprudência daquele tribunal superior, reforçando com este recurso o carácter persuasivo do seu precedente.

Uma nota final para dizer, que em face desta concretização normativa do STA defendeu-se publicamente[591] – ainda que com ligeiras adaptações, designadamente no que respeita à competência do pleno para a sua decisão –, que este deveria ser o recurso uniformizador por excelência mormente no que respeita à arbitragem tributária.

Se assim fosse, não só se lograria uma aproximação do STA às questões fiscais mais "recentes", mais actuais, e (arrisca-se) de maior influência na comunidade, com possibilidade de intervenção em tempo útil deste tribunal, mas também não se correria o risco de ver o STA "inundado" por processos arbitrais na medida em que a decisão de aceitação (ou não) do recurso estaria sempre dependente da "vontade" do STA na concretização normativa que viesse a ser feita por este dos conceitos indeterminados.

17.2. O precedente persuasivo do recurso – 2.º teste uniformizador

É agora o momento de analisar a jurisprudência do STA relativa ao ano de 2017, de forma a aferir o grau de persuasão da orientação jurisprudencial fixada por aquele tribunal.

Para tanto, analisar-se-ão três acórdãos proferidos pelo STA que tenham concedido provimento a recursos excepcionais de revista.

Ensaiar-se-á a mesma estratégia seguida na análise efectuada no ponto anterior, procurando-se discriminar para cada uma das decisões sob escrutínio: a temática discutida; o segmento uniformizador – *a ratio decidendi*[592] – da decisão que concedeu provimento ao recurso e, por fim, e se assim for possível; o número de acórdãos proferidos ao nível dos

[591] Para maiores desenvolvimentos veja-se o tema apresentado nas jornadas de jurisprudência da Universidade Católica portuguesa que decorreram em 31 de Janeiro de 2018, disponível em https://fd.lisboa.ucp.pt/pt-pt/eventos/2a-edicao-das-jornadas-de-jurisprudencia-fiscal-7706, e, bem assim, a apresentação pública do *Speed* que decorreu na Universidade Nova de Lisboa, em 27 de Março de 2019, onde o tema foi precisamente "O recurso da decisão arbitral em matéria tributária".

[592] Recorde-se, uma vez mais, que a identificação da *ratio decidendi* de cada uma das decisões mais não é do que identificar o critério decisivo subjacente ao acórdão uniformizado. É por referência àquele critério decisivo, do qual consta a concretização normativa do Direito aplicável, que se determina o precedente fixado. Nestes termos, a análise que será tecida procu-

TCA's e, bem assim, o número de decisões arbitrais, que acompanharam a orientação jurisprudencial vigente depois da prolação de cada um dos acórdãos em análise.

Tomar-se-á como ponto-de-partida o acórdão da 2ª secção de contencioso tributário do STA, de 31 de Maio de 2017.[593]

A temática discutida prendia-se com a questão de se saber se o requisito de "tributação efectiva", conforme se encontra previsto no art. 46.º, n.º 10 do CIRC, e do qual depende a eliminação da dupla tributação económica, deve ser interpretado no sentido de se exigir a sujeição a imposto sobre o rendimento na esfera da sociedade distribuidora do rendimento, e não em qualquer fase anterior da cadeia, e se igualmente é de se exigir uma tributação integral de todas as componentes dos rendimentos distribuídos, numa óptica de divisibilidade dos lucros distribuídos.

A entidade recorrente interpôs recurso excepcional de revista da decisão proferida pelo TCA Sul, em 23 de Abril de 2015,[594] por considerar que a decisão recorrida contrariava a doutrina maioritária sobre esta matéria, bem como a própria posição perfilhada pela AT, plasmada na Circular n.º 24/2011.

Em face disto, o STA concedeu provimento ao recurso, esclarecendo – no que diz respeito ao segmento uniformizador da sua decisão – que "colocando-se a tónica no rendimento em si mesmo e não já na entidade geradora ou distribuidora do mesmo, para efeitos do conceito de tributação efectiva basta que uma das parcelas que compõem esse rendimento distribuído tenha de facto sido sujeita a imposto sobre o rendimento, independentemente do momento e entidade, para que se deva considerar a totalidade do rendimento distribuído abrangido pelas regras próprias do regime fiscal da eliminação da dupla tributação económica de lucros distribuídos consagrado no artigo 46º, n.º 10 do CIRC (na redacção com interesse)".

Da análise efectuada à jurisprudência dos tribunais tributários inferiores, constatou-se a existência de, pelo menos, um acórdão proferido

rará verificar se a concretização da norma jurídica efectuada no segmento uniformizador da decisão é, ou não, seguida pelos tribunais inferiores.

593 Proc. n.º 0738/16.

594 Proc. n.º 08149/14.

pelo TCA Sul e, bem assim, de um acórdão proferido pelo TCA Norte que acompanham a orientação jurisprudencial vigente.[595]

De seguida, deter-nos-emos no acórdão proferido pela 2ª secção de contencioso tributário do STA, de 15 de Novembro de 2017.[596]

Neste, a temática discutida prendia-se com a questão de saber qual a forma legalmente exigida para a notificação das liquidações oficiosas de IRS.

A entidade recorrente apresentara recurso excepcional de revista de um acórdão proferido pelo TCA Sul, por considerar que este teria incorrido em erro de julgamento porquanto determinara que, em face do art. 149.º, n.º 3 do CIRS, a notificação das liquidações oficiosas deveria ser efectuada através de carta registada (simples) e não por meio de carta registada com aviso de recepção.

O STA concedeu provimento ao recurso esclarecendo – na parte respeitante ao segmento uniformizador da sua decisão – que "estando em causa as notificações dos actos de alteração dos rendimentos declarados e dos actos de fixação pela administração dos rendimentos sujeitos a tributação, têm as mesmas de ser efectuadas por meio de carta registada com aviso de recepção".

Da análise efectuada à jurisprudência existente dos tribunais inferiores, posterior à prolação do acórdão sob escrutínio, constatou-se a existência de, pelo menos, dois acórdãos proferidos pelo TCA Sul que acompanham a orientação jurisprudencial vigente. Valem aqui, uma vez mais, as ressalvas que se têm vindo a fazer quanto à eficácia persuasiva destes precedentes.[597]

Por último, importa que nos debrucemos sobre o acórdão da 2ª secção de contencioso tributário do STA, de 22 de Fevereiro de 2017.[598]

Nesse aresto, a temática discutida prendia-se com duas questões: a primeira, a de se saber se, à isenção de IMI relativa a pessoas colectivas

[595] Neste sentido, veja-se o acórdão do TCA Sul, de 7 de Maio de 2020, proc. n.º 19/10.3BELRS e o acórdão do TCA Norte, de 21 de Maio de 2020, proc. n.º 01357/13.9BEPRT.

[596] Proc. n.º 0974/16.

[597] Neste sentido, veja-se o acórdão do TCA Sul, de 8 de Maio de 2019, proc. n.º 154/12.3BESNT; o acórdão do TCA Sul, de 15 de Novembro de 2018, proc. n.º 634/10.5BELRS.

[598] Proc. n.º 01658/15.

de utilidade pública seria aplicável, a partir de 1 de Dezembro de 2013 (data do início da vigência do CIMI), o disposto na al. *d*) do art. 1.º da Lei n.º 151/99 ou, se pelo contrário, seria aplicável o disposto no art. 44.º do EBF; a segunda, respeitava à questão de se saber que realidades seriam subsumíveis na expressão legal "prédios destinados à realização dos seus fins", prevista na al. *e*) do n.º 1 do art. 44.º do EBF "caso se [entendesse] que [era] aplicável o disposto nesse normativo, em exclusividade ou em conjunto com o regime da Lei 151/99".

O STA concedeu parcial provimento ao recurso, esclarecendo – na parte respeitante ao segmento uniformizador da sua decisão – que "[t]emos, assim, que concluir que o regime dos benefícios fiscais respeitantes a IMI de que usufruem as pessoas colectivas de utilidade pública tem duas vertentes, uma, e que respeita aos prédios directamente afectos à realização dos seus fins estatutários, encontra-se regulada no EBF, outra, e que respeita aos prédios urbanos destinados à realização dos fins estatutários, encontra-se regulada na Lei n.º 151/99.".

Do levantamento efectuado à jurisprudência existente ao nível dos tribunais tributários inferiores constatou-se a existência de, pelo menos, um acórdão proferido pelo TCA Norte que acompanha a orientação jurisprudencial vigente.[599]

De tudo o exposto resulta que as decisões posteriores transitadas em julgado respeitam o precedente decorrente do recurso excepcional de revista. Porém sabe-se já, estes dados podem não significar (e não significam seguramente) uma eficácia absoluta da persuasão do precedente. É que, como já dissemos, um eventual acórdão dos TCA´s contraditório com a interpretação proferida neste aresto do STA poderá ter sido, e tê-lo-á sido seguramente, objecto de recurso, podendo então estar pendente de decisão.

Não obstante, ainda que o precedente possa não apresentar uma eficácia absoluta, nem por isso se devem menosprezar os resultados obtidos. Estes, constituem um indício firme de que o precedente uniformizador no direito processual tributário, quando entendido em termos verticais,

[599] Neste sentido, veja-se o acórdão do TCA Norte, de 4 de Maio de 2017, proc. n.º 01786/12.5BEPRT.

possui uma elevada força persuasiva sendo um indicador muito forte de que existe um precedente quase vinculativo nesta temática.

Assim, se a estreiteza dos fundamentos de recurso a tal não obstar, sempre se dirá que aquelas decisões contrárias ao precedente fixado pelo STA serão por este substituídas, repondo-se, e garantindo-se deste modo a estabilidade e previsibilidade que deve assistir à concretização normativa pelos tribunais em ordem a tutelar devidamente o princípio da segurança jurídica.

Esta uniformização última passará sempre pelo STA. De resto, à semelhança do que se viu para o recurso para uniformização de jurisprudência.

Perante tudo o que se deixou exposto, parece ser de concluir que o STA deverá assumir cada vez mais, como parece ter sido essa a tónica da reforma de 2019, a função de uniformizador do Direito em Portugal.

Porém, essa actividade não pode ser (só) 20% da actividade global do STA como tem sido até agora. Deverão ser aumentadas as funções uniformizadoras do Direito do STA, diminuindo-se em consequência, outras funções – as tais que são, neste momento, mais de 80% da sua actividade.

Concluiu-se também que se o STA deve exercer maioritariamente funções de uniformização, a uniformização do Direito não pode depender só deste órgão.

Em resposta à nossa *research question* de saber se saber se *o sistema processual português estará preparado para garantir a segurança jurídica na aplicação do Direito perante a actual concepção legislativa em Direito Tributário*, não podemos deixar de responder negativamente.

Não, o sistema português não está preparado para garantir a segurança jurídica na aplicação do Direito perante a actual concepção legislativa em Direito Tributário.

Não está preparado na vertente objectiva da estabilidade e previsibilidade, porquanto a uniformização não é suficientemente eficaz e abrangente perante os desafios do actual paradigma do Direito Tributário.

Nem está preparado na vertente subjectiva da tutela da confiança, na medida em que não há nenhum expediente que permita ao STA acautelar problemas de retroactividade jurisprudencial.

Capítulo III
A Persuasão e Descentralização do Precedente e a Retroactividade Racionalizada da Jurisprudência

18. Colocação do problema

Iniciou-se a análise deste Título II com a enunciação daqueles que são os expedientes existentes no direito processual tributário português com vocação uniformizadora ao nível da aplicação do Direito.

Para o efeito, não só se atendeu ao regime de cada um dos instrumentos em questão no contexto pós reforma de 2019, como também se procurou efectuar um duplo teste quanto à capacidade uniformizadora daqueles que são os instrumentos uniformizadores por excelência no nosso ordenamento jurídico: o recurso para uniformização de jurisprudência e o recurso excepcional de revista.

Compreendeu-se que o sistema processual português não está preparado para garantir a efectiva segurança jurídica na aplicação do Direito nos moldes exigidos pela actual concepção legislativa do Direito Tributário, nem na sua vertente objectiva da uniformização, nem na sua vertente subjectiva da tutela confiança.

O sistema processual português não está preparado desde logo porque não assegura a possibilidade de uma aplicação retroactiva racionalizada da jurisprudência.

O sistema processual português não está preparado, também, porque no desenho e recorte material dos instrumentos com vocação uniformizadora ao nível do STA resultantes da reforma de 2019 se repetiram os mesmos "erros" tendo-se laborado num pressuposto errado. É certo que se concluiu que os recursos uniformizadores se encontram aptos a cumprir os desígnios para que foram concebidos. A questão é que eles foram pensados para uma realidade que não teve em consideração o papel "sub-legislador" dos tribunais tributários.

A uniformização processual actual reside exclusivamente no labor do STA. O STA por seu turno entende, e bem, os instrumentos actualmente existentes de forma cautelosa, não deixando que se banalize a sua utilização sob pena de se desvirtuarem os seus objectivos.

A uniformização na aplicação do Direito não se consegue só com jurisprudência uniformizadora do STA que, como se demonstrou, cumpre os seus desígnios de uniformização *in casu* e de melhoria do Direito.

A uniformização não pode ser feita exclusivamente pelo STA, ainda que o STA deva ter maioritariamente uma função uniformizadora.

Em matéria tributária, o STA deveria ser (re)afirmado como um tribunal para melhoria do Direito, ou seja, um tribunal com funções maioritariamente (se não mesmo exclusivamente) de uniformização do Direito.

A uniformização na aplicação do Direito não deve estar só dependente da sanação de contradições pelo STA, devendo a intervenção deste ser, em casos limite. A uniformização deve começar nas instâncias inferiores.

Basta para tanto compreender que dos 17 600 processos interpostos em tribunais tributários em 2018, só 103 foram recursos uniformizadores ou excepcionais de revista e destes, só cerca de 42% deram lugar a decisões de uniformização, o que equivale a uma percentagem inferior a 0,24%.

Portanto, se a uniformização é a chave para a segurança jurídica especialmente perante a actual concepção legislativa em Direito Tributário, então a persuasão do precedente tem que existir mesmo (e principalmente) fora do escopo desses expedientes. Este é um fenómeno a que chamámos de *descentralização do precedente*.

A segurança jurídica conseguir-se-á no efectivo respeito pelo precedente horizontal ou vertical pela jurisprudência dos tribunais de 1.ª instância, dos tribunais arbitrais, dos TCA´s e do próprio STA.

A necessidade de o poder jurisdicional ser previsível e estável sob a perspectiva dos seus destinatários constitui uma das mais importantes garantias de um Estado de Direito.

Por essa razão, viu-se ao longo desta dissertação que certos ordenamentos jurídicos vão ao ponto de considerar a jurisprudência como fonte imediata de Direito conquanto a estabilidade do labor jurisprudencial – ao nível da aplicação do Direito – se revela essencial para que os cidadãos e demais destinatários possam conformar as suas condutas.

Viu-se também que em face da actual concepção legislativa no seio do Direito Fiscal, a resposta às fragilidades e aos riscos susceptíveis de minar a confiança dos contribuintes passava, por um lado, por acautelar a eventual aplicação retroactiva da jurisprudência e, por outro, pela garantia da uniformização e de coerência da jurisprudência dos tribunais tributários.

A obediência dos tribunais tributários à orientação jurisprudencial vigente num determinado momento, deverá ser assegurada pelo respeito do precedente estabelecido ao nível dos tribunais do mesmo grau hierárquico – o precedente horizontal – e, bem assim, através do acatamento do entendimento sufragado pelos tribunais de grau hierárquico superior – o precedente vertical – nomeadamente, aquele estabelecido pelas correntes jurisprudenciais do STA é bem verdade, mas também dos TCA's e dos tribunais arbitrais.

Para se conseguir reforçar a segurança jurídica na aplicação do Direito, além do que está projectado, será necessário, crê-se, intervir em dois grandes polos: *introduzir medidas de reforço da eficácia da jurisprudência uniformizadora* e *pensar em medidas de reforço e descentralização da cortesia judicial ou de precedente horizontal e vertical*, designadamente no domínio de actuação dos tribunais inferiores.[600] Trataremos destas, para nos determos depois naquelas.

Se a resposta para a segurança jurídica na aplicação do Direito reside na uniformização e na retroactividade racionalizada da aplicação do Direito pelos tribunais tributários, é então necessário munir o sistema processual de instrumentos que reforcem os já existentes, que não são, como se viu, suficientes. Estes mecanismos terão que assentar no pressuposto de que a segurança jurídica terá que existir na aplicação do Direito, pelo menos, no campo do Direito Tributário onde a actual concepção legislativa tende

[600] Ainda que o objecto primordial deste estudo verse sobre a aplicação do Direito pelos tribunais, não pode deixar de se reiterar que a uniformização se obtém, também, no respeito da jurisprudência, pelo menos da uniformizadora, pela própria AT. A este respeito salienta-se que o expediente que existe para obrigar a AT a rever as orientações genéricas administrativas, em função da jurisprudência emanada pelos tribunais superiores nos termos do art. 68.º-A, n.º 4 da LGT, foi recentemente repensado pelo Governo no âmbito da Proposta de Lei n.º 43/XIV/1.ª de 25 de Junho de 2020.

a "contaminar" cada vez mais o leque de disposições legais, sob pena de se perigar um dos pilares do Estado de Direito.

19. A descentralização da persuasão do precedente

Garantir a efectiva uniformização na aplicação do Direito passa pela eficácia da jurisprudência uniformizadora é bem verdade, mas passa também e principalmente por garantir que os tribunais – todos e não só os arbitrais, os TCA's ou o STA – respeitam tanto quanto possível – pelo menos a *ratio decidendi* – das decisões precedentes do mesmo grau hierárquico e, naturalmente, de grau superior.

Se a chave para o respeito pela segurança jurídica está na uniformização, a chave para a uniformização está na eficácia persuasiva do precedente vertical e horizontal, ou seja, está na descentralização do precedente.

Vimos já nos 2.ºs testes que o precedente das decisões uniformizadoras funciona pelo menos ao nível da jurisprudência dos TCA's e dos tribunais arbitrais. Há portanto uma cultura de respeito ou de cortesia judicial para com a jurisprudência uniformizadora. Mas não basta. É necessário estender esta cultura às restantes decisões do STA e, bem assim, às decisões dos TCA´s, dos tribunais arbitrais e até dos tribunais de 1.ª instância entre si.[601]

O precedente judicial só é susceptível de ser respeitado na medida em que seja conhecido. Não há dúvida que as exigências de segurança jurídica dos contribuintes se encontram dependentes da circunstância das decisões judiciais serem objecto de publicação e, bem assim, e não de somenos importância, do facto das mesmas serem devidamente sistematizadas numa base de dados facilmente acessível. Só são susceptíveis de serem precedente decisões que sejam conhecidas.

Se a publicidade representa um dos elementos necessários à preservação da segurança jurídica perante a actual concepção legislativa no Direito Fiscal, a opacidade com que se lida ao tomar como certo que as decisões judiciais proferidas pelos tribunais tributários de 1.ª instância não são objecto de publicação, impossibilita a operacionalidade do pre-

[601] Quer isto dizer que se considera necessário reforçar o precedente, quer na sua dimensão horizontal quer na sua dimensão vertical, mantendo-se ainda assim o respeito pelo princípio da independência dos juízes decorrente do art. 203.º da CRP.

cedente horizontal e o controle do respeito pela cortesia também vertical pelos tribunais de 1.ª instância.

Compreende-se a gravidade desta temática quando se percebe que só em 2018 entraram nos tribunais tributários de 1.ª instância 14 889 processos e foram decididos cerca de 16 826 processos. É aqui que tem que começar a uniformização da aplicação do Direito.[602]

Para começar é então necessário e urgente à operacionalidade do precedente, lograr-se a publicação das suas decisões. O direito à informação jurídica constitui um direito fundamental dos cidadãos com expressa consagração constitucional conforme o que se encontra previsto no art. 20.º, n.º 2 da CRP. Assim, em face da importância crescente da estabilidade da jurisprudência na concretização de "directrizes gerais" fixadas pelo legislador, parece irrazoável que a jurisprudência dos tribunais de 1.ª instância seja desconsiderada do rol de decisões judiciais disponibilizadas na base de dados jurídico-documentais.

A uniformização e coerência na aplicação do Direito deve ser garantida ao nível da 1.ª instância e, para tal, as decisões têm que ser conhecidas. A aplicação uniforme do Direito no seio dos tribunais tributários (também os de 1.ª instância) terá consistido numa preocupação assumida na recente reforma de 2019, designadamente na positivação do mecanismo das consultas prejudiciais. Porém, nada se fez quanto à publicação das decisões dos tribunais de 1.ª instância mesmo após a previsão, no n.º 2 do art. 30.º do CPTA, da obrigatoriedade de publicação de acórdãos e sentenças dos tribunais administrativos de círculo. Na sequência das alterações promovidas aos regimes processuais da jurisdição administrativa e tributária pela reforma de 2019, foi publicada, como já se disse, a Portaria n.º 165/2020 que, ao invés de obrigar à publicação das decisões de 1.ª instância, vem regulamentar o regime de depósito e publicação das decisões arbitrais em matéria administrativa e tributária. Isto ainda que

[602] Aqui uma nota para dizer que pelas medidas tomadas pelo Governo decorrentes da pandemia mundial a verdade é que não há qualquer publicidade dos processos julgados nos tribunais portugueses já que os eventos deixaram de ser públicos. Ora, se nem as decisões finais forem objecto de publicação ficam defraudadas as mais elementares preocupações de segurança jurídica.

no domínio da arbitragem tributária o CAAD tenha o sistema bastante acessível e bem organizado.

A "bondade" de tal medida que passe por impor a publicação de todas as decisões dos tribunais portugueses mesmo de 1.ª instância, não é suficiente para se garantir o efectivo conhecimento do conteúdo das sentenças ou dos acórdãos.

A sua eficácia implicaria, inevitavelmente, um reforço da sistematização das bases de dados e, ainda, dos requisitos de forma das decisões judiciais propriamente consideradas. As decisões judiciais deveriam ser publicadas por temáticas, obedecendo a um sistema de categorização que permitisse identificar não só o ano da sua prolação, mas também a temática ou matéria a que dizem respeito, com descritores objectivamente fixados e com a *ratio decidendi* facilmente identificável. Esta situação parece ser reconhecida na ordem processual civil na qual ocorre já uma categorização por temáticas a respeito da jurisprudência proferida pelo STJ.[603] E esta categorização revela-se tão ou mais importante quando estejam em causa decisões de uniformização de jurisprudência.

A solução é bastante fácil e de rápida execução – obrigatoriedade de publicação de todas as decisões jurisdicionais e judiciais – pressupondo-se depois uma sistematização e organização cuidada das bases de dados.

A diferente sistematização das decisões judiciais também se deveria fazer repercutir no próprio modo da sua elaboração.

Recuperando a análise que se teceu no Capítulo III do Título I, constatou-se que no sistema holandês, por exemplo, a feitura das decisões judiciais aproxima-se daquela que é a forma adoptada pelo TEDH. Em Portugal, também se poderia adoptar este critério que não é de todo estranho ao STA, designadamente, quando fundamenta a admissibilidade do recurso excepcional de revista.

Em concreto, seria de elementar importância que os juízes nacionais tecessem um conjunto de considerações preliminares ao julgamento do mérito da causa, aí deixando explícito a eventual distinção (*distinguishing*) do caso em análise em face de outros relativamente aos quais já houvesse sido proferido precedente.

[603] A este respeito consulte-se https://www.stj.pt/?page_id=6078.

Por seu turno, idêntico exercício deveria ser feito sempre que, no caso concreto, o tribunal em questão não seguisse o referido precedente, justificando assim as razões que fundamentam a sua superação (*overruling*).

Deste modo seria bastante importante que ficasse claro nas decisões o segmento persuasivo-uniformizador, ou seja, a *ratio decidendi* do direito anglo-saxónico. Os argumentos de direito, os *obter dicta* das jurisdições de *common law*, estariam na liberdade de cada julgador assegurando-se deste modo a liberdade de decisão dos juízes prevista no art. 203.º da CRP.

Simplificando, aquilo que se pretende deixar claro é a necessidade de se enunciar expressamente a posição de contrariedade em face de jurisprudência que já se encontre proferida mormente a que já se encontre uniformizada. Se é certo que essa mesma jurisprudência não se afigura vinculativa e, assim, tal exercício não pode ser equiparado ao que sucede no âmbito de países de *common law*, não é menos certo que tal exercício permitiria reforçar o grau persuasivo dos precedentes e, inevitavelmente, a segurança jurídica na aplicação do Direito. Isto na medida em que seria conferido a todas as partes e aos demais interessados, um excurso sedimentado das razões pelas quais um determinado precedente não poderá fazer-se valer no caso concreto, assim garantindo a virtualidade da referida decisão nortear a conformação das posições jurídicas dos contribuintes no futuro. Nestes termos conferir-se-ia, simultaneamente, uma "teia" das decisões proferidas a respeito daquela matéria, já que seria possível identificar e articular essas diversas decisões, conquanto as mesmas se encontrassem devidamente publicitadas e sistematizadas.

Ainda no que respeita à questão formal das decisões jurisprudenciais sempre se recorda a importância do que se deixou dito a propósito da aplicação do princípio *stare decisis* onde o núcleo do precedente judicial assenta na *ratio decidendi* determinada pelos fundamentos jurídicos da decisão. Portanto, não será a decisão judicial como um todo que irá persuadir os juízes, mas apenas a *ratio decidendi* da decisão precedente, traduzida na concretização normativa estabelecida na fundamentação da decisão.

A identificação expressa da *ratio decidendi* e da eventual contrariedade das decisões proferidas com outras decisões, principalmente as uniformizadoras de jurisprudência, não deveria apenas ser imposto aos juízes, mas também às partes. Dito de outro modo, deveria cominar-se a obrigatoriedade por parte da AT e, bem assim, por parte dos contribuintes, de mencionarem expressamente que a argumentação por si tecida se afasta daquela que é a jurisprudência, principalmente a uniformizada, como de resto já sucede em países com sistemas adversiais como os EUA ou a Austrália, em que os advogados chegam mesmo a ter um dever ético de mencionar tais factos de modo claro e preciso.

Poderia também adoptar-se um sistema semelhante ao dos EUA em que sempre que a AT insistisse em emitir actos tributários cuja fundamentação contraria a jurisprudência uniformizadora ou a constante, deverá também deixar claro que o está a fazer.

Em resumo, se hoje a concepção legislativa em Direito Tributário precipita a concretização normativa para os tribunais tributários e se na aplicação do Direito se terão que fazer coincidir ditames de segurança jurídica que antes estavam orientados para a fase da criação do Direito pelo legislador, então a estabilidade do Direito dependerá da segurança jurídica que se conseguir garantir nesta fase.

Dizer isto significa que a resposta estará na uniformização da aplicação do Direito. E esta não pode ser vista nos moldes tradicionais em que ela tem sido assumida desde 1995, mormente desde a revogação dos assentos no direito civil. A uniformização capaz de assegurar o cumprimento dos ditames de segurança jurídica não pode ser encarada como uma função exclusiva do STA. Depende ao invés da consagração no sistema judicial português de mecanismos que reforcem a cortesia horizontal e vertical e o precedente persuasivo.

Apontámos algumas medidas que poderiam ser adoptadas mas o intuito é claro: *descentralização do precedente persuasivo.*

20. O papel uniformizador do Direito do STA

Pelo percurso realizado confirmou-se que o papel desempenhado pelo STA constitui o último reduto da uniformização do Direito Fiscal, mormente quando profere jurisprudência uniformizadora.

Muito embora a uniformização da aplicação do Direito não deva ser feita exclusivamente pelo STA, este deve ser "o órgão de melhoria do Direito", ou seja, o órgão uniformizador, devendo ser esta (tendencialmente) a sua função exclusiva.

Os actuais mecanismos processuais de uniformização de jurisprudência, onde o recurso para uniformização e o recurso de excepcional revista representam as traves mestras da uniformidade na aplicação do Direito Fiscal, cumprem os seus desígnios. Através do levantamento das decisões proferidas pelo STA, constatou-se que aquele tribunal atribuiu a utilidade aos mecanismos uniformizadores de jurisprudência, tal como fora suposto pelo legislador, fazendo para o efeito um crivo aos recursos interpostos.

Pôde-se constatar que o STA não analisa os requisitos de admissibilidade de interposição do recurso para uniformização de jurisprudência nos termos dos arts. 152.º do CPTA e 284.º do CPPT de forma incondicional. Antes pelo contrário, tem vindo a apreciar o preenchimento dos requisitos de admissibilidade de interposição do recurso em causa rodeado por uma série de cautelas destinadas a relevar e a considerar apenas a "filigrana" relevante que poderia efectivamente pôr em causa a estabilidade da jurisprudência, em virtude da existência de uma contradição inconciliável relativamente "à mesma questão fundamental de direito" entre duas decisões judiciais.

Pôde também constatar-se, no tocante ao recurso excepcional de revista, deduzido nos termos do art. 150.º do CPTA, que este constitui o mecanismo de uniformização de jurisprudência mais utilizado pelas partes vencidas e pelo MP, atento o facto do seu conhecimento não se encontrar dependente de requisitos tão rígidos quantos aqueles que se encontram previstos para o recurso para uniformização de jurisprudência. A este propósito, pudemos verificar que o STA tem uma (ainda) maior margem de concretização normativa dos fundamentos de interposição desse recurso, e, por essa razão, tem maior liberdade na escolha dos processos que lhe são submetidos.

Em todo o caso, ainda que se possa concluir que o desempenho do STA na sua função de garante da uniformização na aplicação do Direito Tributário seja consonante com o papel que lhe fora atribuído pelo legislador, o certo é que se suscitam algumas questões que merecem a nossa atenção e reflexão.

A primeira prende-se com os *efeitos* e a segunda com a *força persuasiva*.

Fomos já dizendo ao longo desta dissertação que há que perceber se não seria vantajoso admitir-se que a jurisprudência uniformizadora pudesse ser usada como acórdão fundamento para decisões já transitadas em julgado há mais de 30 dias ou para situações já sedimentadas. Chamámos-lhe *recurso conformador*.

Deveria porém prever-se, como excepção, que os juízes do STA pudessem limitar esta aplicação retroactiva em face dos critérios de ponderação semelhantes aos da aplicação no tempo da lei fiscal, designadamente quando a possibilidade de utilização deste expediente fosse de tal forma onerosa para o Estado português que fizesse sentido aquele determinado acórdão uniformizador não poder ser usado como fundamento para recurso de decisão já transitada em julgado.

Este mecanismo poderia ser usado pelo particular (sujeito passivo), mas não pela AT. A solução seria equivalente de resto à que existe já nas decisões de inconstitucionalidade.

Do ponto de vista teórico, o que obsta à aplicação retroactiva de uma decisão uniformizadora a situações jurídicas já constituídas tem única e exclusivamente a ver com o princípio da indisponibilidade do caso julgado, o qual já é ultrapassado, por definição, ao permitir-se a interposição de um recurso para uniformização de jurisprudência a favor da parte vencida num determinado processo. Este mecanismo de uniformização da jurisprudência tributária tem, como se sabe, o objectivo de atenuar eventuais contradições reveladas por duas decisões judiciais, relativamente à interpretação do mesmo quadro normativo. E esse objectivo mantém-se e justifica-se, mesmo para lá dos 30 dias.

Actualmente, admite-se a prevenção da existência de conflitos de jurisprudência que se poderiam sedimentar no ordenamento jurídico pela força do caso julgado, mas só a contar do trânsito em julgado e até aos 30 dias do acórdão recorrido. Parece que de acordo com o regime actual, só nesse tempo é que se justifica a reposição de segurança jurídica e da igualdade.

Como já foi oportunamente referido, aquilo que justifica ao abrigo da legislação actual o sacrifício da força do caso julgado, cujos efeitos tenderiam a cristalizar os vícios e as desconformidades imputadas à sentença recorrida, prende-se com o princípio da segurança jurídica e da igualdade e, mais concretamente, explica-se pela cedência do valor da justiça material, de forma algo paradoxal, sobre o valor da própria segurança jurídica. Basta recordar que é precisamente por esta razão que o recurso para uniformização de jurisprudência tem um carácter extraordinário porquanto é interposto depois da sentença recorrida ter transitado em julgado. Esse objectivo é ainda mais reforçado perante a actual concepção legislativa como se disse.

Dito isto, não parece existir nenhum entrave teórico à regra ser a de que: a jurisprudência uniformizadora passe a ter efeitos retroactivos, quando favoráveis ao sujeito passivo, podendo o acórdão uniformizador ser usado como acórdão fundamento.

Duas cautelas quanto a este ponto.

Uma para dizer que se julga que este expediente só deve poder ser aproveitado pelo sujeito passivo. Não seria justificável que uma decisão uniformizadora transitada em julgado aproveitasse à AT e que portanto pudesse pôr em causa os interesses do sujeito passivo já consolidados na ordem jurídica quando na realidade a ilegalidade da jurisprudência transitada em julgado, agora contrariada pelo acórdão uniformizador, será sempre e no limite imputável ao Estado português.

Uma segunda, para dizer que o STA poderia determinar o alcance dos efeitos de um acórdão uniformizador de jurisprudência, em termos semelhantes àqueles constatados no âmbito do inciso legal previsto no art. 282.º da CRP, em que se admite em face do ordenamento jurídico-constitucional a possibilidade do TC modelar os efeitos no tempo das suas declarações de inconstitucionalidade com força obrigatória geral. Aquele tribunal determinaria, de acordo com os seus próprios critérios, as situações jurídicas e os direitos constituídos no passado susceptíveis de serem lesados pelo potencial retroactivo de uma decisão uniformizadora, estabelecendo, caso a caso, quando se justifica limitar no tempo esta "contaminação". Por esta via, conseguir-se-ia igualmente alcançar a segurança de cada situação em particular almejada pelo instituto do caso julgado.

Mas, repare-se que a protecção da segurança jurídica que se pretende conseguir pelo instituto da indisponibilidade do caso julgado pode, na prática, revelar-se insuficiente ou até mesmo ineficaz para tutelar as posições jurídicas das partes.

Tal como se referiu, este recurso, que se denominou de conformador, teria como mais-valia a harmonização de decisões anteriores ao acórdão uniformizador de jurisprudência. Muito mais porque a solução jurisprudencial transitada em julgado não foi no sentido correcto – o da decisão uniformizadora – não sendo este facto imputável ao particular. E a essencialidade dessa harmonização seria exponenciada nos casos em que tal acórdão efectuasse uma concretização normativa nova ou rompesse com a jurisprudência constante. Quer isto dizer que aquele acórdão uniformizador não exerceu a função de garantia de estabilidade e previsibilidade da aplicação do Direito, reclamada pela actual concepção legislativa, quanto a todas as decisões a ele anteriores, razão pela qual seria necessário, nestes casos, ponderar a eventual retroactividade.

Se for tido em consideração que a actual concepção legislativa propicia o surgimento de concretizações normativas díspares, e até mesmo antagónicas, não será difícil a compreensão que o instituto do caso julgado apenas garantirá a segurança de que a decisão daquele processo não venha a ser posteriormente alterada, e não já a previsibilidade e estabilidade necessárias para que os sujeitos passivos conformem as suas condutas e para que a AT ateste a legalidade da sua actuação, firme, atempada e antecipadamente. Para o efeito, basta recordar os casos em que o mesmo sujeito passivo, em períodos tributários distintos, com idêntica factualidade, e quanto à mesma questão de Direito, obteve decisões judiciais em sentidos opostos. Ou ainda o caso da transformação das sociedades por quotas em sociedades anónimas em momento anterior ao da alienação, que gerou a aplicação em massa da CGAA, e que resultou em decisões em sentidos completamente diferentes.

Não é de difícil percepção que, nestes casos, não se tutelou devidamente o princípio da segurança jurídica, nem tampouco, o princípio da igualdade. E é a este respeito que o recurso conformador se revela essencial, uma vez que permitiria reestabelecer a tutela daqueles princípios, garantindo aos particulares prejudicados por uma decisão, que o recurso para uniformização de jurisprudência vem reconhecer como errada, a possibilidade da sua correcção.

O caso julgado deve ceder portanto onde razões de segurança jurídica se sobreponham. Desta forma, evitar-se-ia que as situações referidas *supra*, mesmo que excepcionais, afectassem a segurança do comércio jurídico, bem como a clareza e coerência pela qual se deve pautar a aplicação do Direito pelos tribunais.

Caso contrário, ao ser meramente atendida a situação individual, sem que se confira a possibilidade de ponderação, no caso concreto, do "peso" dos princípios em colisão, mais não está do que a admitir-se a falência da uniformização enquanto mecanismo de tutela da segurança jurídica transversalmente considerado em face da actual técnica legislativa. Isto na medida em que poderão proliferar, em larga escala, decisões contraditórias, que transitarão em julgado, designadamente se se pensar na arbitragem tributária, sem que se reconheça às partes qualquer meio de tutela das suas posições jurídicas, dado que estas apenas serão atendíveis após a prolação de uma eventual decisão uniformizadora.

Aqui, sem dúvida que haverá que atender às cautelas que julgamos ter deixado já bem assentes ao longo desta tese. Os mesmos cuidados e o mesmo raciocínio que é feito para efeitos de averiguação da retroactividade aceitável ou da retroactividade censurável para efeitos da lei fiscal deverão ser tidos pelos juízes do STA quando decidem não limitar os efeitos da "doutrina uniformizadora" no tempo.[604]

Do ponto de vista teórico, nada impediria que o STA pudesse determinar o alcance no tempo dos seus acórdãos uniformizadores de jurisprudência através de um teste de proporcionalidade – *dimension of weight* – apoiado na *teoria alexyana*, de acordo com a qual, se equilibrassem os interesses em presença que potencialmente se poderiam confrontar pela aplicação retroactiva dessas decisões judiciais temperando-se a ingerência provocada pelos efeitos de um acórdão uniformizador de jurisprudência sobre os direitos e as situações jurídicas constituídas no passado. Ponderando o interesse do particular, assegurado à partida, em conjunto com o interesse/prejuízo do Estado português no compromisso da "doutrina" decorrente da "nova" jurisprudência.

[604] Compreenda-se que o que se defende aqui é diferente do que se defendeu atrás quanto à *retroactividade racionalizada da jurisprudência*. Ali o que defendemos é que, relativamente aos processos em curso aos quais vai ser aplicada em bloco a persuasão do precedente uniformizador, então por razões de segurança jurídica na sua vertente subjectiva deverá ser estabelecido um mecanismo que permita ao STA, sempre que se justifique, limitar no tempo os efeitos retroactivos dessa jurisprudência. Em moldes de resto semelhantes ao raciocínio já seguido para a retroactividade própria e imprópria.

O que se teria seria um regime em que uma decisão uniformizadora poderia ser usada pelo particular como acórdão fundamento, ou de decisões já transitadas em julgado sem dependência dos 30 dias actuais, ou como facto superveniente arguível para efeitos de caducidade da acção de uma situação jurídico tributária já constituída. E tal solução não colide com o que acima se defendeu quanto à não adopção no CPPT do regime de preposição do recurso no RJAT. O que defendemos quanto ao prazo dos 30 dias se dever contar, à semelhança do RJAT, não do trânsito em julgado da decisão mas sim da notificação do acórdão a recorrer, vale quando a contradição do acórdão a recorrer é com um acórdão não uniformizador. Vale para dar o impulso processual para o recurso uniformizador de jurisprudência. O que propomos aqui é outro expediente, o "recurso de conformação" que vale quando se quisesse conformar as situações jurídico-tributárias passadas à jurisprudência já uniformizada do STA.

A forma como se poderá desenhar o regime poderá ter diferentes contornos dependendo da maior ou menor simplicidade com que se construa. Há porém dois ou três factores a ter em atenção.

O primeiro, o de perceber se valerá a pena ponderar-se, por exemplo, que a retroacção dos efeitos estaria limitada ao prazo e regras de caducidade do direito à liquidação, prazo até ao qual o legislador desconsidera o princípio da segurança jurídica/estabilidade em prol da reposição da legalidade.

O segundo, que passaria por perceber qual deveria ser, nestes casos, o órgão decisor deste "recurso conformador". Se o STA, se os TCA's. Tradicionalmente, historicamente e até no que toca ao direito comparado, a verdade é que via de regra cabe aos tribunais superiores a decisão da jurisprudência uniformizadora. Porém aqui do que se trataria seria da conformação de decisões ou situações passadas com jurisprudência uniformizadora já proferida pelo STA. Este "recurso de conformação" poderia perfeitamente ser decidido pelos TCA´s não se desvirtuando a função uniformizadora "original" do STA, a quem continuaria a caber a prolação da decisão uniformizadora que contaminará as restantes.

O terceiro factor a ter em consideração passaria por perceber quais os efeitos que estas decisões de conformação teriam no que respeita por exemplo a juros indemnizatórios, sendo de ponderar que houvesse alguma limitação, se não mesmo exclusão, na sua contagem.

Há então vários ângulos a ponderar numa opção deste género e o recorte técnico poderá ser mais ou menos apertado em função das intenções específicas do legislador. Porém, sem dúvida que de um ponto de vista macro, a consagração legal de uma regra como esta teria os seus méritos para efeitos de afirmação da segurança jurídica da jurisprudência uniformizadora. É que, apesar de as decisões proferidas pelo STA só terem um efeito *inter partes*, contrariamente aos efeitos *erga omnes* produzidos por uma declaração de inconstitucionalidade com força obrigatória geral, por exemplo, o certo é que a actual concepção legislativa determina que um vasto conjunto de regras e princípios jurídicos em matéria tributária constitua o produto do labor jurisprudencial ensaiado pelo STA. Neste sentido, a actividade daquele tribunal constituiria um parâmetro de orientação para os tribunais que lhe são hierarquicamente inferiores mesmo para situações de 1.ª instância ou dos TCA's, dos tribunais arbitrais ou do próprio STA já transitadas em julgado.

A terminar esta temática só uma nota que nos parece importante.

Uma solução alternativa à do recurso conformador seria a de remeter para o recurso previsto no art. 696.º do CPC e admitir que ao rol de fundamentos admissíveis para a aceitação do recurso extraordinário de revisão se aceitasse a prolação de uma decisão jurisprudencial uniformizadora nova contraditória à decisão transitada em julgado.

O recurso extraordinário de revisão, também existente no processo penal, visa precisamente a correcção do erro judiciário através de um outro julgamento (sumário) que substitua a decisão anterior "viciada". Este erro judiciário emerge das situações processuais em que, por dolo, negligência, desconhecimento ou – note-se – má interpretação de Direito, foi proferida uma decisão judicial que não corresponde à verdade dos factos ou à realidade merecendo, por isso, o qualificativo de injusta. Este é um mecanismo previsto no CPC – art. 696.º – no CPP – art. 449.º – e na própria CRP – art. 29.º, n.º 6 – que poderia ser alternativo ao recurso conformador. Os efeitos seriam equivalentes aos do recurso conformador ainda que em nossa opinião fosse uma solução mais complicada.

Por último, esta temática leva-nos então à segunda grande questão que valerá a pena equacionar e que se prende com a necessidade de ponderar as virtualidades – se não do (res)surgimento do efeito vinculativo, pelo menos – de um reforço sério do carácter persuasivo do precedente uniformizador.

Valerá então a pena ponderar a *força persuasiva* das decisões do STA.

Ainda que se defenda que tendencialmente a função do STA deve ser quase em exclusivo uniformizadora, actualmente na sua actividade o STA profere decisões uniformizadoras e decisões que não são uniformizadoras. Se assim é, então ambas devem constituir precedente para decisões jurisprudenciais posteriores. Umas terão (só) mais força que as outras.

Dos 747 processos decididos pelo STA cerca de 20% foram uniformizadores de jurisprudência ou excepcionais de revista. Isto significa que 80% da sua função é não uniformizadora.

Vimos também que, da amostra de acórdãos uniformizadores analisados, não encontramos jurisprudência posterior dos tribunais arbitrais ou dos TCA's que contrariassem o sentido dos acórdãos uniformizadores. Isto sem todavia termos deixado de notar, igualmente, que no horizonte temporal analisado – de 2017 a Junho de 2020 – foram interpostos mais de 402 recursos uniformizadores de jurisprudência. Tal significa que, pelo menos no entender dos recorrentes, a decisão recorrida não respeitou a jurisprudência do STA ou do TCA. Significa, portanto, que a eficácia persuasiva do precedente não se materializou. E, pelo menos em 15%, tal veio a revelar-se certo no entender do STA.

Por força do que se tem vindo a expor, não seria despiciendo que pelo menos os acórdãos proferidos pelo STA fossem graduados em função da sua persuasão. À semelhança de resto do que sucede no sistema francês onde os acórdãos são graduados de "A" a "C". Esta classificação seria atribuída pela secção de contencioso tributário do STA.

Com "A" seriam graduados os acórdãos provenientes de recursos com vocação uniformizadora e que, como no sistema francês, não poderiam ser alterados em 10 anos devendo ser seguidos por todos os tribunais. Com "B" ou com "C" seriam classificados todos os acórdãos do STA que não os uniformizadores sendo que um critério distintivo poderia ser, por exemplo, a propensão para repetição no futuro designadamente tendo em consideração a actualidade das temáticas subjacentes e a prevalência na ordem jurídica da legislação em causa e, por último, a pendência de decisões idênticas em outros tribunais seja nos TCA´s seja nos tribunais de 1ª instância. Outro critério distintivo poderia ser, por exemplo, que só os "A" e os "B" ou só os "A" poderiam ser usados como acórdãos fundamento de recursos conformadores.

Todos estes acórdãos deveriam obedecer às regras formais de construção e organização dos acórdãos do TEDH, deveriam identificar claramente a *ratio decidendi* e deveriam, sempre que se afastarem de jurisprudência anterior, proceder ao *distinguishing* e ao *overruling*.

Todas as decisões do STA deveriam pronunciar-se quanto aos seus efeitos no tempo distinguindo, quanto à *sua aplicação aos processos em curso*, se haveria ou não limitação no tempo e se, portanto, estas só se aplicariam para o futuro; e quanto à *possibilidade de utilização do acórdão em causa como fundamento para recurso conformador* podendo, como se viu, e desde que outras razões de maior peso se sobrepusessem à segurança jurídica, ser então negada pelo tribunal a possibilidade deste acórdão ser usado como acórdão fundamento de recurso conformador pelos particulares.

Uma vez transitadas em julgado todas as decisões seriam publicadas, classificadas consoante o caso, e seriam disponibilizadas numa base de dados própria do STA de acesso claro e com descritores objectivamente fixados.

Se assim fosse, os restantes tribunais tributários e a própria AT seriam induzidos a acatar a orientação jurisprudencial vigente de acordo com a classificação constante do relatório de jurisprudência do órgão de cúpula da jurisdição administrativa e fiscal, saindo assim reforçada a uniformização da jurisprudência fiscal em benefício da boa administração da justiça e das garantias de segurança jurídica dos contribuintes.

A finalizar e a bem da clareza do regime dos recursos uniformizadores seria de estabelecer o recurso excepcional de revista como o recurso uniformizador por excelência, eliminando-se o recurso para uniformização de jurisprudência.

Aqui, ao elenco de *fundamentos* actuais acrescentar-se-ia a contradição entre o acórdão a recorrer e a jurisprudência do STA ou dos TCA´s ou dos tribunais arbitrais. Ao STA caberia a concretização destes conceitos indeterminados, deixando-lhe a amplitude necessária para a reapreciação de causas que merecem uma pronúncia por parte daquele tribunal de hierarquia superior, em prol da segurança jurídica e da melhoria do Direito. O cumprimento destes fundamentos seria objecto de uma apreciação preliminar evitando-se o despender de tempo e recursos numa análise como a que se tem vindo a fazer no recurso para uniformização de jurisprudência.

Em caso de negação do recurso por não preenchimento dos fundamentos de recurso a recorrente deveria ser condenada em custas acrescidas em função da utilização indevida do expediente.

A *legitimidade* para interpor recurso pertenceria à parte vencida e ao MP, se a decisão tivesse sido proferida com violação de disposições ou princípios constitucionais ou legais, tal como manda o art. 141.º do CPTA.

O *prazo* para interposição de recurso seria de 30 dias contados a partir da notificação da decisão a recorrer e não do trânsito em julgado da decisão.

A decisão competiria ao pleno da secção de contencioso tributário do STA.

Quanto aos *efeitos da interposição de recurso*, manter-se-ia o preceituado no art. 26.º do RJAT, sendo o regime que mais se aproxima do explanado no art. 143.º do CPTA, propondo-se que tal recurso tenha efeito suspensivo sobre a decisão recorrida. Em todo o caso, o recurso interposto pela AT sempre faria caducar a garantia que tivesse sido prestada para suspensão de processo de execução fiscal, conforme dispõe o n.º 2 do art. 25.º do RJAT.

Quanto aos *efeitos da decisão que viesse a ser proferida pelo STA*, no caso de precedência do recurso, o STA substituiria a decisão impugnada por decisão sua, apreciando definitivamente a questão tendo efeito retroactivo quanto aos processos em curso a menos que se estabelecesse efeitos só para o futuro.

Esta decisão seria objecto de graduação com uma determinada letra sendo que uma graduação com a letra A não deveria ser contrariada pelo prazo de 10 anos.

Esta decisão poderia ser usada, sempre que aproveitasse aos particulares, como acórdão fundamento para efeitos de "recurso de conformação" nos moldes que se defenderam acima quanto a decisões já transitadas em julgado.

Além destas medidas poderia pensar-se em mais algumas que reforçassem a função uniformizadora do STA.

Falamos por exemplo de um mecanismo, semelhante de resto ao que existe na Holanda, onde o Provedor de Justiça e o Ministro das Finanças pudessem suscitar directamente ao STA questões prejudiciais relativamente a processos concretos em massa ou a questões que, atenta a complexidade e a propensão de repetição para o futuro, justificassem a prolação de uma decisão uniformizadora pelo STA.

Falamos também da assunção da uniformização na aplicação do Direito no elenco dos objectivos a serem prosseguidos pelo MP, posicionando-se este órgão para com o STA e a jurisprudência uniformizadora numa posição e a função que já lhe está conferida perante o TC quando a temática é de conformação constitucional.

Por último falamos, por exemplo, de ser concebido um regime no processo tributário e no que respeita à jurisprudência uniformizadora, equivalente ao que existe quando o TC profere 3 decisões de inconstitucionalidade. Também aqui, sempre que o STA proferisse 3 decisões idênticas teria que convolar a decisão em uniformizadora de jurisprudência.

Se assim se reforçasse a persuasão do precedente uniformizador, se operacionalizasse a persuasão do precedente não uniformizador, e se acautelasse a retroactividade jurisprudencial nos termos acima expostos, a somar às medidas já tomadas pelo legislador em 2019, julga-se que melhor ficaria a segurança jurídica e a estabilidade do Direito no sistema processual português.

Capítulo IV
Conclusão

A actual concepção legislativa em Direito Tributário não reflecte mais uma tipicidade fechada tal qual era concebida e defendida pelos autores clássicos.

Por força do excurso que se traçou pela cronologia histórica da técnica legislativa, constatou-se que a emergência do Estado Social colocou em causa a viabilidade de uma concretização tão densa quanto possível de todos os elementos normativos que conformam as leis fiscais.

Pela importância das tarefas assumidas pelo Estado Social na consecução das necessidades colectivas dos cidadãos cada vez mais materializadas em preocupações de ordem económica, social e ambiental, a fiscalidade passou a ter uma margem de intervenção exponencialmente maior daquela que era querida pela tradição liberal.

Acelerou-se a produção de novas normas fiscais conquanto o Estado privilegiara o recurso a instrumentos de política fiscal para executar as suas novas tarefas, chegando-se a um "fenómeno" a que chamámos de hipertrofia ou inflação legislativa.

Este fenómeno abriu a porta a que existissem lacunas geradas pela "ânsia" do legislador em disciplinar detalhadamente todas as realidades no enunciado normativo da lei fiscal, que são aproveitadas pelos contribuintes no lançamento de esquemas de planeamento fiscal.

A este respeito sublinharam-se as consequências que se reflectiam no princípio da capacidade contributiva e no surgimento de fenómenos de fraude e de evasão fiscal, agravados pela crescente internacionalização da sociedade e da economia que, consequentemente, propiciaram a própria internacionalização destes fenómenos.

Sublinharam-se igualmente as consequências que perigaram o princípio da segurança jurídica e que foram provocadas por um insuportável aumento na complexidade do sistema, quer numa perspectiva quantitativa – muitas leis – quer numa óptica qualitativa – leis muito complexas.

A reacção do legislador à inflação legislativa consistiu no recurso a leis fiscais dotadas de um enunciado normativo suficientemente flexível, em ordem a garantir que a lei conseguisse abranger, por um lado, o maior número de realidades possível – acautelando-se assim as exigências do princípio da capacidade contributiva – e, por outro lado, que não seja objecto de sucessivas alterações, promovendo-se deste modo períodos de vigência mais estabilizados, com vantagens evidentes para o princípio da segurança jurídica.

Por estas razões, entendeu-se que o princípio da capacidade contributiva e o princípio da segurança jurídica consubstanciavam as *causas modernas* da actual concepção legislativa, acompanhadas da *causa histórica* materializada na inflação legislativa.

Os sistemas fiscais modernos passaram a privilegiar o recurso a leis compreendidas por conceitos indeterminados e vagos de modo a obter estabilidade, compreensibilidade, previsibilidade e a combater a elisão fiscal.

Este fenómeno teve reflexo na legislação portuguesa, tendo-se verificado que a CGAA se assumiu enquanto expoente máximo daquela técnica.

Mas aquele "método" verificou-se de igual modo no panorama internacional, nomeadamente ao nível da UE e da OCDE, relativamente aos quais foram dados vários exemplos e abordados vários instrumentos que reflectem que esta técnica não é já uma tendência nacional mas sim a assunção de um novo paradigma mundial.

No fórum internacional, o fenómeno BEPS assumiu-se um motor de desenvolvimento dos sistemas fiscais no que diz respeito à promoção de leis fiscais tão latas quanto possível, tendo-se abordado o contributo da directiva ATAD e do MLI, entre outros, para a compreensão deste fenómeno.

O enraizamento da actual concepção legislativa, a par dos seus méritos, provocou igualmente certos constrangimentos.

Aquela técnica legislativa passou a relegar a concretização normativa das leis latas e indeterminadas para o momento da sua aplicação.

Quer isto dizer que o conteúdo das normas jurídicas que irão conformar a relação jurídico-tributária apenas serão concretamente definidas no momento em que forem aplicadas pela AT e, no final, pelos tribunais, uma vez que são estes que irão conformar em última instância as posições jurídicas daquela relação.

Verificou-se então uma necessidade de reconfiguração do princípio da legalidade e do princípio da segurança jurídica.

No que respeita ao princípio da legalidade constatou-se sem grande originalidade que a sua reconfiguração passou pela vertente formal, tendo-se concluído que nos dias de hoje existe uma "governamentalização" da produção legislativa em matéria tributária explicada, em grande medida, pelo facto de o Governo se encontrar em melhor situação e preparação para responder às exigências contemporâneas da especialidade e especificidade do Direito Fiscal.

No tocante à vertente material da legalidade, verificou-se que o abandono de uma reserva absoluta de lei formal e de uma tipicidade fechada não poderiam significar a atribuição de um poder arbitrário ao aplicador do Direito.

A este respeito, constatou-se que a lei teria de ter um grau de densidade suficiente, isto é, que a lei poderia ser indeterminada na medida em que fosse determinável, ainda que não fosse possível estabelecer à partida um ponto óptimo de densificação. Constatou-se também que é o próprio TJUE quem exige esta característica ao admitir leis vagas mas necessariamente determináveis, limitando deste modo o poder legiferante dos EM.

A determinabilidade enquanto característica da lei prende-se, disse-se, com o princípio da segurança jurídica. Neste sentido, a segurança jurídica constitui o fundamento e o limite da vertente material do princípio da legalidade na medida em que só uma lei que seja susceptível de ser concretizada pelo aplicador do Direito, i.e. determinável, é uma lei que, porque respeita o princípio da segurança jurídica, respeita o princípio da legalidade.

Quanto a este aspecto, procurou-se aferir, através de um teste de concretização jurisprudencial relativo à CGAA, se a concretização normativa que era feita pelos tribunais conferia a possibilidade, ou não, de os contribuintes conformarem as suas condutas e de a AT atestar a legalidade da sua actuação de acordo com o comando vertido numa determinada norma fiscal.

Da análise que se efectuou, concluiu-se que a concretização normativa efectuada pelos tribunais nos casos em análise não era coerente nem uniforme chegando, ao invés, a ser contraditória.

A adopção de soluções contraditórias em situações em tudo idênticas frustra a intenção do legislador de remeter para o momento da aplicação do Direito, mormente para o labor jurisprudencial, a concretização normativa dos conceitos latos e indeterminados.

De modo algo paradoxal, verificou-se que a actual concepção legislativa ao tentar acautelar os "perigos" já identificados, acabou por obstar aos ditames de previsibilidade, calculabilidade e estabilidade exigidos pelo princípio da segurança jurídica.

Tendo-se assim constatado, na prática, que aquele princípio era tutelado de forma insuficiente, e que o mesmo assumia uma importância primordial em face da actual concepção legislativa; sentiu-se a necessidade de analisar detalhadamente este princípio de forma a compreender as suas dimensões.

Começou por se constatar que o princípio da segurança jurídica consiste num dos princípios basilares do sistema jurídico, radicando o seu fundamento na concepção de Estado de Direito Democrático.

Concluiu-se que, quer por referência ao ordenamento jurídico nacional, quer por referência ao ordenamento jurídico europeu, se assiste à configuração do princípio da segurança jurídica como um princípio fundamental constitucional e de Direito da UE.

Quanto ao seu enquadramento dogmático "clássico", verificou-se que a doutrina constitucionalista densifica o respectivo conteúdo sob duas dimensões: por um lado, uma *dimensão objectiva* e, por outro, uma *dimensão subjectiva*.

A *dimensão objectiva* do princípio da segurança jurídica traduz-se na necessidade de *transparência* e *publicidade* do processo de elaboração de leis, de *clareza* das normas legais e de *estabilidade* do ordenamento jurídico em si considerado como um todo coeso e constante.

A *dimensão subjectiva* do princípio da segurança jurídica é tradicionalmente associada à *protecção da confiança* postulando-se, por seu intermédio, a estabilidade das posições jurídicas que os particulares adoptaram de acordo com as normas vigentes à data. A doutrina constitucionalista tende a associar esta dimensão à força do caso decidido constitutivo de direitos; no plano dos actos jurisdicionais à indisponibilidade do caso julgado e no plano normativo, à irretroactividade da lei.

Uma vez que a actual concepção legislativa em Direito Tributário relegou, em grande medida, para o aplicador do Direito, uma função que era anteriormente acautelada teoricamente pelo criador do Direito, procurou-se ensaiar quanto a cada uma das dimensões tradicionalmente postuladas pela doutrina, uma recondução ao método de análise do princípio da segurança jurídica que se adoptou nesta tese e que versou na dicotomia: *criação do Direito* e *aplicação do Direito*.

Neste sentido, constatou-se que a doutrina constitucional clássica associa as exigências decorrentes da *dimensão subjectiva* do princípio da segurança jurídica aos diversos segmentos de intervenção estatal, isto é, quer ao plano da *criação do Direito,* quer ao plano da *aplicação do Direito*.

O mesmo não sucede quanto à *dimensão objectiva* do princípio da segurança jurídica, essencialmente reconduzido ao plano de *criação do Direito*. Para a doutrina constitucional clássica o legislador é que estaria vinculado, no exercício do poder legislativo, à observância de garantias que promovam a previsibilidade, calculabilidade e estabilidade das consequências jurídicas dos actos por si emanados.

A seu título, procurou-se reconduzir cada uma daquelas dimensões ao específico domínio do Direito Tributário, aferindo de que modo a doutrina tradicionalmente conforma o princípio da segurança jurídica.

A respeito da *dimensão objectiva*, verificou-se a sua possível recondução à *coerência sistemática* e à *estabilidade normativa* enquanto manifestações de segurança jurídica. Verificou-se que a necessidade de estabilidade normativa é um ideal que se encontra em permanente tensão com a mutabilidade da lei fiscal e é precisamente a este respeito que a *coerência sistemática* reclama concretização.

Conforme enuncia a doutrina, se a *coerência sistemática* e a *estabilidade normativa* forem devidamente tuteladas permite-se mitigar o cenário da *lex tributaria semper reformanda*. Ora, na medida em que for acautelado, no plano da *concepção do Direito,* o devido entrosamento dos vários tributos entre si e a devida concatenação das normas que compõem o sistema jurídico, obstar-se-á a que a lei seja constantemente alterada.

A respeito da *dimensão subjectiva*, verificou-se que a doutrina aborda essencialmente o princípio da segurança jurídica a respeito da temática da aplicação da lei no tempo.

Desta forma, não bastaria que as normas fossem claras e cognoscíveis para os seus destinatários, mas também que se verificasse uma relativa estabilidade quanto ao hiato temporal relativamente ao qual produzem efeitos.

Isto em função da proibição de retroactividade da lei fiscal consagrada na CRP, relativamente à qual o TC comina diferentes consequências em virtude da categorização ou sub-tipo de retroactividade em questão.

A este respeito, considerou-se que a aferição daquela proibição de retroactividade não deveria ser efectuada por via de um critério formal e rígido, mas sim em função de uma aferição casuística da intensidade da lesão das expectativas jurídicas dos particulares. Desta forma, o interesse público subjacente à alteração legislativa e a lesão na esfera jurídica dos particulares seriam sempre aferidos numa lógica de confronto "alexyniana", a que se aderiu.

Feita esta análise, concluiu-se que uma escrupulosa recondução da *dimensão objectiva* a um plano de *criação do direito* não se coaduna com a actual concepção legislativa do Direito Tributário.

As exigências que eram tradicionalmente assacadas à *dimensão objectiva*, na medida que sejam reconduzidas à dimensão do legislador, revelam-se hoje insuficientes para garantir de forma plena a tutela do princípio da segurança jurídica.

A possibilidade de os particulares conformarem as suas condutas de acordo com o comando vertido numa norma já não depende apenas da actuação do legislador enquanto guardião das exigências de clareza, transparência, publicidade, calculabilidade e previsibilidade no processo de elaboração de leis.

Pelo contrário, a possibilidade de conformação das condutas pelos particulares depende também, e em larga medida, do labor cometido à AT e, sobretudo, aos tribunais, enquanto últimos entes de concretização normativa.

Foi por esta razão que se foi referindo que no quadro das fontes de Direito, a jurisprudência havia passado a desempenhar um papel fundamental na determinação do conteúdo das normas jurídicas, sendo a mesma necessária para que a lei, enquanto fonte imediata de Direito, conseguisse cumprir a sua função de regulação e orientação.

Chegámos mesmo a adoptar a expressão de Wouter Blokland, de Coen Maas e de Peter Wattel para quem os juízes são cada vez mais "sub-legisladores".

Em todo o caso, a verdade é que não é possível operar a uma transposição integral e "mecânica" das exigências que eram até então dirigidas ao plano da *criação do Direito* para o plano da *aplicação do Direito.*

Mas não são apenas as exigências de segurança jurídica na sua *dimensão objectiva* que reclamam uma reconfiguração.

Também as manifestações que anteriormente eram assacadas à *dimensão subjectiva* carecem agora de um certo incremento no domínio da actividade jurisprudencial.

A garantia de proibição de retroactividade que era anteriormente direccionada quase exclusivamente à normação legislativa, isto é, à *criação do Direito,* passa agora a ter que ser também acautelada no domínio da *aplicação do Direito,* ou seja, por referência à jurisprudência.

A instabilidade do labor jurisprudencial na tarefa de concretização normativa poderá lesar as expectativas jurídicas dos particulares sem que exista no princípio da protecção da confiança um reduto de amparo. Nestes casos, de pouco ou nada valerão as dimensões de segurança jurídica que costumam ser direccionadas ao legislador, dado que estas não têm alcance limitativo quanto ao efeito retroactivo das decisões jurisprudenciais.

A este respeito referiu-se que a *retroactividade da jurisprudência* não podia ser entendida e pensada com base no mesmo quadro dogmático que a retroactividade da lei. O que está em causa é o facto de uma decisão judicial produzir os seus efeitos sobre factos e situações jurídicas constituídas no passado, e não a eventual sucessão de uma decisão judicial no tempo face a uma outra que já houvesse regulado aqueles mesmos factos.

Tal como se viu, a eventualidade de uma decisão judicial concretizar normativamente uma lei de modo substancialmente diferente face à concretização que até então vinha sendo efectuada poderá constituir uma necessidade de evolução do Direito.

Aqui a tensão é já conhecida. O Direito tem que evoluir, da mesma forma que não há o Direito à irrevisibilidade das leis fiscais também não há o Direito à irrevisibilidade das correntes jurisprudenciais. Porém, há que ter cautelas principalmente por causa do princípio da retroactividade que agora tem que ser pensado também na óptica da aplicação do Direito.

Assim, distinguiram-se, ao que aqui importa, duas situações distintas.

A primeira, quanto à possibilidade de, por razões de segurança jurídica, entre outras, se acautelar a aplicação das correntes jurisprudenciais "novas" a *processos em curso*. Tendo-se defendido que, pelas mesmas razões de segurança jurídica na sua vertente subjectiva de proibição de retroactividade da lei fiscal, também estas deveriam ser aplicadas à jurisprudência. Chamámos-lhe *retroactividade racionalizada da jurisprudência.*

Para tal considerou-se necessário prever um mecanismo que permita garantir a estabilidade temporal da jurisprudência. Este mecanismo não é estranho ao ordenamento jurídico nacional, muito menos ao ordenamento jurídico europeu e a outros sistemas jurídicos.

Coisa diferente da *retroactividade racionalizada da jurisprudência* é a segunda temática que se prende com a questão de saber se, por razões de uniformização da aplicação do Direito pelos tribunais portugueses, ou seja, por razões de reforço da segurança jurídica, não faria sentido haver a possibilidade de o acórdão uniformizador poder ser usado como acórdão fundamento aplicável a situações que já transitaram em julgado. Dissemos que sim e para tal defendeu-se a criação de um recurso específico, o *recurso conformador.*

A primeira – a da *aplicação racionalizada da jurisprudência* – prende-se com a vertente subjectiva "clássica" da segurança jurídica pensada na óptica do aplicador do Direito.

A segunda – a do *recurso conformador* – que permite a possibilidade de decisões uniformizadoras poderem ser usadas como acórdãos fundamento relativamente a decisões já transitadas em julgado, prende-se com a vertente objectiva "clássica" pensada para a segurança jurídica na óptica do aplicador do Direito.

A uniformização e a ponderação da retroactividade são as refracções da segurança jurídica clássicas pensadas na óptica da segurança jurídica para a aplicação do Direito.

Viu-se, também, o desenvolvimento do princípio da segurança jurídica no seio do Direito da UE, tendo-se deixado estabelecidas as preocupações do TJUE quando analisa a vaguidade e quando delimita claramente o poder legiferante dos Estados na elaboração de leis latas e compostas por conceitos indeterminados.

Viu-se assim que a uniformização na aplicação do Direito, enquanto reflexo do princípio da segurança jurídica, é uma preocupação do próprio TJUE e que, portanto, extravasa as preocupações do legislador nacional, mas viu-se também que a racionalização na retroactividade do precedente também o é.

Tendo-se então identificado que a actual concepção legislativa propicia que o legislador relegue aos tribunais a tarefa de concretização legislativa, e, portanto, que a segurança jurídica que se verificava no plano legislativo terá que se verificar no plano da aplicação do Direito, e, que a transposição das dimensões clássicas não pode ser feita sem mais; tentou analisar-se o que se tem feito nesta temática noutras jurisdições.

Em concreto, procurou-se tal identificação por referência a sistemas jurídicos anglo-saxónicos, ditos de *common law*, uma vez que nestes a jurisprudência constitui fonte imediata de Direito.

Mas também se efectuou idêntico exercício por referência a sistemas jurídicos germano-românicos, ditos de *civil law*.

Escolhemos aqui os mais paradigmáticos. O francês pela inspiração e o holandês pela sofisticação que lhe costuma ser característica.

O que se tentou foi perceber como diferentes jurisdições, que partilham os mesmos desafios reagiram e se, nestas, a chave para o problema também reside na uniformização da jurisprudência como parecia indicar a nossa análise.

Procurou-se assim compreender as razões históricas que levaram ao estabelecimento de duas tradições jurídicas distintas, e correspondentemente, a diferentes formas de se acautelarem as exigências derivadas do princípio da segurança jurídica.

Constatou-se que em sistemas de *civil law*, nos quais a jurisprudência não produz, em regra, efeitos *erga omnes*, as preocupações com a segurança jurídica dos particulares eram essencialmente dirigidas ao momento da *criação do Direito*. Isto na medida em que seria o legislador o responsável pela produção de leis, única fonte imediata de Direito Tributário. Aos juízes caberia uma função de aplicação do Direito com recurso a um processo lógico-subsuntivo de interpretação e aplicação dos factos à norma.

Pelo contrário, verificou-se que em sistemas de *common law* essas preocupações eram também transpostas para o momento da *aplicação do Direito*. Isto pelo facto de nestes sistemas se verificar uma justaposição entre o processo de criação e de aplicação do Direito, já que as decisões jurisprudenciais assumem um papel fundamental no estabelecimento das normas jurídicas aplicáveis. Nestes a jurisprudência é em certos casos fonte imediata de Direito, mas mesmo quando não é, as preocupações com a uniformização mantêm-se, sendo a persuasão do precedente a resposta à estabilidade jurisprudencial.

Para aprofundamento desta temática estudaram-se três sistemas de *common law* por forma a compreender como, em concreto, acautelam as exigências derivadas do princípio da segurança jurídica. Escolheram-se para o efeito o sistema do Reino Unido; o sistema americano e o sistema australiano.

Constatou-se, em conclusão, que em sistemas de *common law*, de uma forma transversal, a uniformização da jurisprudência era assegurada pela doutrina do *stare decisis* e pela possibilidade de, em certos casos, os tribunais poderem produzir *judge made law's*. Por via daquela doutrina, a segurança na aplicação do Direito era conseguida por via da imposição de um precedente vertical vinculativo, é bem verdade, mas não é menos verdade que nas três jurisdições estudadas o precedente horizontal assuma cada vez mais um papel fundamental.

Quer isto dizer que, em primeiro lugar, os tribunais inferiores se encontram vinculados a decidir os litígios que lhes fossem submetidos em conformidade com a *ratio decidendi* patente nas decisões de tribunais superiores que se tivessem pronunciado em casos análogos, isto é, com o excerto daquelas decisões judiciais que constituíam o fundamento da resolução dos casos em litígio e relativamente ao qual se estabelece a vinculatividade. Mas quer isto dizer também, que nessas jurisdições, a uniformização da jurisprudência é igualmente obtida por via de uma regra de *precedente horizontal* que exerce um efeito persuasivo sobre os tribunais a decidirem um caso concreto em conformidade com as suas próprias decisões anteriores ou com a *ratio decidendi* constante das decisões proferidas por tribunais do mesmo grau hierárquico.

Certificou-se que em sistemas de *common law*, a uniformização da aplicação do Direito não se faz só através da vinculatividade do precedente vertical, mas também por via da cortesia judicial, ou seja, pela capacidade persuasiva dos precedentes desprovidos de vinculatividade. Isto na medida em que o precedente horizontal teria a capacidade de alcançar a uniformidade e coerência entre as decisões judiciais, mesmo em domínios em que a regra do precedente vertical não conseguiria tutelar devidamente o princípio da segurança jurídica.

Em todo o caso, também se viu que naqueles sistemas de *common law*, as preocupações de segurança jurídica não são acolhidas de forma incondicional à luz da doutrina *do stare decisis*.

Concluiu-se que o desiderato para garantir a uniformização da jurisprudência através do respeito, por parte dos tribunais, do precedente judicial não poderia sobrancear a necessidade de o Direito evoluir e, por conseguinte, não deveria significar uma cristalização da jurisprudência. Neste sentido, verificou-se que aqueles sistemas comportavam uma série de mecanismos à disposição dos juízes – designadamente os institutos do *distinguishing* e do *overruling* – que permitem pôr em causa a estabilidade da jurisprudência quando outras exigências, mormente, divergências quanto à factualidade e a necessidade de evolução do Direito, o justificassem.

Quanto aos sistemas de *civil law*, decidiu-se analisar a forma como os sistemas jurídicos francês e holandês acautelam as exigências derivadas do princípio da segurança jurídica, identificando que mecanismos e institutos existem para o efeito.

Iniciou-se a referida análise pela constatação de que não só o fenómeno da actual concepção legislativa preocupa, quer a doutrina, quer a jurisprudência destes países, como em ambos o paradigma do juiz, enquanto mera *bouche de la loi*, não corresponde mais à realidade.

Quer em França, quer na Holanda, apesar de a jurisprudência não ser fonte imediata de Direito, não lhe sendo, por via disso, atribuída uma força de precedente vinculativo, aos juízes não é mais reconhecido um papel de aplicação mecânica da lei ao caso concreto, desde logo porque, em certos casos, na ausência de uma lei escrita, os princípios gerais de Direito desenvolvidos pelos tribunais superiores chegam mesmo a assumir um verdadeiro carácter vinculativo.

Apesar de não vigorar nestes sistemas a doutrina do *stare decisis* e, portanto, de não existir vinculatividade, a verdade é que nem por isso estes deixam de reconhecer, cada vez mais, uma autoridade persuasiva aos precedentes judiciais que condiciona a actuação dos tribunais inferiores, especialmente quando estabelecidos pelos respectivos Supremos Tribunais.

A par da autoridade persuasiva do precedente judicial dos tribunais superiores, verificou-se que os tribunais superiores da ordem civil e administrativa do sistema jurídico francês – a *Cour de Cassation* e o *Conseil d'État* – publicam um relatório anual de jurisprudência, do qual consta uma classificação efectuada (de "A" a "C") por esses tribunais que permite mensurar a importância/autoridade dos precedentes.

Daqui resulta reforçada a orientação dos tribunais inferiores quanto à interpretação e à concretização normativa da lei e, sucessivamente, resultam incrementadas as garantias de segurança jurídica dos cidadãos.

No que diz respeito ao sistema jurídico holandês, apurou-se a possibilidade de quer os consultores fiscais, quer os advogados, quer a AT, poderem suscitar directamente ao *Hoge Raad der Nederlanden* a pronúncia sobre "casos-piloto", isto é, sobre situações jurídicas que originaram um elevado número de litígios ou em que exista a possibilidade de repetição em casos futuros.

A este respeito, o membro do Governo responsável pela área das finanças dispõe da prerrogativa de suspender os procedimentos administrativos em curso até ser proferida uma decisão por parte do Supremo Tribunal holandês que ponha cobro à questão de Direito controvertida nesses procedimentos.

Estes são alguns dos expedientes adoptados em França e na Holanda.

Porém, independentemente dos mecanismos em concreto de cada um dos Estados que analisámos, o ponto mais importante para o que nos importa agora é claro: a preocupação com a estabilidade e coerência jurisprudencial, mormente com a uniformização da jurisprudência, é comum nos dois Estados.

E dizemos mais, os sinais de que esta se alcança pela garantia da persuasão dos precedentes é também um sinal de que não pode esta tarefa caber só aos Supremos Tribunais.

Tem que haver uma *descentralização da persuasão uniformizadora*.

Em suma, tanto para sistemas de *common law*, quanto para sistemas de *civil law*, a actual concepção legislativa reclama que as exigências derivadas do princípio da segurança jurídica sejam garantidas através do reforço da persuasão dos precedentes e da previsão de mecanismos que permitam, cada vez mais, uniformizar a jurisprudência.

Aqui terminámos o TÍTULO I. Com o mote dado pela actual concepção legislativa de partilha de funções entre o legislador e os tribunais e com a perfeita noção de que o princípio da segurança jurídica tem que ser acautelado na esfera da *criação do Direito* mas também, e principalmente, na esfera da *aplicação do Direito*.

Do direito comparado compreendemos que se a chave da segurança jurídica na aplicação do Direito está na uniformização e na coerência, e que estas são asseguradas não só pela vinculatividade do precedente mas, também, pela persuasão do precedente ou pelo respeito pela cortesia judicial. Não se concluiu que onde não haja vinculatividade do precedente não há segurança jurídica mas concluiu-se, ao invés, que onde não haja persuasão do precedente não haverá estabilidade na aplicação do Direito, ou seja, não haverá uniformização da jurisprudência elemento fulcral à verificação da segurança jurídica.

Do Direito Constitucional português, e bem assim do Direito da UE concluiu-se que a dimensão subjectiva da segurança jurídica só será acautelada se e na medida em que se estabeleçam na lei processual mecanismos que permitam delimitar no tempo os efeitos da jurisprudência sempre que razões equivalentes à retroactividade imprópria da lei sejam apuradas pelos juízes. Chamámos-lhe *jurisprudência retroactiva racionalizada*.

Aqui chegados a questão que cumpre responder é a de saber se: *estará o sistema processual português preparado para garantir a segurança jurídica na aplicação do Direito Tributário perante a actual concepção legislativa?*

Tínhamos visto que quanto à temática da retroactividade a lei portuguesa não tem resposta, resta agora compreender quanto à uniformização.

Para responder a esta questão começámos o TÍTULO II na tentativa de identificar os mecanismos existentes no direito processual português que favoreciam uma aplicação uniforme do Direito pelos tribunais, tendo principalmente em conta os recursos existentes para o efeito.

Efectuou-se assim uma análise comparativa dos recursos com intuito uniformizador no direito processual tributário atendendo ao regime pré e pós reforma do contencioso de 2019.

Aqui não se descurou o específico domínio da arbitragem tributária, fenómeno que em muito precipitou a percepção de que a jurisprudência é cada vez mais uma fonte de Direito bastante importante no panorama nacional e que tem que ser olhada em conjunto com a lei.

Em síntese, identificaram-se no sistema processual tributário português pós reforma o seguinte conjunto de expedientes a que reconhecemos vocação uniformizadora: o *recurso para uniformização de jurisprudência*; o *recurso por oposição de julgados*; o *recurso excepcional de revista*; o *julgamento ampliado de recurso*; o *julgamento em formação alargada* e a *consulta prejudicial para o STA*.

Verificou-se que, em teoria, a reforma de 2019 procurou reforçar os expedientes uniformizadores, consagrando, expressamente neste domínio, mecanismos que até então vinham sendo admitidos e aplicados por via do labor jurisprudencial. Denotou-se então que o legislador está atento a este fenómeno.

Estar atento a este fenómeno não significa que tenha resolvido a eventual problemática.

Como se viu, o legislador tentou com a reforma de 2019 dotar o sistema processual tributário nacional de mais mecanismos capazes de conferir maior uniformização na aplicação do Direito, porém não compreendeu que a chave à verificação da segurança jurídica está, por um lado, na persuasão do precedente e, por outro lado (e principalmente), na sua descentralização.

Isto sem falar do acautelar da jurisprudência retroactiva racionalizada que não foi, sequer, objecto de qualquer atenção.

Mas para concluirmos assim tivemos que testar o sistema actual.

É que a mera previsão legal de mecanismos com vocação uniformizadora não garante, por si só, a segurança na *aplicação do Direito* que a actual concepção legislativa em Direito Tributário reclama.

A efectividade destes mecanismos estará sempre dependente, desde logo, da forma como o STA entende os respectivos fundamentos de recurso, dado que estes assentam, em grande medida, em conceitos latos e indeterminados que carecem de concretização por aquele tribunal. A efectividade destes mecanismos assenta igualmente na eficácia persuasiva dos precedentes, pelo menos do STA.

Deste modo, entendeu-se essencial efectuar dois testes uniformizadores.

Um primeiro, destinado a aferir a forma como o STA tem interpretado os fundamentos dos quais depende a admissibilidade de recurso.

Um segundo, destinado a avaliar a efectiva capacidade de persuasão das decisões uniformizadoras, isto é, destinado a aferir se os precedentes uniformizadores são ou não seguidos pelos restantes tribunais.

Para o efeito, analisaram-se o *recurso para uniformização de jurisprudência* e o *recurso excepcional de revista*.

Efectuados estes testes, constatou-se que as conclusões obtidas em cada um deles eram de certo modo coincidentes.

No âmbito do *primeiro teste uniformizador*, verificou-se que ao STA é requerido um difícil equilíbrio quanto à determinação dos casos merecedores de pronúncia. As partes tendem a utilizar os recursos uniformizadores como mais um grau de recurso ordinário, procurando assim reverter a decisão desfavorável às suas pretensões. Mas o "filtro" que se requer ao STA quanto a esses casos não pode ser de tal modo exigente e restritivo que esvazie a eficácia uniformizadora daqueles recursos.

Quanto ao *recurso para uniformização de jurisprudência* verificou-se que o STA, de Janeiro de 2019 a Junho de 2020, apenas considerou preenchidos os pressupostos de admissibilidade do recurso em cerca de 30% dos casos que lhe foram submetidos.

Quanto ao *recurso excepcional de revista* constatou-se que o STA, de Janeiro de 2017 até à primeira metade de 2020, apenas admitiu uma média de 32% dos recursos interpostos.

Concluiu-se então que são largamente maioritárias as decisões que não conferiram provimento aos referidos recursos tendo-se compreendido um claro intuito do STA em firmar a utilização daqueles expedientes de um carácter excepcional.

A estreiteza com que o STA concretiza normativamente os fundamentos de recurso é positiva, já que obsta à banalização destes expedientes, mas, numa perspectiva macro, não deixa de ser preocupante porquanto não se atinge uma propagação/uma amplitude do precedente como seria expectável.

A estreiteza com que o STA analisa os fundamentos de recurso implica que os precedentes uniformizadores, ainda que eficazes, apenas tutelem o princípio da segurança jurídica quanto a um número limitado de casos.

Concluiu-se então que a uniformização do Direito não pode ser só assegurada por estes expedientes uniformizadores.

Por via do *segundo teste uniformizador*, comprovou-se que as decisões do STA proferidas no âmbito do *recurso para uniformização de jurisprudência* e do *recurso excepcional de revista* revestem uma elevada eficácia persuasiva.

Do que se analisou, concluiu-se que todas as decisões posteriores a uma decisão uniformizadora são concordantes com esta. Porém, a existência de recursos uniformizadores para o STA é a prova de que a persuasão não é de 100% como se compreende. Se existem decisões relativas a recursos uniformizadores é precisamente porque algures na hierarquia judicial portuguesa houve decisões que contrariaram uma decisão do STA, dos TCA's ou dos tribunais arbitrais.

Compreendeu-se assim, que a solução teria que andar pela descentralização da persuasão do precedente, reforçando a capacidade persuasiva das decisões do STA.

Isto terá que ser assim, não só relativamente às decisões uniformizadoras, mas também relativamente a todas as decisões do STA.

Mas a persuasão dos precedentes não se pode limitar à jurisprudência do STA, terá que ser também conseguida quanto à jurisprudência dos TCA's e dos tribunais arbitrais entre si e idealmente, quanto à jurisprudência dos tribunais de 1.ª instância.

O que se diz, significa que haverá que reforçar o precedente vertical e o precedente horizontal, descentralizando a persuasão da esfera do STA.

Quanto ao primeiro movimento, o da *descentralização da persuasão do precedente*, compreendeu-se que a publicidade de todas as decisões, mesmo as de 1.ª instância, e a organização de uma boa base de dados capaz de assegurar a cabal compreensão destas decisões é fundamental.

Compreendeu-se ser também fundamental, que as decisões de todos os tribunais sejam elaboradas nos termos em que são as decisões do TEDH e que, quer as partes, quer o próprio tribunal, devem passar a elencar os precedentes que contrariam e a razão do seu não "acatamento".

Quanto ao segundo, o do *reforço do carácter persuasivo das decisões do STA*, compreendeu-se que estas deveriam ser organizadas e catalogadas de acordo com um relatório classificativo de jurisprudência, à semelhança de resto do que sucede no ordenamento jurídico francês.

Por esta via, garantir-se-ia aos particulares um acesso facilitado a uma base de dados jurisprudencial organizada em função da importância assumida por cada um dos precedentes judiciais existentes.

Para o efeito, atribuir-se-ia uma graduação de "A", "B" ou "C" aos precedentes emanados pelo STA por forma a reforçar o intuito persuasivo por eles exercido e o conhecimento por parte dos contribuintes das decisões judiciais mais relevantes no seio da jurisprudência tributária

Todas as decisões do STA deveriam seguir o método utilizado pelo TEDH e pelos tribunais integrados no sistema judicial holandês na elaboração das suas decisões.

O alcance das decisões uniformizadoras do STA também devia ser reforçado, além da qualificação anterior, através da possibilidade de estender os seus efeitos às situações já transitadas em julgado.

A jurisprudência uniformizadora passaria, em regra, a ter efeitos retroactivos, podendo o acórdão uniformizador ser usado enquanto acórdão fundamento do recurso que escolhemos designar de *recurso de conformação.*

Por esta via, sempre que o STA atribuísse um efeito retroactivo a um acórdão uniformizador de sua autoria, criar-se-ia uma nova instância de recurso que permitiria aos contribuintes ultrapassar as limitações impostas pelo princípio da indisponibilidade do caso julgado e, desse modo, conformarem as suas situações jurídicas com o novo precedente fixado pelo STA.

A regra de resto até seria a inversa.

A jurisprudência uniformizadora seria sempre passível de ser usada pelo particular enquanto acórdão fundamento de recurso conformador excepto se por razões de sobreposição com outros princípios ou de impraticabilidade.

O *recurso conformador* seria posteriormente decidido pelos TCA's, cabendo-lhes aferir se as decisões judiciais já transitadas em julgado de que os particulares foram alvo, se enquadravam ou não no escopo retroactivo do acórdão uniformizador do STA. Assim se garantiria que a actividade do STA continuaria a ser focada na uniformização e na melhoria do Direito.

Defendeu-se também que, por forma a reforçar ainda mais o alcance da jurisprudência uniformizadora do STA, se deveria chegar a um recurso que andasse a meio caminho entre o recurso excepcional de revista e o recurso para uniformização de jurisprudência.

Chamar-se-ia ou recurso para melhoria do Direito ou recurso excepcional de revista. Do regime actual ficar-se-ia com os fundamentos, aos quais se acresceria a contradição quanto à mesma questão fundamental de Direito; o indeferimento liminar e bem assim; a possibilidade de o STA, sob o argumento da melhoria do Direito, olhar ao preenchimento dos requisitos de recurso com maior flexibilidade. Do actual regime aplicável ao recurso para uniformização de jurisprudência ficar-se-ia com o facto de ser interposto pós notificação da decisão e não pós trânsito em julgado e com o facto de ser julgado pelo pleno.

Nesta decisão, que mais tarde seria classificada com a letra "A", "B" ou "C", os juízes iriam decidir se haveria no caso concreto razões para limitar a aplicação no tempo dos efeitos do acórdão a processos em curso e se havia necessidade de excluir a possibilidade de utilização do mesmo acórdão como acórdão fundamento de um *recurso conformador*.

A finalizar adiantaram-se mais 3 medidas capazes de reforçar a uniformização na aplicação do Direito e o precedente uniformizador do STA. Referimo-nos: *i*) à possibilidade de serem colocadas directamente ao STA questões prejudiciais pelo Ministro das Finanças ou pelo Provedor de Justiça; *ii*) à possibilidade de se posicionar o MP no recurso de uniformização para com o STA, com as mesmas prerrogativas que tem no regime actual no que respeita à temática da constitucionalidade e ao TC; e *iii*) à possibilidade de se adoptar um mecanismo de convolação em decisão uniformizadora de jurisprudência, sempre que houvesse 3 decisões do STA no mesmo sentido, de resto, em semelhança ao regime previsto na CRP.

Em face de tudo o exposto concluiu-se que o sistema processual tributário português não se encontra capacitado para tutelar a segurança jurídica na aplicação do Direito com as exigências decorrentes da actual concepção legislativa em Direito Tributário.

Não se encontra capacitado, nem no que respeita a questões relacionadas com a vertente subjectiva da segurança jurídica e que se prendem com a retroctividade da jurisprudência. Nem, tão pouco, com questões que se prendem com a uniformização da jurisprudência enquanto vertente objectiva da segurança jurídica.

Não está preparado e é necessário intervir sob pena de se perigar a segurança jurídica, princípio fundamental de um Estado de Direito Democrático.

BIBLIOGRAFIA

Abramowicz, Michael; Stearns, Maxwell; "Defining Dicta", Stanford Law Review, Vol. 56, 2005;

Adame, Lubica; "General Anti-Avoidance Rules (GAARs) – A Key Element of Tax Systems in the Post-BEPS Tax World: Slovak Republic", IBFD, Vol. 3, 2016;

Aguila, Yann; "Sur l'art de juger", Recherche Droit & Justice, n.º 24, 2006;

Alexandrino, José Melo; "Lições de Direito Constitucional – Volume I", 2.ª Edição, AAFDL Editora, 2015;

Almeida, Carlos Ferreira de; Carvalho, Jorge Morais; "Introdução ao Direito Comparado", Almedina, 2018 (reimpressão da 3.ª Edição);

Almeida, Mário Aroso; "O Novo Regime do Processo nos Tribunais Administrativos", 4.ª Edição, Almedina, 2005;

Almeida, Mário Aroso; Cadilha, Carlos Alberto Fernandes; "Comentário ao Código de Processo nos Tribunais Administrativos", 4.ª Edição, Almedina, 2017;

Amaral, Freitas do; "Direitos fundamentais dos administrados", *in* Jorge Miranda (org.), Nos dez anos da Constituição, Imprensa Nacional-Casa da Moeda, 1987;

Amaral, Maria Lúcia; "A forma da República – uma introdução ao estudo de Direito Constitucional", Coimbra Editora, 2012;

Amatucci, Fabrizio; "Retroattività della norma tributaria in ambito comunitario e tutela del contribuinte", Rassegna Tributaria, vol. 53, 2.ª ed., 2010;

Amersfoort, P.J. van; "The tax chamber of the Supreme Court as designer of principles of good administration", Maandblad Belasting Beschouwinger 5-6, 2015;

AMORIM, PEDRO PATRÍCIO; "Anotação à primeira decisão de um tribunal superior sobre a cláusula geral anti-abuso", Revista de Finanças Públicas e Direito Fiscal, n.º 2, ano IV, 2011;

ANCEL, MARC; "Case Law in France", Journal of Comparative Legislation and International Law, Vol. 16, n.º 1, 1934;

ANDRADE, VIEIRA DE; "Os direitos fundamentais na Constituição Portuguesa de 1976", Almedina, 6.ª Edição, 2019;

ANTUNES, LUÍS COLAÇO; "Interesse Público, Proporcionalidade e Mérito: Relevância e Autonomia Processual do Princípio da Proporcionalidade", Estudos de Homenagem à Professora Doutora Isabel de Magalhães Collaço, Vol. II, Almedina, 2002;

ASCENSÃO, OLIVEIRA; "A tipicidade dos direitos reais", Petrony, 1968;

ÁVILA, HUMBERTO; "Teoria dos Princípios – Da Definição à Aplicação dos Princípios Jurídicos, Malheiros", 15.ª Edição, 2014;

BELEZA, MARIA DOS PRAZERES PIZARRO; "Tutela Judicial Efectiva e Acesso dos Cidadãos ao Tribunal Constitucional", Julgar, n.º 29 (Maio-Agosto), Almedina, 2016;

BELTRAME, PIERRE; "Principe de Securite Juridique et Manifestations de la Confiance Legitime en Droit Fiscal Français: vers la reconnaissance des droits subjectifs des contribuables", Segurança e confiança legítima do contribuinte, (coord. Manuel Pires e Rita Calçada Pires), Ed. Universidade Lusíada, 2013;

BENHAMOU, YVES; "Brèves considérations sur la Sécurité Juridique", 1996;

BERGEDAHL, CHRISTOPHER; "Anti-abuse Measures in Tax Treaties Following the OECD Multilateral Instrument", vol. 72, n.º 1, IBFD, 2018;

BETTI, EMÍLIO; "Interpretazione delia legge e degli atti giuridicí – teoria general e dogmática", 2.ª Edição, Giuffré Editore, 1971;

BLACKSTONE, WILLIAM; "Commentaries on the Laws of England", vol. 1, Oxford University Press, 1765;

BLOKLAND, WOUTER; MAAS, COEN; WATTEL, PETER; "The Role of Precedents in Netherlands Tax Litigation", IBFD, vol. 73, n.º 8, 2019;

BOBBET, CATHERINE; "Retroactive or retrospective? A note on terminology", British Tax review, 2006;

BOY, LAURENCE; RACINE, JEAN-BAPTISTE; SIIRIAINEN, FABRICE; "Sécurité juridique et droit économique", Larcier, 2007;

Broe, Luc de; Gernay, Thomas; "SIAT SA. Deduction of expenses paid to a service provider established in another Member State. Comment", Highlights & Insights on European Taxation, Vol. 5, Kluwer, 2012;

Buisson, Jacques; "Non rétroactivité des lois et droit fiscal", G. Faure, G. Koubi (org.), Le titre préliminaire du code civil, Etudes juridiques, Economica, 2003;

Caetano, Marcello; "Manual de Direito Administrativo – Vol. I", 10.ª Edição, 1973;

Calheiros, Maria Clara; Faria, Sérgio Mouta; "Cadernos de Introdução ao Estudo do Direito", Escola de Direito da Universidade do Minho, 2013;

Camby, Jean Pierre; "Sécurité juridique et insécurité jurisprudentielle", R.D.P., 2006;

Caminker, Evan H.; "Why Must Inferior Courts Obey Superior Court Precedents?", *in* Stanford Law Review, Vol. 46, 1994;

Campos, Diogo Leite de; "As três fases de princípios fundamentais do direito tributário", *in* Revista da Ordem dos Advogados, Vol. I – Jan. 2007, disponível em https://portal.oa.pt/publicacoes/revista/ano-2007/ano-67-vol-i-jan-2007/doutrina/diogo-leite-de-campos-as-tres-fases-de-principios-fundamentantes-do-direito-tributario/;

Campos, Diogo Leite de; Rodrigues, Benjamim Silva; Sousa, Lopes de; "Lei Geral Tributária – Anotada e Comentada", 4.ª Edição, Encontro da Escrita, 2012;

Canas, Vitalino; "O princípio da proibição do excesso: em especial, na conformação e no controlo de atos legislativos", Almedina, 2017. Tese de Doutoramento;

Canotilho, José Joaquim Gomes; "Constituição dirigente e vinculação do legislador: contributo para a compreensão das normas constitucionais programáticas", Coimbra Editora, 2001;

Canotilho, José Joaquim Gomes; "Direito Constitucional e Teoria da Constituição", Almedina, 7ª Edição, 2003;

Canotilho, José Joaquim Gomes; "Tribunal Constitucional, Jurisprudência, Políticas Públicas", Conferência Comemorativa do 20.° Aniversário do Tribunal Constitucional, Policopiado, 2003;

Canotilho, José Joaquim Gomes; Moreira, Vital; "Constituição da República Portuguesa Anotada", 4.ª edição revista, Coimbra Editora, 2014;

CARAMELO, ANTÓNIO SAMPAIO; "A Impugnação da Sentença Arbitral", 3.ª Edição, Almedina, 2020;

CARBONNIER, JEAN; "Droit et passion du droit sous la Vème République", Forum, Flammarion, 1996;

CARBONNIER, JEAN; "Flexible droit: pour une sociologie du droit sans rigueur", 10.ª Edição, L.G.D.J, 2001;

CARBONNIER, JEAN; "Droit civil Introduction", PUF, 2004;

CARDOSO, PEDRO MENEZES, "Os desafios da "maioridade" da cláusula geral anti-abuso: análise estática e dinâmica do seu estado evolutivo", Almedina, 2017. Dissertação de Mestrado;

CARGAGNI, ANGELO; "I diritti della società: Stato di diritto e associazione in R. Von Mohl", Firenze: Giannini, 1990;

CARLOS, ADELINO DA PALMA; "Direito Processual Civil – Dos Recursos", Lições policopiadas, A.A.F.D.L, 1962-1963;

CHEVALLIER, JACQUES; "L'État de droit", 6.ª Edição, L.G.D.J., 2017;

COHEN-TANUGI, LAURENT; "Case Law in a Legal System without Binding Precedent: The French exemple", Stanford Law School China Guiding Cases Project, Comentário n.º 17, 2016;

COLEMAN, JULES; LEITER, BRIAN; "Determinacy, Objectivity, and Authority", University of Pennsylvania Law Review 142 (2), 1993;

CORDEIRO, ANTÓNIO MENEZES; "Anotação ao Acórdão do pleno do Supremo Tribunal de Justiça de 31 de Janeiro de 1996 – venda com reserva de propriedade; incorporação de elevadores: novo regime dos assentos", Revista da Ordem dos Advogados, ano 56 – vol. I, 1996;

CORREIA, FERRER; REIS, JOSÉ ALBERTO DOS; "Disposições a favor de terceiros em convenções antenupciais", Coimbra Editora, 1943;

CORTOT-BOUCHER, EMMANUELLE; "Overview of the French Judicial System and the Rule of Stare Decisis", IBFD, vol. 73, n.º 8, 2019;

COSTA, CARDOSO DA; "O Enquadramento Constitucional do Direito dos Impostos em Portugal", Perspectivas Constitucionais nos 20 anos da Constituição, Vol. II, Coimbra, 1997;

COSTA, PIETRO; ZOLO, DANILO; "O Estado de direito: história, teoria, crítica", Martins Fortes, 2006;

COURINHA, GUSTAVO LOPES; "A Cláusula Geral Anti-Abuso no Direito Tributário", Almedina, 2009, reimpressão da edição de 2004;

Coviello, Pedro; "La protección de la confianza del administrado: derecho argentino y derecho comparado", Abeledo-Perrot, 2004;

Cristau, Antoine; "L'exigence de sécurité juridique", Dalloz, 2002;

Dainow, Joseph; "The civil law and the common law: some points of comparison", The American Journal of Comparative Law, Vol. 15, N.º 3, 1966–1967;

Darák, Péter; "The Uniform Application of Tax Law in Hungary", IBFD, vol. 73, n.º 8, 2019;

Davies, Jennifer; "Precedent and Law – Australia", IBFD, vol. 73, n.º 8, 2019;

Debat, Olivier; "La rétroactivité et le droit fiscal", Defrénois, 2006;

Dicey, Albert Venn; "Introduction to the study of the Law of the Constitution", 10.ª Edição, Macmillan, 1961;

Dixon, Sir Owen; "Jesting Pilate", law Book Co., 1965;

Dobbins, Jeffrey; "Structure and Precedent", Michigan Law Review, Vol. 108, 2010;

Douet, Frédéric; "Contribution à l'étude de la sécurité juridique en droit fiscal interne français", LGDJ, 1997;

Douglas, William; "Stare Decisis", Columbia Law Review, vol. 49, n.º 6, 1949;

Dourado, Ana Paula; "O Princípio da Legalidade Fiscal – Tipicidade, conceitos jurídicos indeterminados e margem de livre apreciação", Almedina, 2015, reimpressão da Edição de 2007. Tese de Doutoramento;

Dourado, Ana Paula; "Direito Fiscal – Lições", Almedina, 2019;

Doyle, Gerardine; HUNT, Emer; "General Anti-Avoidance Rules (GAARs) – A Key Element of Tax Systems in the Post- BEPS Tax World: Ireland", IBFD, vol. 3, 2016;

Duarte, David; "A Norma de Legalidade Procedimental Administrativa – A Teoria da Norma e a Criação de Normas de Decisão na Discricionariedade Administrativa", Almedina, 2006. Tese de Doutoramento;

Duarte, Maria Luísa; "União Europeia – Estática e Dinâmica da Ordem Jurídica Eurocomunitária", Vol. I, Almedina, 2020, reimpressão da edição de 2017;

Dumon, Fréderic; "Complexité et multiplicité des lois et règlements actuels – connaissances de ceux-ci – techniques nécessaires de publicité et de coordination – écueils de certaines coordinations", U.L.B., 1985;

Dworkin, Ronald; "Taking rights seriously", Harvard University Press, 1977;

Dworkin, Ronald; "Law's Empire", Harvard University Press, 1995, reimpressão da edição de 1988;

Edwards, Harry; "The Effects of Collegiality on Judicial Decision Making", University of Pennsylvania Law Review, Vol. 151, 2004;

Engisch, Karl; "Introdução ao pensamento jurídico", 11.ª ed., Fundação Calouste Gulbenkian, 2014;

Esser, Josef; "Precomprensione e scelta del método nel processo di individuazione del diritto, Fondamenti di razionalità nella prassi decisionale del giudice", 1972, trad. de S. Patti e G. Zaccaria, Edizioni Scientifiche Italiane, 2010;

Falsitta, Gaspare; "Manuale di diritto tributário: parte generale", 6.ª ed., Cedam, 2008;

Ferrara, Francesco; "Interpretação e Aplicação das leis", trad. de Manuel de Andrade, 3.ª Edição, Arménio Amado, 1978;

Ferreira, Eduardo Paz; "Constituição Portuguesa Anotada" Tomo II (org. Jorge Miranda e Rui Medeiros), Coimbra Editora, 2005;

Ferreira, Vanessa Arruda; Marinho, Ana Paula Trindade; "Tax Sparing and Matching Credit: From an Unclear Concept to an Uncertain Regime", IBFD, vol. 67, n.º 8, 2013;

Freitas, José Lebre de; Mendes, Armindo Ribeiro; "Código de Processo Civil – Anotado – Volume 3.º – Tomo I", 2.ª Edição, Coimbra Editora, 2008;

Fromont, Michel; "Le principe de sécurité juridique", A.J.D.A., 1996;

Galapero Flores, Rosa; "La seguridad jurídica del contribuyente en el ordenamiento tributário español", Seguridad Jurídica Y Derecho Tributario: Presente Y Futuro (coord. Jorge Martín López e Begoña Pérez Bernabeu), Aranzadi, 2019;

Gammie, Malcolm, "Moral Taxation, Immoral Avoidance – What's the role for the law?", British Tax Review, n.º 4, 2013;

Gammie, Malcolm, "Judicial Precedent in the English Legal System", IBFD, vol. 73, n.º 8, 2019;

García Manrique, Ricardo; "El valor de la seguridad jurídica", Iustel, 2012;

García Novoa, César; "El principio de seguridad jurídica en materia tributaria", Marcial Pons, 2000;

García Novoa, César; "Los límites a la retroactividad de la norma tributaria en el derecho español – Tratado de derecho tributário", Lima: Palestra, 2003;

García Novoa, César; "Aspectos actuales de la seguridad jurídica en materia tributaria", Seguridad Jurídica Y Derecho Tributario: Presente Y Futuro (coord. Jorge Martín López e Begoña Pérez Bernabeu), Aranzadi, 2019;

Garner, Bryan; "A Dictionary of Modern Legal Usage", 2ª Edição, Oxford University Press, 1995;

Garner, Bryan (Coord.); "Black's Law Dictionary", 9ª Edição, West, 2009;

Geffroy, Jean-Baptiste; "Grands problèmes fiscaux contemporains", Presses Universitaires de France, 1993;

Geraldes, António Santos Abrantes; "Cassação ou substituição? Livre escolha ou determinismo legislativo?", As Recentes Reformas na Acção Executiva e nos Recursos (coord. Rui Pinto), Coimbra Editora, 2009;

Geraldes, António Santos Abrantes; "Recursos no Novo Código de Processo Civil", 5.ª Edição, Almedina, 2018;

Gomes, Nuno Sá; "Estudos sobre a segurança jurídica na tributação e as garantias dos contribuintes", Cadernos de Ciência e Técnica Fiscal, n.º 169, Centro de Estudos Fiscais, 1993;

Gomes, Nuno Sá; "Manual de Direito Fiscal", Vol. II, Rei dos Livros, 2003;

Goode, Richard; "Interesses creados y reforma tributária", trad. Teresa Taravillo Piqueras, *in* Hacienda Pública Española, n.º 100, 1986;

Gouveia, Jorge Bacelar; "A evasão fiscal na interpretação e integração da lei fiscal", Ciência e Técnica Fiscal, nº 373, Janeiro-Março, 1994;

Gouveia, Jorge Bacelar; "A proibição da retroactividade da norma fiscal na Constituição portuguesa", Problemas Fundamentais do Direito Tributário (org. Diogo Leite de Campos), VisLis Editores, 1999;

Gouveia, Jorge Bacelar; "Os direitos fundamentais na constituição portuguesa de 1976", Revista Direito UFMS, Campo Grande, Edição Especial – Janeiro/Junho, 2015;

Gouveia, Jorge Bacelar; "Manual de direito constitucional", vol. II, 6.ª Edição, Almedina, 2018, reimpressão da edição de 2016;

Gouveia, Mariana França; "A Causa de Pedir na Acção Declarativa", Almedina, 2004. Tese de Doutoramento;

Gribnau, Hans; Pauwels, Melvin; "Retroactivity and Tax Legislation in the Netherlands: a theoretical approach and assessment", Rivista di diritto tributario internazionale – 2009/3;

Hart, Herbert L. A.; "O Conceito de Direito", 6.ª Edição, Fundação Calouste Gulbenkian, 2011;

Hattingh, Johann; "The Impact of the BEPS Multilateral Instrument on International Tax Policies", IBFD, vol. 72, n.º 4/5, 2018;

HELLMAN, ARTHUR; "By Precedent Unbound: The Nature and Extent of Unresolved Intercircuit Conflicts", University of Pittsburgh Law Review, Vol. 56, 1995;

HELMINEN, MARJAANA; "EU Tax Law – Direct Taxation – 2014", IBFD, 2014;

HEMELS, SIGRID; "General Anti-Avoidance Rules (GAARs) – A Key Element of Tax Systems in the Post- BEPS Tax World: Netherlands", IBFD, vol. 3, 2016;

HENKEL, HEINRICH; "Introducción a la filosofia del derecho: fundamentos del derecho", trad. Enrique Gimbernat, Taurus, 1968;

HERVIEU, ALAIN; "Observation sur l'insécurité de la règle jurisprudentielle", R.R.J., 1989;

HESPANHA, ANTÓNIO MANUEL; "O Caleidoscópio do direito: O Direito e a Justiça nos dias e no mundo de hoje", 2.º Edição, Coimbra: Almedina, 2014, reimpressão da edição de 2009;

HOLLOWAY, S.; LAMARRE, L.; "Evolution and Harmonization of International Taxation within the Global Tax Community: The Canadian Experience", IBFD, vol. 73, n.º 8, 2019;

ISRAEL, JEROLD; "Gideon v. Wainwright: The "Art" of Overruling", Supreme Court Review, 1963;

JERÓNIMO, PATRÍCIA; "Lições de Direito Comparado", ELSA UMINHO, Escola de Direito da Universidade do Minho, 2015;

LAPA, JORGE TEIXEIRA; "Da inconstitucionalidade do assento", Polis: Revista de Estudos Jurídico-Políticos, Ano I-n.º 1, Outubro-Dezembro, 1994;

LARENZ, KARL; "Metodologia da Ciência do Direito", trad. de José Lamego, Fundação Calouste Gulbenkian, 1997;

LEE, EUI YOUNG; YOON, MINSOO; "Precedent versus Change in Case Law: The Korean Perspective", IBFD, vol. 73, n.º 8, 2019;

LILE, WILLIAM MINOR; "Some Views on the Rule of Stare Decisis", Virginia Law Review, Vol. 4, 1916;

LIMA, PIRES DE; VARELA, ANTUNES; "Noções Fundamentais de Direito Civil – vol. I", 6.ª Edição, Coimbra Editora, 1965;

LIPSTEIN, KURT; "The Doctrine of Precedent in Continental Law with Special Reference to French and German Law", Journal of Comparative Legislation and International Law, Vol. 28, n.º 3/4, 1946;

LØDRUP, PETER; "Norwegian Law: A Comparison with Common Law", Saint Louis University Law Journal, Vol. 4, 1961;

LOSCHAK, DANIELE; "Le principe de légalité, mythes et mystifications", AJDA, 1981;

LUCAS-ALBERINI, KATIA; "La Cour EDH face à la gestion des effets de ses revirement de jurisprudence", La Semaine Juridique, édition générale, JCP G., n.° 37, 2007, II;

LYONS, TIMOTHY; "The Financial Crisis, Tax Avoidance and EU GAAR", Britsh Tax Review, n.° 2, 2013;

KANNAN, PHILLIP; "The Precedential Force of Panel Law", Marquette Law Review, Vol. 76, 1993;

KAUFMANN, A.; HASSEMER, W., (org.); "Introdução à Filosofia do Direito e à Teoria do Direito Contemporâneas", 3.ª Edição, Fundação Calouste Gulbenkian, 2015;

KELSEN, HANS; "Teoria Pura do Direito", Verlag Franz Deuticke, 1960, trad. de João Baptista Machado, Arménio Amado Editora, 1984;

KESSLER, WOLFGANG; EICKE, ROLF; "Germany's new GAAR – Generally Accepted Antiabuse Rule?", Tax Notes International, vol. 49, n.° 2, 2008;

KIRKPATRICK, JOHN; GARABEDIAN, DANIEL; "Examen de Jurisprudence (1991 à 2007) – Les impôts sur les revenus et les sociétes – principes généraux", Revue Critique de Jurisprudence Belge, Larcier, 2. ° trim., 2008;

MACHADO, BATISTA; "Introdução ao Direito e ao discurso legitimador", Almedina, 2017, (26.ª reimpressão de 2019);

MACHADO, JÓNATAS; NOGUEIRA DA COSTA, PAULO; "Curso de Direito Tributário", 2.ª edição, Coimbra Editora, 2012;

MACHADO, JÓNATAS; NOGUEIRA DA COSTA, PAULO; "Manual de Direito Fiscal – Perspetiva Multinível", 3.ª Edição, Almedina, 2019;

MACHO PÉREZ, ANA BELÉN; "El princípio de Irretroactividade en Derecho Tributario", 2006. Tese de Doutoramento;

MARCHESSOU, PHILIPPE; "L'Intérpretation des textes fiscaux", Collection Droit des affaires et de l'entreprise. Série Etudes et recherches, Paris: Economica, 1980;

MARVEL, PAIGE; "Tax Litigation in the Federal Court of the United States: The Role of Precedent in a Changing Legal Environment", IBFD, vol. 73, n.° 8, 2019;

MEDEIROS, RUI; "Arbitragem Necessária e Constituição", Estudos em memória do Conselheiro Artur Maurício, Coimbra Editora, 2014;

MELLERAY, FABRICE; "La revanche d'Emmanuel Lévy? L'introduction du principe de protection de la confiance légitime en droit public français", Droit et societé, n.º 56-57, 2004/1;

MENDES, RIBEIRO; "Recursos em Processo Civil – Reforma de 2007", Coimbra Editora, 2009;

MERZOUK, EMMA BEN; "La sécurité juridique en droit positif", Universite Paris II, 2003. Tese de Doutoramento;

MIRANDA, JORGE; "Contributo para uma teoria da inconstitucionalidade", Coimbra Editora, 1996;

MIRANDA, JORGE; "Manual de Direito Constitucional – Tomo VI – Inconstitucionalidade e Garantia da Constituição", Coimbra Editora, 2001;

MIRANDA, JORGE "Manual de Direito Constitucional – Tomo I", 9.ª ed., Almedina, 2011;

MIRANDA, JORGE; "O Regime de Fiscalização Concreta da Constitucionalidade em Portugal", 2012. Disponível online em https://www.icjp.pt/sites/default/files/media/1119-2440.pdf;

MIRANDA, JORGE; "Manual de Direito Constitucional, Tomo IV – direitos fundamentais", 6.ª Edição, Coimbra Editora, 2015;

MIRANDA, JORGE; "Curso de Direito Constitucional, vol. 1", Universidade Católica Editora, 2016;

MIRANDA, JORGE; MEDEIROS, RUI; "Constituição Portuguesa Anotada – Tomo II", Coimbra Editora, 2006;

MIRANDA, JORGE; MEDEIROS, RUI; "Constituição Portuguesa Anotada – Tomo I", 2.ª Edição, Universidade Católica Editora, 2017;

MITROYANNI, IONNA; "General Anti-Avoidance Rules (GAARs) – A Key Element of the Tax System in the Post-BEPS Tax World: European Union", IBFD, vol. 3, 2016;

MONCADA, CABRAL DE; "Lições de Direito Civil – Tomo I", Atlântida, 2.ª Edição., 1954;

Montesquieu; "Do espírito das leis", 1748, introd., trad. e notas de Miguel Morgado, Edições 70, 2011;

MORAIS, CARLOS BLANCO DE; "Segurança Jurídica e Justiça Constitucional", Revista da Faculdade de Direito de Lisboa, Lisboa, V. 41, N.º 2, 2000;

MORAIS, CARLOS BLANCO DE, "Curso de direito constitucional – Teoria da Constituição – Tomo II", Almedina, 2018;

MORAIS, RUI DUARTE DE; "Manual de Procedimento e Processo Tributário", Almedina, 2012 (reimpressão de 2016);

NABAIS, JOSÉ CASALTA; "O Dever Fundamental de Pagar Impostos – Contributo para a compreensão constitucional do estado fiscal contemporâneo", Almedina, 1998. Tese de Doutoramento;

NABAIS, JOSÉ CASALTA; "Por um Estado Fiscal Suportável – Estudos de Direito Fiscal", Almedina, 2005;

NABAIS, JOSÉ CASALTA; "A crise e sustentabilidade do Estado Fiscal", Revista da Faculdade de Direito da Universidade do Porto, (Ano XI-2014) – 2015;

NABAIS, JOSÉ CASALTA; "Introdução ao Direito Fiscal das Empresas", 2ª Edição, Almedina, 2015;

NABAIS, JOSÉ CASALTA; "Direito Fiscal", 11.ª Edição, Almedina, 2019;

NERHOT, PATRICK; "Interpretation in Legal Science: The Notion of Narrative Coherence", Law, Interpretation and Reality: Essays in Epistemology, Hermeneutics and Jurisprudence, Patrick Nerhot Editor, 1990;

NETO, DULCE; "As propostas de alteração ao Código de Procedimento e de Processo Tributário (CPPT)", Atas da Conferência sobre Iniciativas Legislativas de Reforma do Processo Administrativo e Tributário (coord. Eduardo Paz Ferreira et. al), ICJP/CIDP, 2019. Disponível online em https://www.icjp.pt/sites/default/files/publicacoes/files/e-book_atasconferencia_reformacpat_icjp2019_0.pdf;

NETO, SERENA CABRITA; TRINDADE, CARLA CASTELO; "Contencioso Tributário I – Procedimento, Princípios e Garantias", Almedina, 2017;

NETO, SERENA CABRITA; TRINDADE, CARLA CASTELO; "Contencioso Tributário II – Processo", Arbitragem e Execução, Almedina, 2017;

NEVES, CASTANHEIRA; "Curso de Introdução ao Estudo do Direito", Coimbra, 1971;

NEVES, CASTANHEIRA; "O instituto dos 'assentos' e a função jurídica dos Supremos Tribunais", Revista de Legislação e Jurisprudência, Coimbra, 1983;

NEVES, CASTANHEIRA; "O problema da constitucionalidade dos assentos – Comentário ao Acórdão nº 810/93 do Tribunal Constitucional", Coimbra Editora, 1994;

NOGUEIRA, JOÃO FÉLIX; "Direito Fiscal Europeu – O Paradigma da Proporcionalidade", Coimbra Editora, 2010;

NOGUEIRA, JOÃO FÉLIX; "Segurança jurídica e proporcionalidade em direito tributário", segurança e confiança legítima do contribuinte (coord. Manuel Pires e Rita Calçada Pires), Ed. Universidade Lusíada, 2013;

NOVAIS, JORGE REIS; "Contributo para uma teoria do estado de direito", Almedina, 2006;

NOVAIS, JORGE REIS; "Os princípios constitucionais estruturantes da República Portuguesa", Coimbra Editora, 2014;

NOVAIS, JORGE REIS; "Princípios Estruturantes de Estado de Direito", Almedina, 2019;

NUNES, GONÇALO AVELÃS; "A cláusula geral anti-abuso de direito em sede fiscal – art. 38º, nº 2 da LGT- à luz dos princípios constitucionais do direito fiscal", Fiscalidade, n.º 3, ISG, 2000;

OLSSON, STEFAN; "General Anti-Avoidance Rules (GAARs) – A Key Element of Tax Systems in the Post-BEPS Tax World: Sweden", IBFD, vol. 3, 2016;

OTERO, PAULO; "Manual de direito administrativo – volume I", Almedina, 2013 (reimpressão de 2016);

PAULSEN, MICHAEL; "Abrogating Stare Decisis by Statute: May Congress Remove the Precedential Effect of Roe and Casey?", Yale Law Journal, Vol. 109, 2000;

PEDRO, RICARDO; "Linhas gerais sobre as alterações ao regime de recursos jurisdicionais no âmbito do CPPT, em especial o recurso de revista excecional", Comentários à Legislação Processual Tributária, AAFDL Editora, 2019;

PEETERS, BRUNO; "European Supervision on the Use of Vague and Undetermined Concepts in Tax Laws", EC tax review, vol. 22, n.º 3, 2013;

PEREZ LUÑO, ANTONIO-ENRIQUE; "La Seguridad Jurídica", 20.ª Edição, Barcelona: Ariel, 1994;

PIANTAVIGNA, PAOLO; "General Anti-Avoidance Rules (GAARs) – A Key Element of Tax Systems in the Post-BEPS Tax World: Italy", IBFD, vol. 3, 2016;

PIAZZON, THOMAS; "La sécurité juridique", LGDJ, 2009;

PINTO, ROSALICE; "Segurança jurídica e linguagem", Segurança e confiança legítima do contribuinte (coord. Manuel Pires e Rita Calçada Pires), Ed. Universidade Lusíada, 2013;

PIRES, MANUEL; "A segurança e confiança legítima do contribuinte no direito internacional fiscal", Segurança e confiança legítima do contribuinte (coord. Manuel Pires e Rita Calçada Pires), Ed. Universidade Lusíada, 2013;

QUEIRÓ, AFONSO; "Lições de Direito Administrativo", Coimbra: [s.n.], 1976;

Radé, Christophe; "De la rétroactivité des revirements de jurisprudence", Dalloz, 2005;

Raitio, Juha; "Legal Certainty, Non-Retroactivity and Periods of Limitation in EU Law" – Legisprudence, Oxford: Hart Publishing, vol. 2, n.º 1, 2008;

Rego, Carlos Lopes do; "A uniformização da jurisprudência no novo direito processual civil", Lisboa: Lex, 1997;

Reis, José Alberto dos; "Código de Processo Civil Anotado – Vol. VI", Coimbra Editora, 1953;

Reis, Margarida; FLORA, Cristina; "Recursos no contencioso tributário", Quid Juris, 2015;

Rigaut, Aloys; "Anti-Tax Avoidance Directive (2016/1164): New EU Policy Horizons, European Taxation", IBFD, vol. 56, n.º 11, 2016;

Rigney, Daniel; "The Matthew Effect: How Advantage Begets Further Advantage", Columbia University Press, 2010;

Rivero, Jean; "Sur la rétroactivité de la règle jurisprudentielle", AJDA, 1968;

Rocha, Joaquim Freitas da; "Direito pós-moderno, patologias normativas e protecção da confiança", Revista da Faculdade de Direito da Universidade do Porto, Ano VII, 2010 (especial);

Rocha, Joaquim Freitas da; "Lições de Procedimento e Processo Tributário", 7.ª Edição, Almedina, 2019;

Rocha, Joaquim Freitas da; "Protecção da confiança, procedimento e processo tributários", Segurança e confiança legítima do contribuinte (coord. Manuel Pires e Rita Calçada Pires), Ed. Universidade Lusíada, 2013;

Rocha, Joaquim Freitas da; Serrão, Tiago; "Arbitragem tributária e arbitragem administrativa: breve ponto de situação", Comentários à Legislação Processual Tributária, AAFDL Editora, 2019;

Ross, Alf; "Sobre el Derecho y la Justicia", 2.ª ed., Editorial Universitária de Buenos Aires, 1997;

Rovira Ferrer, Irene; "Los cambios de jurisprudencia como limite a los efectos vinculantes de las consultas tributarias", Seguridad Jurídica Y Derecho Tributario: Presente Y Futuro (coord. Jorge Martín López e Begoña Pérez Bernabeu), Aranzadi, 2019;

Sáinz De Bujanda, Fernando; "Hacienda y Derecho, vol. IV", Ed. Instituto de Estudios Políticos, 1966;

SANCHES, J. L. SALDANHA; "A Segurança Jurídica no Estado Social de Direito: Conceitos Indeterminados; Analogia e Retroactividade no Direito Tributário", Cadernos de Ciência e Técnica Fiscal n.º 140, Lisboa, 1985;

SANCHES, J. L. SALDANHA; "Lei interpretativa e retroactividade em matéria fiscal – anotação ao Acórdão do Tribunal Constitucional n.º 275/98", Fiscalidade, n.º 1, 2000;

SANCHES, J. L. SALDANHA; "Os Limites do Planeamento Fiscal, Substância e Forma no Direito Fiscal Português", Coimbra Editora, 2006;

SANCHES, J. L. SALDANHA; "Manual de Direito Fiscal", 3ª Edição, Coimbra Editora, 2007;

SANTOS, ANTÓNIO CARLOS DOS; PALMA, CLOTILDE CELORICO; "Os Princípios da Proteção da Confiança Legítima e da Não Retroatividade das Normas Tributárias em Tempos de Crise: O Caso Português", Revista do Instituto do Direito Brasileiro, vol. 2, n.º 4, 2013;

SAVATIER, RENÉ; "L'inflation legislative et l'indigestion du corps social", Dalloz, 1977;

SCHAUER, FREDERICK; "Precedent", Stanford Law Review, Vol. 39, N.º 3, 1987;

SCHIAVOLIN, ROBERTO; "Sicurezza Giuridica e Retroattività", Segurança e confiança legítima do contribuinte (coord. Manuel Pires e Rita Calçada Pires), Ed. Universidade Lusíada, 2013;

SERRA, MANUEL FERNANDO DOS SANTOS; "A Arbitragem Administrativa em Portugal: evolução recente e perspectivas", Nuno Villa-Lobos e Mónica Brito Vieira (coord.), Mais justiça Administrativa e Fiscal, 2010;

SILVA, JOANA AGUIAR E; "Para uma teoria hermenêutica da justiça. Repercussões jusliterárias no eixo problemático das fontes e da interpretação jurídicas", Almedina, 2011. Tese de Doutoramento;

SILVA, JOÃO NUNO CALVÃO DA; "Elisão fiscal e cláusula geral anti-abuso", Revista da Ordem dos Advogados, ano 66, vol. II, Set. 2006;

SILVEIRA, ALESSANDRA; "Constituição, ordenamento e aplicação de normas europeias e nacionais", Revista de Estudos Jurídico-Políticos, n.º 17, Universidade Lusíada, 2008;

SMITH, ADAM; "Inquiry Into the Nature And Cause Of The Wealth Of Nations", Book 5, chapter 2, Part II, 1776;

SOLUM, LAWRENCE; "The Supreme Court in Bondage: Constitutional Stare Decisis, Legal Formalism, and the Future of Unenumerated Rights", U. Pa. Journal of Constitutional Law, Vol. 9, 2006;

SONETTI, ENZA; "La certeza del derecho tributario en la comunicación preventiva de riesgos", Seguridad Jurídica Y Derecho Tributario: Presente Y (coord. Jorge Martín López e Begoña Pérez Bernabeu), Aranzadi, 2019;

SOUSA, JORGE LOPES DE; "Código de Procedimento e de Processo Tributário – Volume IV – anotado e comentado", Áreas, 2011;

SOUSA, JORGE LOPES DE; "Comentário ao Regime Jurídico da Arbitragem Tributária", Guia da Arbitragem Tributária (coord. Nuno Villa-Lobos e Tânia Carvalhais Pereira), 3.ª Edição, Almedina, 2017;

SOUSA, JORGE LOPES DE; "Notas sobre a reforma de contencioso tributário de 2019", Cadernos de Justiça Tributária, n.º 27, CEJUR, 2020;

SOUSA, MIGUEL TEIXEIRA DE; "Estudos sobre o Novo Processo Civil", Lex – Edições Jurídicas, 1997;

SOUSA, MIGUEL TEIXEIRA DE; "Introdução ao Estudo do Direito", Almedina, 2015;

STEIN, TORSTEN; "Seguridad jurídica en el orden jurídico de la República Federal de Alemania, *in* Contribuciones", Band 14, Heft-Nr. 3, 1997;

TARELLO, GIOVANNI; "Philosophical Analysis and the Theory of Legal Interpretation", Anna Pintore e Mario Jori (editors), Law and Language: The Italian Analytical School, Liverpool: Débora Charles Production, 1997;

TERRA, BEN; WATTÈL, PETER; "European Tax Law: Abridged Student Edition", 15.ª ed., Kluwer Law Intl., 2008;

TIPKE, KLAUS; LANG, JOACHIM; "Direito Tributário", volume 1, trad. Luiz Dória Furquim, Fabris, 2008;

TRIDIMAS, TAKIS; "The general principles of EU law", 2.ª ed., Oxford: Oxford University Press, 2006;

TRINDADE, CARLA CASTELO; "Regime Jurídico da Arbitragem Tributária Anotado", Almedina, 2016, reimpressão da edição de 2015;

TRINDADE, CARLA CASTELO; FERREIRA, SUSANA BRADFORD; "O reenvio prejudicial para o Tribunal de Justiça da União Europeia – o caso específico da arbitragem tributária", Contencioso Tributário, Lisboa: Centro de Estudos Judiciários, 2015, disponível em http://www.cej.mj.pt/cej/recursos/ebooks/Administrativo_fiscal/Contencioso_Tributario.pdf;

TRINDADE, CARLA CASTELO; "Decisões Contraditórias e Uniformização da Jurisprudência Arbitral", Jornadas de jurisprudência da Universidade Católica portuguesa, 31 de Janeiro de 2018. Apresentação disponível em https://

fd.lisboa.ucp.pt/pt-pt/eventos/2a-edicao-das-jornadas-de-jurisprudencia-fiscal-7706;

VALEMBOIS, ANNE-LAURE; "La constitutionnalisation de l'exigence de sécurité juridique en droit français", L.G.D.J., 2005;

VASQUES, SÉRGIO; "Manual de Direito Fiscal", 2ª Edição, Almedina, 2018;

VASQUES, SÉRGIO; "Tax Arbitration and VAT: The Portuguese Experience", IBFD, Vol. 31, n.º 5, 2020;

VITAL, FEZAS; "Hierarquia das fontes de direito", Boletim Oficial do Ministério da Justiça, III, n.º 15;

VRANKEN, JAN; "Mr. C. Asser's guide to the practice of Dutch civil law: General part", W.E.J. Tjeenk Willink, 1996;

WALINE, MARCEL; "Le pouvoir normatif de la jurisprudence", La technique et les principes du droit public, Mélanges G. Scelle, vol. 2, LGDJ, 1950;

WIGTON, ROBERT; "What Does It take to Overrule? An Analysis of Supreme Court Overrulings and the Doctrine of Stare Decisis", The Journal of Legal Studies, Vol. 18, 1994;

WÖHRER, VIKTORIA; "General Anti-Avoidance Rules (GAARs) – A Key Element of Tax Systems in the Post-BEPS Tax World: Austria", IBFD, vol. 3, 2016;

XAVIER, ALBERTO; "Conceito e Natureza do Acto Tributário", Almedina, 1972;

XAVIER, ALBERTO; "Manual de Direito Fiscal, vol. I", Manuais da Faculdade de Direito de Lisboa, 1974;

XAVIER, CECÍLIA; "A Proibição da Aplicação Analógica da Lei Fiscal no Âmbito do Estado Social de Direito", Almedina, 2006;

ZACCARIA, GIUSEPPE; VIOLA, FRANCESCO; "Diritto e interpretazione. Lineamenti di teoria ermeneutica del diritto", Editoral Laterza, 2004;

ZAGREBELSKY, GUSTAVO; "El derecho dúctil. Ley, derechos, justicia", trad. Marina Gascón, 5ª ed., Editorial Trotta, 2003;

ZANGARI, ERNESTO; CAIUMI, ANTONELLA; HEMMELGARN, THOMAS; "Tax Uncertainty: Economic Evidence and Policy Responses", Taxation Papers, Working Paper n.º 67, European Commission, 2017;

ZIPPELIUS, REINHOLD; "Teoria Geral do Estado", 3.ª Edição, Fundação Calouste Gulbenkian, 1997;

Relatórios

Conselho Superior dos Tribunais Administrativos e Fiscais, Relatório de actividade anual de 2018. Disponível online em www.cstaf.pt/documentos/Relatório_CSTAF_2018.pdf.;

ERNST & YOUNG; GAAR rising – Mapping tax enforcement's evolution, 2013. Disponível online em https://www.ey.com/Publication/vwLUAssets/Mapping_tax_enforcement%E2%80%99s_evolution/$FILE/GAAR.pdf;

IMF/OECD Report for the G20 Finance Ministers, Tax Certainty, 2017. Disponível online em https://www.oecd.org/tax/tax-policy/tax-certainty-report-oecd-imf-report-g20-finance-ministers-march-2017.pdf;

Mesurer l'inflation normative, Assembleia Geral do Conseil d'État, 2018. Disponível online em https://www.dalloz-actualite.fr/sites/dalloz-actualite.fr/files/resources/2018/05/etude_inflation_normative_1.pdf;

Ministério da Justiça – Direção-Geral da política da justiça, Reforma dos Recursos em Processo Civil – Trabalhos Preparatórios, Almedina, 2008;

Rapport public do Conseil d'État de 2006, La sécurité juridique et la complexité du droit, La documentation Française, 2006;

Rapport public do Conseil d'État de 1991 – De la sécurité juridique, EDCE, n.º 43, La documentation française, 1992, p. 20;

Simplification et qualité du droit, Assembleia Geral do Conseil d'État, 2016, disponível em https://www.vie-publique.fr/sites/default/files/rapport/pdf/164000610.pdf;

LISTA DE JURISPRUDÊNCIA

1. Jurisprudência nacional

1.1. Tribunal Constitucional

Acórdão do TC n.º 66/84, de 03 de Julho de 1984, proc. n.º 39/84;
Acórdão do TC n.º 804/93, de 30 de Novembro de 1993, proc. n.º 370/91;
Acórdão do TC n.º 804/93, de 30 de Novembro de 1993, proc. n.º 370/91;
Acórdão do TC n.º 810/93, de 07 de Dezembro de 1993, proc. n.º 474/88;
Acórdão do TC n.º 410/95, 28 de Junho de 1995, proc. n.º 248/94;
Acórdão do TC n.º 32/2002, de 22 de Janeiro 2002, proc. n.º 787/98;
Acórdão do TC n.º 187/2003, de 08 de Abril de 2003, proc. n.º 521/00;
Acórdão do TC n.º 128/2009, de 12 de Março de 2009, proc. n.º 772/2007;
Acórdão do TC n.º 188/2009, de 22 de Abril de 2009, proc. n.º 505/08;
Acórdão do TC n.º 18/2011, de 12 de Janeiro de 2011, proc. n.º 204/2010;
Acórdão do TC n.º 396/2011, de 21 de Setembro de 2011, proc. n.º 72/11;
Acórdão do TC n.º 310/2012, de 20 de Junho de 2012, proc. n.º 150/12;
Acórdão do TC n.º 617/2012, de 19 de Dezembro de 2012, proc. n.º 150/12;
Acórdão do TC n.º 401/2013, de 15 de Julho de 2013, proc. n.º 89/13;
Acórdão do TC n.º 781/2013, de 20 de Novembro de 2013, proc. n.º 916/13;
Acórdão do TC n.º 862/2013, de 19 de Dezembro de 2013, proc. n.º 1260/13;
Acórdão do TC n.º 42/2014, de 09 de Janeiro de 2014, proc. n.º 564/12;
Acórdão do TC n.º 137/2014, de 12 de Fevereiro de 2014, proc. n.º 849/12;
Acórdão do TC n.º 847/2014, de 03 de Dezembro de 2014, proc. n.º 537/14;
Acórdão do TC n.º 241/2015, de 29 de Abril de 2015, proc. n.º 830/2014;
Acórdão do TC n.º 260/2015, de 05 de Maio de 2015, proc. n.º 119/14;
Acórdão do TC n.º 568/2016, de 19 de Outubro de 2016, proc. n.º 522/2016;
Acórdão do TC n.º 171/2017, de 05 de Abril de 2017, proc. n.º 550/2016;

Decisão sumária do TC n.º 179/2018, de 15 de Março de 2018, proc. n.º 149/18;
Acórdão do TC n.º 134/2019, de 27 de Fevereiro de 2019, proc. n.º 716/18; e
Acórdão do TC n.º 774/19, de 17 de Dezembro de 2019, proc. n.º 276/2019.

1.2. Supremo Tribunal Administrativo

Acórdão do STA de 24 de Fevereiro de 1999, proc. n.º 021384;
Acórdão do STA de 22 de Maio de 2013, proc. n.º 01041/11;
Acórdão do STA de 02 de Abril de 2014, proc. n.º 01853/13;
Acórdão do STA de 09 de Julho de 2014, proc. n.º 0166/14;
Acórdão do STA de 09 de Outubro de 2014, proc. n.º 01013/14;
Acórdão do STA de 20 de Maio de 2015, proc. n.º 0185/15;
Acórdão do STA de 01 de Julho de 2015, proc. n.º 0781/14;
Acórdão do STA de 13 de Julho de 2015, proc. n.º 0144/14;
Acórdão do STA de 25 de Novembro de 2015, proc. n.º 0576/13;
Acórdão do STA de 27 de Janeiro de 2016, proc. n.º 01720/13;
Acórdão do STA de 17 de Fevereiro de 2016, proc. n.º 0591/15;
Acórdão do STA de 18 de Maio de 2016, proc. n.º 01405/14;
Acórdão do STA de 22 de Fevereiro de 2017, proc. n.º 01658/15;
Acórdão do STA de 29 de Março de 2017, proc. n.º 01091/16;
Acórdão do STA de 29 de Março de 2017, proc. n.º 097/15;
Acórdão do STA de 03 de Maio de 2017, proc. n.º 01092/16;
Acórdão do STA de 31 de Maio de 2017, proc. n.º 0738/16;
Acórdão do STA de 07 de Junho de 2017, proc. n.º 01471/14;
Acórdão do STA de 07 de Junho de 2017, proc. n.º 0723/15;
Acórdão do STA de 15 de Novembro de 2017, proc. n.º 0485/17;
Acórdão do STA de 15 de Novembro de 2017, proc. n.º 0974/16.
Acórdão do STA de 09 de Maio de 2018, proc. n.º 0685/17;
Acórdão do STA de 23 de Maio de 2018, proc. n.º 01201/17;
Acórdão do STA de 07 de Novembro de 2018, proc. n.º 046/15.4BEALM;
Acórdão do STA de 07 de Novembro de 2018, proc. n.º 087/13.6BEALM 0627/15;
Acórdão do STA de 12 de Dezembro de 2018, proc. n.º 01116/04.0BELSB 01240/17;
Acórdão do STA, de 12 de Dezembro de 2018, proc. n.º 0153/11.2BESNT;
Acórdão do STA de 30 de Janeiro de 2019, proc. n.º 0417/18.4BALSB;
Acórdão do STA, de 13 de Fevereiro de 2019, proc. n.º 0154/11.0BESNT;

Acórdão do STA de 27 de Fevereiro de 2019, proc. n.º 01823/06.2BELSB 01450/17;
Acórdão do STA de 13 de Março de 2019, proc. n.º 01305/07.5BELSB 052/18;
Acórdão do STA, de 03 de Abril de 2019, proc. n.º 0155/11.9BESNT;
Acórdão do STA de 03 de Abril de 2019, proc. n.º 0415/12.1BEBJA 01361/17;
Acórdão do STA de 22 de Maio de 2019, proc. n.º 0305/14.3BEPRT;
Acórdão do STA de 11 de Julho de 2019, proc. n.º 079/11.0BEAVR;
Acórdão do STA de 23 de Outubro de 2019, proc. n.º 017/19.1BALSB;
Acórdão do STA de 23 de Outubro de 2019, proc. n.º 0423/10.7BEPRT 0635/15;
Acórdão do STA de 11 de Dezembro de 2019, proc. n.º 044/19.9BALSB;
Acórdão do STA de 11 de Dezembro de 2019, proc. n.º 046/19.5BALSB;
Acórdão do STA de 11 de Dezembro de 2019, proc. n.º 051/19.1BALSB;
Acórdão do STA de 11 de Dezembro de 2019, proc. n.º 0514/12.0BESNT;
Acórdão do STA de 16 de Janeiro de 2020, proc. n.º 01029/10.6BEALM;
Acórdão do STA de 12 de Fevereiro de 2020, proc. n.º 01661/14.9BEPRT;
Acórdão do STA de 12 de Fevereiro de 2020, proc. n.º 0460/15.5BEMDL 0581/18;
Acórdão do STA de 04 de Março de 2020, proc. n.º 083/19.0BALSB;
Acórdão do STA de 02 de Abril de 2020, proc. n.º 02535/13.6BEPRT 0491/18;
Acórdão do STA de 20 de Abril de 2020, proc. n.º 01090/08.3BESNT;
Acórdão do STA de 20 de Abril de 2020, proc. n.º 0746/10.5BELRS 01848/13;
Acórdão do STA de 06 de Maio de 2020, proc. n.º 01070/18.0BEALM;
Acórdão do STA de 06 de Maio de 2020, proc. n.º 0241/12.8BEBJA;
Acórdão do STA de 06 de Maio de 2020, proc. n.º 0294/12.9BEVIS;
Acórdão do STA de 20 de Maio de 2020, proc. n.º 0211/18.2BEFUN;
Acórdão do STA de 20 de Maio de 2020, proc. n.º 0276/14.6BECBR;
Acórdão do STA de 20 de Maio de 2020, proc. n.º 048/19.1BALSB;
Acórdão do STA de 20 de Maio de 2020, proc. n.º 091/19.0BALSB;
Acórdão do STA de 03 de Junho de 2020, proc. n.º 0447/04.3BESNT;
Acórdão do STA de 03 de Junho de 2020, proc. n.º 0463/08.6BESNT;
Acórdão do STA de 03 de Junho de 2020, proc. n.º 0498/13.7BELLE;
Acórdão do STA de 03 de Junho de 2020, proc. n.º 0614/16.7BEAVR;
Acórdão do STA de 03 de Junho de 2020, proc. n.º 0696/16.1BELLE;
Acórdão do STA de 03 de Junho de 2020, proc. n.º 0856/05.0BELSB 0706/07;
Acórdão do STA de 17 de Junho de 2020, proc. n.º 0249/14.9BESNT;
Acórdão do STA de 17 de Junho de 2020, proc. n.º 0262/07.2BELRS;

Acórdão do STA de 17 de Junho de 2020, proc. n.º 02825/12.5BEPRT;
Acórdão do STA de 17 de Junho de 2020, proc. n.º 0402/09.7BELRA;
Acórdão do STA de 17 de Junho de 2020, proc. n.º 0596/09.1BEPRT 0411/18; e
Acórdão do STA de 08 de Julho de 2020, proc. n.º 010/20.1BALSB.

1.3. Supremo Tribunal de Justiça

Acórdão do STJ de 02 de Outubro de 2014, proc. n.º 268/03.0TBVPA.P2.S1-A.

1.4. Tribunal Central Administrativo Norte

Acórdão do TCA Norte de 04 de Maio de 2017, proc. n.º 01786/12.5BEPRT;
Acórdão do TCA Norte de 18 de Outubro de 2018, proc. n.º 00917/13.3BECBR; e
Acórdão do TCA Norte de 21 de Maio de 2020, proc. n.º 01357/13.9BEPRT.

1.5. Tribunal Central Administrativo Sul

Acórdão do TCA Sul de 15 de Fevereiro de 2011, proc. n.º 04255/10;
Acórdão do TCA Sul de 14 de Fevereiro de 2012, proc. n.º 5104/11;
Acórdão do TCA Sul de 20 de Novembro de 2012, proc. n.º 03877/10;
Acórdão do TCA Sul de 02 de Julho de 2013, proc. n.º 06613/13;
Acórdão do TCA Sul de 10 de Julho de 2014, proc. n.º 05876/12;
Acórdão do TCA Sul de 19 de Março de 2015, proc. n.º 08300/14;
Acórdão do TCA Sul de 23 de Abril de 2015, proc. n.º 08149/14;
Acórdão do TCA Sul de 15 de Novembro de 2018, proc. n.º 634/10.5BELRS;
Acórdão do TCA Sul de 28 de Fevereiro de 2019, proc. n.º 567/17.4BELRS;
Acórdão do TCA Sul de 08 de Maio de 2019, proc. n.º 154/12.3BESNT; e
Acórdão do TCA Sul de 07 de Maio de 2020, proc. n.º 19/10.3BELRS.

1.6. Tribunais Arbitrais (CAAD)

Decisão arbitral de 20 de Novembro de 2012, proc. n.º 23/2012-T;
Decisão arbitral de 09 de Maio de 2013, proc. n.ºs 123/2012-T;
Decisão arbitral de 06 de Junho de 2013, proc. n.º 124/2012-T;
Decisão arbitral de 12 de Julho de 2013, proc. n.º 138/2012-T;
Decisão arbitral de 04 de Novembro de 2013, proc. n.º 70/2013-T;
Decisão arbitral de 26 de Novembro de 2013, proc. n.º 43/2013-T;
Decisão arbitral de 20 de Dezembro de 2013, proc. n.º 47/2013-T;
Decisão arbitral de 14 de Junho de 2014, proc. n.º 258/2013-T;

Decisão arbitral de 22 de Julho de 2014, proc. n.º 208/2014-T;
Decisão arbitral de 31 de Julho de 2014, proc. n.º 196/2013-T;
Decisão arbitral de 16 de Setembro de 2014, proc. n.º 234/2014-T;
Decisão arbitral de 18 de Setembro de 2014, proc. n.º 305/2013-T;
Decisão arbitral de 07 de Outubro de 2014, proc. n.º 264/2014-T;
Decisão arbitral de 13 de Novembro de 2014, proc. n.º 131/2014-T;
Decisão arbitral de 14 de Novembro de 2014, proc. n.º 299/2014-T;
Decisão arbitral de 20 de Novembro de 2014, proc. n.º 453/2014-T;
Decisão arbitral de 26 de Novembro de 2014, proc. n.º 320/2014-T;
Decisão arbitral de 27 de Novembro de 2014, proc. n.º 51/2014-T;
Decisão arbitral de 31 de Dezembro de 2014, proc. n.º 420/2014-T;
Decisão arbitral de 30 de Janeiro de 2015, proc. n.º 381/2014-T;
Decisão arbitral de 11 de Abril de 2015, proc. n.º 315/2014-T;
Decisão arbitral de 22 de Maio de 2015, proc. n.º 377/2014-T;
Decisão arbitral de 04 de Novembro de 2015, proc. n.º 173/2015-T;
Decisão arbitral de 26 de Janeiro de 2016, proc. n.º 549/2015-T
Decisão arbitral de 19 de Fevereiro de 2016, proc. n.º 335/2015-T;
Decisão arbitral de 26 de Junho de 2016, proc. n.º 786/2015-T;
Decisão arbitral de 18 de Abril de 2017, proc. n.º 574/2016-T;
Decisão arbitral de 05 de Junho de 2017, proc. n.º 1/2017-T;
Decisão arbitral de 14 de Novembro de 2017, proc. n.º 162/2017-T;
Decisão arbitral de 17 de Setembro de 2018, proc. n.º 610/2017-T;
Decisão arbitral de 03 de Janeiro de 2019, proc. n.º 235/2018-T;
Decisão arbitral de 20 de Maio de 2019, proc. n.º 386/2018-T; e
Decisão arbitral de 21 de Maio de 2019, proc. n.º 663/2018-T.

2. Jurisprudência europeia

2.1. Tribunal de Justiça

Acórdão do TJ de 12 de Julho de 1957, proc. C-7/56;
Acórdão do TJ de 17 de Julho de 1959, proc. C-32/58;
Acórdão do TJ de Julho de 1965, proc. C-111/63;
Acórdão do TJ de 01 de Dezembro de 1965 proc. 16/65;
Acórdão do TJ de 04 de Julho de 1973, proc. C-1/73;
Acórdão do TJ de 08 de Abril de 1976, proc. 43/75;
Acórdão do TJ de 17 de Maio de 1990, proc. C-262/88;

Acórdão do TJ de 22 de Dezembro de 1993, proc. C-152/91;
Acórdão do TJ de 14 de Dezembro de 1993, proc. C-110/91;
Acórdão do TJ de 11 de Agosto de 1995, proc. apensos C-367/93 a C-377/93;
Acórdão do TJ de 11 de Julho de 2002, proc. C-62/00;
Acórdão do TJ de 29 de Abril de 2004, proc. apensos C-487/01 e C-7/02;
Acórdão do TJ de 18 de Novembro de 2008, proc. C-158/07;
Acórdão do TJ de 05 de Julho de 2012, proc. C-318/10;
Acórdão do TJ de 03 de Outubro de 2013, proc. C-282/12;
Acórdão do TJ de 12 de Junho de 2014, proc. C-377/13;
Acórdão do TJ de 09 de Outubro de 2014, proc. C-492/13;
Acórdão do TJ de 9 de Junho de 2016, proc. C-332/14;
Acórdão do TJ de 8 de Março de 2017, proc. C-14/16;
Acórdão do TJ de 22 de Março de 2018, proc. apensos C-327/16 e C-421/16;
Acórdão do TJ de 13 de Fevereiro de 2019, proc. C-434/17; e
Acórdão do TJ de 21 de Janeiro de 2020, proc. C-274/14.

2.2. Tribunal Europeu dos Direitos Humanos

Decisão do TEDH no caso Marckx c. Belgique, de 13 de Junho de 1979, proc. n.º 6833/74;

Decisão do TEDH no caso Vermeire c. Belgique, de 29 de Novembro de 1991, proc. n.º 12849/87; e

Decisão do TEDH no caso Aoulmi c. France, 17 de Janeiro de 2006, proc. n.º 50278/99.

3. Jurisprudência estrangeira

3.1. Austrália

Decisão do High Court of Australia no caso Queensland vs. Commonwealth, de 28 de Novembro de 1977;

Decisão do High Court of Australia no caso Baker v. Campbell, de 26 de Outubro de 1983;

Decisão do High Court of Australia no caso Giannarelli v. Wraith, de 13 de Outubro de 1988;

Decisão do High Court of Australia no caso O'Toole vs. Charles David Pty Ltd, de 30 de Abril de 1991;

Decisão do High Court of Australia no caso Australian Securities Commission vs. Marlborough Gold Mines Ltd, de 17 de Março de 1993;
Decisão do High Court of Australia no caso Breen v. Williams, de 06 de Setembro de 1996;
Decisão do High Court of Australia no caso Perre v. Apand Pty Ltd, de 12 de Agosto de 1999;
Decisão do Federal Court of Australia no caso Telstra Corporation Ltd v. Treloar, de 22 de Setembro de 2000;
Decisão do High Court of Australia no caso Brodie vs. Singleton Shire Council, de 31 de Maio de 2001;
Decisão do High Court of Australia no caso Lee vs. New South Wales Crime Commission, de 9 de Outubro de 2003;
Decisão do High Court of Australia no caso Woolcock Street Investments Pty Ltd vs. CDG Pty Ltd, de 1 de Abril de 2004; e
Decisão do High Court of Australia no caso R vs. Falzon, de 8 de Agosto de 2018.

3.2. Estados Unidos da América

Decisão do United States Supreme Court no caso National Bellas Hess vs. Ilinois, de 8 de Maio de 1967;
Decisão do United States Tax Court no caso Golsen vs. Commissioner, de 9 de Abril de 1970;
Decisão do United States Supreme Court 17 no caso Trans World Airlines, Inc. vs. Frankin Mint Corp, de Abril de 1984;
Decisão do United States Supreme Court no caso United States vs. Stuart, de 28 de Fevereiro de 1989;
Decisão do United States Supreme Court no caso Quill Corp. vs. North, de 26 de Maio de 1992;
Decisão do United States Supreme Court no caso Hohn vs. United States, de 15 de Junho de 1998;
Decisão do United States Supreme Court no caso El Al Israel Airlines, Ltd. vs. Tsui Yuan Tseng, de 12 de Janeiro de 1999;
Decisão do United States Tax Court no caso Estate of Silver vs. Commissioner, de 14 de Maio de 2003;
Decisão do United United States Tax Court no caso Bhutta vs. Commissioner, de 22 de Dezembro de 2005;

Decisão do United States Supreme Court no caso Abbott vs. Abbott, de 17 de Maio de 2010;

Decisão do United States Supreme Court no caso CSX Transp. Inc. vs. Mc.Bride, de 23 de Junho de 2011;

Decisão do United States Tax Court no caso CSX Transp., Inc. vs. McBride, de 23 de Junho de 2011;

Decisão do United States Supreme Court no caso Michigan vs. Bay Mills Indian Cinty, de 27 de Maio de 2014;

Decisão do United States Tax Court no caso Michigan vs. Bay Mills Indian Cmty, de 27 de Maio de 2014;

Decisão do United States Supreme Court no caso Johnson vs. United States, de 26 de Junho de 2015;

Decisão do United States Tax Court no caso Johnson vs. United States, de 26 de Junho de 2015;

Decisão do United States Supreme Court no caso Hurst vs. Florida, de 12 de Janeiro de 2016;

Decisão do United States Tax Court no caso Hurst vs. Florida, de 12 de Janeiro de 2016;

Decisão do United States Supreme Court no caso South Dakota vs. Wayfair, de 21 de Junho de 2018;

Decisão do United States Supreme Court no caso Janus vs. Am. Fed'n of State, Cty. & Mun. Emps, de 27 de Junho de 2018; e

Decisão do United States Supreme Court no caso Franchise Tax Board of California vs. Hyatt, de 13 de Maio de 2019.

3.3. França

Decisão do Conseil d'État no caso Sa Ferme de Rumont, de 7 de Dezembro de 2001, proc. n.º 206145;

Decisão do Conseil d'État no caso Janfin, de 27 de Setembro de 2006, proc. n.º 260050; e

Decisão do Conseil d'État no caso Société Tropic Travaux Signalisations, de 17 de Julho de 2007, proc. n.º 291545.

3.4. Inglaterra

Decisão do Judicial Committee of the House of Lords no caso London Street Tramways Co Ltd v. London County Council, de 25 de Abril de 1898;

Decisão do Court of Appeal no caso Consett Industrial and Provident Society v. Consett Iron Co, de 1922;

Decisão do Court of Appeal no caso Young v. Bristol Aeroplane Co Ltd, de 28 de Julho de 1944;

Decisão do United Kingdom's Supreme Court no caso Abbott v. Philbin (Inspector of Taxes), de 21 de Junho de 1960;

Decisão do Judicial Committee of the House of Lords no caso Scruttons Ltd v. Midland Silicones Ltd, de 06 de Dezembro de 1961;

Decisão do Privy Council of the United Kingdom no caso Ogden Industries Pty Ltd v. Lucas, de 25 de Novembro de 1968;

Decisão do High Court, Chancery Division, no caso Astley v. Inland Revenue Commissioners, de 22 de Maio de 1974;

Decisão do Judicial Commitee of the House of Lords no caso Davis v. Johnson, de 9 de Março de 1978; e

Decisão do Upper-Tribunal no caso Cyclops Electronics Ltd and Anor v. Her Majesty's Revenue & Customs, de 17 de Janeiro de 2018.

LISTA DE ABREVIATURAS

ac. ou acs.	acórdão ou acórdãos
ADT	Acordo para Evitar a Dupla tributação
al. ou als.	alínea ou alíneas
APA'S	*Advance Princing Agreements*
AR	Assembleia da República
Art. ou Arts.	artigo ou artigos
AT ou AT's	Administração Tributária ou Administrações Tributárias
ATAD	*Anti-Tax Avoidance Directive*
BEEPS	*Base Erosion and Profit Shifting*
CC	Código Civil
CEE	Comunidade Económica Europeia
CEJ	Centro de Estudos Judiciários
CFEI	Crédito Fiscal Extraordinário ao Investimento
CGAA	Cláusula Geral Anti-Abuso
CIC	Código do Imposto de Capitais
CIMI	Código do Imposto Municipal sobre Imóveis
CIRC	Código do Imposto sobre o Rendimento das Pessoas Colectivas
CIRS	Código do Imposto sobre o Rendimento das Pessoas Singulares
CIS	Código do Imposto do Selo
CIUC	Código do Imposto Único de Circulação
CIVA	Código do Imposto sobre o Valor Acrescentado
CMOCDE	Convenção Modelo OCDE
CPC	Código de Processo Civil
CPPT	Código de Procedimento e Processo Tributário
CPTA	Código de Processo nos Tribunais Administrativos
CRP	Constituição da República Portuguesa

CSTAF	Conselho Superior dos Tribunais Administrativos e Fiscais
DL	Decreto-lei
DLR	Decreto Legislativo Regional
EBF	Estatuto dos Benefícios Fiscais
EM	Estados-Membros
ETAF	Estatuto dos Tribunais Administrativos e Fiscais
EUA	Estados Unidos da América
IMI	Imposto Municipal sobre Imóveis
IRC	Imposto sobre o Rendimento das Pessoas Colectivas
IRS	Imposto sobre o Rendimento das Pessoas Singulares
IS	Imposto do Selo
IUC	Imposto Único de Circulação
IVA	Imposto sobre o Valor Acrescentado
LAV	Lei da Arbitragem Voluntária
LGT	Lei Geral Tributária
LOB	*Limitation on Benefits*
LOSJ	Lei da Organização do Sistema Judiciário
MAP'S	*Mutual Agreement Procedures*
MLI	*Multilateral Convention to Implement Tax Treaty Related Measures to Prevent BEPS*
MP	Ministério Público
OCDE	Organização para a Cooperação e Desenvolvimento Económico
OE	Orçamento do Estado
p. ou pp.	página ou páginas
PPT	*Principal Purpose Test*
RCPITA	Regime Complementar do Procedimento de Inspecção Tributária e Aduaneira
RETGS	Regime Especial de Tributação dos Grupos de Sociedades
RFAI	Regime Fiscal de Apoio ao Investimento
RGIMOS	Regime Geral do Ilícito de Mera Ordenação Social
RGIT	Regime Geral das Infracções Tributárias
RJAT	Regime da Arbitragem Tributária
SIFIDE	Sistema de Incentivos Fiscais à Investigação e ao Desenvolvimento Empresarial
SGPS	Sociedade Gestora de Participações Sociais
STA	Supremo Tribunal Administrativo

STJ	Supremo Tribunal de Justiça
TAF	Tribunais Administrativos e Fiscais
TC	Tribunal Constitucional
TCA	Tribunal Central Administrativo
TEDH	Tribunal Europeu dos Direitos Humanos
TFUE	Tratado sobre o Funcionamento da União Europeia
TJUE	Tribunal de Justiça da União Europeia
TMDP	Taxa Municipal de Direitos de Passagem
TUE	Tratado da União Europeia
UE	União Europeia

ÍNDICE